权威·前沿·原创

皮书系列为
“十二五”“十三五”国家重点图书出版规划项目

GREEN BOOK

智库成果出版与传播平台

中小城市绿皮书
GREEN BOOK OF SMALL AND MEDIUM-SIZED CITIES

中国中小城市发展报告（2020~2021）

ANNUAL REPORT ON DEVELOPMENT OF SMALL AND MEDIUM-SIZED CITIES IN CHINA (2020-2021)

《中国中小城市发展报告》编撰委员会
国信中小城市指数研究院 / 主 编

社会科学文献出版社
SOCIAL SCIENCES ACADEMIC PRESS (CHINA)

图书在版编目（CIP）数据

中国中小城市发展报告．2020－2021／《中国中小城市发展报告》编撰委员会，国信中小城市指数研究院主编．--北京：社会科学文献出版社，2021.10
（中小城市绿皮书）
ISBN 978－7－5201－9164－7

Ⅰ．①中… Ⅱ．①中… ②国… Ⅲ．①中小城市－经济发展－研究报告－中国－2020－2021②中小城市－社会发展－研究报告－中国－2020－2021 Ⅳ．①F299.2

中国版本图书馆 CIP 数据核字（2021）第 200950 号

中小城市绿皮书
中国中小城市发展报告（2020～2021）

主　　编／《中国中小城市发展报告》编撰委员会
　　　　　国信中小城市指数研究院

出 版 人／王利民
责任编辑／薛铭洁
责任印制／王京美

出　　版／社会科学文献出版社·皮书出版分社（010）59367127
　　　　　地址：北京市北三环中路甲 29 号院华龙大厦　邮编：100029
　　　　　网址：www.ssap.com.cn
发　　行／市场营销中心（010）59367081　59367083
印　　装／三河市东方印刷有限公司

规　　格／开 本：787mm×1092mm　1/16
　　　　　印 张：24.5　字 数：403 千字
版　　次／2021 年 10 月第 1 版　2021 年 10 月第 1 次印刷
书　　号／ISBN 978－7－5201－9164－7
定　　价／198.00 元

《中国中小城市发展报告》
编撰委员会

郭建军　国家贫困地区产业发展基金财务总监、原国扶办规划财务司副司长
蔡继辉　社会科学文献出版社副总编辑
张耀军　中国人民大学应用经济学院教授、博士生导师
李　群　中国社科院数量经济与技术经济研究所综合研究室主任
岳永兵　中国自然资源经济研究院改革研究所副所长
周　伟　中共江苏省昆山市委书记
周勤第　中共江苏省常熟市委书记
汪香元　中共江苏省太仓市委书记
付旭明　中共湖南省长沙县委书记
王爱明　中共吉林省梅河口市委书记
王文彬　中共河北省迁安市委书记
乔俊杰　江苏省常州市武进区人民政府区长
杨东升　中共四川省成都市郫都区委书记
刘智勇　中共广东省佛山市委常委、顺德区委书记
赵如浪　中共浙江省绍兴市柯桥区委书记
丁立新　中共江苏省苏州市吴中区委书记
陈　翔　中共江西省南昌县委书记
阙方俊　中共安徽省当涂县委书记
方　晖　中共浙江省乐清市委书记
潘　群　中共江苏省句容市委书记
马志峰　中共河南省新郑市委书记
秦保建　中共河南省长垣市委书记
苏建设　河南省郑州市二七区人民政府区长
刘桂均　贵州省贵阳市南明区人民政府区长

摘　要

《中国中小城市发展报告（2020～2021）》以“聚焦中小城市基本实现现代化”为主题，由总报告、评价报告、分报告、专题篇和案例篇五部分组成。

总报告对中小城市的内涵和数量进行了系统梳理，对中小城市在国民经济中的地位和作用做了全面阐释，对全国38个超千亿元县市进行了深入分析，对中小城市发展成就进行了集中论述，对中小城市“十四五”期间面临的机遇与挑战进行了重点剖析，对中小城市未来发展战略进行了全面描绘。报告指出，中小城市要把握时代性变革，加快要素流动和开放合作，加快数字化转型和优势提升，重构新发展阶段战略，在全面建设社会主义现代化国家新征程中发挥更大作用、实现更高质量发展。

评价报告包含中小城市高质量发展指数研究报告和人均GDP超2.5万美元中小城市样本分析两方面内容。中小城市指数研究报告发布了2021年中小城市高质量发展指数研究成果，公布了2021年度“全国综合实力百强县市”“全国综合实力百强区”“全国绿色发展百强县市”“全国绿色发展百强区”“全国投资潜力百强县市”“全国投资潜力百强区”“全国科技创新百强县市”“全国科技创新百强区”“全国新型城镇化质量百强县市”“全国新型城镇化质量百强区”“全国综合实力千强镇”等名单。对全国人均GDP超2.5万美元的24个县级行政区经济社会生态环境等情况进行了初步分析。

分报告从2021年开始将围绕碳达峰与碳中和、特色小镇建设、社会治理等中小城市迈向现代化进程中的热点问题进行系统跟踪研究，深入剖析主要问题，全面总结特色经验，为中小城市及相关部门决策提供支持。

专题篇涵盖了中小城市城乡融合发展、绿色发展、生态环境保护、人口流动、土地开发、人居环境、营商环境与政府效率等方面内容，为中小城市全面协调发展提供理论支持。

案例篇收录了全国不同区域十余个中小城市及特色镇在产业转型升级、农村土地改革、营商环境建设、城市精细化管理、科技创新、“两山”建设、新型城市化、可持续发展、产学研、“三化融合”等方面的丰富实践。这些城市的实践创新性强，特点突出，经验鲜活，成效显著，具有较强的学习和借鉴价值。

关键词： 中小城市　高质量发展　城乡融合

序　言

“十四五”时期是我国全面开启社会主义现代化建设新征程、向第二个百年奋斗目标进军的第一个五年。继续推进新型城市化，仍然是拉动经济社会发展的重要动力源泉。加快中小城市发展，优化中小城市布局，对实现经济持续健康高质量发展至关重要。要围绕新发展阶段的目标，科学把握新发展阶段的客观规律，深入贯彻新发展理念，加快构建新发展格局，以扩大国内循环为主体，以深化供给侧结构性改革为主线，推动经济、社会、民生、环境等全面发展，为2035年基本实现社会主义现代化取得突破性进展。

根据第七次全国人口普查数据，截至2020年11月1日，我国常住人口城市化率已达到63.9%，户籍人口城市化率为45.4%。过去10年，常住人口城市化率平均每年提高1.4个百分点。随着城乡融合发展战略的实施，预计未来10年，城市化率平均每年提高幅度仍会保持在1个百分点以上。直到城市化率达到75%以后，城市化的速度才会明显降低。中小城市在吸纳农村人口向城镇转移的进程中，应从四个方面发挥重要作用。

一是处于都市圈和城市群内的中小城市，要抓住中心城市功能疏解的机遇，利用自己低成本优势，积极承接中心城市转移出来的产业、服务和人口，强化与中心城市的功能互补和内嵌式关系，完善与中心城区的大容量、便捷、立体交通体系，形成半小时生活圈和一小时商务圈，构建同城化、一体化的产业集群，以优美、舒适、宜业、宜居的环境，吸引要素集聚，成为都市圈、城市群中的新亮点。

二是抓住城乡融合发展和乡村振兴的机遇，充分发挥县城在带动县域经济发展中的引擎作用，增强县城对企业的吸引力、对产业的支撑力、对人口的承载力，逐步把县城发展成为20万～50万人口规模的中小城市。借鉴浙江、苏南和珠三角的经验，如果“十四五”以至未来15年全国有1000个县城及县域经济达到目前“百强县”的经济水平和人口规模，将形成拉动全国经济增长的最大新动能。

三是鼓励支持一批特色小镇发展为中小城市。改革开放40多年来，全国各地涌现出一大批各具特色的明星小镇，如诸暨大唐镇、绍兴柯桥镇、江阴新桥镇、佛山西樵山镇、东莞虎门镇、邹平魏桥镇、巩义回郭镇、湘西凤凰城、保定白沟镇等。这些小镇的经济和人口规模都已达到中小城市的水平，目前仍沿袭镇的行政建制，已经远远不适应发展和管理的需要。应当适时实施“镇改市”，赋予它们更大的管理权限。美国的硅谷湾区，实际上就是以旧金山为中心、由200多个相互独立的特色小镇组成的，每个小镇都称为市，拥有独立的行政、财政和规划功能，在投资环境、居住环境上相互竞争。这个成功经验值得借鉴。

四是中小城市要向“专精强美”的方向发展。“专”就是产业要专业化，突出一个主业，不求全；“精”即产业技术水平要高，产品质量要过硬，要创造全球名牌企业和名牌产品；“强”即在全球市场的竞争力要强，市场占有率要高，企业盈利水平要高；“美”即工作生活环境必须美丽怡人，能够吸引高端人才前来居住和从业。要重视完善各类服务业，包括生产性服务业、公共服务业和出口型服务业，重视发展教育、医疗、体育、文化、交通、网络等新型基础设施和服务事业。

国信中小城市指数研究院自2005年开始，持续16年开展中小城市发展指数研究。16年来，课题组坚持公开、公平、公正、公益的原则，在落实新发展理念、推动中小城市实现高质量发展上发挥了积极的作用，在引导县域率先基本实现现代化方面取得了新进展。《中国中小城市发展报告》目前已经完成11部，已成为相关部门了解中小城市、研究中小城市的重要平台，成为政府相关部门决策的重要参考。

《中国中小城市发展报告（2020～2021）》紧扣“中小城市现代化”发展主题，通过总报告、评价报告、分报告、专题篇和案例篇对中小城市高质量发展、现代化、绿色发展、城乡融合、新型城市化等进行了全方位的理论研究和实践探索。总报告全面回顾了中小城市的发展成就，分析了中小城市面临的发展机遇与挑战，指明了中小城市未来发展的战略和方向。评价报告对中小城市高质量发展指数进行了长达16年持续深入的研究，对于中小城市高质量发展起到了重要的引导作用。人均GDP超2.5万美元中小城市分析对于探索建立中小城市现代化指标体系起到了重要的推动作用。分报告和专题篇围绕中小城市热点问题进行研究，有助于解决中小城市的实际问题。案例篇精选各区域不同类型中小城市的创新实践和发展经验，为全国中小城市学习提供了很好的示范和借鉴。

《中国中小城市发展报告》已经连续出版十余年，实属不易，绿皮书能始终关注理论前沿、当下热点和中小城市发展实际，为解决实际问题出谋划策，为基层创新实践和鲜活经验提供良好的展示交流平台，我认为这是非常有意义的一件大事。

《中国中小城市发展报告》作为中小城市领域唯一一本蓝皮书，责任重大，使命艰巨，希望国信中小城市指数研究院和编委会的同志继续努力，扎实工作，在推动中小城市迈向现代化的征程中发挥更大的作用。

郑新立

2021年9月

目录

Ⅰ 总报告

Ⅱ 评价报告

Ⅲ 分报告

Ⅳ 专题篇

Ⅴ 案例篇

皮书数据库阅读使用指南

总报告

General Report

G.1 中国中小城市2021年度发展报告

牛凤瑞　吕伟华　张央青*

摘　要： 中小城市是我国高质量发展的重要支撑，是新型城市化的重要战场，是乡村振兴和城乡融合发展的重要战略支点，为我国经济社会发展做出了重要贡献。面对世界百年未有之大变局，把握时代性变革，推动要素流动和开放合作，深度融入“双循环”新发展格局，加快数字化转型，在全面建设社会主义现代化国家新征程中发挥更大作用，是新时代中小城市的历史使命。

关键词： 中小城市　百强县市　百强区　千强镇　现代化

新时代是中小城市大有可为的时期。社会主义现代化进程对中小城市发展

* 牛凤瑞，中小城市研究院院长，中国社会科学院原城市发展与环境研究所所长，研究方向为区域与城市经济、房地产、农村经济等；吕伟华，中小城市研究院秘书长，研究方向为中小城市与县域经济；张央青，中小城市研究院执行院长，研究方向为产业经济、特色小镇。

提出了更高要求，区域协调发展、双循环新发展格局、数字化赋能为中小城市发展拓宽新路径、增加新机会、增添新活力。把握时代性变革，扩大开放合作，加快数字化转型，重构新发展阶段发展战略，实现更高质量发展，在全面建设社会主义现代化国家新征程中发挥更大作用是中小城市的历史使命。

一　中小城市概念界定与数量估算

城市与农村是相互对应的两种人类空间聚集形态，人口空间聚集超过一定规模成为城市。城市的本质是人口大规模的高密度的空间聚集，有着与农村不同的生产生活方式，是人类社会文明发展到高级阶段的产物。按人口聚集规模的大小，城市被划分为大中小城市和小城镇。

1989 年的《中华人民共和国城市规划法》规定，大城市是指市区和近郊区非农业人口 50 万人以上的城市，中等城市是指市区和近郊区非农业人口 20 万人以上不满 50 万人的城市，小城市是指市区和近郊区非农业人口不满 20 万人的城市。20 年后基于中国经济社会的飞速发展，农村人口向城市大规模聚集，农业人口与非农业人口之间的界限模糊，以非农业人口规模为标准划分大中小城市已不具合理性和可能性，基于中国人口的巨大基数和城市人口的快速膨胀，原有大中小城市划分标准难以准确反映中国城市体系的实际，《中国中小城市发展报告（2010）》提出建议，以市区常住人口规模为标准划分大中小城市：市区常住人口 50 万人以下为小城市，50 万～100 万人的为中等城市，100 万～300 万人的为大城市，300 万～1000 万人的为特大城市，1000 万人以上的为巨型城市①。2014 年国务院发布《关于调整城市规模划分标准的通知》（国发〔2014 年〕5 号）（以下简称《通知》），以城区常住人口数量为依据，将中国城市规模划分为五类七档：城区常住人口 100 万人以上的为大城市，其中，100 万～300 万人的为Ⅱ型大城市，300 万～500 万人的为Ⅰ型大城市，500 万～1000 万人的为特大城市，1000 万人以上的为超大城市；城区常住人口 50 万～100 万人的为中等城市；城区常住人口 50 万人以下的为小城市，其中，20 万～

① 中国城市经济学会中小城市经济发展委员会、《中国中小城市发展报告》编纂委员会编《中国中小城市发展报告（2010）》，社会科学文献出版社，2010。

50 万人的为Ⅰ型小城市，20 万人以下的为Ⅱ型小城市。《通知》同时明确，城区是指市辖区和不设区的市，区、市政府驻地的实际建设连接到的居民委员会所辖区域和其他区域。这里的城区与 1989 年城市规划法中的“市区”范围相近，但排除了“近郊区”，近似于城市建成区，也大大小于市辖区的范围。

迄今为止，国家尚未对小城市人口规模下限做出规定，也没有说明大中小城市与各种行政级别的建制市是何种对应关系。学术界多数人主张把城区常住人口 10 万人设为小城市的下限，把常住人口 10 万人以下、数万人以上的与主城区不相连接的独立建成区视为小城镇。实际上我国大中小城市和小城镇与不同行政区级别的建制市存在如下对应关系（见表 1）。

表 1　大中小城市与建制市级别对应关系

自然形态划分	超大城市	特大城市	大城市	中等城市	小城市	小城镇
行政建制级别划分	直辖市、部分副省级城市的主城区	部分副省级城市、部分省会城市、少数地级强市的主城区	个别副省级城市、大部分省会城市、重点地级市的主城区	个别省会城市、大部分地级市的主城区和少数县级市的市区	大部分县级建制市、部分地级行政区政府所在城镇、部分县城镇、少数超级镇辖区	部分县城镇、部分中心建制镇镇区

大中小城市是不同规模的人口空间聚集状态，是城市的自然属性。建制市是肩负不同行政职能的行政区划名称。城市发展是一个自然的历史过程，城乡边界时时处于变化之中，难以进行严格意义上的统计。建制市是由国家根据地区城市建设发展进程设立的，边界明晰而且稳定，能够进行各类社会经济统计。所以建制市的统计大体上也能够反映我国城市发展状况，由此形成了我国有城市，但无城市统计数据，只能以建制市统计数据代替的状况。由于两者内涵不同，在城市实际规划管理和相关研究中造成了许多困惑和混淆。例如，讲中国第一大城市，必是上海，而不是常住人口 3000 多万人居全国第一位的直辖市重庆。讲中国城市的数量其实只是建制市的数量，而不是城市真实的数量。建制市数量的变化也不总能反映城市化的发展进程。2000 ~ 2010 年，中国城市化率由 36.22% 提升至 49.95%，同期中国建制市数量由 663 座下降为 657 座，由此形成了城市化高歌猛进与建制市数量逆势减少的奇怪现象。据住房和城乡建设部统计，2019 年末我国城区常住人口 100 万人以上的大城市有

93 座（见表 2），这些大城市所在的建制市辖区面积共 41.49 万平方公里，常住人口合计 3.94 亿人，平均人口密度不足千人，而我国平原人口大县人口密度超过千人的不在少数。这表明，以建制市数据分析我国城市发展要慎重，城市和建制市在很多情况下宜分别使用，不可相互通用。

表 2　2019 年全国城区常住人口 100 万人以上城市名单（93 个）

北京市	天津市	上海市	重庆市	石家庄市	唐山市	秦皇岛市
邯郸市	保定市	张家口市	太原市	大同市	呼和浩特市	包头市
沈阳市	大连市	鞍山市	抚顺市	长春市	吉林市	哈尔滨市
齐齐哈尔市	大庆市	南京市	无锡市	徐州市	常州市	苏州市
南通市	连云港市	淮安市	盐城市	扬州市	杭州市	宁波市
温州市	绍兴市	台州市	合肥市	芜湖市	淮南市	阜阳市
福州市	厦门市	泉州市	南昌市	赣州市	济南市	青岛市
淄博市	枣庄市	烟台市	潍坊市	济宁市	泰安市	临沂市
德州市	郑州市	开封市	洛阳市	南阳市	武汉市	襄阳市
长沙市	株洲市	衡阳市	广州市	深圳市	珠海市	汕头市
佛山市	江门市	惠州市	东莞市	南宁市	柳州市	海口市
成都市	自贡市	泸州市	绵阳市	南充市	宜宾市	达州市
贵阳市	遵义市	昆明市	西安市	咸阳市	兰州市	西宁市
银川市	乌鲁木齐市					

资料来源：《中国城市建设统计年鉴 2019》。

我国建制市数量的变化主要取决于国家政策的调整。改革开放以来，我国 19 个地级以上建制市（4 个直辖市和 15 个副省级城市）数量稳定，地级和县级建制市数量沿两个方向演进。一是地级建制市稳步增加。1980～2004 年全国地级建制市由 89 个增加到 265 个，平均每年增加 7.3 座，主要由原来的地级行政区改名而来。由于全国地级行政区相对稳定，之后 6 年仅增加 14 个，目前全国尚有 40 个地级行政区没有撤区设市。二是县级建制市数量有增有减。县级建制市数量增加的原因是撤县设市。20 世纪 80 年代到 20 世纪 90 年代中期，我国撤县设市呈现高潮。全国县级建制市由 1981 年的 113 个增加到 1996 年的 445 个，15 年时间增加 332 个，平均每年增加 22.1 座。20 世纪末开始，国家对撤县设市条件从严控制，县级建制市的热度不再，以致许多县城镇常住人口达 10 万甚至几十万人，已经是名副其实的中小城市，但仍未进入县级建制市名单。这是《中国中小城市发展报告（2010）》把所有县级行政区政府驻地城镇纳入中小城市范围的依据。县级建制市减少的原因是撤市设区。20 世纪 90 年代中期开始，随着中心大城市发展空间受到限制，我国开启了撤市撤县设区的区划调整。一批邻近中心大城市的县级建制市或者县改称为市辖区。这些新设市辖区与主城区边界明显，城市功能相对独立，自成体系，依然是原有的中小城市空间形态。这是后来《中国中小城市发展报告》把新设的市辖区作为一个类型纳入研究范围的依据。2020 年末我国有此类市辖区 793 个。与市辖区数量增加相对应的是县级建制市和县级行政区的减少。2020 年我国又有 11 个县级行政区撤销，其中 3 个设立县级建制市，6 个改称市辖区，2 个划入市辖区；1 个县级建制市改称为市辖区，1 个县级建制市和 1 个县合并设立市辖区。

2020 年底，我国设置建制市 685 个（不包括港澳台地区，下同），其中直辖市 4 个，地级市 293 个，县级市 388 个。在这 591 个建制市中，地级市有 204 个，即地级市主城区约有七成以上属于中小城市，县级市城区则全部属于中小城市，其中有 11 个中等城市。

表 3　2019 年全国县级市城区常住人口 50 万～100 万人城市名单（11 个）

江苏昆山市	江苏宜兴市	浙江慈溪市	浙江乐清市
浙江义乌市	山东胶州市	山东寿光市	山东新泰市
广东普宁市	四川西昌市	吉林延吉市	

资料来源：《中国城市建设统计年鉴 2019》。

除上述建制市主城区和市区之外，我国尚有 40 个地级行政区（地区、州、盟）政府驻地城镇尚未设立建制市。这些城镇大多因自然条件限制，人口聚集尚未达到小城市规模，但市政设施相对完善，一般是数个甚至十几个县域的行政中心、经济中心、文化教育卫生中心和交通枢纽，未来人口聚集是大概率增加趋势，可视为中小城市。20 世纪 80 年代以来，撤县（市）设区的市辖区因其建成区与主城区一般边界明显，也应视为自然形态的中小城市。

《中国中小城市发展报告（2010）》将所有县级行政区政府驻地城镇全部纳入中小城市范围，从现在的发展实际来看有必要进行调整。因为全国有 251 个县级行政区人口低于 10 万人，显然不可能形成 10 万人集聚的小城市。按

2019年户籍人口计算，全国有430个县级行政区人口低于20万人，按目前城市化率计算，县城聚集人口超过10万人的可能性较小，应排除在中小城市之外。但其中有40个已经设置为县级市，这些县级市中又有13个辖区人口低于10万人，主要分布于新疆、内蒙古、黑龙江等边疆地区和青海等人口密度较小的高寒地区。未来人口聚集到10万人的概率不大，应视为小城镇。相反，据不完全统计，在沿海和内地有436个超级建制镇辖区户籍人口已超过10万人，其中建制镇辖区超过15万人的有131个，已经是自然形态的小城市。

综合上述，我国现有中小建制市591个，其中有13个辖区人口不足10万人，未来成长为小城市的可能几乎为零，应视为小城镇。而自然形态的中小城市有2634个，但近80%没有设置为建制市（见表4）。

表4　全国广义中小城市数量及构成（截至2020年底）

单位：个

类别	地级建制市	相对独立市辖区	地级行政区划政府驻地的城镇（地区、自治州、盟）	县级建制市的市区	县级行政区政府驻地城镇（不完全统计）	超级建制镇镇区	合计
数量	204	793	40	375	1091	131	2634

二　中小城市发展现状

城市是现代经济的中心，是人口集聚、产业发展和创新活动的主要载体。中小城市量大面广，是推动城乡融合发展的关键环节，是发展经济、保障民生、维护稳定的重要基础。“郡县治则天下安”，从广义口径来看，中小城市在扩大内需、稳定社会、全面建设社会主义现代化国家中占据特殊地位。

我国高度重视大中小城市协调发展，中小城市在城市化过程中的地位持续提升。党的十八届五中全会和“十三五”规划进一步提出，“以提升质量、增加数量为方向，加快发展中小城市”。《国家新型城镇化规划（2014—2020年）》明确提出，“加快发展中小城市，有重点地发展小城镇”“把加快发展中小城市作为优化城镇规模结构的主攻方向，加强产业和公共服务资源布局引导，提升质量，增加数量”“完善设市标准，严格审批程序，对具备行政区划调整条件的县可有序改市，把有条件的县城和重点镇发展成为中小城市”，中小城市在区域发展中的位置突出，已经成为提升城市化质量、推进城乡融合发展的重要环节。

在新型城镇化规划指引下，中国县市区的行政区划调整步伐加快。市辖区的数量由 2010 年末的 853 个增加到 2020 年末的 973 个，增加 120 个，县级市的数量由 370 个增加到 388 个，增加 18 个，县级行政区数量由 1461 个降到 1312 个，减少 149 个（见表 5）。

表 5　全国县级行政区变动统计（1990 ~ 2020 年）

单位：个

年份	市辖区	县级市	县	自治县	旗	自治旗
1990	651	279	1723	121	51	3
2000	787	400	1503	116	49	3
2010	853	370	1461	117	49	3
2015	921	361	1397	117	49	3
2020	973	388	1312	117	49	3

资料来源：《中华人民共和国行政区划简册》。

城市体系更加合理，城市之间的经济联系更加紧密，依托于中心大城市的中小城市获得了更多流动人口的青睐，部分发展基础较好、发展潜力较大的中小城市也迎来了快速发展的重要契机。

从行政区划的角度看，中小城市是贯彻实施乡村振兴战略的关键行政层级，是城乡融合发展的重要空间载体。新型城市化既要规划建设好大中小城市和城市群，也要实现小城镇和乡村的振兴和可持续发展，没有农村的现代化，就不可能实现真正意义上的共同富裕。中小城市和小城镇的功能定位、发展模式、空间形态都有别于大城市。农村也有着其自身发展演变的规律。在城市化进程中，多数自然村落将由空心化到消失，近郊村庄会转换为城市社区形态，只有一部分村庄保留传统村落形态，寄托中华各族儿女的乡愁。中小城市作为区域城市经济中心，是乡村振兴中各要素优化整合的直接依托，是城乡融合发展的基础节点。乡村振兴和城乡融合发展离不开中小城市。

2020 年全面建成小康社会的目标如期实现，中国特色社会主义现代化新征程已经开启。中小城市发展方面体现在：经济实力显著增强，人民生活明显改善，生态环境不断优化，城乡融合水平实现提升，发展体制机制不断完善。

1. 经济实力增强，人民生活明显改善

中小城市是推动经济社会高质量发展的重要力量，也是推进高质量发展的关键行政层级。在经济发展的同时，中小城市的基础设施水平、居民收入水平也得到了普遍提升，人民生活明显改善。部分中小城市凭借得天独厚的区位条件和发展基础，在动能转换、民生改善、生态建设等方面走在了前列。2020年全国有38个县市GDP达到1000亿元以上，其中6个县市超2000亿元，昆山和江阴超过4000亿元（见表6）。

表6　2020年全国38个GDP超千亿元县市主要数据

县市名称	土地面积（平方公里）	常住人口（万人）	GDP（亿元）	一般公共预算收入（亿元）
江苏昆山市	932	209.25	4276.76	428.00
江苏江阴市	987	177.95	4113.75	259.66
江苏张家港市	990	143.20	2686.60	250.30
福建晋江市	642	206.16	2616.11	139.28
江苏常熟市	1276	167.71	2365.43	213.66
浙江慈溪市	1154	182.95	2008.30	200.53
江苏宜兴市	1997	128.58	1832.21	127.59
湖南长沙县	1997	137.45	1808.30	112.35
湖南浏阳市	4997	142.94	1493.00	128.76
浙江义乌市	1103	185.94	1485.60	106.00
江苏太仓市	823	83.11	1386.09	171.12
贵州仁怀市	1788	65.53	1364.11	73.82
浙江诸暨市	2311	150.00	1362.36	90.32
福建南安市	1985	151.75	1352.72	53.05
福建惠安县	481	78.14	1317.71	34.62
江苏如皋市	1492	123.84	1305.22	72.01
陕西神木市	7481	57.19	1294.00	91.62
浙江乐清市	1174	145.31	1263.01	94.38
福建福清市	1518	139.05	1228.54	91.26
山东胶州市	1324	98.78	1225.86	102.90
江苏启东市	1208	96.73	1223.10	72.01
江苏海安市	939	87.43	1221.63	64.54
浙江余姚市	1346	125.40	1220.72	114.20

续表

县市名称	土地面积（平方公里）	常住人口（万人）	GDP（亿元）	一般公共预算收入（亿元）
江苏如东县	1733	88.00	1155.11	60.02
江苏丹阳市	1047	98.89	1145.36	64.02
浙江温岭市	836	141.62	1136.87	72.12
江苏泰兴市	1170	99.44	1127.47	85.43
湖南宁乡市	2912	126.33	1115.00	61.21
山东龙口市	901	72.99	1093.97	102.10
江苏溧阳市	1535	78.51	1086.36	73.80
江西南昌县	1839	145.25	1048.00	76.00
浙江瑞安市	1278	152.00	1037.09	81.91
浙江海宁市	681	107.62	1030.78	100.93
江苏沭阳县	2299	167.50	1011.20	51.00
河北迁安市	1227	77.68	1006.90	61.20
江苏靖江市	656	66.34	1004.80	68.67
浙江桐乡市	723	102.98	1002.98	93.98
江苏邳州市	2088	146.26	1000.00	43.90

制表：中小城市研究院。
资料来源：各县市 2020 年统计公报。

38 个 GDP 超千亿元的县市土地面积为 6.08 万平方公里，占全国土地面积的 0.06%。常住人口 4755.8 万人，占全国常住人口的 3.39%。GDP 总额达到 5.75 万亿元，占全国 GDP 总额的 5.7%。一般公共预算收入达到 4188.27 亿元，占全国一般公共预算收入总额的 2.29%。

GDP 超千亿元的 38 个县市发展差距明显。GDP 居前 10 的县市总额超 2 万亿元，占全部 38 个县市 GDP 总额的 40.34%。一般公共预算收入居前 10 的县市总额超 2000 亿元，占全部 38 个县市一般公共预算收入总额的 47.75%。昆山市和江阴市的 GDP 均超 4000 亿元，但昆山一般公共预算超江阴市 168.34 亿元。2020 年全国依然有 400 个以上的县市 GDP 不足百亿元，一般公共预算收入不足 10 亿元。

初步统计，2020 年全国人均 GDP 超 2.5 万美元的中小城市共有 24 个（此处的中小城市仅限县级行政区）（见表 7），在人均 GDP 指标上已达到现代发达国家水平。其中，广州市黄埔区、内蒙古伊金霍洛旗人均 GDP 超 28 万元，已达到 4 万美元以上。

表 7　2020 年度全国人均 GDP 超 2.5 万美元中小城市名单

序号	县市名称	2020 年人均 GDP(万元)
1	广东广州市黄埔区	28.97
2	内蒙古伊金霍洛旗	28.66
3	江苏泰州市高港区	24.55
4	江苏江阴市	23.12
5	内蒙古鄂托克旗	22.93
6	陕西府谷县	22.82
7	陕西神木市	22.63
8	广东广州市南沙区	21.81
9	湖南岳阳市云溪区	21.33
10	广西北海市铁山港区	21.05
11	内蒙古准格尔旗	20.93
12	贵州仁怀市	20.82
13	福建泉州市泉港区	20.73
14	福建福州市马尾区	20.72
15	江苏昆山市	20.44
16	浙江宁波市镇海区	20.18
17	内蒙古乌审旗	19.98
18	广东佛山市高明区	18.81
19	江苏张家港市	18.76
20	江苏南京市溧水区	18.44
21	宁夏灵武市	18.12
22	江苏苏州市虎丘区	17.37
23	湖南长沙市雨花区	17.28
24	江苏太仓市	16.68

注：本表不包括四大直辖市和地级市政府驻地的市辖区。官方未公布 2020 年度常住人口及 GDP 的县市区未列入统计。

资料来源：2020 年各县市区统计公报及第七次人口普查公报。

值得关注的是，在整体保持较好发展的同时，中小城市间出现了快速分化。有的中小城市，尽管基础薄弱，但通过发展思路创新，实现了跨越发展。而一些资源枯竭型中小城市经济发展难以找到新的突破口、人口持续外流，成为收缩型城市。

2. 生态建设持续推进，环境质量明显改善

与大城市相比，中小城市生态环境容量大，空气质量相对较高，自然生态环境良好。昆山市创设河长办、治水办、农污办、黑臭水体办“四办合一”，建成区黑臭河道基本消除，境内8个国省考断面优于Ⅲ类比例达100%。空气质量始终保持江苏前列。太仓市通过科学“治气”、精准“治气”，大气环境质量逐年改善，PM2.5年均浓度已由2016年的40.6μg/m^{3}下降至2020年10月的24.5μg/m^3，环境空气优良天数占比上升至84.9%。常熟市紧盯生态环境质量持续改善总目标，深入推进“蓝天、碧水、净土”三大保卫战，推动重点工程项目落地，生态环境效益持续释放。2020年1~12月，空气质量优良率为85.0%，较上年同期提高了5.8个百分点，84个地表水断面达标率为96.4%，其中达到或优于Ⅲ类水比例为86.9%。

湖南长沙县深入贯彻落实习近平生态文明思想，坚持以污染防治攻坚战为总抓手，以强力整改环保督察反馈的突出问题，积极改善城乡生产生活环境。2020年空气环境质量创长沙县有监测数据以来的最好水平，优良天数累计333天，优良率为91.2%，浏阳河、捞刀河长沙县段总体水环境质量达到地表Ⅲ类水质以上，县级以上集中式饮用水水源地水质达标率100%，区域内河流出境断面达标率达100%。

浙江慈溪市近三年通过大力开展工业挥发性有机物（VOCs）污染治理，共完成整治提升305家，并指导企业制定了“一厂一策”治理方案。通过开展细颗粒物（PM2.5）和臭氧来源解析，建成全市镇级环境质量监测网络和大气信息化监控平台，有效推动精准治气。2020年1~7月，全市PM2.5浓度为29μg/m^3，比上年同期下降21.6%；空气质量优良率达89.2%，比上年同期上升14.7个百分点。成立市生态环境保护综合行政执法队，实施“绿剑”系列、涉VOCs企业等专项执法行动，构建以排污许可制为核心的固定污染源监管制度体系，创新“排污许可环保集市”，提前完成排污许可发证登记工作，完成数量居全省第一。全市成立生态环境保护委员会和绿色发展、自然资源保护、大气污染防治等11个专业委员会，编制《慈溪市生态环境保护工作责任规定》，落实生态环境保护“党政同责、一岗双责”，逐步构建“管行业必须管环保、管业务必须管环保、管生产经营必须管环保”的大环保格局。2011年以来，该市先后成为国家生态示范区、省级生态市、省环保模范城市、省园

林城市、省文明市、省“清三河”达标市。

河南长垣市以创建黄河流域生态保护和高质量发展示范县为目标，瞄准“花园城市”定位，加快推进生态景观廊道、森林公园、围城林、围村林等建设，高标准打造森林长垣。截至2020年3月，全市共完成高速绿化提升改造36.9公里，占任务的100%；完善路、河、渠绿化169.8公里，占任务的100.2%；新建围村林100个，完善围村林绿化66个，分别占任务的94.3%、100%；完善农田林网建设13.12万亩，占任务的100.1%；完成伐植平衡造林4817亩，占任务的125.7%；完成菏宝高速绿化租地4488.99亩，占任务4640亩的96.7%，已绿化4180亩，占任务的93.9%。全市已完成总造林绿化面积4.5万亩，植树300余万株，新建公园、游园23个，建设围村林累计达到411个，建成国家级森林乡村10个、省级森林乡村16个。

3. 城市化水平和质量不断提高，体制机制不断创新

随着经济的发展，中小城市辖区的城市化率水平持续提升。2010年中小城市城镇常住人口为2.87亿人，城市化率为39.6%，至2018年末，中小城市城镇人口增长至3.70亿人，城市化率为50.4%。中小城市深化“放管服”改革，简政放权、改进服务。在扩大县级单位管理权限的基础上，进一步推动机构精简，合并职能相近部门。在行政审批改革中，深入实施“最多跑一次”审批改革，优化经济发达镇行政管理体制，下放行政审批许可权。四川省泸州市设置综合政务服务窗口，通过流程再造实现去部门化，分类推行政务服务事项“一窗受理”，实现161项行政许可事项“一章办结”，其中158项“只跑一次”，企业名称预先核准等20项“一次都不用跑”。浙江省义乌市全面优化政务办事流程，实现高频事项“就近能办、同城通办、异地可办”，让群众办事从“最多跑一次”升级为“就近跑一次”。

三　中小城市对中国特色社会主义的贡献

中国特色社会主义是中国共产党领导中国人民开辟的一条现代化之路，具有鲜明的时代特征和中国特色，随着中国改革开放实践的发展而不断丰富和完善。在中国特色社会主义的发展过程中，中小城市既是改革的重要策源地，也是改革创新的重要先行者。

1. 改革的重要策源地

在中国这样一个大国，建设社会主义必须与中国实际相结合，没有现成的经验可以借鉴，“摸着石头过河”和“与时俱进”是两条重要的经验。“摸着石头过河”是以实践为依据，实践发展永无止境，理论创新也永无止境。“与时俱进”则是以问题为导向，以目标导向为指引，重点解决前行道路中遇到的各种障碍与问题，人类认识世界、改造世界的过程，就是一个发现问题、解决问题的过程。

中国改革中的很多重大改革措施都来源于中小城市的尝试或探索，如国有企业改革的减员增效和下岗职工再就业、生态建设中的“绿水青山就是金山银山”、基层社会治理中的党建引领、促进特色产业发展和产城融合的特色小镇等，都是在中小城市率先实施，形成经验后才开始向全国推广。

中小城市对于僵化的体制机制约束有着最为直接的感受，也有着改革创新的内在动力。最近几年，中小城市围绕增强城市资源聚集能力、人口吸纳能力和综合承载能力，立足破解中小城市改革发展面临的突出矛盾和问题，在创新产业和城乡融合发展机制、优化营商环境、创新多元化投融资机制、健全要素流动机制、推进城市管理体制改革等方面，取得了一系列改革创新成果，探索出了一系列可复制、可推广的经验。

在加快农业转移人口市民化方面，江苏海门、贵州玉屏组建义务教育阶段名校集团，大幅增加学位供给。四川眉山将重点外来人群纳入住房公积金缴存范围。浙江德清推动城乡福利并轨，梳理出33项依附于户口、城乡有别的居民福利政策，已实现20项城乡福利无差别。浙江省义乌市实施居住证与入学挂钩的义务教育政策。福建省晋江市、河南省新郑市对随迁子女实行普通高中教育免费。

在加快推动城市高质量发展方面，河北高碑店引入企业共建工业设计创新工坊，与高校合作成立设计师联盟，产生几十项省级著名商标和品牌。福建宁德锂电新能源小镇、江苏镇江句容绿色新能源小镇、黑龙江大庆赛车小镇分别发展新能源和赛车产业，成为新兴产业集聚发展的新引擎。浙江诸暨袜艺小镇、广东深圳大浪时尚小镇、佛山禅城陶谷小镇、吉林长春红旗智能小镇分别改造提升纺织、陶瓷和汽车产业，开辟出传统产业转型升级的新路径，打造城市产业升级新支点。

在加快推进城乡融合发展方面，中小城市在完善乡村金融服务体系、搭建城乡产业协同发展平台、建立统一规范的农村产权流转市场等方面进行了有益的探索。例如，贵州湄潭在推行乡村信用评级基础上为农户提供小额信用贷款，科学设计农村资产抵押贷款程序，开展集体经营性建设用地使用权、农民房屋财产权抵押融资以及承包地经营权、集体资产股权等融资担保。浙江湖州扩大政策性农业保险范围，探索出长兴杨梅采摘期降雨指数保险、安吉毛竹收购价格指数保险等险种。江苏沛县建立农村金融风险防范处置机制，由政府专项风险基金代偿金融机构不良贷款损失，由县级土地流转公司对抵押物进行处置。山东威海、诸城、济南章丘区和吉林梨树县等推动农村"三变"改革，打造美丽乡村。广西平果市在镇区创办农民工创业园，引导农村贫困人口就业创业。江苏苏州苏绣小镇、江西大余丫山小镇、云南曲靖麒麟职教小镇、吉林安图矿泉水小镇分别发展刺绣、运动休闲、产教融合和矿泉水产业，成为承载农业转移人口进城就业的新空间和城乡产业协同发展的新支点。

在产权制度改革创新方面，辽宁省海城市组建东北首家农村综合产权交易中心，承担产权流转交易、资产处置、抵押登记和融资对接等职能，并在重要经济节点地区建立分支机构，在397个行政村安排项目信息员，形成三级联动的服务体系。浙江省义乌市建立集地券制度，鼓励农户将闲置废弃低效建设用地复垦后形成建设用地指标，允许在市内交易和申请贷款。安徽省金寨县探索宅基地复垦腾退建设用地指标在省内有偿使用，已交易指标4个批次共计1.1万亩，平均每亩价格46万元。

2. 改革创新的重要先行者

随着改革进入攻坚期和深水区，改革的难度和复杂性急剧上升，改革既需要顶层设计、统筹推进，也需要先行先试、稳妥前行，一些重大措施在出台以前需选择部分地区试点试验，然后再总结经验推广实施。在这一过程中，中小城市具有先行优势和示范效应。作为中国行政区划的基础单元，中小城市辖区先行先试推进改革创新，既有特殊优势，也有典型意义。中小城市分布广泛，各地资源禀赋和发展路径各异，改革创新具有代表性，重大突破具有可复制性。昆山市、常熟市、晋江市、长沙县、慈溪市、新昌县、南昌县、孝义市、梅河口市、长垣市、迁安市、龙口市、常州市武进区、佛山市顺德区、成都市双流区等一批不同区域中小城市的实践与先进经验已经成为各大区域县域高质量发展、绿色发展、科技创新、新型城市化等方面的楷模和领跑者，中小城市研究院先后进行了总结和宣传，对于推动区域协调发展发挥了重要作用。

四 “十四五”时期中小城市发展面临的机遇与挑战

中国特色社会主义进入新时代，我国社会主要矛盾已经转化为人民日益增长的美好生活需要与发展不平衡不充分之间的矛盾。在新时代迈向第二个百年目标进程中，中小城市既蕴含巨大的发展机遇，也面临严峻的挑战。

1. 国家现代化进程与中小城市发展

现代化既是当代人类发展的历史潮流，也是当代中国发展的历史任务。中国现代化既包括经济的现代化，也包括社会现代化、政治现代化、文化现代化、国防现代化、人的现代化以及生态文明建设等；既包括城市的现代化，也包括农村的现代化。党的十九大报告提出，在2020年全面建成小康社会、实现第一个百年奋斗目标的基础上，再奋斗15年，在2035年基本实现社会主义现代化；从2035年到21世纪中叶，在基本实现现代化的基础上，再奋斗15年，把我国建成富强民主文明和谐美丽的社会主义现代化强国。在现代化进程中，大城市处于主导地位，中小城市则处于中坚地位，现代化进程离不开中小城市。

2. 新发展格局与中小城市发展

构建以国内循环为主体的双循环新发展格局是党中央在国内外环境发生根本性变化的大背景下，对发展大势做出的重要判断，是推动我国经济向更高层次发展的重大战略部署。

从国际来看，中美之间基于传统均衡模式的发展格局难以维持，全球蔓延的新冠肺炎疫情使国际循环受到严重威胁。从国内来看，我国正在由高速增长阶段转向高质量发展阶段，经济发展呈现出从要素驱动和投资驱动转向创新驱动、经济结构不断优化升级的特征，更加强调可持续发展。推动高质量发展，就是要加快新旧动能转换，构建现代化经济体系，更好地满足人民对美好生活的需要。要加强城乡之间、城市之间、区域之间的合作与对外开放，降低生产、分配、流通、消费各个环节的交易成本，培育新形势下我国参与国际合作和竞争的新优势。在国内国际双循环体系中，国内大循环处在主体地位，是国际循环的基础和保证，国际循环则起带动和优化的作用，是国内循环的外延和补充。主动参与国际经济循环，才能在扩大开放中获得更加高效的资源、技术、人才、资金配置；加强国内经济大循环，才能让各类要素更加自由地流动，进而形成更多新的区域增长极。

从经济发展的本质来看，构建国内国际双循环相互促进的新发展格局，是利用好国内国际两个市场持续推进我国高质量发展的必然要求。我国经济具有潜力大、韧性强、回旋空间广的特点，不仅是“全球工厂”，而且正在发展成全球最大的市场。以国内大循环为主体旨在充分利用我国完备的工业体系，发挥我国巨大的市场优势和创新潜能，稳定产业链和经济运行，有效对冲日益增长的国际风险。国内国际相互促进的新发展格局旨在统筹国内国际两个大局，充分利用两个市场、两种资源将为我国经济发展和产业转型升级提供更大的空间，也将为我国发展创造一个相对良好的外部环境。在国内经济大循环中，发挥我国大中小城市各自的比较优势，综合施策，推动产业链在城市间的合理布局与协同，既为高端产业在中心大城市地区的发展腾挪更多空间，也为中小城市实现高质量发展和可持续发展提供更加强劲的动力。

3.“竞争中性”与中小城市发展

“竞争中性”本质上是对要素市场化配置的进一步强调，即通过减少要素流动的各类显性和隐性的制度性障碍，增加竞争，提升效率，真正实现市场在资源配置中的决定性作用。在城市层面，“竞争中性”将逐渐打破依靠行政指令和城市级别配置资源的传统体制。市场力量在城市要素竞争中发挥基础性的作用，对中小城市既是机遇，又是挑战。

在区域和城乡发展层面，坚持“竞争中性”原则，就是要充分发挥市场在资源配置中的决定性作用，强调政府在大城市和中小城市的发展中要保持相对中性，充分发挥不同类型城市在经济和社会发展中的市际分工作用，通过国土空间的一体化和要素配置的市场化，实现大中小城市和小城镇的协调发展。

改革开放以来，我国城市化道路是“优先发展大城市和特大城市”还是“优先发展中小城市和小城镇”的争论一直没有停止。然而，一个城市的发展本质上是一个自然的历史过程，大城市有大城市病，中小城市有中小城市病，大中小城市各有优点也各有短处，应各自发挥不同城市的功能。从国家整体战略角度出发，大城市和中小城市各有不同的城市分工。一方面，特大城市和超大城市集聚了一个国家最优秀的人才，拥有最强大的科技力量，规模经济和范围经济优势突出，是参与全球竞争的基本单元，同时也是整个国家高质量发展的主要动力源和增长引擎。从城市化的发展规律来看，大城市拥有强大的资源集聚能力和自我发展动力，在市场经济条件下劳动力、技术等生产要素存在向大城市继续集中的趋势，要求持续提升大城市的综合承载力，更好地发挥其在城市群和都市圈中的核心引领和辐射带动作用。

另一方面，与大城市相比，中小城市的基础设施、公共服务水平等有较大差距，人口和产业集聚能力较弱，营商环境和治理水平有待提升。我国地域宽广，区域差异大，中小城市分布广泛，其既是我国提升城市化质量和城乡融合发展水平的关键环节，也是大城市产业转移的有效承接地。

平衡这一矛盾的核心在城市化的发展思路上，遵循城市化进程的客观规律，坚持“竞争中性”原则。无论城市大小都被纳入无差别化的空间一体化框架中，成为全国统一大市场、互联互通的基础设施和公共服务体系的一个节点，在市场机制决定资源配置中能够机会均等地获取资源。同时，城市无论大小都要被纳入政府防止和弥补市场失灵的差别化空间干预架构中来，在面临市场失灵时能够公平、公正获得政府对症下药的行政干预。简单来说就是两点：无差别化的行政一体化和差别化的行政干预。无差别化的行政一体化是破除行政区划壁垒的前提，最终建立统一开放、竞争有序的大市场；差别化的行政干预是弥补城市存在的突出问题，允许城市撤并与调整。

从机遇方面来看，与大城市相比，中小城市劳动力成本和土地成本较低，具有良好的自然生态环境，发展过程中的社会矛盾和环境问题相对简单，物质供给和基础设施更容易满足社会需求，具有发展一般制造业的优势，“竞争中性”将使中小城市在要素竞争中与大城市站在同一起跑线上，提升中小城市的发展能力。此外，从城乡关系看，在“竞争中性”原则下，妨碍城乡要素双向自由流动和平等交换的体制机制壁垒更容易在中小城市被打破，人才、土地、资金、产业、信息等可在城乡之间自由流动，为乡村振兴和中小城市的发展都注入新动能。

从挑战方面来看，由于要素集聚能力逊于大城市，在“竞争中性”原则下短期内中小城市存在优质要素进一步流出的风险。对此，中小城市必须坚持新发展理念，补齐短板，强化优势，增强城市综合承载能力和治理能力，加快培育比较优势，有效承接产业转移，形成良性发展。

4. 人口流动趋势与中小城市发展

改革开放以来，我国开始了大规模的人口流动。整体来看，人口流动遵循两个主线：一个是广大农村剩余劳动力由农村走向城市，城市化水平持续提升；另一个是随着东部地区特别是沿海开放城市的率先发展，城市和区域间出现分化，人口开始更多地从中西部地区向东部地区和大中城市流入。2010 年以来，受多种因素影响，人口流动呈现出更加多样化的特征。具体来看，当前我国人口流动整体有以下几个特征。

第一，人口流动规模在 2014 年触顶后持续回落，但整体规模仍十分可观，全国有 1/6 的人口属于流动人口。流动人口主体的外出农民工群体规模尽管仍保持增长，但增速已连续 7 年保持在 2% 以内。

第二，人口流动的主要目的地和来源地基本保持不变，但跨省流动人口比重持续下降，更高比例的流动人口选择了省内就近流动，流动人口在“收入高”和“离家近”之间逐步向后者偏移。

第三，新生代流动人口开始占据主体地位。同老一代农民工相比，新生代农民工具有受教育水平更高、收入水平更高、维权意识更强、消费观念更加追求舒适和高质量的生活等特点。

第四，在流动人口从事的行业结构上，第三产业从业人员比重超过第二产业，但制造业和建筑业仍是就业规模排前两位的行业，不过其比重持续下降，第三产业中的住宿餐饮、居民服务业从业人口增长较快。

第五，大城市（含特大城市、超大城市）人口整体呈净流入状态，其中特大城市和超大城市人口整体净流入率①均超过 30%（2018 年）。中小城市人口整体呈净流出状态，其中Ⅰ型小城市人口净流出率最大，达到 10.8%，Ⅱ型小城市次之，流出 8.1%。在中小城市内部，不同城市之间差异化较大。有一成多建制市属于人口净流入型城市，如中山、晋江、昆山、金华、江门、珠海、义乌、常熟、慈溪等，均为经济发展相对较好的地区。其余八成多中小建制城市人口呈净流出状态。

中小建制城市人口持续保持流出主要有三方面的原因。一是产业体系不够

① 净流入指某个地区常住人口规模与户籍人口规模的差值占当地户籍人口的比例，如果该值为负，则代表当地为人口净流出。

发达，就业空间相对有限。与中小城市相比，大城市经济效率更高、产业门类更多，能够提供更多的就业选择和更高的收入，更能吸引流动人口的进入。二是城市公共资源配置不够合理。长期以来，很多公共资源是按建制市行政等级和城市规模进行配置，高行政等级建制市或大城市承接更多优质公共服务设施和中央财政专项转移支付。以教育医疗资源为例，优质中小学和“双一流”建设高校基本布局在大城市，全国百强医院也基本布局在大城市，其中40%以上布局在北京和上海。县级市和中小城市公共服务水平普遍不高，对人口特别是中、青、少年的吸引力明显不足。三是部分城市治理能力不高，营商环境亟待改善。一些城市治理仍沿用多年前的理念，治理体系不健全，营商环境欠佳，存在审批冗繁、政府失信、关系网复杂等阻碍发展的现象；一些城市盲目跟风，突击上马当地不具比较优势的产业项目；一些城市对产业转型缺乏精准谋划，缺少有效应对手段，盲目设立新城区，导致城市竞争力进一步下降。

对于中小城市人口的持续流出，既要看到这是要素市场化配置的一种必然现象，也要充分意识到人口流动的背后根本原因是城市发展水平和收入差距的影响。人口持续性的流出表明当前我国中小城市存在明显的短板，不利于城市的高质量发展，必须找出人口流出的主要原因，补短板、强基础，缓解中小城市人口持续流出的趋势，提升中小城市人口等要素的集聚，实现不同类型城市的协调发展。同时，也要看到，随着人口增量放缓和城市人口梯度转移的继续，部分中小城市人口总量仍会继续下降，对此必须转换增量规划思维，以“瘦身强体”的思路规划城市发展，围绕经济格局、产业结构和就业结构的变化，科学编制规划，加强产业引导，通过空间结构优化，提高城区人口和产业的集聚力，实现产业和经济的健康发展。

5. 数字经济与中小城市发展

数字经济是继农业经济、工业经济之后的新经济形态，是以数据资源为重要生产要素，以现代信息网络为主要载体，以信息通信技术融合应用、全要素数字化转型为重要推动力，促进公平与效率更加统一的高级经济形态。当前，世界经济加速向以网络信息技术为重要支撑的经济活动转变。数字经济突飞猛进，深刻地改变着人类的生产和生活方式，日益成为推动经济快速增长、包容性增长、可持续增长的强大驱动力。习近平总书记强调，世界经济正在向数字化转型，要做大做强数字经济，促进数字经济同实体经济融合发展，打造新技术、新产业、新模式、新产品，为经济发展开辟更广阔空间。

数字驱动不仅仅是一种技术革命，更是一种认知革命，是一种思维方式与经营模式的革命，数据的产生、汇聚、开放、共享和应用将进一步优化资源配置和使用效率。数字革命开启全新的数字时代，随着网络化联通、数字化转型、智能化应用，经济体系和社会结构深刻变革，推动着中小城市重构数字化战略。在数字经济时代，中小城市要超前谋划，走出一条符合自身特征的以数字经济为驱动力的发展道路。在增长类型上，要由工业经济时代的以金融资本为驱动向以知识资本为驱动转变。在经济类型上，要由规模经济向范围经济转变，实现创新要素跨时空连接、产业跨界融合，提高全要素生产率。

数字经济的发展为中小城市缩小差距甚至弯道超车提供了更多机会和可能。中小城市数字化应用领域众多、发展潜力无限，尤其是产业数字化转型、城市数字化应用，从根本上决定着中小城市发展的影响力和竞争力。为了更好地适应数字经济的发展特点，推动数字经济与实体经济的深度融合，一些发达的中小城市有较多可能在加快构建产业数字平台、建立产业协同共生生态体系、形成产业发展新路径、实施数字化转型等方面先行一步。当然，这种转型不能跟风，要具备相应条件，也不能一蹴而就，而是对传统的产业生态、消费环境、城市治理等进行更大范围、更高层次的跨系统、跨边界的高效协同。

五　迈向第二个百年目标的中小城市发展战略

2020 年是全面建成小康社会和“十三五”规划收官之年，也是为“十四五”发展打好基础的关键之年。2021 年则是我国全面建设社会主义现代化国家新征程开局之年。对于中小城市而言，推动高质量发展既是国家现代化进程的必然要求，也是乡村振兴和城乡融合发展的必然要求。中小城市数量多、分布广、差异大，必须根据不同类型和特点采取差异化的发展战略。

1. 城市群内的中小城市与偏远区域中小城市

城市群内和邻近中心大城市的中小城市，发展基础相对较好，与中心大城市联系紧密，是城市群发展壮大的重要支点。此类中小城市要进一步加强与中心大城市的联系与对接，实现经济社会发展，更好地支撑城市群的发展。

不在城市群范围、地处偏远区域的中小城市远离中心大城市和省域城市中心，往往经济发展滞后、基础设施薄弱，属于“经济冷点”。这些中小城市大多位于生态功能区，生态保护的任务艰巨，必须加大生态补偿力度，建立横向生态补偿制度，建立健全中央和地方共同参与和责任分担机制。同时，加快产业发展，择优建设与特色契合的产业园区，由上级财政安排专项转移支付资金，加强交通等基础设施的建设，促进省会城市或区域中心城市某些产业向此类城市转移。

2. 明星中小城市与发展停滞或收缩型中小城市

一些明星中小城市，由于正确的发展路径、良好的区位条件，在实现第一个百年目标进程中走在了前列。如江苏昆山市坚持创新驱动，成为中小城市的一面旗帜；湖南长沙县创建“两型社会”实现了跨越式发展，成为中部地区的领跑者；成都市双流区统筹城乡发展，辽宁海城市力求四化协同发展，分别成为西部和东北部地区的明星城市。这些明星中小城市，要对标国内国际一流，提升产业发展空间，向产业集群化、产业生态化方向发展提升，形成更强的核心竞争力，实现可持续发展，成为基本实现现代化的排头兵和引领者。

一些资源枯竭、经济发展停滞、产业升级遇阻、人口持续性减少的收缩型中小城市，要精准分析，找出原因，因城施策。对于产业基础薄弱的中小城市，要根据当地资源禀赋特点，培育新产业，借力发展；对于人口密度过低的中小城市，则需要优化区划调整，充分发挥主城区规模经济聚集优势，寻找新的突破口和动力源。

3. 特色中小城市

特色中小城市，如旅游城市、矿产资源型城市等需要依托特色资源禀赋实行错位发展，重构竞争力。

旅游型城市。旅游型城市首先要牢固树立生态优先、绿色发展的理念，坚持“绿水青山就是金山银山”，在保护生态基础上谋求城市的可持续性发展。其次，要不断丰富产品业态，基于旅游“体验性为主”的特点，实现从景点旅游向全域旅游模式的转变，摆脱过度依靠“门票经济”，推进旅游基础设施建设全域化、公共服务一体化、旅游监管全覆盖，产品营销与目的地推广有效结合，提升产业附加值，带动大旅游产业的发展。最后，针对人们对健康生活追求，推动旅游和健康产业融合发展。旅游城市同时也是自然环境和生态环境质量高的城市，要借助生态优势，培育壮大康养旅游产业，延伸产业链，进一步将“好资源”转化为“好产品”，“好产品”衍生出“大产业”，“大产业”带来“优发展”，真正实现从“绿水青山”到“金山银山”的转变，实现高质量发展。

矿产资源枯竭型城市。矿产资源是有限的，依托矿产资源发展的城市不可避免地会遇到资源枯竭的问题。矿产资源枯竭型城市也是世界各国经济和社会发展中都会经历或正在经历的突出问题，如德国的鲁尔矿区、法国的洛林矿区等。我国在近几年陆续确定了 69 个矿产资源枯竭型城市（县、区），其中煤炭城市 37 座、有色金属城市 14 座、黑色冶金城市 6 座、石油城市 3 座、其他城市 9 座，涉及总人口 1.54 亿人。矿产资源枯竭型城市产业结构单一，居民收入增长缓慢，地方财政矛盾日益突出。为加快资源枯竭型城市转型升级，中央加强了中央财政转移支付力度，截至 2018 年，累计转移资金 1600 亿元，有力支持了这些城市转型升级。当前，我国资源枯竭型城市转型已取得阶段性成果，但未来的任务仍十分艰巨。矿产资源型城市的核心问题是产业转型，要大力推进传统产业改造升级，加快培育壮大多元并举、多极支撑的产业体系；深度融入城市群、都市圈建设，加强与区域内中心城市的联系与协同，根据城市特点推动城市特色发展，彻底改变资源型产业“一业独大”的格局，增强资源型城市抵御风险的能力，逐步走上可持续发展的良性轨道。

4. 老少边穷区的中小城市

革命老区、少数民族地区、陆地边境地区、连片贫困（欠发达）地区，由于地理区位偏远，生态环境脆弱、交通不便、人才匮乏，其经济发展迟缓。这些地区是制约城乡统筹发展的薄弱环节，也是迈向第二个百年目标的短板。对于这些地区，必须高度重视其历史贡献和战略地位，以现有中小城市发展为重点，推进城市化与异地生态移民相结合的人口优化布局，根本改变过度紧张的人地关系，为共同富裕奠定稳固的基础。一方面，要增加财政转移支付，提高政府公共服务能力，加强基础设施尤其是交通设施和新型基础设施建设，提高其在物理空间和虚拟网络空间中的通达便利性，拓展发展半径。另一方面，要通过政策优惠等措施，积极培育发展适合当地资源禀赋的优势产业和特色经济，增强老少边穷地区自身造血功能。对于边境口岸城镇，通过创新体制机制，完善边境贸易、金融服务、交通枢纽等功能，建设国际贸易物流节点和加工基地。

新时代的中小城市蕴含着巨大的发展机遇。中小城市要紧紧把握新发展阶段的特点与要求，推动要素流动和开放合作，深度融入“双循环”经济体系，加快数字化转型，加快智能化提升，以创新驱动高质量发展，在全面建设社会主义现代化国家新征程中实现更大发展、发挥更大作用。

参考文献

国家发展和改革委员会编《国家新型城市化报告（2019）》，人民出版社，2020。

国家发展和改革委员会发展战略和规划司、云河都市研究院：《中国城市综合发展指标 2018》，人民出版社，2019。

尹稚等编著《中国都市圈发展报告 2018》，清华大学出版社，2019。

蔡昉、都阳、杨开忠等：《新中国城镇化发展 70 年》，人民出版社，2019。

辜胜阻、郑超、曹誉波：《大力发展中小城市推进均衡城镇化的战略思考》，《人口研究》2014 年第 4 期。

杨传开、朱建江：《乡村振兴战略下的中小城市和小城镇发展困境与路径研究》，《城市发展研究》2018 年第 11 期。

方创琳：《中国城市发展方针的演变调整与城市规模新格局》，《地理研究》2014 年第 4 期。

刘立峰：《西部中小城市发展难题及对策》，《中国经贸导刊》2018 年第 28 期。

评价报告

Assessment Reports

G.2
2021年中国中小城市高质量发展指数研究报告

中国中小城市发展指数研究课题组　国信中小城市指数研究院

摘　要：　“十四五”时期是我国全面建成小康社会、实现第一个百年奋斗目标之后，乘势而上开启全面建设社会主义现代化国家新征程、向第二个百年奋斗目标进军的第一个五年。新发展阶段对中小城市高质量发展、探索率先基本实现现代化、共同富裕、乡村振兴等都提出了更高的要求，持续构建和完善中小城市高质量发展指标体系，引导中小城市树立高质量发展、可持续发展的理念，总结中小城市创新发展的路径具有非常重要的意义。

百强县的综合经济实力连年增强，从总量规模来看，入围榜单的100个县市，以占全国1.86%的土地面积以及6.56%的人口，创造了全国9.42%的GDP及3.80%的一般公共预算收入，社会消费品零售总额占到全国的8.66%。而入围榜单的100个市辖区，以占全国7.47%的人口，创造了全国11.38%

的 GDP 及4.53% 的一般公共预算收入，社会消费品零售总额占到全国的11.31%，强区集聚优势凸显。2020年，百强县市的 GDP 达95732亿元，平均 GDP 接近千亿大关，而百强区的 GDP 达115616亿元，平均 GDP 更是突破千亿，强区强县已成为中国经济发展的领头雁，是中国各区域城市里的标杆。

关键词： 中小城市　百强县市　百强区　千强镇　高质量发展

为客观评价中小城市发展水平和发展质量，总结城市一般性发展规律，探索中小城市高质量发展路径，不断丰富和完善中小城市发展理论体系，国信中小城市指数研究院倾力构建中国中小城市发展指数研究系统工程，持续 16 年对中小城市发展指数进行深入系统研究，并逐年推出阶段性研究成果。

一　中小城市的范围及其地位

城市与农村是相互对应的两种人类空间聚集形态，人口空间聚集超过一定规模成为城市。按人口聚集规模的大小，城市划分为大中小城市和小城镇。

1989 年制定的《中华人民共和国城市规划法》规定，大城市是指市区和近郊区非农业人口 50 万以上的城市，中等城市是指市区和近郊区非农业人口 20 万以上、不满 50 万的城市，小城市是指市区和近郊区非农业人口不满 20 万的城市。2014 年国务院《关于调整城市规模划分标准的通知》（国发〔2014〕51 号），以城区常住人口数量为依据，中国城市规模划分为五类七档：城区常住人口 100 万人以上的为大城市，其中 100 万 ~300 万人的为Ⅱ型大城市，300 万人 ~500 万人的为Ⅰ型大城市，500 万 ~1000 万人的为特大城市，1000 万人以上的为超大城市；城区常住人口 50 万 ~100 万人的为中等城市；城区常住人口 50 万人以下的为小城市，其中，20 万 ~50 万人的为Ⅰ型小城市，20 万人以下的为Ⅱ型小城市。

城市发展是一个自然的历史过程，城乡边界时时处于变化之中，难以进行严格意义上的统计。建制市是由国家根据地区城市建设发展进程设立的，边界明晰而且稳定，能够进行各类社会经济统计。所以建制市的统计大体上也能够反映我国城市发展状况，由此形成了我国有城市，但无城市统计数据，只能以建制市统计数据代替的状况。

我国建制市数量的变化主要取决于国家政策的调整。改革开放以来，我国19个地级以上建制市（4个直辖市和15个副省级城市）数量稳定，地级和县级建制市数量沿两个方向演进。从20世纪90年代中期开始，随着中心大城市发展空间受到限制，我国开启了撤市撤县设区的区划调整。一批邻近中心大城市的县级建制市或者县改称为市辖区。这些新设市辖区与主城区边界明显，城市功能相对独立，自成体系，依然是原有的中小城市空间形态，这是后来《中国中小城市发展报告》把新设的市辖区作为一个类型纳入研究范围的依据，2020年末我国有此类市辖区793个。与市辖区数量增加相对应的是县级建制市和县级行政区的减少，2020年我国又有11个县级行政区撤销，其中3个设立县级建制市，6个改称市辖区，2个划入市辖区；1个县级建制市改称为市辖区，1个县级建制市和1个县合并设立市辖区。

（一）中小城市的范围界定

截至2020年年底，我国设置建制市685个（不包括港澳台地区，下同），其中直辖市4个，地级市293个，县级市388个。全国有93个建制市属于大城市、特大城市和超大城市，其余591个建制市属于中小城市。在这591个建制市中，地级市有204个，即地级市城区有七成以上属于中小城市，县级市城区则全部属于中小城市，其中有11个中等城市。

除上述建制市主城区和市区之外，我国尚有40个地级行政区（地区、州、盟）政府驻地城镇尚未设立建制市。这些城镇大多因自然条件限制，人口聚集尚未达到小城市规模，但市政设施相对完善，一般是数个甚至十几个县域的行政中心、经济中心、文化教育卫生中心和交通枢纽，未来人口聚集大概率是增加趋势，可视为中小城市。20世纪80年代以来，撤县（市）设区的市辖区因其建成区与主城区一般边界明显，也应视为自然形态的中小城市。

截至2020年底，我国现有中小建制市591个，其中有13个辖区人口不足10万人，未来成长为小城市的可能几乎为零，应视为小城镇。而自然形态的中小城市大约为2634个，但近80%没有设置为建制市。

（二）中小城市的地位

1. 中小城市协同发展是把握城市发展格局区域差异的主攻方向

党的十九届五中全会通过的《中共中央关于制定国民经济和社会发展第十四个五年规划和二〇三五年远景目标的建议》明确提出，要推进以人为核心的新型城镇化，促进大中小城市和小城镇协调发展，这为我国城镇化的高质量发展指明了方向。

改革开放40多年来，中心城市和城市群正成为承载发展要素的主要空间形式，由于过于偏好经济或人口的规模竞争，对人的需求重视不够，一些城市大得不合理，小城市小得没有特色，大中小城市协同发展水平不高。当前，我国人口数量红利已向人口质量红利转变，以规模增长为主的城市发展难以为继。在新发展理念指导下，要顺势而为，把握经济社会发展趋势，着力发挥各等级规模城市优势，注重城市发展水平的地区差异，合理确定城市规模，促进中小城市和大城市的协同发展。一方面，推动以人为核心的城镇化，回归满足人的生活需要的人本逻辑，是城市发展应该追求的更高境界，应当成为当前我国城市发展的核心价值追求。另一方面，要利用不同规模城市的优势，适度确定城市人口规模，充分发挥中心城市和城市群的引领带动作用。对于中心城市和城市群之外的地区，要加强推动人口的流出，宜城则城，宜乡则乡，在城镇化高质量发展进程中逐步推动实现共同富裕。

2. 中小城市是乡村振兴的战略支点

中小城市发展得好，“工农互促、城乡互补”的方针才能得到贯彻，各项支农、惠农政策才能落到实处。一个发达的中小城市，能提供更多就业增收机会，周边地区还可以通过原料供应、配套服务等方式分享其发展红利，往往能带动一大片农村区域的发展。

推动城乡融合发展，就必须重视中小城市的发展，加强市政基础设施和公共服务设施建设，教育医疗等公共资源配置要向中小城市和县城倾斜，引导高等学校和职业院校在中小城市布局、优质教育和医疗机构在中小城市设立分支机构，增强其集聚要素的吸引力。

二 指数研究的背景、目的和原则

中国特色社会主义进入了新时代，我国经济发展也进入了新时代，其基本特征就是我国经济已由高速增长阶段转向高质量发展阶段。推动高质量发展，是保持经济持续健康发展的必然要求，是适应我国社会主要矛盾变化和全面建成小康社会、全面建设社会主义现代化国家的必然要求，是遵循经济规律发展的必然要求。

（一）指数研究的背景

实现高质量发展，就是要坚持以供给侧结构性改革为主线，推动质量变革、效率变革、动力变革。推动高质量发展是当前和今后一个时期确定发展思路、制定经济政策、实施宏观调控的根本要求。高质量发展，从外延上看，主要包括高质量供给、高质量需求、高质量配置、高质量投入产出、高质量收入分配、高质量经济循环等方面的内容。

中小城市是推动高质量发展的重要力量。近年来，中小城市在承接产业转移、完善城镇结构、推动城乡融合等方面发挥了不可替代的作用。与此同时，中小城市发展也出现了快速分化。部分中小城市凭借得天独厚的区位条件和发展基础，在动能转化、民生改善、生态建设等方面走在了前列。还有一部分中小城市，尽管基础薄弱，但通过发展思路创新，实现了跨越式发展。也有一部分城市，人口持续外流，经济发展难以找到新的突破口。2019 年 8 月，中央财经委员会第五次会议指出，“经济发展的空间结构正在发生深刻变化，中心城市和城市群正在成为承载发展要素的主要空间形式”，这就意味着中小城市可能会加速分化，位于大城市群、与中心城市良好互动的中小城市将塑造出新的发展优势。

（二）指数研究的目的

本文顺应中国特色社会主义进入新时代的历史方位，回答了什么是“创新、协调、绿色、开放、共享”发展，如何才能实现高质量发展的问题。对中小城市发展进行研究，其目的如下。

第一，引导中小城市树立科学政绩观、发展观。习近平指出，我们这么大个国家、这么多人口，仍然要牢牢坚持以经济建设为中心。同时，要全面认识持续健康发展和生产总值增长的关系，防止把发展简单化为增加生产总值，一味以生产总值排名比高低、论英雄。本文将生态环境和民生改善相关指标列入考核体系，并逐步增加非经济指标的权重，引导中小城市树立科学的政绩观、发展观。坚定以人为本的科学发展理念，增强资源节约和环境保护意识，大力保障和改善民生，不断提高自主创新能力，加快城乡融合发展，积极探索高质量发展路径，坚持不懈地走全面、协调、可持续发展之路。

第二，树立高质量发展典型，总结发展规律，探索发展道路和模式。本文依据最新发展形势和党的十九大最新精神，及时调整和优化指标体系，通过数据对比和案例分析，发现当年的高质量发展典型。近年来，中小城市异军突起，有的中小城市克服宏观经济波动的不利影响，抓住超大城市产业转移的机遇，因地制宜加快发展，在稳增长中发挥了至关重要的作用；有的中小城市科学把握生产空间、生活空间、生态空间的内在联系，真正实现了生产空间集约高效、生活空间宜居适度、生态空间山清水秀；有的中小城市着力推进供给侧结构性改革，加法、减法一起做，既做强做大优势产业、培育壮大新兴产业、加快改造传统产业、发展现代服务业，又主动淘汰落后产能，腾出更多资源用于发展新的产业。本文着眼于全国，挖掘最新典型，总结新鲜经验，为其他地区提供学习和借鉴的样板。

第三，为中小城市高质量发展提供科学的理论依据。中小城市通过参与指数研究，不但可以清晰地看到自身的相对实力，还可以明确自身的长处和短板，为中小城市扬长补短，加快绿色发展，增强科技创新能力，挖掘城市投资潜力，提升新型城镇化水平，提升城市整体实力等提供科学依据。

第四，动态监测、深入研究为国家决策提供参考。本文以客观数据为基础，对中小城市的发展状态和发展水平进行动态监测。测评数据和结果及时向国家有关部门报告，并通过权威媒体发布，为国家相关决策提供依据。

（三）指数研究的原则

新时代中小城市发展指数研究和发展评价体系研究，必须坚持以下四条原则。

一是坚持科学评价理念。坚持把是否促进经济社会发展，是否给人民群众带来实实在在的获得感、幸福感、安全感，作为改革成效和发展成效的根本评价标准。党的十九大明确提出，“把人民对美好生活的向往作为奋斗目标”，“不断满足人民日益增长的美好生活需要”，“满足人民过上美好生活的新期待”。因此，反映居民就业、收入水平及收入差距的指标，反映公共服务和生态宜居的指标，应当作为高质量发展评价和政绩考核的核心指标。

二是突出新发展理念和重大战略的导向作用。党的十九大提出，发展是解决我国一切问题的基础和关键，发展必须是科学发展，必须坚定不移贯彻创新、协调、绿色、开放、共享的新发展理念。党的十九大修订的《中国共产党章程》提出，全面实施科教兴国战略、人才强国战略、创新驱动发展战略、乡村振兴战略、区域协调发展战略、可持续发展战略、军民融合发展战略等七大战略。高质量发展评价体系必须突出新发展理念和七大发展战略的导向作用，引导各级党委政府更好践行新发展理念，推动重大发展战略落地生根。尤其需要强调的是，党的十九大首次提出的乡村振兴战略，应该在评价中重点突出。因此，乡村经济发展、城乡融合发展等方面的指标应纳入指标体系。

三是突出对当前经济社会发展和生态建设等重点任务落实情况的评价。紧紧围绕党的十九大提出的“建设现代化经济体系”“推动社会主义文化繁荣兴盛”“提高保障和改善民生水平”“建设美丽中国”等重点任务，构建高质量发展的评价体系。

四是要关注并回应热点问题。打好脱贫攻坚战是党的十九大提出的三大攻坚战之一，扶贫工作推进和脱贫目标实现情况应当纳入考核评价体系。在热点地区，房价是当前中央和社会各界普遍关注的问题，应将遏制房价快速上涨和防控房地产风险纳入评价体系和考核办法，主要指标包括房价收入比等指标。此外，随着老龄化社会的到来，养老服务也是社会关注的一个热点，可以考虑将养老服务业发展等指标纳入考核评价体系。

三 评价对象及数据来源

（一）评价对象

本文的评价对象原则上界定为中小城市。但考虑中国特殊的经济政治体制和行政区划，评价对象做如下调整。

第一，考虑现行中国统计体系，基本上是以行政区划为统计单元，缺乏真正意义上的城市统计，因此，本文的评价对象在中小城市的基础上扩展至以该城市为核心的行政区域。

第二，考虑行政级别对城市发展产生重要影响，不同级别的城市、行政区划不具可比性，因此，本文的评价对象剔除了地级以上城市以及未成为建制市的地级行政区划。

第三，考虑部分县级行政区划，尽管已经调整为市辖区，但由于远离中心城区，在经济社会发展中仍然相对独立，本文将远离中心城市的市辖区也纳入评价范围。如何判断哪些市辖区远离市中心？本文采取的甄别方法是：市辖区内含有乡镇时，视为相对独立发展的市辖区。同时，本文在对市辖区进行评价时，剔除了北京、上海、天津、重庆四大直辖市的市辖区。

第四，考虑中国乡镇实力的快速增长，部分镇区也聚集了相当规模人口，具备较强的经济实力，国家相关部门正在考虑启动“镇级市”的相关方案，因此，自 2014 年开始，本文增加了将具备“建市”条件的镇作为研究对象。

（二）范围界定

综上所述，本文的评价对象界定为：县级市、县以及空间相对独立的市辖区，以及发展基础较好、具备“建市”条件的镇。

百强县市：县级市、县、自治县、旗。

百强区：含有乡镇、相对独立发展的市辖区（剔除了北京、上海、天津、重庆四大直辖市的市辖区）。

千强镇：全国重点镇、各省发展态势较好的镇。

（三）数据来源

数据来源：2020 年各省市区统计年鉴；2020 年各县市区统计资料；各县市区统计部门提供的其他数据。

四　评价体系及测评结果

依据新发展理念和经济高质量发展的要求，本文构建了中小城市高质量发展指数，对中小城市综合实力进行评价。为了反映中小城市在绿色发展、科技创新、新型城镇化建设等方面的成就，本文依次建立了绿色发展指数、科技创新指数和新型城镇化质量指数。为了反映中小城市投资潜力和营商环境，本文构建了投资潜力指数。考虑中小城市中的县、县级市，与市辖区之间存在较大差异，本文将县市与市辖区分开进行评价。

此外，考虑发展基础较好、具备“建市”条件的镇已经具备中小城市的某些特征，本文将这些镇单独归类，对其综合实力进行了评价。

（一）综合实力指数

习近平同志指出，要改进考核方法手段，既看发展又看基础，既看显绩又看潜绩，把民生改善、社会进步、生态效益等指标和实绩作为重要考核内容，再也不能简单以国内生产总值增长率来论英雄了。一个城市的发展水平如何，不但要看它的总量规模有多大，还要看发展质量和供给侧结构性改革的成效，更重要的是要看人民群众是否分享了经济发展的成果、要看人民群众的生活水平和精神状态在多大程度上得到了改善和提高。就现阶段而言，最重要的就是要看“创新、协调、绿色、开放、共享”新发展理念的落实情况。

本评价指标体系立足践行新发展理念和高质量发展的要求，从现代经济发展、社会民生改善、生态环境建设、城乡融合发展、创新驱动引领和现代治理效率等六个方面进行评价。

具体来说，指标体系包含以下六个方面。

1. 现代经济发展

经济指标包含“经济发展水平指数”和“经济发展质量指数”。“经济发展水平指数”主要反映地方经济发展水平高低以及经济发展水平的提高速度，主要用 GDP 增速、人均 GDP、本级财政一般公共预算收入、财政收入占 GDP 比重、当年实际利用外资额、进出口总额、第一产业增加值占地区生产总值比重、人均社会消费品零售总额等指标来衡量。“经济发展质量指数”主要反映地方经济结构优化和供给侧结构性改革的成效，用数字经济增加值占 GDP 比重、劳动生产率、资本生产率、综合能耗产出率、工业用地亩均效益（工业增加值与工业用地之比）、年末金融机构存贷款比等指标衡量。

2. 社会民生改善

社会指标主要从“居民生活质量指数”和“公共服务水平指数”两个角度来反映。“居民生活质量指数”主要反映人民群众的获得感和幸福感，可以用城镇调查失业率、城乡居民人均收入、恩格尔系数、住房成套率、城镇居民最高收入户与最低收入户人均可支配收入比、房价收入比、人均预期寿命、电子商务消费与 GDP 比值八个指标来衡量。“公共服务水平指数”主要反映城镇公共服务投入和建设情况，可以用每万人拥有公共文体设施面积、高中阶段入学率、万人拥有公交车辆数、行政辖区内三级医院个数、城乡社会保险综合参保率、城乡居民生活最低保障标准六个指标来衡量。

3. 生态环境建设

主要包括“资源节约指数”、“绿色生活指数”、“污染治理指数”和“生态建设指数”四个方面。“资源节约指数”可以用新能源使用比重、万元 GDP 耗水量、工业“三废”综合利用率、主要农作物秸秆综合利用率、农田灌溉水有效利用系数等五个指标来衡量。“绿色生活指数”可以用城市公共交通机动化出行分担率、新能源汽车保有量增长、农村卫生厕所普及率、城镇绿色建筑占新建建筑比重、绿色产品占有率（高效节能产品）等五个指标来衡量。“污染治理指数”可以用单位 GDP 碳排放、重大污染天数、工业废气达标排放率、工业废水达标排放率、工业固废处置率、城镇生活污水处理达标率、城镇生活垃圾无害化处理率、农村生活污水处理率、生活垃圾分类收集率、生活垃圾资源回收率、单位耕地使用农药减少率、单位耕地使用化肥减少率等十二个指标来衡量。“生态建设指数”可以用矿山废渣无害化回填率、新增水土流失面积、草原综合植被覆盖率、森林覆盖率、森林蓄积量增加率、PM2.5浓度下降率、（国考、省考、市考）断面水质达标率、建成区环境噪声达标区覆盖率、可治理沙化土地治理率等九个指标来衡量。

4. 城乡融合发展

城乡融合主要反映工农互促、城乡互补、全面融合、共同繁荣的新型工农城乡关系的构建情况，主要包括“城镇化水平指数”和“城乡差距指数”两个方面。“城镇化水平指数”主要用建制镇比重、城镇化率与非农产业比重之比、建成区路网密度（快速道、主干道）、中心城区义务教育阶段平均班级学生人数、城镇公共供水普及率、城镇家庭宽带接入能力等六个指标来衡量。“城乡差距指数”主要用城乡居民收入比、城乡公交一体化率、农村户籍初中毕业升学率与城镇户籍初中毕业升学率之比、通村公路硬化率、行政村光纤接入率等五个指标来衡量。

5. 创新驱动引领

主要包括“创新环境指数”、“创新活力指数”、“创新投入指数”和“创新成效指数”四个方面。“创新环境指数”用每万人专业技术人员数、每万人大专以上学历人数、高新技术企业数、国家级/省级高新技术产业园区个数、国家级/省级/市级科技创新创业平台数等五个指标衡量。“创新活力指数”可以用发明专利申请量、新增注册商标数占全部商标比重两个指标来衡量；“创新投入指数”可以用R&D投入占地区生产总值比重、企业研发投入占全社会研发总投入比重、教育科技支出占本级财政支出比重等指标衡量。“创新成效指数”可以用战略性新兴产业产值占规上工业总产值比重、技术市场成交金额占GDP比重、新增发明专利授权占专利授权总数的比重等三个指标衡量。

6. 现代治理效率

现代治理效率包含“政府行为规范化指数”、“政府行为效率指数”和“政府行政审批效率指数”。“政府行为规范化指数”反映政府行为的规范化程度，可以用非税收入占财政收入的比重，政府债务变化率，地方政府债券、地方政府债务、地方国有企业发行的企业债券违约事件发生次数等指标衡量。“政府行为效率指数”可以用财政供养公职人员与常住人口之比、智慧政务建设覆盖率、年度获评先进基层党组织数量、年度获评优秀共产党员数量、年度获评优秀党务工作者数量来衡量；“政府行政审批效率指数”衡量政府的办事效率，可以用审批事项的数量、审批性备案事项在全部备案事项中所占比重等指标衡量。

表1　中国中小城市高质量发展综合评价指标体系

一级指标	二级指标
现代经济发展	经济发展水平指数
	经济发展质量指数
社会民生改善	居民生活质量指数
	公共服务水平指数
生态环境建设	资源节约指数
	绿色生活指数
	污染治理指数
	生态建设指数
城乡融合发展	城镇化水平指数
	城乡差距指数
创新驱动引领	创新环境指数
	创新活力指数
	创新投入指数
	创新成效指数
现代治理效率	政府行为规范化指数
	政府行为效率指数
	政府行政审批效率指数

注：现代治理效率为参考性指标。

2021年，中国中小城市高质量发展指数为70.8，与2019年相比提高了0.3。分区域来看，东部地区先发优势明显，高质量发展指数仍然处于领先位置。东部地区为77.1，提高了0.3；中部地区为70.8，提高了0.2；西部地区提高了0.4，达到65.6；东北地区为65.6，提高0.2。

第一，强县强区总量领跑，百强县市二产带动效应显著。

百强县的综合经济实力连年增强，从总量规模来看，入围榜单的100个县市，以占全国1.86%的国土面积以及6.56%的人口，创造了全国9.42%的GDP，3.80%的一般公共预算收入，社会消费品零售总额占到全国的8.66%。而入围榜单的100个市辖区，以占全国7.47%的人口，创造了全国11.38%的GDP，4.53%的一般公共预算收入，社会消费品零售总额占到全国的

11.31%，强区集聚优势凸显。2020 年，百强县市的 GDP 总量达 95732 亿元，平均 GDP 接近千亿元大关，而百强区的 GDP 总量达 115616 亿元，平均 GDP 更是突破千亿元，强区强县已成为中国经济发展的领头雁，是中国各区域城市里的标杆。

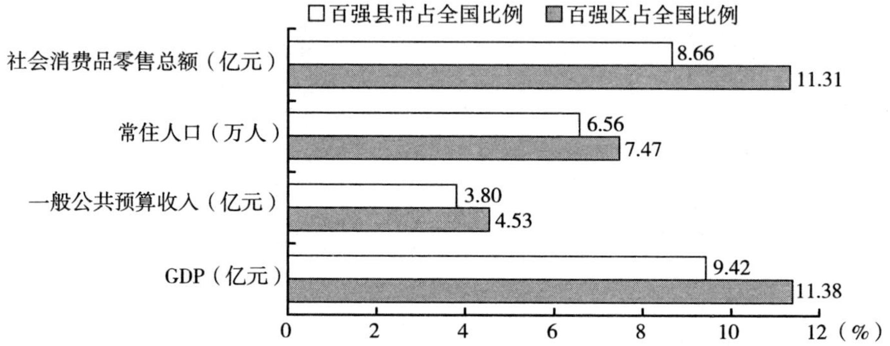

图 1　2020 年百强县市、百强区主要指标与全国总量的对比

从产业结构来看，百强县市发展的主要动力是第二产业，二产占比达到 48.57%，比全国平均水平高出 10.75 个百分点；三产占比为 44.17%，比全国平均水平低 10.36 个百分点。

表 2　2020 年百强县市产业结构与全国的情况对比

单位：%

	一产占比	二产占比	三产占比
百强县市	7.26	48.57	44.17
全国	7.65	37.82	54.53

第二，强县强区富民惠民，率先走向共同富裕。

2020 年，百强区、百强县市的人均 GDP 分别达到 119150 元、105117 元，在世界银行的划分标准中均已达到高收入国家水平。城乡居民人均可支配收入分别达到 51404 元、40295 元，比全国平均水平分别高出 19215 元、8106 元。

在经济发达，富裕程度领跑全国的同时，强区强县在城乡协调发展上也更

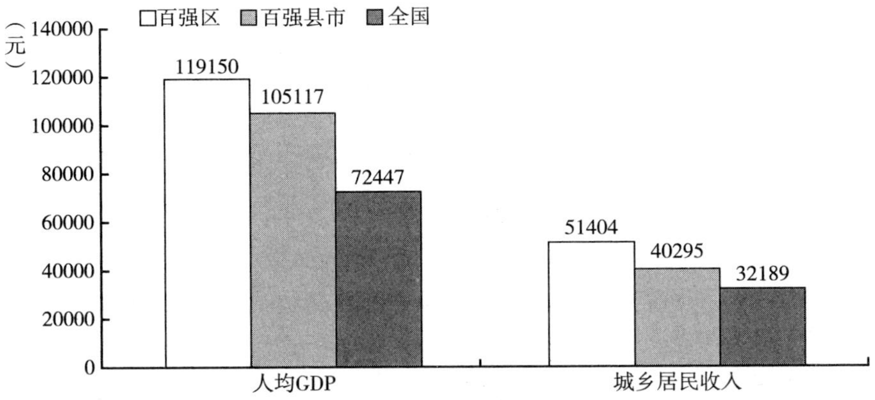

图 2　百强区、百强县市人均 GDP 和城乡居民收入和全国平均水平比较

加均衡。2020 年，百强县市和百强区的城乡居民收入倍差分别为 1.87 和 1.84，远低于全国 2.56 的平均水平。

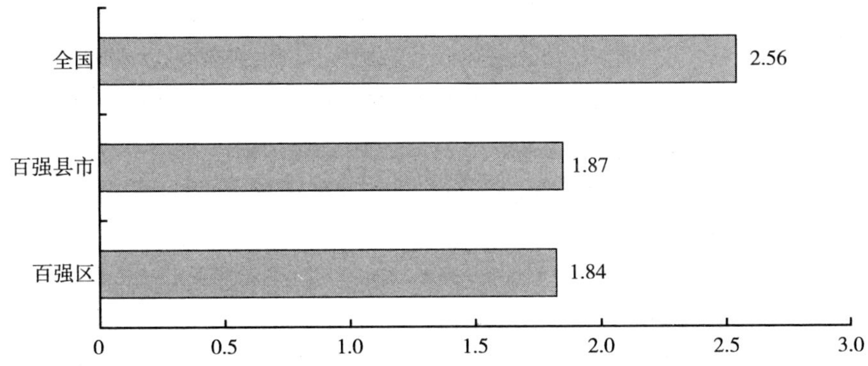

图 3　百强区、百强县市城乡居民收入倍差和全国平均水平比较

第三，东部地区强县强区优势巩固，长三角城市群表现亮眼。

从全国综合实力百强县市发展情况看，县域（县市旗）发展极不平衡。在综合实力前 100 强县市中，江苏独占 25 席，浙江和山东分别占 17 席和 13 席，苏浙鲁三省的集聚效应更加显著。江苏省昆山市继续蝉联中国中小城市综合实力测评第一名，中部和西部第一名仍然保持不变，分别为湖南省长沙县和内蒙古的准格尔旗，辽宁瓦房店市跻身东北地区第一名。在综合实力前

100 强市辖区中，江苏和浙江表现抢眼，分别占据 23 席和 20 席，广东和山东分别占 15 席和 10 席。广东省佛山市顺德区和广东省佛山市南海区仍然位列前两位。

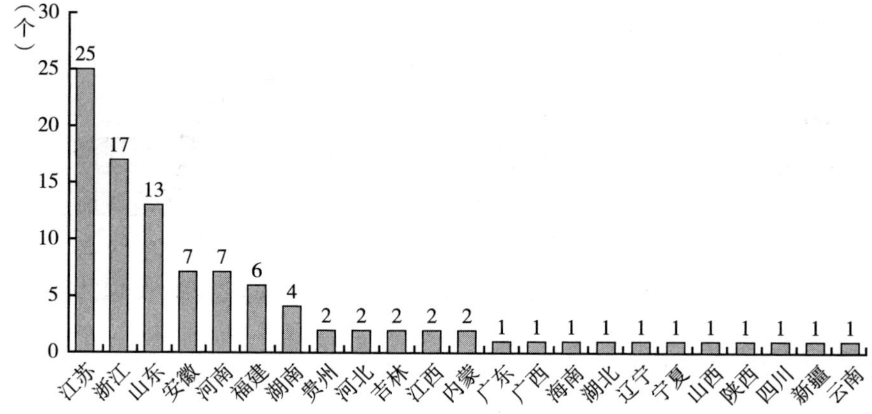

图 4　百强县市数量分布

在高质量一体化进程中，长三角城市群的中小城市表现极为亮眼，综合实力百强县市旗中，江苏、浙江、安徽三省总计占据 49 席，与 2019 年相比，增加 3 席。作为京津冀城市群重要腹地的河北省，在综合实力百强县市中占 2 席。在百强县市榜单中，东北地区总共有 3 个县市入围。

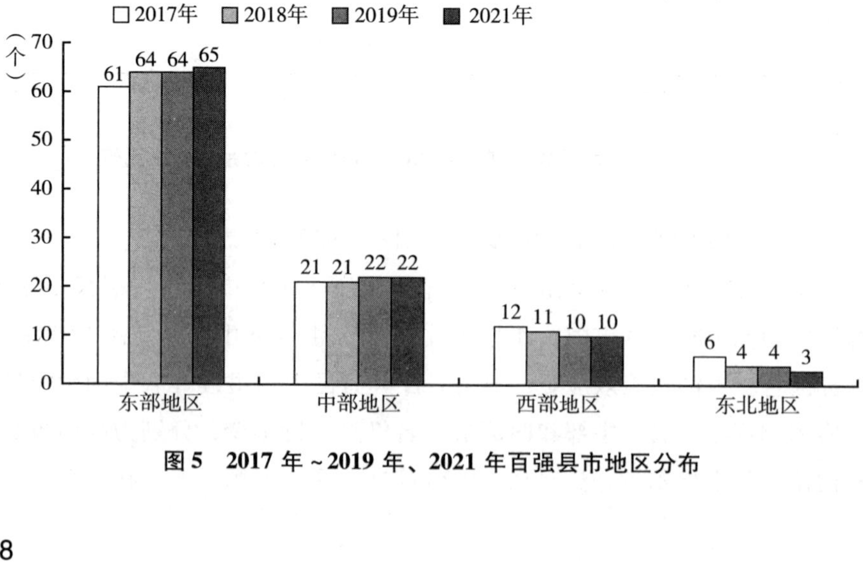

图 5　2017 年 ~2019 年、2021 年百强县市地区分布

东部地区入榜数逐步上升，长三角地区的县市依然雄踞百强县榜单前列，在现代经济发展、社会民生改善、生态环境建设、城乡融合发展、创新驱动引领等方面，引领全国县域经济高质量发展。江苏省在入榜数量和发展质量两方面持续保持高位，同浙江省、山东省一起组成中国县域经济发展的“第一阵营”。中部地区入榜数稳中有升。

中部地区县域经济实力稳步提升，特别是安徽省、河南省两省县域经济增长明显。长江中游、中原地区一体化进程不断加快，将带动中部县域经济进一步发展。西部地区入榜数有所下降。

西部地区县域经济不平衡，入榜数量呈现缓慢下降趋势。但随着东中部地区产业向西部转移、区域协调发展战略进一步落实，广阔的西部县域未来有望成为中国经济发展的重要阵地。

东北地区入榜数逐年减少，经济增长动力相对不足，进入百强县市数量波动下行。

2021 全国综合实力百强区榜单显示，百强城区在城市高质量发展中起到强势的引领作用，但区域分布不均、集聚态势更加明显。综合实力百强区分省份数量见图 6。

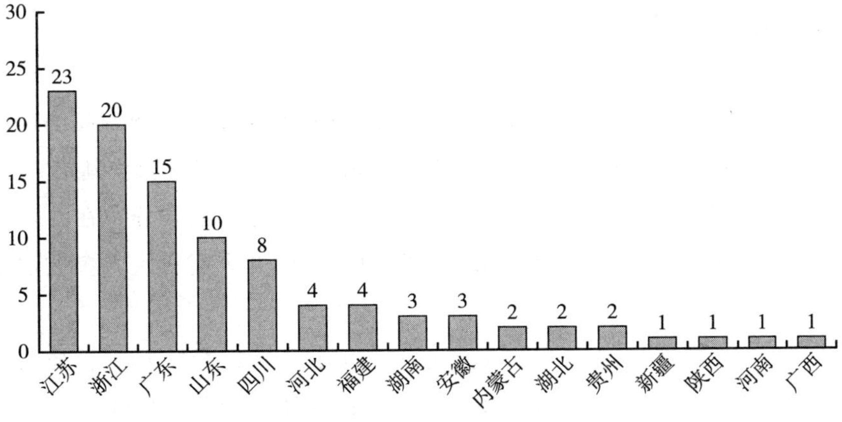

图 6　2021 年各省百强区数量分布

由图 6 可以看出，东强西弱，南强北弱，江苏、浙江、广东领跑全国。长三角城市群的江苏、浙江、安徽三省在综合实力百强区中总共 46 席，表现极为亮眼。而作为京津冀城市群重要腹地的河北省，在综合实力百强区中仅占4席。从东西部看，东部地区上榜76席，西部地区占据15席，分布密度分化明显；东北地区在百强区榜单中，无一入围（见图7）。

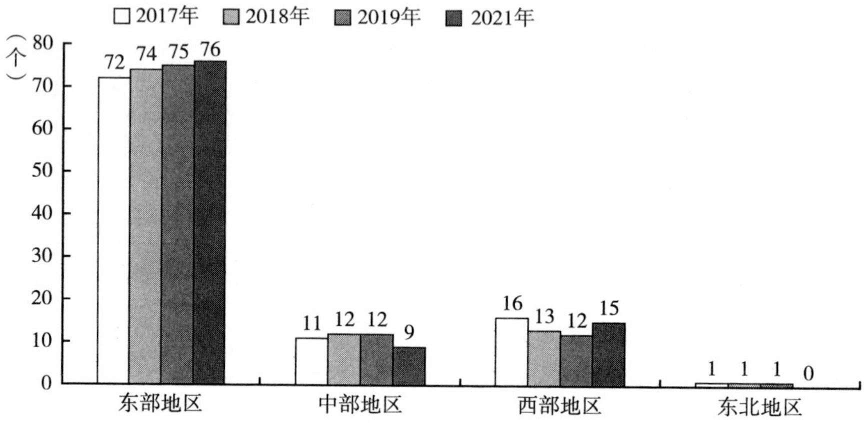

图7　2017年~2019年、2021年百强区地区分布

从近4年区域变化来看，东部地区百强上榜数量近年来均占据了70%以上，西部地区平均14个左右，略多于中部地区平均11个左右。东北地区最新情况则是无一入围百强区榜单。

第四，38县市进GDP千亿俱乐部。

县域经济的发展程度是一个地方经济活力的重要体现。随着我国经济的不断发展，2020年县市中GDP突破千亿元大关的数量创下历史新高，达38个，较上年增加5个。从省份来看，38个“千亿县”主要分布在江苏、浙江、福建、湖南、山东、河北、贵州、陕西、江西九个省份，大多数位于沿海地区。

“千亿县”的经济优势正在逐步放大。38个“千亿县”具有较强的人口吸纳能力，常住人口总量达到4755.8万人，占百强县的比重为51.32%，其创造的经济总量占到了百强县的60.01%。

同时，“千亿县”的财政实力更为雄厚。一般公共预算收入规模和增速的变化，往往反映着一个地方的经济体量、经济活力、增长质量的变化。38个“千亿县”一般公共预算收入达到4188.27亿元，占百强县的比重为60.19%。

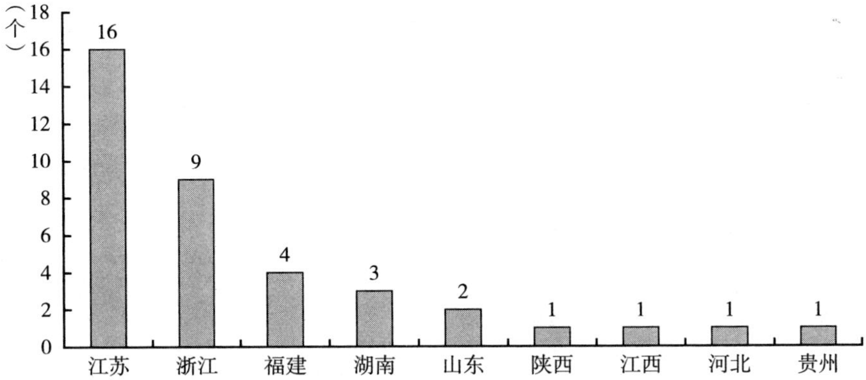

图8　2020年中国38个“千亿县”区域分布

“千亿县”的居民消费力更强。38个“千亿县”社会零售消费总额达到18601.37亿元，占百强县社会零售消费总额的比重为54.82%。

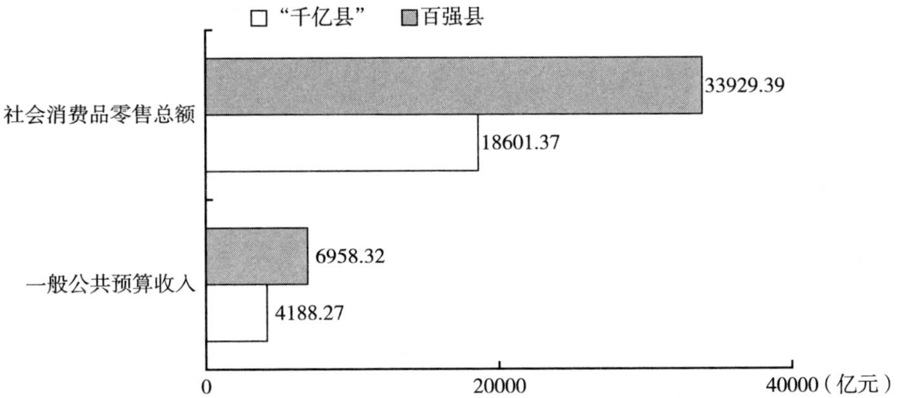

图9　“千亿县”与百强县社会零售消费总额、一般公共预算收入对比

“千亿县”在夯实共同富裕的道路上走得更远。其中，38个“千亿县”人均GDP达到12.47万元，高出百强县平均值1.96万元；居民人均可支配收入达到4.72万元，高出百强县平均值0.69万元。“千亿县”和“百强县”的城乡居民收入倍差比较接近，两者都已缩小到1.9以内，分别为1.88和1.87。

第五，11市辖区GDP突破两千亿元大关。

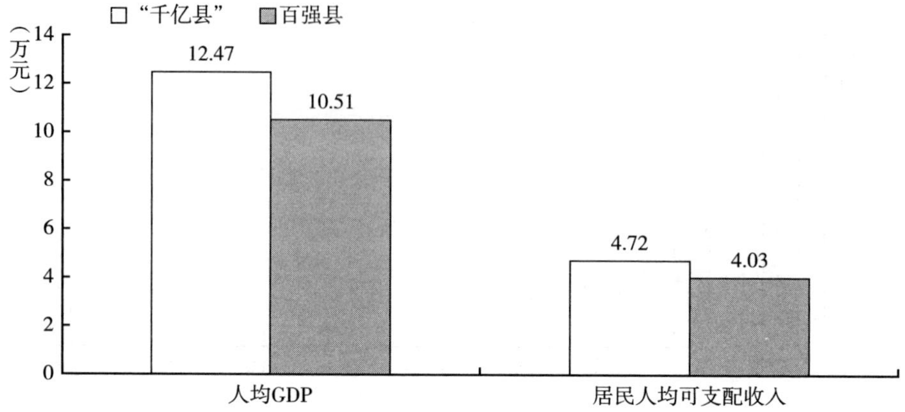

图 10　“千亿县”与百强县人均 GDP、居民人均可支配收入对比

2020 年以来，各市辖区深入贯彻新发展理念，推动经济实现平稳增长，市辖区 GDP 突破两千亿元大关的数量达到了 11 个。从省份来看，11 个“两千亿区”主要集中在广东、江苏、浙江、福建、湖南五个省份。

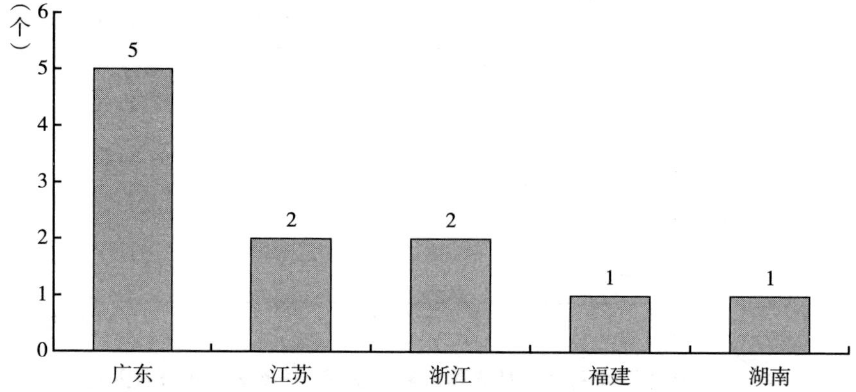

图 11　2020 年中国 11 个“两千亿区”的区域分布

从“两千亿区”内部看，可以划分为三个梯队：2020 年，广州市黄埔区、佛山市顺德区、佛山市南海区、杭州市余杭区 GDP 均超过 3000 亿元，为第一梯队；常州市武进区 GDP 为 2607.21 亿元，为第二梯队（2500 亿～3000 亿元）；广州市番禺区、宁波市鄞州区、广州市白云区、长沙市雨花区、福州市鼓楼区、苏州市吴江区六个城区 GDP 在 2000 亿～2500 亿元，为第三梯队。

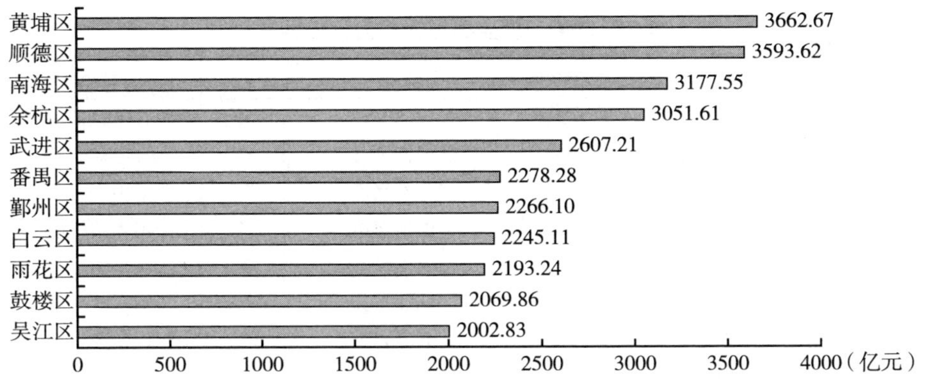

图12　2020年中国11个“两千亿区”生产总值情况

对比百强区来看，11个GDP进入两千亿元的市辖区，常住人口总数达2215.93万人，占百强区的比重为21.01%，其2020年GDP总量为29148.08亿元，占百强区的比重为25.21%；一般公共预算收入达到2115.12亿元，占百强区的比重为25.50%。

由于“两千亿区”的物质基础更为充沛，在促进先富带动后富上有更大的操作空间。其中，11个“两千亿区”人均GDP达到16.72万元，高出百强区平均值4.80万元；居民人均可支配收入达到6.30万元，比百强区平均值高1.16万元。“两千亿区”的城乡居民收入倍差低于百强区，分别为1.74和1.84，可见“两千亿区”的城乡融合水平更高。

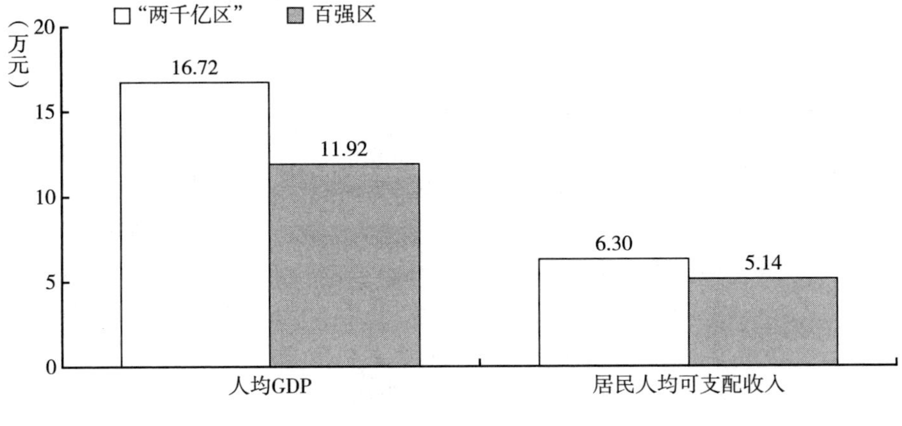

图13　“两千亿区”与百强区人均GDP、居民人均可支配收入对比

表 3　2021 年度全国综合实力百强县市

排名	城市	排名	城市	排名	城市
1	江苏昆山市	35	福建惠安县	69	江苏仪征市
2	江苏江阴市	36	浙江德清县	70	江苏建湖县
3	江苏张家港市	37	江苏泰兴市	71	云南安宁市
4	江苏常熟市	38	河南新郑市	72	河南禹州市
5	湖南长沙县	39	江西南昌县	73	湖南宁乡市
6	浙江慈溪市	40	江苏如东县	74	山东昌邑市
7	江苏太仓市	41	江苏溧阳市	75	山东齐河县
8	福建晋江市	42	江苏靖江市	76	河南永城市
9	江苏宜兴市	43	辽宁瓦房店市	77	山西孝义市
10	浙江义乌市	44	河北任丘市	78	贵州仁怀市
11	山东龙口市	45	江苏邳州市	79	江苏兴化市
12	浙江余姚市	46	江苏东台市	80	湖南醴陵市
13	浙江诸暨市	47	山东肥城市	81	安徽长丰县
14	山东荣成市	48	浙江宁海县	82	山东禹城市
15	福建石狮市	49	江苏句容市	83	山东青州市
16	河北迁安市	50	浙江嘉善县	84	内蒙古伊金霍洛旗
17	福建福清市	51	新疆库尔勒市	85	湖北大冶市
18	浙江乐清市	52	河南巩义市	86	贵州盘州市
19	江苏丹阳市	53	陕西神木市	87	江苏新沂市
20	湖南浏阳市	54	山东广饶县	88	河南长葛市
21	江苏如皋市	55	浙江象山县	89	吉林梅河口市
22	浙江海宁市	56	河南荥阳市	90	四川西昌市
23	江苏扬中市	57	福建安溪县	91	安徽天长市
24	浙江桐乡市	58	浙江平湖市	92	吉林延吉市
25	浙江瑞安市	59	江苏沭阳县	93	河南长垣市
26	山东胶州市	60	江苏高邮市	94	江西樟树市
27	江苏启东市	61	浙江长兴县	95	浙江新昌县
28	江苏海安市	62	安徽宁国市	96	海南琼海市
29	福建南安市	63	江苏沛县	97	安徽广德市
30	内蒙古准格尔旗	64	安徽肥西县	98	广东四会市
31	浙江玉环市	65	安徽当涂县	99	广西平果市
32	山东滕州市	66	山东新泰市	100	宁夏灵武市
33	山东莱州市	67	山东邹城市		
34	浙江温岭市	68	安徽肥东县		

表 4　2021 年度全国综合实力百强区

排名	城市	排名	城市	排名	城市
1	广东佛山市顺德区	35	浙江绍兴市上虞区	69	四川成都市温江区
2	广东佛山市南海区	36	江苏扬州市江都区	70	浙江台州市椒江区
3	江苏常州市武进区	37	江苏南通市通州区	71	浙江宁波市奉化区
4	浙江宁波市鄞州区	38	四川成都市新都区	72	湖南长沙市望城区
5	浙江杭州市萧山区	39	安徽合肥市包河区	73	江苏常州市天宁区
6	浙江杭州市余杭区	40	广东佛山市高明区	74	广西南宁市青秀区
7	广东广州市黄埔区	41	四川成都市郫都区	75	浙江舟山市定海区
8	江苏苏州市吴江区	42	山东临沂市兰山区	76	浙江杭州市临安区
9	江苏苏州市吴中区	43	浙江宁波市镇海区	77	江苏南京市六合区
10	浙江绍兴市柯桥区	44	江苏无锡市滨湖区	78	山东淄博市张店区
11	江苏苏州市虎丘区	45	内蒙古鄂尔多斯市东胜区	79	广东惠州市惠城区
12	浙江杭州市西湖区	46	广东珠海市香洲区	80	江苏常州市金坛区
13	江苏常州市新北区	47	浙江温州市鹿城区	81	浙江湖州市吴兴区
14	山东青岛市即墨区	48	广东江门市新会区	82	江苏盐城市大丰区
15	广东广州市番禺区	49	浙江杭州市富阳区	83	河南郑州市二七区
16	广东佛山市禅城区	50	江苏南京市溧水区	84	贵州贵阳市南明区
17	广东广州市增城区	51	浙江绍兴市越城区	85	安徽合肥市庐阳区
18	浙江宁波市海曙区	52	山东淄博市临淄区	86	福建厦门市集美区
19	广东广州市南沙区	53	浙江宁波市江北区	87	河北唐山市丰南区
20	江苏无锡市惠山区	54	四川绵阳市涪城区	88	河北唐山市曹妃甸区
21	广东广州市花都区	55	浙江台州市路桥区	89	山东日照市岚山区
22	江苏无锡市锡山区	56	福建福州市长乐区	90	山东东营市东营区
23	广东广州市白云区	57	山东济南市章丘区	91	内蒙古呼和浩特市赛罕区
24	湖北武汉市洪山区	58	陕西榆林市榆阳区	92	江苏扬州市广陵区
25	江苏南通市海门区	59	江苏扬州市邗江区	93	四川成都市青白江区
26	湖南长沙市雨花区	60	福建龙岩市新罗区	94	四川宜宾市翠屏区
27	四川成都市龙泉驿区	61	河北唐山市丰润区	95	广东惠州市惠阳区
28	江苏徐州市铜山区	62	湖南长沙市岳麓区	96	山东聊城市东昌府区
29	四川成都市双流区	63	河北石家庄市长安区	97	江苏淮安市清江浦区
30	江苏苏州市相城区	64	安徽合肥市蜀山区	98	湖北武汉市新洲区
31	山东威海市文登区	65	浙江台州市黄岩区	99	江苏泰州市高港区
32	新疆乌鲁木齐市新市区	66	浙江温州市瓯海区	100	贵州贵阳市观山湖区
33	广东佛山市三水区	67	山东济宁市兖州区		
34	福建福州市鼓楼区	68	江苏泰州市姜堰区		

（二）绿色发展指数

绿色发展，建设人与自然和谐共生的现代化，是党的十九大报告的明确定位。中国推进生态文明建设和绿色发展必须加大环境治理力度，加快构建环境管控的长效机制，全面深化绿色发展的制度创新，树立和践行绿水青山就是金山银山的理念。城市发展带动了整个经济社会发展，城市建设成为现代化建设的重要引擎，因而城市发展应坚持“绿色发展”理念，正确处理经济发展和生态环境保护的关系。在此背景下，作为推进新型城镇化和城市区域一体化的重要力量，中小城市应主动作为，积极践行绿色发展理念，提升可持续发展的能力。为反映中小城市在绿色发展方面的成就，我们研究建立了中国中小城市绿色发展评价指标体系，以生态文明为导向，每年评选出全国百强县市和百强区，树立全国绿色发展新标杆，加速推动美丽中国建设，此项工作已持续开展16年。

1. 评价思路

绿色发展是基于可持续发展的新型经济发展理念，是合理利用自然资源改善人类社会生存状态的绿色环境发展理念，是人与自然和谐相处的绿色文化发展理念，是社会文明的现代化标志。实现绿色发展必须加快推动生产和生活方式绿色化，构建科学合理的城市化格局和农业发展格局，推动低碳循环发展，加大环境治理力度，加强生态文明建设。因此，应从资源节约、绿色生活、污染治理和生态建设等方面来构建指标，评价中小城市绿色发展成就。最终选择了4个一级指标和32个二级指标构建形成中国中小城市绿色发展评价指标体系。

2. 评价原则

一是坚持人与自然和谐理念。坚持把是否促进经济社会发展，是否给人民群众带来实实在在的获得感、幸福感、安全感，推动形成人与自然和谐发展现代化建设新格局，作为改革成效和发展成效的根本评价标准。党的十九大明确提出，“把人民对美好生活的向往作为奋斗目标”，“不断满足人民日益增长的美好生活需要”。“美好生活需要”的重要内容就是优质的生态产品和优美的生态环境，因此，反映污染治理等指标应当作为绿色发展研究和政绩考核的核心指标。

二是突出新发展理念导向作用。党的十九大提出，发展必须是科学发展、高质量发展，必须坚定不移贯彻“创新、协调、绿色、开放、共享”的新发展理念。绿色发展评价指标体系必须突出新发展理念的导向作用，紧紧围绕建设美丽中国深化生态文明体制改革，引导各级党委政府加快推动形成绿色发展方式和生活方式，建立健全绿色低碳循环发展的经济体系，推进能源生产和消费革命，推进资源全面节约和循环利用。因此，绿色生活、资源节约等方面的指标纳入指标体系。

三是强化生态建设任务落实评价。党的十九大报告针对加快生态文明体制改革、推进绿色发展、建设美丽中国等方面做了重要战略部署。在习近平总书记生态文明建设重要战略思想指引下，绿色发展紧紧围绕生态系统保护和修复工程、优化生态安全屏障体系、提升生态系统质量和稳定性、加强自然保护区综合治理、深化生态环保领域改革等重点任务，将生态建设等方面指标纳入绿色发展评价指标体系。

3. 指标体系

绿色发展主要包括资源节约、绿色生活、污染治理和生态建设等四个方面的指标。

（1）资源节约。节约资源是保护生态环境的根本之策。要大力节约集约利用资源，推动资源利用方式根本转变，加强全过程节约管理，大幅降低能源、水、土地消耗强度，大力发展循环经济，促进生产、流通、消费过程的减量化、再利用、资源化。资源节约可以用万元 GDP 能耗、新能源使用比重、万元 GDP 耗水量、工业“三废”综合利用率、主要农作物秸秆综合利用率、农田灌溉水有效利用系数、单位建成区面积二三产业增加值等七个指标来衡量。

（2）绿色生活。绿色发展应采用有利于降低废弃物排放的生产和消费方式，推进人类对自然的开发和利用控制在生态环境可自我更新的范围之内。因此，绿色发展不仅要考量经济发展领域，更要深入分析城市居民生活方式。绿色生活水平可以用城市公共交通机动化出行分担率、新能源汽车保有量增长、农村卫生厕所普及率、城镇绿色建筑占新建建筑比重、绿色产品占有率（高效节能产品）等五个指标来衡量。

（3）污染治理。环境保护和治理要坚持预防为主、综合治理，强化水、大气、土壤等污染防治，减少污染物排放。污染治理可以用工业废气排放达标率、工业废水达标排放率、工业固废处置率、建设用地安全利用率、城镇生活污水处理率、城镇生活垃圾无害化处理率、农村生活污水处理率、农村生活垃圾无害化处理率、主要污染物排放强度、单位耕地使用农药减少率、单位耕地使用化肥减少率、环保投入占 GDP 比重等十二个指标来衡量。

（4）生态建设。良好的生态环境，既为绿色发展提供了必要空间，又是绿色发展必须维护的根基。生态建设可以用单位 GDP 碳排放、重大污染天数、新增矿山恢复治理面积、新增水土流失面积、草原综合植被覆盖率、森林覆盖率、森林蓄积量增加率、可治理沙化土地治理率等八个指标来衡量。

表 5　中国中小城市绿色发展评价指标体系

一级指标	二级指标	单位
资源节约	万元 GDP 能耗	吨标准煤
	新能源使用比重	%
	万元 GDP 耗水量	立方米
	工业“三废”综合利用率	%
	主要农作物秸秆综合利用率	%
	农田灌溉水有效利用系数	/
	单位建成区面积二三产业增加值	万元/平方公里
绿色生活	城市公共交通机动化出行分担率	%
	新能源汽车保有量增长	%
	农村卫生厕所普及率	%
	城镇绿色建筑占新建建筑比重	%
	绿色产品占有率(高效节能产品)	%
污染治理	工业废气达标排放率	%
	工业废水达标排放率	%
	工业固废处置率	%
	建设用地安全利用率	%
	城镇生活污水处理达标率	%
	城镇生活垃圾无害化处理率	%
	农村生活污水处理率	%
	农村生活垃圾无害化处理率	%
	主要污染物排放强度	%
	单位耕地使用农药减少率	%
	单位耕地使用化肥减少率	%
	环保投入占 GDP 比重	%

续表

一级指标	二级指标	单位
生态建设	单位 GDP 碳排放	吨/万元
	重大污染天数	天
	新增矿山恢复治理面积	公顷
	新增水土流失面积	公顷
	草原综合植被覆盖率	%
	森林覆盖率	%
	森林蓄积量增加率	%
	可治理沙化土地治理率	%

2021 年，中国中小城市绿色发展指数比 2019 年上升了 0.5 个百分点，达到了 62.2。中小城市在产业生态化和生态产业化方面持续发力，近两年在资源节约、污染治理等方面的进步尤为明显。

分区域来看，东部地区绿色发展指数仍然遥遥领先，提高了 0.8，达到了 67.9。这主要是由于东部地区城市绿色发展起点较高，近年来随着产业加快升级，资源节约水平快速上升，生态建设投入持续加大。中部、西部和东北地区绿色发展指数也有所上升，分别达到了 59.2、53.0 和 55.6。这表明，中西部地区、东北与东部地区绿色发展水平差距还在拉大，绿色发展和生态建设面临更多困难。

在全国绿色发展百强县市中，入围县市最多的江苏、浙江和山东分别占 22 席、18 席和 12 席。在全国绿色发展百强区中，入围市辖区最多的江苏、浙江、广东，分别占 22 席、18 席和 17 席。

表 6　2021 年度全国绿色发展百强县市

排名	城市	排名	城市	排名	城市
1	江苏昆山市	8	浙江瑞安市	15	浙江海宁市
2	江苏太仓市	9	山东龙口市	16	江苏宜兴市
3	江苏张家港市	10	浙江诸暨市	17	浙江义乌市
4	江苏常熟市	11	浙江余姚市	18	福建福清市
5	江苏江阴市	12	江苏丹阳市	19	江苏启东市
6	湖南长沙县	13	浙江平湖市	20	江苏如皋市
7	江苏扬中市	14	山东荣成市	21	江苏海安市

续表

排名	城市	排名	城市	排名	城市
22	浙江慈溪市	49	山东沂水县	76	安徽广德市
23	浙江嘉善县	50	安徽巢湖市	77	河北任丘市
24	江西贵溪市	51	安徽长丰县	78	湖北大冶市
25	福建晋江市	52	福建安溪县	79	河北辛集市
26	山东广饶县	53	江西南昌县	80	福建南安市
27	福建惠安县	54	湖北宜都市	81	河北固安县
28	浙江长兴县	55	山东滕州市	82	河南荥阳市
29	江苏溧阳市	56	江苏金湖县	83	广东四会市
30	浙江德清县	57	湖北仙桃市	84	吉林梅河口市
31	江苏邳州市	58	浙江玉环市	85	山东青州市
32	安徽宁国市	59	浙江遂昌县	86	河南巩义市
33	江苏仪征市	60	海南琼海市	87	安徽天长市
34	山东莱州市	61	江苏句容市	88	贵州仁怀市
35	山东齐河县	62	福建石狮市	89	浙江新昌县
36	河南长葛市	63	河南禹州市	90	贵州盘州市
37	江苏如东县	64	浙江仙居县	91	浙江象山县
38	山东肥城市	65	江苏沭阳县	92	河北乐亭县
39	安徽肥西县	66	四川仁寿县	93	河南孟州市
40	新疆库尔勒市	67	江苏东海县	94	江苏建湖县
41	河北迁安市	68	河北香河县	95	吉林通化县
42	浙江温岭市	69	安徽当涂县	96	广西东兴市
43	浙江安吉县	70	江苏东台市	97	贵州清镇市
44	辽宁瓦房店市	71	河南新郑市	98	江西樟树市
45	浙江宁海县	72	山东桓台县	99	云南腾冲市
46	江苏新沂市	73	河南永城市	100	西藏亚东县
47	吉林延吉市	74	山东昌邑市		
48	河南长垣市	75	山东禹城市		

表 7　2021 年度全国绿色发展百强区

排名	城市	排名	城市	排名	城市
1	广东佛山市顺德区	5	广东广州市黄埔区	9	江苏苏州市吴中区
2	江苏常州市武进区	6	浙江杭州市萧山区	10	浙江绍兴市柯桥区
3	浙江宁波市鄞州区	7	江苏苏州市吴江区	11	广东广州市番禺区
4	广东佛山市南海区	8	浙江杭州市余杭区	12	江苏苏州市虎丘区

续表

排名	城市	排名	城市	排名	城市
13	广东佛山市禅城区	43	广东广州市白云山	73	河南郑州市二七区
14	浙江杭州市西湖区	44	江苏常州市天宁区	74	湖北武汉市新洲区
15	广东广州市南沙区	45	湖南长沙市望城区	75	贵州贵阳市云岩区
16	江苏常州市新北区	46	四川成都市郫都区	76	湖北襄阳市樊城区
17	山东青岛市即墨区	47	山东威海市文登区	77	江苏徐州市贾汪区
18	江苏南京市溧水区	48	湖南长沙市雨花区	78	浙江宁波市奉化区
19	广东珠海市香洲区	49	山东威海市环翠区	79	广东清远市清城区
20	江苏无锡市滨湖区	50	福建福州市仓山区	80	浙江杭州市临安区
21	浙江宁波市镇海区	51	山东日照市岚山区	81	浙江舟山市普陀区
22	江苏南通市通州区	52	广东肇庆市高要区	82	福建福州市晋安区
23	江苏南通市海门区	53	广东佛山市高明区	83	贵州贵阳市南明区
24	浙江绍兴市上虞区	54	浙江湖州市吴兴区	84	浙江绍兴市越城区
25	江苏苏州市相城区	55	内蒙古鄂尔多斯市东胜区	85	浙江台州市椒江区
26	广东广州市花都区	56	四川成都市新都区	86	江苏淮安市淮阴区
27	浙江温州市鹿城区	57	新疆哈密市伊州区	87	四川泸州市江阳区
28	湖北武汉市洪山区	58	广东惠州市惠城区	88	广东珠海市斗门区
29	江苏无锡市锡山区	59	山东烟台市福山区	89	安徽宣城市宣州区
30	四川成都市龙泉驿区	60	广西南宁市青秀区	90	贵州贵阳市乌当区
31	山东临沂市兰山区	61	湖南长沙市岳麓区	91	江苏连云港市赣榆区
32	广东广州市增城区	62	广东江门市新会区	92	福建龙岩市新罗区
33	福建福州市鼓楼区	63	安徽合肥市庐阳区	93	四川成都市青白江区
34	江苏无锡市惠山区	64	江苏泰州市海陵区	94	江西赣州市章贡区
35	浙江宁波市江北区	65	福建福州市长乐区	95	内蒙古呼和浩特市新城区
36	江苏徐州市铜山区	66	浙江台州市路桥区	96	湖南张家界市武陵源区
37	安徽合肥市包河区	67	江苏扬州市江都区	97	福建泉州市泉港区
38	广东佛山市三水区	68	江苏常州市钟楼区	98	广西柳州市柳北区
39	浙江杭州市富阳区	69	湖南湘潭市岳塘区	99	辽宁盘锦市双台子区
40	安徽合肥市蜀山区	70	河北石家庄市藁城区	100	黑龙江黑河市爱辉区
41	四川成都市双流区	71	浙江湖州市南浔区		
42	江苏扬州市邗江区	72	江苏泰州市姜堰区		

（三）投资潜力指数

投资潜力指数主要用于表征城市吸纳投资的潜力，主要是指单个城市的投资潜力指数。由于资本的本性和投资主体的多元化，资本形成和积累的关键在于营造良好的投资环境。当前，通过整合城市各种资源，营造良好的城市投资环境，仍然是中小城市发展过程中一个至关重要的课题。

投资潜力评价侧重于对蕴涵在区域这一综合体中的投资环境的营造和投资机会的发掘，努力引导区域发展方向，并对投资者决策提出建议。

投资潜力评价指标体系包含五方面指标。

1. 人口和劳动力

人口规模越大，不但意味着更充足的劳动力供给，更意味着更大的市场潜力。因此，常住人口规模是投资潜力的正向指标。户籍人口在常住人口中比重越小，表明流入的外地人口越多，表明城市具有更大潜力。如果户籍人口超过常住人口，表明该城市处于人口净流出状态。因此，户籍人口占常住人口比重为投资潜力的逆向指标。劳动力素质是投资者进行投资决策时考虑的重要因素，劳动力素质越高，受教育年限越长，往往意味着更大的投资潜力。

2. 基础设施

城市投资机会能否转化为对投资者的现实吸引力，城市投资潜力能否转化为真正的投资价值，很大程度上取决于城市基础设施，以及其他基础条件的完善程度和发展水平。此处主要用辖区内国家级和省级产业园区数量、建成区路网密度（快速道、主干道）、万人公共厕所数、城镇公共供水普及率、城镇管道燃气普及率、城镇宽带接入速率等指标来衡量。

3. 交通区位

交通区位对投资效益和企业运营具有重大影响，主要从辖区内是否有（高铁站、民航机场、普通客运火车站、货运火车站、港口），辖区内高速公路出入口个数，与超大城市、特大城市、大城市距离等三个方面来衡量。

4. 生态环境

现代化经济体系建设对生态环境质量的要求越来越高，生态环境质量在投资决策中的分量越来越重。生态环境主要用森林覆盖率、空气质量优良率、PM2.5 浓度下降率、（国考、省考、市考）断面水质达标率、建成区环境噪声达标区覆盖率、建成区绿地率等六个指标来衡量。

5. 政府效率

由于本文未进行问卷调查，营商环境使用政府效率相关指标来衡量。一个充满活力的城市，一定有一个阳光透明、精干高效的城市政府与之相适应。此处主要从政府行为规范化指数（非税收入占一般公共财政预算收入的比重、政府债务变化率）、政府行为效率指数（财政供养公职人员与常住人口之比）、行政审批效率指数（用本级政府审批事项的数量、审批性备案事项在全部备案事项中所占比重等指标）等三个方面来衡量。

表 8　中国中小城市投资潜力评价指标体系

一级指标	二级指标	单位
人口和劳动力	常住人口规模	万人
	户籍人口占常住人口比重	%
	劳动年龄人口平均受教育年限	年
基础设施	辖区内国家级和省级产业园区数量	个
	建成区路网密度（快速道、主干道）	公里/平方公里
	万人公共厕所数	个
	城镇公共供水普及率	%
	城镇管道燃气普及率	%
	城镇家庭宽带接入速率	Mbps
交通区位	辖区内是否有（高铁站、民航机场、普通客运火车站、货运火车站、港口）	/
	辖区内高速公路出入口个数	个
	与超大城市、特大城市、大城市距离	公里
生态环境	森林覆盖率	%
	空气质量优良率	%
	PM2.5 浓度下降率	%
	（国考、省考、市考）断面水质达标率	%
	建成区环境噪声达标区覆盖率	%
	建成区绿地率	%
政府效率	非税收入占一般公共财政预算收入的比重	%
	政府债务变化率	%
	财政供养公职人员与常住人口之比	%
	本级政府审批事项的数量	项
	审批性备案事项在全部备案事项中所占比重	%

注：＊政府效率为参考性指标。

2021年，中小城市投资潜力进一步改善，投资潜力指数达到82.7，与2019年相比提高了0.3，对投资潜力提升贡献最大的是基础设施建设和生态环境改善。分区域看，东部、中部和西部投资潜力分别提升了0.2、0.4和0.2，分别由2019年的84.3、83.2和79.9提升至2021年的84.5、83.6和80.1。东北地区投资潜力则略有提升，指数上升0.1至79.9。

在投资潜力前100强县市中，东部占45席，中部、西部和东北分别占36席、15席和4席。安徽和江苏各有14个、12个县市入选，山东和浙江各10个县市入选。尤其引人注目的是，安徽加快融入更高质量长三角一体化，投资价值日益显现，仍是入围投资潜力百强县市最多的省份。

在投资潜力前100强市辖区中，东部占62席，中部占15席，西部占20席，东北占3席。入围市辖区最多的江苏、广东各有25个、13个市辖区入选。

表9　2021年度全国投资潜力百强县市

排名	城市	排名	城市	排名	城市
1	江苏昆山市	21	山东滕州市	41	安徽肥西县
2	福建晋江市	22	河南孟州市	42	江西贵溪市
3	浙江慈溪市	23	浙江嘉善县	43	安徽肥东县
4	湖南长沙县	24	安徽当涂县	44	河北固安县
5	河北迁安市	25	云南安宁市	45	湖北大冶市
6	江苏海安市	26	河南荥阳市	46	河北正定县
7	安徽宁国市	27	河北涉县	47	江苏灌云县
8	江西南昌县	28	山西孝义市	48	湖北宜都市
9	福建南安市	29	江苏东海县	49	山东昌邑市
10	浙江玉环市	30	江苏启东市	50	四川彭州市
11	浙江龙游县	31	黑龙江安达市	51	安徽天长市
12	山东肥城市	32	宁夏灵武市	52	河南长垣市
13	湖北仙桃市	33	河南巩义市	53	浙江安吉县
14	河南禹州市	34	河南永城市	54	吉林磐石市
15	湖北汉川市	35	山东桓台县	55	广东四会市
16	江苏邳州市	36	山东新泰市	56	湖南醴陵市
17	浙江海宁市	37	江苏如东县	57	河北滦州市
18	福建安溪县	38	江苏高邮市	58	陕西韩城市
19	浙江瑞安市	39	河南长葛市	59	河北辛集市
20	山东齐河县	40	江苏句容市	60	湖北枣阳市

续表

排名	城市	排名	城市	排名	城市
61	山东禹城市	75	山东广饶县	89	新疆吉木萨尔县
62	山东沂水县	76	江西樟树市	90	河北昌黎县
63	河南中牟县	77	广西平果市	91	四川简阳市
64	安徽长丰县	78	安徽庐江县	92	山东庆云县
65	贵州仁怀市	79	吉林梅河口市	93	安徽五河县
66	安徽广德市	80	河北香河县	94	四川仁寿县
67	浙江仙居县	81	陕西吴起县	95	山西襄垣县
68	浙江新昌县	82	黑龙江宁安市	96	安徽颍上县
69	江苏新沂市	83	广西北流市	97	浙江天台县
70	江苏睢宁县	84	山西沁源县	98	安徽凤阳县
71	宁夏平罗县	85	河北乐亭县	99	贵州清镇市
72	安徽巢湖市	86	安徽泗县	100	青海格尔木市
73	贵州盘州市	87	湖北宜城市		
74	江苏金湖县	88	安徽无为市		

表10　2021年度全国投资潜力百强区

排名	城市	排名	城市	排名	城市
1	江苏常州市武进区	18	江西上饶市广丰区	35	四川成都市龙泉驿区
2	广东佛山市顺德区	19	福建福州市鼓楼区	36	广东肇庆市高要区
3	广东佛山市南海区	20	浙江温州市鹿城区	37	广西南宁市青秀区
4	浙江宁波市鄞州区	21	安徽合肥市庐阳区	38	江苏南通市通州区
5	浙江杭州市萧山区	22	江苏南京市六合区	39	江苏无锡市惠山区
6	江苏苏州市吴江区	23	黑龙江哈尔滨市南岗区	40	江苏无锡市锡山区
7	安徽合肥市包河区	24	湖南长沙市岳麓区	41	四川成都市郫都区
8	广东广州市黄埔区	25	内蒙古鄂尔多斯市东胜区	42	福建龙岩市新罗区
9	广东广州市番禺区	26	江苏徐州市铜山区	43	河北唐山市曹妃甸区
10	浙江杭州市余杭区	27	广东惠州市惠城区	44	浙江绍兴市柯桥区
11	广东广州市白云区	28	黑龙江哈尔滨市道里区	45	江苏南通市海门区
12	湖南长沙市雨花区	29	江苏连云港市赣榆区	46	安徽合肥市蜀山区
13	广东佛山市禅城区	30	广东广州市增城区	47	山西太原市小店区
14	山东临沂市兰山区	31	浙江杭州市西湖区	48	广东广州市花都区
15	江苏常州市新北区	32	广东佛山市三水区	49	贵州贵阳市云岩区
16	江苏苏州市吴中区	33	广东珠海市香洲区	50	江苏无锡市滨湖区
17	湖北武汉市洪山区	34	江苏扬州市江都区	51	江苏南京市溧水区

续表

排名	城市	排名	城市	排名	城市
52	贵州贵阳市南明区	69	四川成都市青白江区	86	贵州贵阳市观山湖区
53	江苏扬州市邗江区	70	湖南长沙市望城区	87	河北张家口市宣化区
54	山东泰安市泰山区	71	福建福州市晋安区	88	山东济宁市任城区
55	江苏苏州市相城区	72	安徽宣城市宣州区	89	江西赣州市章贡区
56	浙江杭州市富阳区	73	江苏盐城市亭湖区	90	四川宜宾市翠屏区
57	四川成都市新都区	74	江苏淮安市清江浦区	91	江西南昌市西湖区
58	四川绵阳市涪城区	75	广东佛山市高明区	92	四川成都市新津区
59	四川成都市双流区	76	江苏泰州市姜堰区	93	陕西延安市安塞区
60	安徽合肥市瑶海区	77	山东聊城市东昌府区	94	云南玉溪市红塔区
61	河南郑州市二七区	78	江苏扬州市广陵区	95	西藏拉萨市堆龙德庆区
62	江苏南京市高淳区	79	江苏徐州市贾汪区	96	青海西宁市湟中区
63	山东东营市东营区	80	山东淄博市淄川区	97	宁夏石嘴山市惠农区
64	广西临桂市临桂区	81	江苏镇江市京口区	98	海南海口市秀英区
65	浙江湖州市吴兴区	82	山东日照市东港区	99	吉林长春市九台区
66	江苏常州市金坛区	83	江苏泰州市海陵区	100	甘肃天水市秦州区
67	江西南昌市青山湖区	84	浙江舟山市定海区		
68	山东日照市岚山区	85	山东淄博市张店区		

（四）科技创新指数

当今世界，科技发展水平已经成为影响一个国家和地区综合实力的核心要素，科技进步深刻影响着经济社会发展和人民生活。坚定科技创新引领，是坚持新发展理念的必然要求，只有发挥科技创新的支撑引领作用，才能更好地加快现代产业体系发展，推动经济体系优化升级。《中共中央关于制定国民经济和社会发展第十四个五年规划和二〇三五年远景目标的建议》将科技创新已提升至统领全局的战略支撑地位。与大城市相比，中小城市创新能力较弱、创新成效不显著等问题仍然比较明显，因此创新能力不适应高质量发展要求则是今后一段时期“补短板”的方向。新时期，科技创新将在经济双循环新格局、乡村振兴、城乡融合以及现代化建设等方面发挥重要作用，科技创新对于中小城市发展的作用将越来越突出，逐步成为中小城市发展的第一推动力。为反映中小城市在科技创新发展方面的成就，我们研究建立了中国中小城市科技创新评价指标体系，以创新驱动为导向，每年将评选出全国百强县和百强区，加强科技创新支撑引领中小城市发展的战略引导，提升中小城市科技创新核心竞争力。

1. 评价思路

城市发展是经济、社会和环境的全面发展，科技创新在城市发展中发挥着重要驱动作用。从某种意义上讲，科技创新是城市发展的重要驱动力，城市发展的质量和水平在很大程度上反映了科技创新的作用；科技创新是城市发展的重要支撑力，是经济可持续健康发展的重要保障；科技创新是城市发展的重要引领力，是通过技术改造、产业升级、资源节约催生的新的生产方式和经济增长方式；科技创新是城市发展的重要承载力，依靠科技创新推动城市绿色发展，加快智慧城市建设，提升城市管理和公共服务水平。根据科学发展规律，构建城市全链条创新发展路径。因此，从科技创新平台、科技创新潜力、科技创新活力、科技创新成效等方面来构建指标，评价中小城市科技创新发展成就。最终选择了 4 个一级指标和 15 个二级指标构建形成中国中小城市科技创新评价指标体系。

2. 评价原则

中国中小城市科技创新评价指标体系研究，遵循以下基本原则。

一是科学性原则。构建指标体系从客观实际出发，运用合理的理论作为依据，符合科学发展规律，同时在对数据进行处理和指数测算时采用科学方法，从而保证评价结果的真实可靠。

二是系统性原则。各指标之间具备一定的逻辑性，既能从不同侧面反映中小城市科技创新建设情况，又能较为准确地反映科技创新不同环节之间的内在联系，共同构成一个有机统一体。

三是全面均衡原则。指标体系能够覆盖科技创新发展的各个方面，全面考虑各要素之间的关系，各级指标要能对上一级指标进行全面反映。同时注意指标层次、指标数量以及绝对量与相对量指标之间的关联等方面的均衡性。

四是可比性原则。指标体系中的每一个指标，能够反映被评对象的共同属性，反映被评价对象属性中共同的内容，具有相同的计量范围、计量口径和计量方法。

五是可操作性原则。选取的评价指标不仅应具有代表性，同时指标数据应易于采集，且信息可靠，易于从时间和空间上进行对比和评价。

3. 指标体系

科技创新评价力图对创新环境、创新服务、创新融资、创新主体、创新成效等进行系统评估。但是囿于数据可得性和可比性，课题组结合创新资源和发展基础，重点评估中小城市的科技创新平台、科技创新潜力、科技创新活力和科技创新成效等四个方面的情况。

（1）科技创新平台。科技创新平台是创新驱动发展的重要载体，具有聚集全社会各类创新资源，推动大众创业、万众创新的重要作用。科技创新平台包括国家级、省级高新技术产业园区，国家级、省级、市级科技部门认定的新型研发机构，国家级、省级、市级科技创新创业平台。

（2）科技创新潜力。具有科技创新潜力的城市通常拥有一定的研发机构数量、研发人才储备、研发经费投入以及高效的研发管理体系等，具备持续的创新能力。研发潜力通过教育科技支出占本级财政支出比重、研发投入增长率、研发投入占 GDP 比重、每万人专业技术人员数、每万人大专以上学历人数等五个指标来衡量。

（3）科技创新活力。科技创新活力一般指科技创新热度、科技创新力度、科技创新高度、科技创新广度和科技创新深度等。创新活力通过新增发明专利授权数占专利授权总数的比重、新增注册商标数占全部商标比重两个指标来衡量。

（4）科技创新成效。科技创新最终要反映到其对经济发展的支撑和贡献上来。创新成效通过科技进步贡献率、战略性新兴产业产值占规上工业总产值比重、高新技术企业数、省级以上“专精特新”企业数量、技术市场成交金额占 GDP 比重等五个指标来衡量。

表 11　中国中小城市科技创新评价指标体系

一级指标	二级指标	单位
科技创新平台	国家级、省级高新技术产业园区个数	个
	国家级、省级、市级科技部门认定的新型研发机构数	个
	国家级、省级、市级科技创新创业平台数	个

续表

一级指标	二级指标	单位
科技创新潜力	教育科技支出占本级财政支出比重	%
	研发投入增长率	%
	研发投入占 GDP 比重	%
	每万人专业技术人员数	人
	每万人大专以上学历人数	人
科技创新活力	新增发明专利授权占专利授权总数的比重	%
	新增注册商标数占全部商标比重	%
科技创新成效	科技进步贡献率	%
	战略性新兴产业产值占规上工业总产值比重	%
	高新技术企业数	家
	省级以上“专精特新”企业数量	家
	技术市场成交金额占 GDP 比重	%

2021 年，中小城市科技创新指数为 58.9，尽管纵向来看仍然在进步，创新指数有所提升，但与大城市相比，创新能力较弱、创新成效不显著等问题仍然比较明显。尽管部分城市在创新方面加大了投入力度，但多数中小城市的研究与试验发展（R&D）经费支出占 GDP 的比重低于全国平均的 2.40%。尤为重要的是，中小城市的创新要素聚集能力总体上还比较弱，市场化的企业研发投入所占比重也比较低。这既是由中小城市的经济实力、产业结构和发展阶段所决定的，也比较客观地反映了中小城市在创新网络中的相对弱势地位。

分区域看，东部、中部、西部和东北的中小城市科技创新指数分别为 66.4、56.8、52.8 和 52.4。东部地区中小城市的科创能力以加快速度提升的同时，西部地区和东北地区中小城市的科创能力则基本处于徘徊状态，区域之间创新发展差距进一步拉大。

在科技创新百强县市中，东部地区占 65 席，中部占 24 席，西部和东北各占 8 席和 3 席。入围城市最多的省份是江苏，有 23 个，此外，浙江和山东入围城市也较多，分别有 15 个、14 个城市入围。在科技创新百强市辖区中，东部地区占 71 席，中部占 13 席，西部占 14 席。入围市辖区最多的省份是江苏和浙江，各有 20 个，广东入围 13 个。

表 12　2021 年度全国科技创新百强县市

排名	城市	排名	城市	排名	城市
1	江苏昆山市	35	江苏溧阳市	69	江苏新沂市
2	江苏太仓市	36	江苏扬中市	70	贵州仁怀市
3	江苏常熟市	37	江西南昌县	71	安徽肥东县
4	江苏张家港市	38	浙江玉环市	72	福建惠安县
5	江苏江阴市	39	安徽肥西县	73	安徽当涂县
6	湖南长沙县	40	山东莱州市	74	山东禹城市
7	江苏宜兴市	41	浙江嘉善县	75	福建安溪县
8	福建晋江市	42	河北辛集市	76	河南长垣市
9	山东龙口市	43	山东肥城市	77	江苏建湖县
10	浙江慈溪市	44	河南新郑市	78	山东庆云县
11	浙江平湖市	45	江苏仪征市	79	河南永城市
12	江苏启东市	46	安徽宁国市	80	广东四会市
13	福建福清市	47	湖南醴陵市	81	河北任丘市
14	浙江瑞安市	48	江苏句容市	82	江苏睢宁县
15	浙江温岭市	49	浙江象山县	83	山东桓台县
16	浙江诸暨市	50	江苏金湖县	84	浙江龙游县
17	江苏如皋市	51	河南巩义市	85	内蒙古准格尔旗
18	江苏丹阳市	52	湖北大冶市	86	河北香河县
19	山东齐河县	53	新疆库尔勒市	87	安徽巢湖市
20	浙江乐清市	54	江苏沛县	88	河北滦州市
21	浙江余姚市	55	辽宁瓦房店市	89	山西孝义市
22	山东荣成市	56	河南禹州市	90	宁夏灵武市
23	河北迁安市	57	江苏沭阳县	91	吉林通化县
24	浙江义乌市	58	江西贵溪市	92	陕西韩城市
25	山东广饶县	59	安徽长丰县	93	江苏灌云县
26	江苏如东县	60	河南长葛市	94	海南琼海市
27	福建石狮市	61	贵州盘州市	95	山东沂水县
28	福建南安市	62	山东昌邑市	96	河南中牟县
29	江苏海安市	63	吉林延吉市	97	安徽无为市
30	山东滕州市	64	浙江宁海县	98	湖北枣阳市
31	山东新泰市	65	河南荥阳市	99	甘肃敦煌市
32	浙江德清县	66	安徽天长市	100	青海格尔木市
33	江苏邳州市	67	浙江新昌县		
34	山东青州市	68	湖北宜都市		

表 13　2021 年度全国科技创新百强区

排名	城市	排名	城市	排名	城市
1	江苏常州市武进区	35	浙江舟山市定海区	69	河北石家庄市长安区
2	广东佛山市顺德区	36	安徽合肥市蜀山区	70	湖南长沙市雨花区
3	浙江宁波市鄞州区	37	浙江舟山市普陀区	71	江苏南京市溧水区
4	广东佛山市南海区	38	福建福州市鼓楼区	72	江苏泰州市姜堰区
5	浙江杭州市萧山区	39	湖南长沙市岳麓区	73	浙江宁波市奉化区
6	广东珠海市香洲区	40	江苏常州市钟楼区	74	广东惠州市惠城区
7	浙江杭州市余杭区	41	四川绵阳市涪城区	75	福建泉州市洛江区
8	江苏苏州市吴江区	42	福建福州市晋安区	76	广东汕头市潮南区
9	江苏苏州市吴中区	43	浙江台州市椒江区	77	江西南昌市青山湖区
10	浙江绍兴市柯桥区	44	江苏常州市天宁区	78	浙江台州市黄岩区
11	广东佛山市禅城区	45	江苏泰州市高港区	79	河南郑州市中原区
12	广东广州市番禺区	46	湖南长沙市望城区	80	河北唐山市曹妃甸区
13	江苏苏州市相城区	47	浙江台州市路桥区	81	湖南株洲市天元区
14	广东广州市黄埔区	48	江苏无锡市惠山区	82	山东济宁市任城区
15	广东广州市南沙区	49	江苏徐州市铜山区	83	江苏南京市六合区
16	江苏常州市新北区	50	江苏扬州市邗江区	84	四川成都市新都区
17	江苏无锡市锡山区	51	浙江宁波市镇海区	85	广西防城港市港口区
18	浙江绍兴市上虞区	52	浙江宁波市江北区	86	浙江嘉兴市南湖区
19	广东广州市增城区	53	福建泉州市泉港区	87	河南郑州市二七区
20	浙江温州市鹿城区	54	四川成都市龙泉驿区	88	贵州贵阳市南明区
21	广东广州市白云区	55	安徽合肥市庐阳区	89	广西南宁市青秀区
22	山东青岛市即墨区	56	四川成都市郫都区	90	贵州贵阳市云岩区
23	江苏泰州市海陵区	57	福建福州市仓山区	91	江西赣州市章贡区
24	浙江杭州市西湖区	58	浙江湖州市吴兴区	92	山东聊城市东昌府区
25	内蒙古鄂尔多斯市东胜区	59	山东临沂市兰山区	93	四川成都市青白江区
26	浙江杭州市富阳区	60	江苏常州市金坛区	94	云南昆明市晋宁区
27	江苏南通市通州区	61	福建厦门市集美区	95	山东德州市德城区
28	江苏苏州市虎丘区	62	浙江绍兴市越城区	96	四川德阳市旌阳区
29	江苏无锡市滨湖区	63	福建福州市长乐区	97	四川泸州市江阳区
30	安徽合肥市包河区	64	山东淄博市张店区	98	江西南昌市新建区
31	四川成都市双流区	65	广东佛山市高明区	99	黑龙江哈尔滨市阿城区
32	广东广州市花都区	66	福建龙岩市新罗区	100	吉林通化市东昌区
33	浙江温州市瓯海区	67	福建福州市马尾区		
34	山东威海市文登区	68	安徽宿州市埇桥区		

（五）新型城镇化质量指数

构建新型城镇化质量评价指标体系，科学评价中小城市的城镇化质量，是引导中小城市借鉴先进经验、提升城镇化质量的必然要求，也是检讨城镇化相关体制机制、强化中小城市新型城镇化支撑体系的必然要求。

课题组从新型城镇化的本质内涵和基本思路出发，依据《国家新型城镇化规划》的要求，结合中小城市发展实际，从城镇化水平、基本公共服务、基础设施和资源环境四个方面构建中小城市新型城镇化质量评价体系。具体指标体系如表 14 所示。

表 14　中国中小城市新型城镇化质量指数指标体系

一级指标	二级指标	单位	指标正逆性
城镇化水平	年末建成区路网密度	公里/平方公里	正向指标
	与二三产业比重之比	%	适中指标
基本公共服务	农民工子女接受义务教育比例	%	正向指标
	城镇失业人员、农民工接受基本职业技能培训覆盖率	%	正向指标
	城乡居民基本养老保险覆盖率	%	正向指标
	城镇常住人口基本医疗保险覆盖率	%	正向指标
	城镇常住人口保障性住房覆盖率	%	正向指标
基础设施	城市污水处理率	%	正向指标
	城市生活垃圾无害化处理率	%	正向指标
	城镇家庭宽带接入速率	Mbps	正向指标
	城市社区综合服务设施覆盖率	%	正向指标
	农村生活垃圾无害化处理率	%	正向指标
	农村生活污水处理率	%	正向指标
资源环境	人均城市建设用地	平方米	逆向指标
	城镇可再生能源消费比重	%	正向指标
	城镇绿色建筑占新建建筑比重	%	正向指标
	城市建成区绿地率	%	正向指标
	城市空气质量优良率	%	正向指标

2021 年，中小城市的总体城镇化质量指数为 47.0，比 2019 年提高 0.8。近年来中小城市在基本公共服务、基础设施、资源环境等方面都取得较大进

步，推动城镇化质量持续提升。本年度推动城镇化质量指数提升的最重要动力是基本公共服务的提升。需要注意的是，近年来中小城市发展分化现象越来越明显。区位良好、经济发展较快的中小城市，尤其位于城市群中、与中心城市距离较近的城市，人口规模呈现持续增长的势头。与此同时，人口减少的县市数量也在快速增加，大约 1/3 的县市都面临较大的人口减少的压力。客观上看，制约中小城市城镇化质量的因素也在不断凸显，随着国家对地方债的整治，可能会对中小城市基础设施建设带来一定冲击。2021 年度新型城镇化质量 100 强县市及新型城镇化质量 100 强市辖区排序如表 15 和表 16 所示。

在新型城镇化质量百强县市中，东部地区占 57 席，中部占 26 席，西部和东北各占 13 席和 4 席。入围城市最多的省份是江苏，有 19 个，此外，浙江和山东入围城市也较多，分别有 13 个和 11 个城市入围。在新型城镇化质量百强市辖区中，东部地区占 73 席，中部占 14 席，西部占 12 席。入围市辖区最多的省份是江苏和浙江，各有 22 个和 20 个。

表 15　2021 年度全国新型城镇化质量百强县市

排名	城市	排名	城市	排名	城市
1	江苏昆山市	17	浙江余姚市	33	山东桓台县
2	江苏江阴市	18	福建石狮市	34	江苏句容市
3	浙江义乌市	19	浙江乐清市	35	山东齐河县
4	湖南长沙县	20	江苏丹阳市	36	浙江长兴县
5	江苏太仓市	21	浙江平湖市	37	江苏海安市
6	江苏常熟市	22	浙江象山县	38	安徽宁国市
7	江苏张家港市	23	山东荣成市	39	河南巩义市
8	浙江慈溪市	24	浙江温岭市	40	山东滕州市
9	福建晋江市	25	福建福清市	41	福建惠安县
10	浙江诸暨市	26	浙江德清县	42	山东新泰市
11	河北迁安市	27	江苏扬中市	43	陕西神木市
12	浙江玉环市	28	福建南安市	44	广东四会市
13	江苏宜兴市	29	江苏莱州市	45	山东广饶县
14	山东龙口市	30	江苏启东市	46	安徽肥西县
15	浙江瑞安市	31	江苏溧阳市	47	山东青州市
16	新疆库尔勒市	32	江西南昌县	48	江苏邳州市

续表

排名	城市	排名	城市	排名	城市
49	河南永城市	67	云南安宁市	85	贵州仁怀市
50	江苏新沂市	68	河南荥阳市	86	河北香河县
51	吉林延吉市	69	安徽天长市	87	广西平果市
52	湖南醴陵市	70	湖北宜都市	88	湖北枣阳市
53	福建安溪县	71	辽宁瓦房店市	89	河北涉县
54	江苏如皋市	72	江苏东海县	90	四川简阳市
55	河北辛集市	73	内蒙古准格尔旗	91	安徽广德市
56	河南新郑市	74	贵州盘州市	92	宁夏灵武市
57	安徽当涂县	75	海南琼海市	93	陕西韩城市
58	江苏如东县	76	山西孝义市	94	山西侯马市
59	山东昌邑市	77	山东禹城市	95	河北滦州市
60	四川西昌市	78	河南长葛市	96	湖北汉川市
61	江苏沭阳县	79	江西樟树市	97	安徽无为市
62	湖北仙桃市	80	吉林梅河口市	98	黑龙江肇东市
63	河南禹州市	81	河南长垣市	99	青海大通县
64	河北任丘市	82	浙江新昌县	100	甘肃华亭市
65	安徽长丰县	83	山东沂水县		
66	湖北大冶市	84	湖北宜城市		

表 16　2021 年度全国新型城镇化质量百强区

排名	城区	排名	城区	排名	城区
1	江苏常州市武进区	13	江苏苏州市吴中区	25	广东江门市新会区
2	广东佛山市顺德区	14	湖南长沙市雨花区	26	浙江台州市路桥区
3	浙江绍兴市柯桥区	15	浙江杭州市西湖区	27	浙江绍兴市越城区
4	广东佛山市南海区	16	广东广州市黄埔区	28	江苏无锡市惠山区
5	浙江宁波市鄞州区	17	广东珠海市香洲区	29	山东青岛市即墨区
6	浙江杭州市萧山区	18	浙江宁波市江北区	30	江苏无锡市锡山区
7	广东广州市番禺区	19	浙江温州市鹿城区	31	江苏南京市六合区
8	福建福州市鼓楼区	20	广东广州市花都区	32	山东临沂市兰山区
9	江苏苏州市吴江区	21	江苏无锡市滨湖区	33	内蒙古鄂尔多斯市东胜区
10	广东佛山市禅城区	22	浙江绍兴市上虞区	34	湖北武汉市洪山区
11	浙江杭州市余杭区	23	江苏苏州市虎丘区	35	浙江嘉兴市南湖区
12	广东广州市白云区	24	江苏苏州市相城区	36	浙江宁波市镇海区

续表

排名	城区	排名	城区	排名	城区
37	江苏常州市新北区	59	山东淄博市张店区	81	福建龙岩市新罗区
38	浙江湖州市吴兴区	60	浙江湖州市南浔区	82	广东广州市南沙区
39	安徽合肥市庐阳区	61	安徽合肥市蜀山区	83	湖南株洲市天元区
40	广东广州市增城区	62	广东汕头市潮阳区	84	江苏泰州市姜堰区
41	黑龙江哈尔滨市南岗区	63	江苏常州市天宁区	85	山东威海市环翠区
42	江苏扬州市广陵区	64	湖南长沙市岳麓区	86	湖南长沙市望城区
43	四川成都市双流区	65	山东烟台市福山区	87	福建福州市马尾区
44	四川成都市龙泉驿区	66	浙江嘉兴市秀洲区	88	江苏镇江市丹徒区
45	浙江温州市瓯海区	67	山东济宁市任城区	89	海南海口市龙华区
46	内蒙古包头市昆都仑区	68	河北唐山市丰润区	90	山东东营市东营区
47	浙江台州市椒江区	69	山东威海市文登区	91	江苏盐城市亭湖区
48	浙江杭州市富阳区	70	四川成都市温江区	92	山东烟台市牟平区
49	江苏徐州市铜山区	71	福建福州市晋安区	93	内蒙古呼和浩特市新城区
50	四川成都市郫都区	72	江苏南京市溧水区	94	山东日照市岚山区
51	浙江舟山市定海区	73	江苏扬州市江都区	95	四川眉山市东坡区
52	浙江舟山市普陀区	74	江苏南京市高淳区	96	安徽合肥市瑶海区
53	江苏镇江市京口区	75	广西南宁市青秀区	97	湖北宜昌市伍家岗区
54	江苏南通市通州区	76	河南郑州市中原区	98	广西柳州市柳北区
55	安徽合肥市包河区	77	福建福州市长乐区	99	山西太原市小店区
56	四川成都市新都区	78	福建厦门市集美区	100	江西萍乡市安源区
57	江苏扬州市邗江区	79	四川成都市新津区		
58	河北石家庄市长安区	80	湖北武汉市新洲区		

（六）建制镇综合实力指数

如前所述，考虑发展基础较好、具备“建市”条件的镇已经具备中小城市的某些特征，本文将这些镇单独归类，对其综合实力进行了评价。

我们以国家统计局公布的“千强镇”、全国重点镇、各省发展态势较好的镇等为基本评价对象。考虑建制镇数据可得性和可比性，我们选取了 GDP、一般公共预算收入、规模以上工业企业数、固定资本形成净额、营业面积 50 平方米及以上超市数、城乡居民收入等指标进行综合比较，计算了建制镇的综合得分。

表 17　2021 年全国千强镇名单

排名	建制镇	排名	建制镇
1	江苏昆山市玉山镇	35	浙江杭州市萧山区瓜沥镇
2	江苏张家港市杨舍镇	36	江苏苏州市吴中区木渎镇
3	广东佛山市南海区狮山镇	37	江苏昆山市巴城镇
4	江苏张家港市金港镇	38	江苏昆山市千灯镇
5	广东珠海市香洲区横琴镇	39	浙江瑞安市塘下镇
6	广东佛山市顺德区北滘镇	40	河南新郑市龙湖镇
7	广东东莞市长安镇	41	福建漳州市龙海区角美镇
8	江苏苏州市吴江区盛泽镇	42	广东珠海市金湾区南水镇
9	江苏昆山市花桥镇	43	浙江苍南县灵溪镇
10	江苏苏州市吴江区同里镇	44	广西南宁市兴宁区三塘镇
11	江苏张家港市锦丰镇	45	山东济宁市兖州区新兖镇
12	广东佛山市南海区里水镇	46	浙江平湖市乍浦镇
13	浙江乐清市柳市镇	47	广东珠海市香洲区唐家湾镇
14	广东东莞市虎门镇	48	贵州仁怀市茅台镇
15	广东东莞市厚街镇	49	山东淄博市临淄区金山镇
16	广东佛山市南海区大沥镇	50	江苏无锡市惠山区洛社镇
17	广东东莞市常平镇	51	江苏盱眙县官滩镇
18	广东东莞市塘厦镇	52	江苏泰兴市滨江镇
19	江苏常州市武进区湖塘镇	53	江苏常州市新北区薛家镇
20	广东中山市小榄镇	54	广东东莞市中堂镇
21	广东广州市增城区新塘镇	55	江苏常州市武进区遥观镇
22	河北三河市燕郊镇	56	江苏苏州市吴中区角直镇
23	江苏昆山市周市镇	57	江苏江阴市新桥镇
24	广东东莞市寮步镇	58	河北武安市武安镇
25	广东佛山市南海区西樵镇	59	浙江湖州市吴兴区织里镇
26	浙江东阳市横店镇	60	浙江慈溪市观海卫镇
27	江苏苏州市吴江区黎里镇	61	湖北鄂州市华容区葛店镇
28	河北固安县固安镇	62	江苏海安市城东镇
29	福建晋江市陈埭镇	63	浙江乐清市北白象镇
30	广东东莞市大朗镇	64	山东威海市文登区小观镇
31	浙江宁波市江北区慈城镇	65	江苏昆山市陆家镇
32	江苏太仓市浮桥镇	66	江苏江阴市周庄镇
33	江苏昆山市张浦镇	67	江苏张家港市南丰镇
34	广东东莞市凤岗镇	68	广东佛山市南海区丹灶镇

续表

排名	建制镇	排名	建制镇
69	福建南安市水头镇	104	江苏如皋市长江镇
70	江苏句容市宝华镇	105	江苏常熟市古里镇
71	江苏太仓市城厢镇	106	江苏苏州市吴江区平望镇
72	浙江平阳县鳌江镇	107	浙江杭州市西湖区三墩镇
73	广东东莞市麻涌镇	108	江苏启东市汇龙镇
74	浙江慈溪市周巷镇	109	江苏常熟市尚湖镇
75	安徽界首市田营镇	110	广东佛山市南海区九江镇
76	浙江湖州市吴兴区八里店镇	111	江苏丹阳市丹北镇
77	广东东莞市茶山镇	112	江西南昌市青山湖区蛟桥镇
78	浙江诸暨市店口镇	113	浙江嘉兴市秀洲区王江泾镇
79	广东佛山市顺德区乐从镇	114	广东中山市南朗镇
80	福建晋江市池店镇	115	安徽肥西县桃花镇
81	浙江宁波市鄞州区东钱湖镇	116	广东东莞市石龙镇
82	江苏苏州市相城区黄埭镇	117	广东佛山市顺德区龙江镇
83	江苏扬州市江都区仙女镇	118	广东东莞市沙田镇
84	浙江嘉兴市南湖区大桥镇	119	广东广州市南沙区榄核镇
85	浙江平湖市独山港镇	120	山东邹城市太平镇
86	浙江宁波市海曙区高桥镇	121	江苏启东市吕四港镇
87	广东东莞市石碣镇	122	广东东莞市黄江镇
88	广东东莞市清溪镇	123	河北香河县淑阳镇
89	江苏苏州市虎丘区浒墅关镇	124	浙江宁波市海曙区集士港镇
90	广东东莞市道滘镇	125	河北黄骅市黄骅镇
91	山东青岛市黄岛区泊里镇	126	安徽肥西县上派镇
92	江苏苏州市吴中区胥口镇	127	广东东莞市谢岗镇
93	湖南浏阳市永安镇	128	浙江余姚市泗门镇
94	山东寿光市侯镇	129	山东滕州市西岗镇
95	广东东莞市大岭山镇	130	福建南靖县山城镇
96	江苏常熟市海虞镇	131	广东东莞市东坑镇
97	广东广州市花都区花东镇	132	浙江象山县西周镇
98	山东广饶县大王镇	133	广东东莞市高埗镇
99	河北迁安市木厂口镇	134	河南荥阳市豫龙镇
100	江苏无锡市锡山区东港镇	135	河北肃宁县肃宁镇
101	江苏昆山市淀山湖镇	136	江苏宜兴市官林镇
102	山东无棣县马山子镇	137	广东东莞市樟木头镇
103	山东寿光市羊口镇	138	广东广州市南沙区东涌镇

续表

排名	建制镇	排名	建制镇
139	河南许昌市建安区尚集镇	174	浙江宁波市鄞州区云龙镇
140	江苏江阴市华士镇	175	福建晋江市安海镇
141	江苏太仓市沙溪镇	176	河南鹤壁市山城区石林镇
142	广东广州市南沙区大岗镇	177	安徽五河县城关镇
143	浙江慈溪市横河镇	178	江苏张家港市塘桥镇
144	浙江临海市杜桥镇	179	江苏苏州市吴中区光福镇
145	江苏如东县洋口镇	180	江苏扬州市江都区大桥镇
146	浙江舟山市普陀区六横镇	181	安徽舒城县杭埠镇
147	浙江宁波市海曙区古林镇	182	广东中山市港口镇
148	山东肥城市石横镇	183	山东莱西市姜山镇
149	江苏宜兴市丁蜀镇	184	浙江杭州市萧山区衙前镇
150	福建闽侯县青口镇	185	广东佛山市顺德区杏坛镇
151	浙江慈溪市龙山镇	186	浙江宁波市鄞州区姜山镇
152	江苏常熟市梅李镇	187	湖北汉川市新河镇
153	山东费县探沂镇	188	江苏常州市武进区湟里镇
154	陕西府谷县府谷镇	189	山东临沂市兰山区义堂镇
155	广东中山市三角镇	190	广东广州市番禺区石楼镇
156	山东桓台县唐山镇	191	江苏江阴市徐霞客镇
157	广东中山市坦洲镇	192	四川绵阳市涪城区青义镇
158	江苏仪征市真州镇	193	广东江门市蓬江区棠下镇
159	江苏昆山市锦溪镇	194	山东商河县玉皇庙镇
160	江苏靖江市新桥镇	195	湖北钟祥市胡集镇
161	山东桓台县果里镇	196	安徽广德市新杭镇
162	江苏江阴市璜土镇	197	广东佛山市顺德区陈村镇
163	浙江杭州市余杭区瓶窑镇	198	浙江嘉兴市秀洲区王店镇
164	浙江宁波市鄞州区邱隘镇	199	广东广州市番禺区南村镇
165	江苏张家港市凤凰镇	200	安徽无为市无城镇
166	江苏太仓市浏河镇	201	江苏常州市天宁区郑陆镇
167	广东佛山市禅城区南庄镇	202	江苏常熟市辛庄镇
168	浙江宁波市鄞州区五乡镇	203	福建安溪县湖头镇
169	江苏苏州市吴江区震泽镇	204	福建闽侯县南屿镇
170	浙江杭州市萧山区义桥镇	205	内蒙古阿拉善左旗乌斯太镇
171	浙江宁波市奉化区溪口镇	206	湖北建始县业州镇
172	广东东莞市企石镇	207	安徽庐江县庐城镇
173	江苏宜兴市高塍镇	208	江苏常熟市沙家浜镇

续表

排名	建制镇	排名	建制镇
209	江苏苏州市相城区渭塘镇	244	江苏常州市武进区礼嘉镇
210	广东佛山市三水区乐平镇	245	广东珠海市斗门区白蕉镇
211	云南楚雄市东瓜镇	246	广东东莞市洪梅镇
212	湖北松滋市八宝镇	247	浙江湖州市吴兴区埭溪镇
213	江苏江阴市祝塘镇	248	江西德兴市泗洲镇
214	广东广州市白云区太和镇	249	浙江湖州市南浔区双林镇
215	辽宁盘山县古城子镇	250	浙江平阳县万全镇
216	河北唐山市丰南区小集镇	251	山西清徐县清源镇
217	江苏如东县长沙镇	252	福建福州市仓山区建新镇
218	广东中山市东升镇	253	江西南昌县向塘镇
219	广东广州市白云区钟落潭镇	254	江苏兴化市戴南镇
220	江苏常州市武进区横山桥镇	255	浙江余姚市马渚镇
221	浙江海宁市长安镇	256	山东威海市环翠区张村镇
222	江苏苏州市相城区望亭镇	257	安徽当涂县姑孰镇
223	四川眉山市东坡区修文镇	258	浙江宁海县黄坛镇
224	江苏扬中市新坝镇	259	山东聊城市东昌府区顾官屯镇
225	江苏苏州市虎丘区通安镇	260	广东东莞市桥头镇
226	江苏连云港市赣榆区柘汪镇	261	辽宁辽阳市宏伟区曙光镇
227	江苏常州市新北区罗溪镇	262	广东珠海市金湾区三灶镇
228	江苏常州市武进区牛塘镇	263	山东安丘市景芝镇
229	广东佛山市顺德区均安镇	264	浙江嘉兴市南湖区余新镇
230	湖南长沙县黄花镇	265	浙江德清县新市镇
231	浙江湖州市南浔区南浔镇	266	浙江慈溪市庵东镇
232	江苏无锡市滨湖区胡埭镇	267	浙江长兴县煤山镇
233	江苏泰兴市黄桥镇	268	浙江桐乡市洲泉镇
234	广东广州市白云区江高镇	269	浙江乐清市虹桥镇
235	山东龙口市诸由观镇	270	江苏溧阳市天目湖镇
236	江苏苏州市吴江区七都镇	271	福建南安市石井镇
237	安徽怀远县荆山镇	272	江西瑞昌市码头镇
238	江苏苏州市吴中区临湖镇	273	山东威海市环翠区草庙子镇
239	广东广州市番禺区石碁镇	274	河北滦州市茨榆坨镇
240	湖北谷城县城关镇	275	陕西神木市店塔镇
241	江苏常州市武进区横林镇	276	湖北大冶市还地桥镇
242	江苏东台市东台镇	277	广东中山市三乡镇
243	陕西府谷县大昌汗镇	278	广东珠海市金湾区红旗镇

续表

排名	建制镇	排名	建制镇
279	广东中山市民众镇	314	安徽当涂县年陡镇
280	海南文昌市文城镇	315	江苏句容市下蜀镇
281	山东平度市南村镇	316	江苏海安市曲塘镇
282	江苏江阴市顾山镇	317	浙江温岭市泽国镇
283	陕西府谷县老高川镇	318	浙江台州市路桥区金清镇
284	江苏泰兴市虹桥镇	319	江苏徐州市铜山区利国镇
285	江苏常州市武进区雪堰镇	320	河北保定市徐水区安肃镇
286	江苏无锡市锡山区锡北镇	321	浙江海宁市黄湾镇
287	新疆莎车县恰热克镇	322	广东中山市古镇镇
288	广东东莞市石排镇	323	河南中牟县刘集镇
289	浙江宁海县西店镇	324	广东珠海市金湾区平沙镇
290	福建南安市霞美镇	325	福建石狮市蚶江镇
291	广东东莞市横沥镇	326	山东邹平市长山镇
292	福建安溪县城厢镇	327	河南辉县市孟庄镇
293	河北三河市泃阳镇	328	福建东山县西埔镇
294	山东济宁市任城区石桥镇	329	浙江长兴县和平镇
295	福建安溪县龙门镇	330	湖北嘉鱼县官桥镇
296	广西鹿寨县鹿寨镇	331	安徽全椒县襄河镇
297	福建莆田市荔城区黄石镇	332	安徽长丰县岗集镇
298	江苏苏州市相城区阳澄湖镇	333	湖北阳新县富池镇
299	山东淄博市周村区北郊镇	334	海南儋州市那大镇
300	湖北丹江口市六里坪镇	335	河北高碑店市白沟镇
301	浙江诸暨市枫桥镇	336	河南长葛市大周镇
302	江苏苏州市吴江区桃源镇	337	江苏海安市角斜镇
303	浙江宁波市鄞州区东吴镇	338	浙江嘉兴市南湖区凤桥镇
304	江苏常州市武进区嘉泽镇	339	河南巩义市回郭镇
305	山东邹平市韩店镇	340	江苏宜兴市周铁镇
306	浙江嘉善县姚庄镇	341	辽宁海城市牌楼镇
307	浙江慈溪市长河镇	342	福建闽侯县上街镇
308	河北成安县成安镇	343	陕西府谷县新民镇
309	浙江长兴县李家巷镇	344	江西南昌县莲塘镇
310	浙江杭州市西湖区双浦镇	345	江苏常熟市支塘镇
311	福建福州市仓山区城门镇	346	江苏常州市钟楼区邹区镇
312	浙江金华市金东区孝顺镇	347	安徽无为市高沟镇
313	河北唐山市丰南区丰南镇	348	江苏如东县大豫镇

续表

排名	建制镇	排名	建制镇
349	广东中山市南头镇	384	福建惠安县螺阳镇
350	江苏宝应县安宜镇	385	安徽亳州市谯城区十八里镇
351	广东中山市东凤镇	386	江苏昆山市周庄镇
352	山东沂源县悦庄镇	387	河南新郑市薛店镇
353	江苏海安市大公镇	388	浙江玉环市楚门镇
354	广东广州市白云区人和镇	389	安徽怀远县榴城镇
355	浙江温岭市大溪镇	390	浙江海宁市袁花镇
356	江苏太仓市双凤镇	391	江苏扬州市邗江区西湖镇
357	浙江宁波市海曙区横街镇	392	河南卫辉市唐庄镇
358	广西灵川县灵川镇	393	山东邹城市北宿镇
359	山东禹城市房寺镇	394	广东中山市阜沙镇
360	广西玉林市玉州区茂林镇	395	浙江杭州市富阳区新登镇
361	江苏江阴市青阳镇	396	广东广州市增城区石滩镇
362	湖北嘉鱼县鱼岳镇	397	福建晋江市磁灶镇
363	江苏常州市武进区洛阳镇	398	福建惠安县紫山镇
364	安徽太和县肖口镇	399	河南林州市陵阳镇
365	湖北汉川市沉湖镇	400	福建晋江市东石镇
366	江苏邳州市官湖镇	401	安徽无为市泥汊镇
367	浙江平湖市新仓镇	402	陕西富平县庄里镇
368	福建晋江市深沪镇	403	湖北谷城县石花镇
369	浙江东阳市南马镇	404	江苏淮安市淮安区施河镇
370	新疆石河子市北泉镇	405	广东珠海市斗门区井岸镇
371	云南新平县戛洒镇	406	江苏溧阳市社渚镇
372	江苏东台市弶港镇	407	江苏邳州市铁富镇
373	安徽芜湖市湾沚区六郎镇	408	福建石狮市宝盖镇
374	江苏张家港市乐余镇	409	江苏无锡市锡山区鹅湖镇
375	山东淄博市临淄区凤凰镇	410	江苏扬中市油坊镇
376	浙江临海市上盘镇	411	浙江义乌市佛堂镇
377	湖北枣阳市吴店镇	412	河南新郑市孟庄镇
378	浙江青田县温溪镇	413	福建石狮市鸿山镇
379	福建福州市马尾区马尾镇	414	吉林榆树市八号镇
380	江苏扬州市江都区小纪镇	415	江西吉水县文峰镇
381	山东桓台县马桥镇	416	河北武安市午汲镇
382	河北香河县蒋辛屯镇	417	江苏宜兴市和桥镇
383	江西南昌市青山湖区塘山镇	418	河南新密市曲梁镇

续表

排名	建制镇	排名	建制镇
419	山东淄博市张店区房镇镇	454	浙江德清县钟管镇
420	江苏太仓市璜泾镇	455	江苏如皋市白蒲镇
421	河北迁安市赵店子镇	456	湖北鄂州市华容区庙岭镇
422	山东淄博市博山区域城镇	457	广西容县容州镇
423	浙江桐乡市崇福镇	458	安徽含山县林头镇
424	江苏溧阳市上兴镇	459	河南新郑市和庄镇
425	河北海兴县苏基镇	460	广东中山市横栏镇
426	浙江平阳县水头镇	461	安徽芜湖市湾沚区湾沚镇
427	江苏常州市金坛区金城镇	462	福建福清市三山镇
428	广东开平市水口镇	463	河南汤阴县韩庄镇
429	江苏仪征市月塘镇	464	山东泗水县金庄镇
430	福建惠安县螺城镇	465	湖北十堰市郧阳区茶店镇
431	吉林永吉县岔路河镇	466	江西永丰县恩江镇
432	江苏南通市通州区兴仁镇	467	广东鹤山市共和镇
433	福建晋江市龙湖镇	468	江西安福县平都镇
434	河北东光县东光镇	469	山东邹平市魏桥镇
435	江苏江阴市长泾镇	470	江苏江阴市月城镇
436	江苏连云港市赣榆区青口镇	471	江苏扬州市广陵区李典镇
437	海南陵水县英州镇	472	江苏宿迁市宿城区洋河镇
438	浙江桐乡市乌镇镇	473	广东东莞市望牛墩镇
439	江苏扬州市广陵区杭集镇	474	贵州安龙县龙广镇
440	广东广州市南沙区黄阁镇	475	江苏高邮市送桥镇
441	江苏丹阳市皇塘镇	476	江苏如皋市九华镇
442	江苏射阳县合德镇	477	江苏宝应县范水镇
443	江苏沛县杨屯镇	478	云南昆明市晋宁区晋城镇
444	广东中山市黄圃镇	479	江苏东台市梁垛镇
445	安徽和县乌江镇	480	江苏灌南县新安镇
446	江苏泰兴市姚王镇	481	江苏常州市新北区西夏墅镇
447	安徽芜湖市繁昌区孙村镇	482	福建东山县铜陵镇
448	广东潮州市潮安区彩塘镇	483	江西南昌市青山湖区湖坊镇
449	江苏丰县赵庄镇	484	山东阳信县河流镇
450	浙江绍兴市柯桥区夏履镇	485	江苏南通市通州区平潮镇
451	江西南昌县昌东镇	486	贵州安龙县德卧镇
452	湖北大冶市陈贵镇	487	河南新郑市郭店镇
453	河南安阳县铜冶镇	488	河北霸州市胜芳镇

续表

排名	建制镇	排名	建制镇
489	湖北云梦县城关镇	524	江苏张家港市大新镇
490	江苏兴化市张郭镇	525	安徽东至县尧渡镇
491	福建华安县华丰镇	526	江西上饶市信州区沙溪镇
492	广东广州市番禺区化龙镇	527	山东威海市环翠区羊亭镇
493	福建漳州市龙海区港尾镇	528	湖南浏阳市大瑶镇
494	山东昌邑市下营镇	529	浙江象山县石浦镇
495	浙江杭州市余杭区塘栖镇	530	江苏沛县敬安镇
496	浙江海宁市许村镇	531	湖北大冶市灵乡镇
497	江苏邳州市土山镇	532	江苏如皋市石庄镇
498	江苏南通市通州区川姜镇	533	山东广饶县稻庄镇
499	福建晋江市金井镇	534	广东海丰县海城镇
500	浙江嘉善县西塘镇	535	江苏扬中市八桥镇
501	福建厦门市翔安区内厝镇	536	安徽无为市石涧镇
502	广东广州市南沙区万顷沙镇	537	广西南丹县城关镇
503	江苏常州市金坛区直溪镇	538	江苏徐州市铜山区汉王镇
504	江苏丰县欢口镇	539	山东嘉祥县疃里镇
505	浙江桐乡市濮院镇	540	福建南安市官桥镇
506	江西余干县黄金埠镇	541	浙江德清县乾元镇
507	江苏启东市寅阳镇	542	福建闽侯县荆溪镇
508	广东中山市板芙镇	543	江苏灌云县燕尾港镇
509	浙江岱山县衢山镇	544	山东宁阳县磁窑镇
510	浙江德清县雷甸镇	545	江苏如皋市丁堰镇
511	海南澄迈县大丰镇	546	江苏泰州市姜堰区张甸镇
512	江苏无锡市锡山区羊尖镇	547	浙江泰顺县罗阳镇
513	安徽颍上县慎城镇	548	安徽阜南县鹿城镇
514	浙江平湖市新埭镇	549	江苏常州市金坛区指前镇
515	福建晋江市英林镇	550	河南汤阴县白营镇
516	江苏仪征市新集镇	551	山东莱州市金城镇
517	福建安溪县凤城镇	552	河南安阳县水冶镇
518	广东阳江市江城区闸坡镇	553	浙江宁波市鄞州区横溪镇
519	内蒙古乌审旗乌审召镇	554	辽宁海城市西柳镇
520	山东临沂市兰山区半程镇	555	浙江余姚市小曹娥镇
521	福建福州市长乐区金峰镇	556	河北石家庄市栾城区栾城镇
522	宁夏永宁县闽宁镇	557	江苏宜兴市徐舍镇
523	江苏泰州市高港区永安洲镇	558	河南沁阳市西向镇

续表

排名	建制镇	排名	建制镇
559	广西隆林县新州镇	594	云南建水县临安镇
560	广东汕头市潮阳区海门镇	595	山东荣成市俚岛镇
561	福建云霄县云陵镇	596	江苏镇江市京口区丁岗镇
562	江苏扬州市江都区武坚镇	597	安徽芜湖市繁昌区繁阳镇
563	江苏常州市武进区前黄镇	598	云南弥勒市弥阳镇
564	河北石家庄市鹿泉区获鹿镇	599	河北唐山市丰润区丰润镇
565	江西万年县陈营镇	600	湖南宁乡市夏铎铺镇
566	福建福州市仓山区盖山镇	601	湖北阳新县兴国镇
567	江苏扬州市邗江区槐泗镇	602	广东饶平县黄冈镇
568	湖北公安县斗湖提镇	603	浙江海宁市盐官镇
569	浙江湖州市南浔区练市镇	604	广东潮州市潮安区枫溪镇
570	江苏泰州市海陵区九龙镇	605	江苏南通市通州区三余镇
571	河北唐山市路北区韩城镇	606	山东高密市夏庄镇
572	江苏沛县安国镇	607	浙江杭州市萧山区临浦镇
573	江苏宜兴市万石镇	608	福建厦门市集美区后溪镇
574	江苏常州市新北区孟河镇	609	贵州安龙县普坪镇
575	江苏盐城市盐都区龙冈镇	610	安徽南陵县弋江镇
576	江苏常州市金坛区薛埠镇	611	河北石家庄市鹿泉区铜冶镇
577	山东曲阜市陵城镇	612	广西桂林市临桂区临桂镇
578	山东胶州市李哥庄镇	613	江苏东台市时堰镇
579	江苏丹阳市司徒镇	614	安徽芜湖市繁昌区荻港镇
580	安徽太湖县晋熙镇	615	浙江玉环市清港镇
581	云南麻栗坡县麻栗镇	616	广东汕头市潮阳区谷饶镇
582	江西高安市八景镇	617	山东荣成市港西镇
583	江苏苏州市吴中区东山镇	618	安徽黄山市徽州区岩寺镇
584	湖北十堰市郧阳区城关镇	619	河北宁晋县凤凰镇
585	江苏溧阳市南渡镇	620	浙江杭州市萧山区党湾镇
586	河南汤阴县城关镇	621	河南中牟县白沙镇
587	江苏常州市金坛区朱林镇	622	广东清远市清新区太和镇
588	河北永清县永清镇	623	湖北枝江市董市镇
589	河南巩义市站街镇	624	浙江慈溪市逍林镇
590	江苏丰县宋楼镇	625	福建德化县浔中镇
591	福建漳州市龙海区榜山镇	626	江苏溧阳市竹箦镇
592	江苏东台市溱东镇	627	山西长治市潞城区翟店镇
593	江苏无锡市惠山区阳山镇	628	河南荥阳市贾峪镇

续表

排名	建制镇	排名	建制镇
629	江苏阜宁县益林镇	664	浙江江山市贺村镇
630	浙江宁波市海曙区洞桥镇	665	浙江嵊州市甘霖镇
631	浙江台州市路桥区横街镇	666	江苏盱眙县鲍集镇
632	江苏沛县龙固镇	667	江苏丰县梁寨镇
633	浙江义乌市苏溪镇	668	辽宁海城市英落镇
634	安徽和县石杨镇	669	江苏徐州市铜山区柳泉镇
635	安徽长丰县水湖镇	670	江苏盱眙县淮河镇
636	福建漳州市龙海区颜厝镇	671	内蒙古包头市九原区万水泉镇
637	河北泊头市泊镇	672	河南巩义市大峪沟镇
638	安徽萧县龙城镇	673	湖北襄阳市樊城区太平店镇
639	山东淄博市淄川区岭子镇	674	浙江海盐县百步镇
640	河南巩义市米河镇	675	江苏南通市通州区张芝山镇
641	江苏常熟市董浜镇	676	广东惠州市惠阳区永湖镇
642	安徽芜湖市繁昌区新港镇	677	广东佛山市三水区白坭镇
643	江苏如皋市搬经镇	678	陕西府谷县庙沟门镇
644	湖北黄梅县小池镇	679	江苏扬州市江都区宜陵镇
645	山东寿光市台头镇	680	江苏如皋市东陈镇
646	福建福州市晋安区鼓山镇	681	江苏盐城市大丰区西团镇
647	辽宁海城市腾鳌镇	682	广东广州市花都区炭步镇
648	江西新余市渝水区水西镇	683	浙江永康市古山镇
649	内蒙古准格尔旗沙圪堵镇	684	江苏南京市溧水区白马镇
650	山东荣成市成山镇	685	湖北汉川市马口镇
651	江苏南京市六合区竹镇镇	686	海南琼海市博鳌镇
652	江苏泰州市姜堰区白米镇	687	河南修武县七贤镇
653	江苏海安市墩头镇	688	广东博罗县园洲镇
654	江苏南通市海门区三星镇	689	浙江嘉善县大云镇
655	江苏扬州市江都区丁伙镇	690	江西吉安市吉州区长塘镇
656	广东江门市新会区双水镇	691	江西南昌市新建区樵舍镇
657	江苏宜兴市杨巷镇	692	山东泰安市岱岳区满庄镇
658	江苏南通市通州区五接镇	693	安徽肥东县店埠镇
659	浙江玉环市芦浦镇	694	河南宜阳县香鹿山镇
660	广东中山市沙溪镇	695	广东珠海市斗门区斗门镇
661	广东佛山市三水区南山镇	696	浙江玉环市沙门镇
662	广东广州市南沙区横沥镇	697	江西分宜县双林镇
663	浙江绍兴市柯桥区平水镇	698	湖北荆州市沙市区锣场镇

续表

排名	建制镇	排名	建制镇
699	江苏常州市新北区奔牛镇	734	辽宁本溪县高官镇
700	江苏宜兴市张渚镇	735	广东江门市蓬江区杜阮镇
701	广东惠州市惠城区横沥镇	736	江苏南京市高淳区砖墙镇
702	江苏高邮市卸甲镇	737	福建莆田市城厢区华亭镇
703	黑龙江大庆市龙凤区龙凤镇	738	河北迁西县兴城镇
704	湖北鄂州市华容区华容镇	739	江苏睢宁县岚山镇
705	福建德化县龙浔镇	740	广东广州市增城区中新镇
706	安徽青阳县蓉城镇	741	浙江杭州市富阳区场口镇
707	浙江宁波市镇海区九龙湖镇	742	浙江平阳县萧江镇
708	广东潮州市潮安区凤塘镇	743	安徽黄山市黄山区甘棠镇
709	浙江嘉善县天凝镇	744	河北石家庄市藁城区廉州镇
710	江苏扬州市江都区邵伯镇	745	江苏金湖县塔集镇
711	江西萍乡市安源区安源镇	746	广东江门市新会区古井镇
712	浙江长兴县泗安镇	747	浙江舟山市定海区金塘镇
713	浙江宁波市鄞州区咸祥镇	748	江苏常州市金坛区儒林镇
714	辽宁营口市鲅鱼圈区熊岳镇	749	浙江杭州市富阳区渌渚镇
715	浙江诸暨市山下湖镇	750	江苏盐城市大丰区新丰镇
716	浙江余姚市黄家埠镇	751	江苏南京市溧水区晶桥镇
717	四川巴中市巴州区清江镇	752	山东新泰市西张庄镇
718	浙江杭州市萧山区益农镇	753	广西崇左市江州区驮卢镇
719	河北迁西县三屯营镇	754	河南林州市姚村镇
720	福建厦门市集美区灌口镇	755	浙江杭州市余杭区径山镇
721	湖北长阳县龙舟坪镇	756	广东佛山市三水区大塘镇
722	湖北钟祥市双河镇	757	江西南昌市新建区望城镇
723	内蒙古鄂尔多斯市东胜区罕台镇	758	湖南长沙县金井镇
724	广西南丹县大厂镇	759	河南巩义市北山口镇
725	江苏邳州市碾庄镇	760	江苏句容市郭庄镇
726	江苏高邮市临泽镇	761	山东曲阜市防山镇
727	江西玉山县岩瑞镇	762	福建福州市晋安区岳峰镇
728	福建福州市长乐区松下镇	763	江苏射阳县黄沙港镇
729	江苏建湖县上冈镇	764	江苏仪征市陈集镇
730	安徽东至县大渡口镇	765	浙江杭州市萧山区所前镇
731	广东博罗县杨侨镇	766	浙江宁波市海曙区鄞江镇
732	福建华安县丰山镇	767	浙江宁波市镇海区澥浦镇
733	浙江余姚市丈亭镇	768	浙江慈溪市胜山镇

续表

排名	建制镇	排名	建制镇
769	浙江绍兴市上虞区丰惠镇	804	浙江诸暨市牌头镇
770	福建闽侯县祥谦镇	805	安徽金寨县梅山镇
771	江西永丰县藤田镇	806	浙江湖州市吴兴区东林镇
772	浙江慈溪市新浦镇	807	浙江临海市东塍镇
773	江苏海安市李堡镇	808	广东揭阳市揭东区新亨镇
774	浙江义乌市上溪镇	809	浙江诸暨市应店街镇
775	江苏仪征市新城镇	810	河南安阳县白璧镇
776	四川绵阳市涪城区永兴镇	811	安徽濉溪县濉溪镇
777	浙江余姚市陆埠镇	812	江苏如皋市江安镇
778	海南陵水县椰林镇	813	江苏建湖县建阳镇
779	浙江宁波市鄞州区塘溪镇	814	浙江温岭市松门镇
780	河北唐山市丰南区黄各庄镇	815	江苏淮安市洪泽区三河镇
781	安徽庐江县冶父山镇	816	山东沂南县大庄镇
782	广东佛山市三水区芦苞镇	817	海南保亭县保城镇
783	浙江慈溪市桥头镇	818	河北迁安市野鸡坨镇
784	山东平度市新河镇	819	江西樟树市临江镇
785	江苏泰州市姜堰区沈高镇	820	内蒙古伊金霍洛旗阿勒腾席热镇
786	河南新郑市辛店镇	821	浙江慈溪市崇寿镇
787	内蒙古鄂尔多斯市东胜区铜川镇	822	海南澄迈县金江镇
788	广东潮州市潮安区浮洋镇	823	内蒙古伊金霍洛旗札萨克镇
789	福建漳州市芗城区浦南镇	824	江苏淮安市淮阴区丁集镇
790	江苏丹阳市访仙镇	825	山东东营市垦利区胜坨镇
791	山东平阴县孔村镇	826	江苏如东县河口镇
792	广东江门市新会区崖门镇	827	江苏徐州市铜山区柳新镇
793	江苏南通市海门区四甲镇	828	浙江余姚市临山镇
794	江西九江市濂溪区莲花镇	829	山东淄博市张店区南定镇
795	江苏东台市富安镇	830	江苏灌云县伊山镇
796	河南济源市承留镇	831	浙江温岭市箬横镇
797	江苏南通市通州区石港镇	832	江苏睢宁县沙集镇
798	江西芦溪县芦溪镇	833	浙江慈溪市掌起镇
799	福建石狮市永宁镇	834	江苏扬州市广陵区泰安镇
800	安徽天长市铜城镇	835	江苏睢宁县高作镇
801	广东清远市清城区石角镇	836	江苏东台市安丰镇
802	陕西府谷县三道沟镇	837	浙江台州市路桥区新桥镇
803	贵州安龙县龙山镇	838	江苏丹阳市界牌镇

续表

排名	建制镇	排名	建制镇
839	浙江东阳市巍山镇	874	江苏盐城市大丰区南阳镇
840	江苏淮安市淮阴区淮高镇	875	江苏睢宁县李集镇
841	浙江永康市芝英镇	876	浙江诸暨市次坞镇
842	河北宽城县宽城镇	877	浙江温岭市新河镇
843	江苏如东县岔河镇	878	江苏涟水县高沟镇
844	江苏盐城市亭湖区南洋镇	879	浙江杭州市富阳区胥口镇
845	江苏睢宁县双沟镇	880	浙江海宁市斜桥镇
846	河北辛集市辛集镇	881	河北迁安市沙河驿镇
847	江苏连云港市赣榆区海头镇	882	浙江杭州市富阳区灵桥镇
848	浙江台州市黄岩区院桥镇	883	浙江嘉善县干窑镇
849	江苏南通市通州区刘桥镇	884	浙江长兴县夹浦镇
850	浙江湖州市南浔区菱湖镇	885	浙江海宁市丁桥镇
851	山东齐河县赵官镇	886	浙江开化县华埠镇
852	江苏高邮市汤庄镇	887	江苏高邮市三垛镇
853	江苏射阳县临海镇	888	浙江永康市龙山镇
854	浙江德清县洛舍镇	889	浙江温岭市滨海镇
855	江苏建湖县庆丰镇	890	浙江慈溪市附海镇
856	浙江天台县平桥镇	891	江苏灌南县堆沟港镇
857	江苏徐州市铜山区茅村镇	892	浙江湖州市南浔区旧馆镇
858	江苏靖江市孤山镇	893	浙江义乌市义亭镇
859	浙江缙云县壶镇镇	894	广东佛山市高明区明城镇
860	江苏海安市白甸镇	895	浙江长兴县洪桥镇
861	江苏扬州市江都区樊川镇	896	广东四会市大沙镇
862	浙江东阳市歌山镇	897	河北衡水市桃城区郑家河沿镇
863	江苏宜兴市新建镇	898	浙江龙游县湖镇镇
864	广东珠海市斗门区乾务镇	899	浙江杭州市萧山区浦阳镇
865	浙江嘉兴市南浔区和孚镇	900	浙江德清县禹越镇
866	江苏丰县华山镇	901	浙江温岭市石塘镇
867	浙江武义县桐琴镇	902	浙江宁波市鄞州区瞻岐镇
868	浙江温岭市温峤镇	903	浙江岱山县高亭镇
869	浙江余姚市河姆渡镇	904	浙江嘉兴市南湖区新丰镇
870	江苏金湖县银涂镇	905	江苏灌南县新集镇
871	浙江临海市汛桥镇	906	浙江桐乡市石门镇
872	河北迁安市马兰庄镇	907	浙江余姚市牟山镇
873	浙江台州市路桥区蓬街镇	908	浙江永康市象珠镇

续表

排名	建制镇	排名	建制镇
909	江苏盱眙县马坝镇	944	浙江瑞安市马屿镇
910	浙江余姚市三七市镇	945	浙江东阳市湖溪镇
911	浙江德清县新安镇	946	江苏灌南县田楼镇
912	山东日照市岚山区虎山镇	947	浙江安吉县孝丰镇
913	浙江安吉县天子湖镇	948	浙江嵊州市黄泽镇
914	江苏盐城市盐都区大冈镇	949	浙江浦江县黄宅镇
915	浙江永嘉县桥下镇	950	浙江建德市梅城镇
916	浙江诸暨市姚江镇	951	河北迁安市蔡园镇
917	河北沧县兴济镇	952	浙江平湖市林埭镇
918	浙江义乌市大陈镇	953	浙江永康市石柱镇
919	浙江杭州市富阳区大源镇	954	陕西神木市大柳塔镇
920	浙江临海市沿江镇	955	江苏徐州市贾汪区青山泉镇
921	河北黄骅市吕桥镇	956	浙江嘉兴市秀洲区洪合镇
922	浙江海盐县通元镇	957	浙江余姚市梁弄镇
923	浙江杭州市萧山区河上镇	958	浙江诸暨市璜山镇
924	江苏仪征市大仪镇	959	江苏东海县桃林镇
925	浙江海盐县于城镇	960	浙江海盐县澉浦镇
926	浙江海宁市周王庙镇	961	浙江丽水市莲都区碧湖镇
927	浙江衢州市柯城区航埠镇	962	江苏新沂市瓦窑镇
928	江苏沭阳县马厂镇	963	浙江桐乡市屠甸镇
929	浙江玉环市龙溪镇	964	河南巩义市竹林镇
930	河北三河市高楼镇	965	浙江嘉兴市秀洲区油车港镇
931	浙江安吉县梅溪镇	966	浙江泰顺县司前畲族镇
932	浙江长兴县小浦镇	967	浙江建德市寿昌镇
933	江苏涟水县红窑镇	968	河北大厂县夏垫镇
934	浙江温州市鹿城区藤桥镇	969	福建仙游县榜头镇
935	河北正定县正定镇	970	浙江杭州市临安区板桥镇
936	浙江乐清市南岳镇	971	浙江杭州市萧山区进化镇
937	浙江慈溪市匡堰镇	972	福建晋江市永和镇
938	浙江宁波市奉化区松岙镇	973	浙江平湖市广陈镇
939	江苏淮安市洪泽区岔河镇	974	广东揭阳市榕城区渔湖镇
940	浙江嘉善县陶庄镇	975	山东邹城市中心店镇
941	浙江义乌市赤岸镇	976	浙江桐乡市河山镇
942	浙江嵊州市三界镇	977	河北遵化市建明镇
943	江苏淮安市淮安区车桥镇	978	山西孝义市梧桐镇

续表

排名	建制镇	排名	建制镇
979	浙江永康市花街镇	990	山东临沂市河东区郑旺镇
980	山东济宁市兖州区大安镇	991	浙江绍兴市上虞区谢塘镇
981	浙江宁波市奉化区裘村镇	992	安徽宣城市宣州区狸桥镇
982	山东青岛市即墨区田横镇	993	浙江桐庐县横村镇
983	浙江淳安县千岛湖镇	994	浙江德清县莫干山镇
984	山东禹城市伦镇	995	广西北海市铁山港区兴港镇
985	内蒙古达拉特旗树林召镇	996	浙江新昌县儒岙镇
986	浙江象山县大徐镇	997	江苏建湖县九龙口镇
987	内蒙古包头市九原区哈林格尔镇	998	浙江瑞安市陶山镇
988	浙江绍兴市上虞区盖北镇	999	内蒙古土默特右旗萨拉齐镇
989	广东广州市花都区狮岭镇	1000	四川江油市太平镇

五　研究思路、计量方法和模型

中小城市发展指数研究，充分结合县市区经济社会发展的实际情况，考虑数据的可得性，在评价体系的科学性和评价工作的可行性之间寻求均衡。

（一）研究思路

如上所述，本文主要从城市综合发展水平、绿色发展水平、城市投资潜力、科技创新能力、新型城镇化建设等五个方面对中小城市进行评价，并对建制镇综合实力进行研究。但是，城市“绿色”程度的“高低”不可能从数量上直接计算，投资潜力的“大小”直观判断困难，发展水平的“高低”更是一个包括经济社会等各个方面的综合性概念。在评价中小城市高质量发展的过程中，至少面临以下几方面的问题：一是指标体系的建立和数据获取的困难。不论是综合发展水平的衡量、投资潜力的评判，还是科技创新能力的评价，都同时涉及客观性指标和主观性指标。客观性指标面临的问题是，市（县）级统计指标体系设置滞后、连续性较差，可用指标和数据与满足理论研究需要有很大差距；主观性指标面临的问题则是调查难度大、评判标准不一、可比性差。二是不存在社会公认的“大小”“高低”的评价标准。即使在指标体系建立以后，发展水平的评价仍然是困难的。这主要是因为，人们很难就“大小”“高低”的标准达成一致。三是外生变量的影响程度难以把握。中小城市绿色发展水平、投资潜力、科技创新能力的评价与国别潜力、实力评价的一个重大区别就在于：宏观因素对城市的影响以及城市之间、城市和区域之间的高度融合和交互影响，部分在国别评价中颇为重要的指标在城市评价中会成为外生变量（城市自身不可控因素），如体制因素、政策性因素等。

为解决上述问题，本文力图利用客观数据，通过数量化的方法得出结论。例如，投资机会多寡本身可以通过一些表征性指标表现出来，如人们一般都会同意以下一些判断：“战略性新兴产业越发达的地区经济发展质量越高”“研发经费越高的地区经济科技创新能力更强”“房价收入比越高会带给居民过大压力”等。因此，通过“战略性新兴产业占规上工业总产值比重”“研发经费占 GDP 比重”“房价收入比”等指标表征经济发展质量或居民生活质量。同样，用“单位 GDP 耗能”“单位 GDP 耗水”等来表征城市的资源消耗水平。

（二）计量方法

1. 赋予权重

考虑指标体系涉及的具体指标较多，本文采取德尔菲法分两层赋予权重。第一层次：依据各因子对综合实力、绿色发展和投资潜力的影响程度赋予权重（总和为 1）；第二层次：对影响因子的内部各指标按重要性程度赋予权重（每一因子内指标权重之和仍为 1）。由此计算每一指标在指数中的权重为：因子所占权重 × 指标在因子中所占权重。

2. 选取标准并计算单项指标得分

本文确定，单个城市所有单项指标均以该指标最高数值得分为“1”，其他城市依据比例得分递减。如人均 GDP，A 市最高，数值为 80000 元，B 市为 64000 元，则 A、B 两市得分分别为 1 和 0.8。对于逆指标，设最低值得分为 1，其他城市在该项上的得分为：该项指标最低值 ÷ 该城市该项指标实际值。

（三）计算模型

1. 综合实力指数

单个城市的综合指数计算公式为：

$$S_i = \sum_{j=1}^{6} \sum_{k=1}^{m} \sum_{l=1}^{n} \lambda_j \lambda_{jk} \lambda_{jkl} q_{ijkl}$$

中小城市总体综合实力指数为：

$$S = \frac{1}{n} \sum_{i=1}^{n} S_i$$

上式中，S 为中小城市总体综合实力指数（简称中小城市发展指数），S_i 为单个城市的综合实力指数，λ_j、λ_{jk}、λ_{jkl} 分别为一级指标、二级指标和三级指标的权重，q_{ijkl} 为该城市单项指标上的实际得分。

2. 绿色发展指数

单个城市的绿色发展指数计算公式为：

$$Q_i = \sum_{j=1}^{4} \sum_{k=1}^{m} \lambda_j \lambda_{jk} q_{ijk}$$

中小城市总体绿色发展指数为：

$$Q = \frac{1}{n} \sum_{i=1}^{n} Q_i$$

上式中，Q 为中小城市总体绿色发展指数，Q_i 为单个城市的绿色发展指数，λ_j、λ_{jk} 分别为一级指标和二级指标的权重，q_{ijk} 为该城市单项指标上的实际得分。

3. 投资潜力指数

单个城市的投资潜力指数为：

$$P_i = \sum_{j=1}^{5} \sum_{k=1}^{m} \lambda_j \lambda_{jk} q_{ijk}$$

中小城市总体投资潜力指数为：

$$P = \frac{1}{n} \sum_{i=1}^{n} P_i$$

上式中，P 为中小城市总体投资潜力指数，P_i 为单个城市的投资潜力指数，λ_j、λ_{jk} 分别为一级指标和二级指标的权重，q_{ijk} 为该城市单项指标上的实际得分。

4. 科技创新指数

单个城市的科技创新指数为：

$$I_i = \sum_{j=1}^{4} \sum_{k=1}^{m} \lambda_j \lambda_{jk} q_{ijk}$$

中小城市总体科技创新指数为：

$$I = \frac{1}{n} \sum_{i=1}^{n} I_i$$

上式中，I 为中小城市的总体科技创新指数，I_i 为单个城市的科技创新指数，λ_j、λ_{jk} 分别为一级指标和二级指标的权重，q_{ijk} 为该城市单项指标上的实际得分。

5. 新型城镇化质量指数

单个城市的新型城镇化质量指数计算公式为：

$$U_i = \sum_{j=1}^{4} \sum_{k=1}^{m} \lambda_j \lambda_{jk} q_{ijk}$$

中小城市的总体新型城镇化质量指数为：

$$U = \frac{1}{n} \sum_{i=1}^{n} U_i$$

上式中，U 为中小城市总体新型城镇化质量指数，U_i 为单个城市的城镇化质量指数，λ_j、λ_{jk} 分别为一级指标和二级指标的权重，q_{ijk} 为该城市单项指标上的实际得分。

6. 建制镇综合实力

$$T_i = \sum_{j=1}^{5} \lambda_j q_{ij}$$

上式中，T_i 为建制镇的综合实力指数，λ_j 为指标权重，q_{ij} 为该建制镇单项指标上的实际得分。

G.3

人均 GDP 超2.5万美元中小城市样本分析

牛凤瑞　吕伟华*

摘　要：　人均 GDP 是衡量一个地区经济发达程度的重要指标，也是体现现代化水平的重要指标之一。2019年全球共有36个国家和地区人均 GDP 超2.5万美元。全国有6个地市、30个县级行政区人均 GDP 超2.5万美元。人均 GDP 超过2.5万美元，城市产业结构、生产方式、居民生活方式等都有发生重大变化。对人均 GDP 超2.5万美元中小城市进行分析，对于城市确定未来发展战略与方向具有参考价值。

关键词：　人均 GDP　中小城市　现代化

按世界银行 2018 年公布的分组标准，人均国民收入高于 12055 美元为高收入国家，人均国民收入在 3896～12055 美元为中等偏上收入国家，人均国民收入在 996～3896 美元为中等偏下收入国家，人均国民收入低于 996 美元为低收入国家。

2019 年全球共有 36 个国家和地区人均 GDP 超 2.5 万美元，主要分布于欧洲，其次是东亚和北美（见表 1）。排名居前 10 位的分别是：卢森堡、中国澳门、瑞士、爱尔兰、挪威、冰岛、新加坡、美国、卡塔尔、丹麦。除美国外，均为人口小国或地区。其中卢森堡超过 11 万美元，高居全球榜首。

---

* 牛凤瑞，中小城市研究院院长、中国社会科学院原城市发展与环境研究所所长，研究方向为区域与城市经济、房地产、农村经济等；吕伟华，中小城市研究院秘书长，研究方向为中小城市与县域经济。

表 1　2019 年全球人均 GDP 2.5 万美元以上国家和地区排名

排序	国家或地区	人均 GDP(美元)
1	卢森堡	114705
2	中国澳门	84096
3	瑞士	81994
4	爱尔兰	78661
5	挪威	75420
6	冰岛	66945
7	新加坡	65233
8	美国	65118
9	卡塔尔	64782
10	丹麦	59822
11	澳大利亚	54907
12	荷兰	52448
13	瑞典	51610
14	奥地利	50277
15	中国香港	48756
16	芬兰	48686
17	德国	46259
18	加拿大	46195
19	比利时	46117
20	以色列	43641
21	阿联酋	43103
22	英国	42300
23	新喀里多尼亚	42084
24	安道尔	40886
25	法国	40494
26	日本	40247
27	意大利	33190
28	巴哈马	32933
29	波多黎各	32874
30	科威特	32032
31	韩国	31762
32	文莱	31087
33	西班牙	29614
34	马耳他	29416
35	塞浦路斯	27858
36	斯洛文尼亚	25739

资料来源：《国际统计年鉴 2020》。

中国2019年人均GDP为10262美元，相当于美国人均GDP的15.76%；GDP总量14.4万亿美元，相当于美国的67.19%。世界银行、国际货币基金组织等国际机构普遍认为人均GDP达到美国的30%左右即被认为是初步进入发达经济体的行列。我国有望在2035年前后达成这一目标。

按当年美元兑换人民币汇率计算，2019年尚无人均GDP超2.5万美元的省级行政区。全国人均GDP超2.5万美元的地级建制市有6个。分别是深圳市、克拉玛依市、无锡市、苏州市、珠海市、鄂尔多斯市。其中，克拉玛依市和鄂尔多斯市为矿产资源型城市，其他4个分别为珠三角、长三角地区发达城市。

根据第七次全国人口普查数据，深圳市人均GDP大幅缩水，降至2.5万美元以下。克拉玛依市、无锡市等城市也均有下降。

据不完全统计，2020年全国人均GDP超2.5万美元的中小城市共有23个（见表2）。其中，广东广州市黄埔区、内蒙古伊金霍洛旗人均GDP超28万元。人均GDP居前10位的县市区分别是：广东广州市黄埔区、内蒙古伊金霍洛旗、江苏泰州市高港区、江苏江阴市、内蒙古鄂托克旗、陕西府谷县、陕西神木市、广东广州市南沙区、湖南岳阳市云溪区、广西北海市铁山港区。前10强中，广东省2席，内蒙古自治区2席，陕西省2席，江苏省2席，湖南省1席，广西壮族自治区1席。

23个人均GDP超2.5万美元的中小城市分布较广，覆盖了内蒙古、广东、陕西、江苏、浙江、贵州、湖南、福建、宁夏、广西等10个省（自治区）。

表2　2020年度全国人均GDP超2.5万美元中小城市主要数据

县市区名称	辖区国土面积（平方千米）	2020年末常住人口（万人）	2020年GDP（亿元）	2020年GDP增速（%）	2020年人均GDP（万元）
广东广州市黄埔区	484	126.44	3662.67	4.1	28.97
内蒙古伊金霍洛旗	5487	24.80	710.69	—	28.66
江苏泰州市高港区	334	25.86	634.97	4.1	24.55
江苏江阴市	987	177.95	4113.75	3.0	23.12
内蒙古鄂托克旗	20367	16.27	373.04	3.6	22.93
陕西府谷县	3202	25.54	582.81	2.3	22.82
陕西神木市	7481	57.19	1294.00	4.7	22.63
广东广州市南沙区	784	84.66	1846.11	7.1	21.81

续表

县市区名称	辖区国土面积（平方千米）	2020 年末常住人口（万人）	2020 年 GDP（亿元）	2020 年 GDP 增速（%）	2020 年人均 GDP（万元）
湖南岳阳市云溪区	378	15.36	327.64	2.2	21.33
广西北海市铁山港区	394	14.59	307.11	-6.2	21.05
内蒙古准格尔旗	7551	35.92	751.91	—	20.93
贵州仁怀市	1788	65.53	1364.11	4.1	20.82
福建泉州市泉港区	306	35.43	734.44	3.8	20.73
福建福州市马尾区	281	29.20	604.96	5.7	20.72
江苏昆山市	932	209.25	4276.76	4.0	20.44
浙江宁波市镇海区	218	51.05	1030.10	2.9	20.18
内蒙古乌审旗	11674	15.86	316.89	1.2	19.98
广东佛山市高明区	960	46.90	882.37	1.3	18.81
江苏张家港市	990	143.20	2686.60	3.9	18.76
江苏南京市溧水区	1064	49.13	906.00	6.0	18.44
宁夏灵武市	3846	29.42	533.2	4.8	18.12
江苏苏州市虎丘区	335	83.25	1446.32	3.6	17.37
湖南长沙市雨花区	115	126.94	2193.24	4.5	17.28

表 3　2020 年度全国人均 GDP 超 2.5 万美元中小城市主要指标

县市区名称	2020 年一般公共预算收入（亿元）	2020 年社会消费品零售总额（亿元）	2020 年城镇居民人均可支配收入（元）	2020 年农村居民人均可支配收入（元）	15 岁及以上人口的平均受教育年限（年）
广东广州市黄埔区	189.56	1011.66	70494	42054	11.92
内蒙古伊金霍洛旗	75.69	48.02	52132	21605	10.09
江苏泰州市高港区	46.40	66.25	—	—	9.86
江苏江阴市	259.66	675.07	72185	38416	10.35
内蒙古鄂托克旗	28.50	30.25	49594	21933	9.95
陕西府谷县	30.07	—	37729	16417	9.38
陕西神木市	91.62	94.11	38868	17235	9.87
广东广州市南沙区	90.32	207.24	57911	36933	10.55
湖南岳阳市云溪区	3.83	38.48	42507	—	10.87
广西北海市铁山港区	32.45	25.23	37317	17581	9.29
内蒙古准格尔旗	82.70	—	51380	20944	9.74
贵州仁怀市	73.82	112.62	38030	19682	8.63
福建泉州市泉港区	25.58	147.28	—	—	9.14
福建福州市马尾区	31.57	182.76	54653	29323	10.31

续表

县市区名称	2020 年一般公共预算收入(亿元)	2020 年社会消费品零售总额(亿元)	2020 年城镇居民人均可支配收入(元)	2020 年农村居民人均可支配收入(元)	15 岁及以上人口的平均受教育年限(年)
江苏昆山市	428. 00	1398. 08	71519	38320	10. 97
浙江宁波市镇海区	84. 50	—	71163	40469	12. 20
内蒙古乌审旗	30. 12	—	48290	21836	10. 06
广东佛山市高明区	43. 52	124. 21	40380	28865	10. 40
江苏张家港市	250. 30	688. 52	71805	37935	10. 22
江苏南京市溧水区	79. 00	351. 00	59739. 8	29078	11. 76
宁夏灵武市	29. 20	34. 65	35887	17312	9. 63
江苏苏州市虎丘区	175. 01	538. 12	—	—	11. 35
湖南长沙市雨花区	78. 05	661. 70	62403	—	12. 60

注：表中不包括四大直辖市地级市政府驻地的市辖区。官方未公布 2020 年度常住人口及 GDP 的县市区也未列入统计。

资料来源：2020 年各县市区统计公报及第七次人口普查公报。

人均 GDP 超 2. 5 万美元的 23 个中小城市中，地级市辖区 12 个，县市旗 11 个。地级市辖区主要集中于东南沿海发达地区，少数分布于内陆中心城市邻近地区。23 个 GDP 超 2. 5 万美元的中小城市总人口达 1489. 74 万人，占全国总人口的 1. 05%，辖区土地面积达 69958 平方千米，占全国总面积的 7. 28%；平均城市化率为 72. 86%，高于全国平均水平 8. 97 个百分点。2020 年 GDP 总量达 3. 16 万亿元，占全国总量的 3. 11%。人均 GDP 平均值为 21. 32 万元，为全国平均水平的 2. 96 倍。一般公共预算收入总额达 2259. 47 亿元，占全国一般公共预算收入的 1. 23%。

23 个人均 GDP 超 2. 5 万美元的中小城市特点鲜明。其中，7 个矿产资源型城市分布于内蒙古、陕西和宁夏，7 个资源型城市辖区面积 59608 平方千米，占 23 个人均 GDP 超 2. 5 万美元中小城市总面积的 85. 20%，人口 205 万人，占 23 个人均 GDP 超 2. 5 万美元中小城市总人口的 13. 76%，平均人口密度 34. 39 人/平方千米，仅为 23 个人均 GDP 超 2. 5 万美元中小城市平均值的 16. 15%。

23 个人均 GDP 超 2. 5 万美元的中小城市 15 岁及以上人口平均受教育年限为 10. 39 年，比全国平均水平的 9. 91 年高出 0. 48 年。

23 个人均 GDP 超 2. 5 万美元中小城市城乡居民人均可支配收入比值最大

的是内蒙古准格尔旗，为2.45，最小的为广东佛山市高明区，为1.39。23个中小城市城乡居民人均可支配收入比低于全国2.56的平均水平。城镇居民人均可支配收入最高的是江苏江阴市，为72185元，高出江苏全省平均水平19083元，高出全国平均水平31807元。农村居民人均可支配收入最高的是广东广州市黄埔区，为42054元，高出广东省平均水平21911元，高出全国平均水平24923元（见表3）。

全国百强县第一名的昆山市2020年GDP达到4276.76亿元，一般公共预算收入达到428.00亿元，是全国唯一一个GDP超4000元、一般公共预算收入超400亿元的县级市。2020年昆山市第三产业增加值达到2096.62亿元，常住人口城市化率达到78.96%，15岁及以上人口平均受教育年限为10.97年。社会消费品零售总额达到1398.08亿元，实际利用外资10.48亿美元，进出口总额868.4亿美元，本外币存款余额5763.52亿元，卫生技术人员数13446人，城乡居民人均可支配收入62238元。各项指标均位居全国中小城市前列。2021年上半年，昆山市规上工业企业实现总产值4854.26亿元，同比增长22.9%，两年平均增长12.9%。规上民营工业企业实现工业总产值同比增长36.5%，两年平均增长21.8%，拉动全市规上工业总产值增长7.8个百分点。规上工业企业实现利润总额258.95亿元，同比增长40.6%。规上工业企业人均营业收入为68.6万元/人，比上年同期提升12.6万元/人。

分 报 告

Sub Reports

G.4
中国中小城市脱碳发展面临的挑战与转型路径

王军锋*

摘 要： 在国际和国内气候治理不断推进的大背景下，我国中小城市实现脱碳发展面临诸多挑战，针对碳达峰、碳中和遇到的问题，探索研究推动中小城市能源体系脱碳转型、加快城市产业体系脱碳化发展等转型路径。

关键词： 气候治理 中小城市 脱碳 转型

一 我国中小城市推进脱碳发展的国内外背景

（一）国际气候治理进展

1997年12月，联合国气候大会通过了《京都议定书》；随后，在2012年

* 王军锋，南开大学环境学院教授，英国兰卡斯特大学 Pentland 可持续发展中心访问学者，南开大学循环经济与低碳发展研究中心主任，研究方向为城市碳达峰、碳中和与低碳增长，城市能源转型与气候治理、城市循环经济与绿色增长、城市气候环境治理政策设计与评估。

12 月哥本哈根气候大会上，在结束京都议定书之后，各国就后续二氧化碳的减排问题达成协议，根据各国的 GDP 规模设置减排目标。《巴黎协定》是 2015 年 12 月 12 日在巴黎气候变化大会上通过、2016 年 4 月 22 日在纽约签署的气候变化协定，该协定为 2020 年后全球应对气候变化行动做出的安排。巴黎协定在减排的长期目标上重申 2℃的全球温升控制目标，同时提出要努力实现 1.5℃的目标，并且提出在 21 世纪下半叶实现温室气体人为排放与清除之间的平衡。其次，巴黎协定还提出了国家自主贡献的目标。协定要求各国应制定、通报并保持其“国家自主贡献”，通报频率是每五年一次。新的贡献应比上一次贡献有所加强，并反映该国可实现的最大力度。随后，多个国家和地区先后公布了实现净零排放的目标。目前已有超过 100 多个国家和地区提出了“零碳”或“碳中和”的气候目标。

（二）国内气候治理进展

中国高度重视气候问题，并积极参与全球气候环境治理。2020 年 9 月 22 日，习近平总书记在第七十五届联合国大会上提出了中国将提高国家自主贡献力度，采取更加有力的政策和措施，二氧化碳排放量力争 2030 年前达到峰值，努力争取 2060 年前实现碳中和的目标。2021 年 2 月 9 日，习近平总书记在主持召开中央全面深化改革委员会第十八次会议上提出，要围绕推动全面绿色转型深化改革，深入推进生态文明体制改革，健全自然资源资产产权制度和法律法规，完善资源价格形成机制，建立健全绿色低碳循环发展的经济体系，统筹制定 2030 年前碳排放达峰行动方案，使发展建立在高效利用资源、严格保护生态环境、有效控制温室气体排放的基础上，推动我国绿色发展迈上新台阶。习近平总书记在主持召开中央财经委员会第九次会议上强调实现碳达峰、碳中和是一场广泛而深刻的经济社会系统性变革，要把碳达峰、碳中和纳入生态文明建设整体布局，拿出抓铁有痕的劲头，如期实现 2030 年前碳达峰、2060 年前碳中和的目标。随后，2021 年 2 月，国务院印发《关于加快建立绿色低碳循环发展经济体系的指导意见》，其中提出要建立健全绿色低碳循环发展经济体系，促进经济社会发展全面绿色低碳转型。为了更好地落实碳中和工作，中共中央政治局会议于 2021 年 4 月 30 日召开，会议强调要有序推进碳达峰、碳中和工作，积极发展新能源。2021 年 5 月，国家碳达峰、碳中和工作领导小组第一次全体会议在北京召开，会议强调要研究提出有针对性和可操作性的政策举措，这标志着中国双碳工作又迈出了重要一步。2021 年 7 月，经国务院同意，国家发改委印发《“十四五”循环经济发展规划》，围绕工业、社会生活、农业三大领域，提出了“十四五”循环经济发展的主要任务，支撑碳达峰、碳中和战略。

（三）推动城市脱碳进程

城市在脱碳化进程中发挥着重要作用。联合国对于城市低碳发展一直给予了高度重视。2006 年 8 月，大城市气候领导集团（即后来的 C40 城市气候领导小组）成立，该集团承诺减少世界大城市的碳排放量和高效能源的应用。此后，其成员城市承诺设定“到 2030 年将温室气体排放从目前的人均 5.3 吨减少到 2.9 吨左右，到 2050 年达到零排放”的减排目标。为了进一步促进全球城市的可持续发展，2016 年 10 月举行的第三届联合国住房和城市可持续发展大会上通过了具有里程碑意义的成果文件——《新城市议程》，为未来城市可持续发展设定了全球标准。其后，为了说明城市的气候行动对于实现净零排放目标的重要性，国际能源署（IEA）于 2021 年 7 月发布《为净零未来赋能城市——解锁弹性、智能、可持续的城市能源系统》报告，该报告指出，在为气候和能源挑战提出创造性解决方案方面，城市处于领先地位。

我国也在积极推动城市碳达峰、碳中和工作。2021 年 6 月 24 日召开的首届绿色智慧建筑博览会上，住建部总工程师李如生强调住房城乡建设系统要立足碳达峰、碳中和的目标，以绿色低碳发展为引领，加快转变城市发展方式，统筹城市规划建设管理，实施城市更新行动，推动城市空间结构优化和品质提升。

二　我国中小城市建设与发展的特点

（一）中小城市的规模划分

中国有建制市 655 个，其中地级以上 287 个，县级建制市 368 个。我国中小城市数目已达 2634 个，56% 的地级以上城市为中小城市。依据 2014 年《国务院关于调整城市规模划分标准的通知》（国发〔2014〕51 号）以城区常住人口为统计口径，中国的城市一般可以划分为五类七档。“五类”分别为小城市、中等城市、大城市、特大城市以及超大城市。其中小城市可以进一步划分为Ⅰ型小城市和Ⅱ型小城市，城区常住人口 50 万以下的为小城市，其中 20 万以上 50 万以下的城市为Ⅰ型小城市，20 万以下的城市为Ⅱ型小城市；城区常住人口 50 万～100 万的为中等城市，即中小城市指的是城区常住人口 100 万以下的城市。

（二）中小城市建设与发展特点

1. 中小城市的城市化进程呈现东稳西快的形势

近年来国家积极推进西部大开发、中部崛起和东北振兴的区域发展战略。但是，不同区域中小城市的城市化发展进展并不相同。中小城市城市化进程在区域格局上发生了显著变化，呈现“东稳西快”的现状。东部地区经济基础较好，在经历了改革开放以后的高速增长期后，其城市化速度开始渐趋平稳。中西部地区中小城市在近些年城市化发展非常迅速，成为我国城市化发展的快速增长区域。

2. 中小城市已成为拉动国民经济发展的重要增长点

中小城市及其直接影响和辐射的区域，在经济总量上约占全国经济总量的 55%，地方财政收入约占全国财政收入的 40%。中小城市在空间上星罗棋布、连轴结网，成为国家城市群发展战略在空间格局的重要支点，从而成为城市群和全国经济发展的带动基点和有力支撑。相对于其他城市类型，经济增长速度最快的还是中小城市，也是当前拉动国民经济发展的重要“增长点”。

3. 中小城市是国家实施乡村振兴战略的关键支点

国家乡村振兴战略是个系统工程，包括了农业全面升级、农村全面进步、农民全面发展等多个维度。党和政府也要求各地区各部门要充分认识实施乡村振兴的重大意义，把实施乡村振兴战略摆在优先位置。中小城市是国家实施乡村振兴战略的重要载体和关键支点，具有重要作用。一方面，从中小城市和新农村建设的关系看，中小城市是农村富余劳动力转移和集聚的重要平台，同时也会促进公共服务向农村逐步延伸。另一方面，中小城市因其连接城乡、准入门槛低，农村要素容易进入，有着丰富的农村资源要素做支撑，具有联系城乡、促进工农业发展的特殊功能，发展潜能大。

4. 中小城市的产业发展需求强烈

一方面，相对于大城市而言，中小城市目前的经济基础仍然薄弱，产业规模和聚集度并不高，特别是地处中西部欠发达地区的中小城市，经济发展任务和压力还很大，亟须依靠产业快速发展来带动经济增长和收入水平提高。另一方面，没有快速发展的产业，中小城市无法充分落实富余农村就业人口吸纳问题。

5. 中小城市的基础设施建设市场广阔

目前，多数中小城市仍处于城市化基础设施建设阶段。其基础设施建设水平与许多大城市之间仍有较大差距。而随着中小城市居民收入水平快速提高，对中小城市的基础设施的质量和规模，提出了更高的要求，这与目前的基础设施建设现状相比，存在巨大的市场需求。

6. 中小城市灵活的功能结构使得统筹规划协调难度小

大部分中小城市体量小，结构简单，这带来的一个好处就是其经济调整的弹性较大。此外，与大城市相比，中小城市的人口、经济规模都相对较小，其社会经济转型过程中，统筹协调的工作相对比较容易操作，这就给中小城市的高效治理和统筹规划提供了重要实施环境。

7. 中小城市正加速融入重点城市群的建设

国家正推动多个重点城市群的建设。提升城市群的竞争力主要取决于核心城市与周边中小城市分工与合作等。这就给中小城市的建设与发展带来重大发展机遇。未来，中小城市如何借助重点城市群发展趋势和发展环境，处理好与城市群中心城市的关系，实现协同发展，已经成为中小城市未来发展的重要关注点。

三　中小城市实现脱碳发展的重大挑战

（一）中小城市的经济增长和碳达峰、碳中和问题平衡难度大

虽然很多中小城市对低碳发展表现出积极的态度和充分的准备，但它们却必须在中长期的低碳发展目标和短期的 GDP 增长目标之间做出平衡。中

国幅员辽阔，数量众多的中小城市之间资源禀赋差异极大。发展经济、扩大就业、提高人民生活水平仍然是广大中小城市面临的首要问题。但是目前高碳产业所占比重比较大，往往会带来较高的化石能源使用和碳排放水平。因此，实现经济增长方式的低碳转型是目前中小城市实现低碳发展的一大重要挑战。

（二）中小城市碳达峰、碳中和示范项目成本收益平衡难度大

在中小城市推进碳达峰、碳中和过程中，示范项目的建设十分重要。但是，这些示范项目建设与实施存在成本和收益平衡的问题，项目巨大的投入成本与其前期运行带来的微薄收益存在突出的运营矛盾。虽然这些示范项目具有较好的社会效益，但实际成本和效益，以及巨大的硬件投资导致了较高的资金压力。示范项目的可持续运营压力大，存在相关设施闲置荒废的风险。

（三）吸引投资是未来中小城市实现碳达峰、碳中和的瓶颈

利用低碳技术引领能源利用方式的转变，是中小城市低碳发展的关键手段。但在中小城市，大规模推广应用低碳清洁技术的经济条件并不具备。中小城市经济发展水平相对较低，地方政府用于双碳发展的财政资金相对于所需的巨大资金而言，仍然比较有限。如果在低碳清洁技术的创新、转移和扩散的相关融资机制也没有建立的话，可能会导致低碳清洁技术无法在中小城市中得以广泛的应用，也难以进一步推进发展。所以如何吸引投资、争取外部的资金支持是中小城市实现双碳发展的重大难题。

（四）中小城市要面临大城市高碳产业的转移诱惑

随着大城市碳减排的压力越来越大等问题，企业碳成本快速上升。这将迫使许多企业逐步搬迁到中小城市。这些从发达城市搬迁来的产业，大部分属于能源、原材料初级加工业等，其中有很多都是高碳排放量的产业，但在经济增长的强烈需求下，很多中小城市有内在动力利用相对低廉的生产要素价格和优越的资源禀赋承接转移来的高碳产业。但是，这些高碳产业的转移也为中小城市的低碳发展带来严峻挑战，如何在吸纳这些产业的同时实现这些产业的脱碳改造，这是中小城市要面临的又一挑战。

（五）中小城市的基础设施建设的低碳改造任务重

由于历史发展的局限性，中小城市的低碳交通建设需求仍然很大，新型低碳化的交通设施规划任务重。在中小城市尤其是北方地区，减少以化石能源为主的冬季采暖能源系统，慢慢转变成以清洁能源为主的供热方式是需要进一步推动的低碳建设工程。清洁低碳的电力生产是推进其他产业低碳建设的重要基础，减少化石能源的使用，推进清洁能源发电是中小城市减少供电碳排放的重要措施。中小城市的污水处理设施的低碳化也是面临的一个挑战。传统水处理工艺往往会产生较多的温室气体排放，降低污水处理各环节的能耗、逐步采用碳中和的处理工艺等来减低温室气体排放是未来中小城市亟待解决的问题。

（六）中小城市双碳技术人才缺乏，低碳发展行动的科技支撑差

由于大城市的发展前景和优质的生活条件，越来越多的科技人才尤其是高层次人才汇集到大城市。但是，中小城市在双碳技术人才引进方面存在挑战。一方面，现有的高层次人才引进机制无法有效支撑高层次人才的进入。另一方面，高层次人才的长期激励措施不到位。这些使得双碳相关的知识密集型产业和管理都缺乏人才的支撑，难以推进产业的低碳发展，影响城市的脱碳发展进程。

（七）中小城市低碳发展的顶层设计缺乏，脱碳路径不清晰

目前，对于大城市低碳发展讨论的比较广泛，但对中小城市的低碳规划少。现有城市碳达峰、碳中和路径研究适宜于大城市低碳转型场景。但中小城市的基础建设水平、城市规模、资金投入和经济产业发展现状与大城市的差距较大，这些规划设计在中小城市的适用性不强，双碳路径无法有效对接中小城市的发展实际，也无法指导中小城市低碳发展战略。

（八）中小城市的低碳监管体系亟待建立

相对于大城市，由于中小城市低碳监管的体系建设刚刚起步，面临监管的机构发展时间较短、监管能力亟待增强等难题。此外，由于中小城市的低碳建设技术装备落后、人员编制不足、执法力度和手段落后以及资金紧张等，低碳

监管机构建设并发挥职能实现难度加大，进而制约我国中小城市双碳建设与发展。

（九）中小城市双碳发展的公众参与和监督机制有待突破

很多中小城市垂直的政府管理体系难以灵活应对城市发展中日益多样的问题，由于公众缺少积极地参与，企业等其他利益相关者缺乏对低碳城市建设各个环节和领域的关注和监督，造成城市的低碳建设推进缓慢，缺乏针对性和适用性。除去加强对低碳城市建设的宣传和激励政策，中小城市还需要探索更多吸引公众积极参与的有效措施，这也是目前我国中小城市需要进一步进行加强的地方。

（十）中小城市的双碳统计体系建设急需建立

双碳调查统计工作是城市和政府进行双碳宏观管理的基础，双碳的科学决策需要调查统计工作及其数据的支撑。但目前，中小城市统计工作缺乏双碳部分的整体设计与规划，双碳相关的统计人员队伍、设备设施的投入较少，数据统计的科学性和规范性制度亟待建立等问题，难以支撑低碳可持续发展战略的制定。

四　中小城市脱碳发展路径

（一）推动城市能源体系脱碳转型

第一，降低化石能源使用，加快清洁能源开发利用，提升可再生能源利用比例。部分中小城市天然气、地热、风能、水能、农村沼气等清洁资源丰富，可因地制宜促进中小城市发展风电、光伏发电、水能、地热能、海洋能、氢能、生物质能、光热发电，逐步推进生物质耦合供热。

第二，推进电力系统低碳升级。推广燃煤电厂超低能耗改造，严控新增煤电装机容量。促进燃煤清洁高效开发转化利用。在现有电厂进行 CCUS 改造。加快形成以新能源为主体的电力供应格局，以电力替代煤炭、石油等化石能源直接利用。推进电气化进程，增加非化石燃料发电的比例，将传统能源、新能源转换为电力，积极参与跨省绿电交易。制定更加积极的新能源发展目标，推进工业、建筑、交通等重点部门和行业电能替代，提升全社会电气化水平。

第三，完善能源消费总量和强度双控制度，将节能和控制能源消费增长放在突出位置。建立健全用能预算等管理制度，推动能源资源高效配置、高效利用，继续深入推进工业、建筑、交通、公共机构等重点领域节能，做好重点用能企业节能技术升级和能源管理能力提升，提高能源输配效率。

（二）加快城市产业体系脱碳化发展

第一，构建零碳、低碳产业结构。调整降低高耗能产业比重，提升新兴产业比重，大力发展低碳、零碳产业，促进高碳产能依法依规退出，大力发展高新技术产业和先进制造业。促进高新技术产业向交通发达的中小城市发展，形成完整的产业链，带动县域经济的发展。根据中小城市自然条件和资源特点，因地制宜发展特色产业吸引投资，如旅游业等。坚决限制“两高”项目上马，淘汰落后产能。

第二，加快传统产业的脱碳转型。对传统产业进行脱碳改造升级，加快实施钢铁、石化、化工、有色、建材、纺织、造纸、皮革等行业节能化、低碳化改造。引进低碳生产技术，对企业开展节能技术改造，优先部署节能技术，通过技术创新提高能效，以及通过材料替代和循环经济等途径降低能源需求。加强节能监管，广泛支持企业开展工业锅炉窑炉节能改造、电机系统节能改造、余热余压回收利用、工业副产煤气回收利用等能效提升工程。依法在高耗能行业实施强制性清洁生产审核，推动源头削减碳排放、生产全过程碳排放控制和提升资源、能源的利用率。在产业中布局 CCUS（碳捕获、利用和封存）技术，将生产电力和氢气过程中排放的二氧化碳进行捕捉，再将捕捉到的二氧化碳重新利用到工业生产过程当中去。

第三，推进产业能源使用脱碳化。逐步减少产业对化石能源的使用比例，化石燃料转向电力，持续提高工业电气化水平，提升可再生能源使用，对于难以实现电气化的设施，探索加大绿氢、绿电（光伏、风电等）等绿色能源在产业中使用比例。降低产业能耗，淘汰高能耗生产设备，提升能源利用效率。

第四，技术创新赋能产业脱碳，提高服务业脱碳发展水平。使用低碳燃料、原料替代技术，通过数字化转型以及电能替代技术提高工业领域电气化水平，发展电炉炼钢、电窑炉、感应窑炉等电能替代技术。大力推动重大节能技术研发投入，组织资源进行关键技术攻关，提升专业技术装备水平。促进商贸企业绿色低碳行动，有序发展出行、住宿等领域共享经济。

（三）打造城市低碳建筑体系

第一，实施低碳设计与建造，开展零碳低碳建筑示范。全面执行公共建筑节能设计标准和城镇新建民用建筑节能标准。推动低碳建筑结构设计，发展低碳化原材料产业，推广低碳建材应用，提高材料利用率，在生产和建造阶段加大低碳建造力度，减少建材施工过程中的二氧化碳排放。提升建筑节能标准，推广超低能耗建筑、近零能耗建筑、零碳建筑，逐步实现未来所有新建建筑全部满足绿色建筑标准。大力发展装配式建筑，降低建筑能源损耗，节约施工工序、提高组件回收利用率。

第二，推进建筑应用可再生能源。利用建筑屋顶和立面，实施太阳能光伏、集中热水系统，有条件的地区加大水源、地源热泵系统在建筑中的应用。促进就地高效生物质利用。积极推进建筑供冷供暖电气化。鼓励利用建筑屋顶、墙壁发展分布式能源和储能系统，因地制宜地推广清洁取暖技术，提高建筑清洁用能的集中度。充分利用农村建筑的屋顶，推广建筑光伏一体化的技术。

第三，推进既有建筑低碳改造，提升建筑运行能效。在城镇老旧小区改造领域开展建筑节能专项改造，包含更换节能门窗、修缮屋面保温、增设外遮阳等适宜技术。通过翻新和使用高质量的建筑材料延长建筑使用寿命，降低建筑的隐含能耗。加快对现有建筑进行墙体、供热系统、耗电设备等系统的节能改造。提升建筑节能运行管理，加强建筑日常运行维护和管理，提升用能设备能效，强化作业人员节能意识，提高建筑运行阶段能源使用效率。完善家电能效标准和标签计划，纳入智能技术以实现系统节能。加强高性能围护结构的利用，推广高效热电联产集中供暖，采购安装高能效标准的建筑内部设备和电器，提升能效水平。

（四）推动城市交通低碳化

第一，优化交通运输低碳能源结构，推广交通建设低碳化。提高运输效率，降低单位运输周转量能耗水平，改进交通运输燃料构成，逐步推广道路交通全面电气化，推进氢燃料和生物燃料的利用和示范。加快淘汰高碳老旧公共车辆，采购清洁能源公共车辆，加强新能源汽车充换电、加氢等配套基础设施建设。积极推广应用温拌沥青、智能通风、辅助动力替代和节能灯具、隔声屏障等节能环保先进技术和产品。加大工程建设中废弃资源综合利用力度，推动废旧路面、沥青、疏浚土等材料以及建筑垃圾的资源化利用。

第二，编制交通低碳发展规划，探索智能化低碳交通。将双碳理念贯穿交通基础设施规划、建设、运营和维护全过程，统筹交通基础设施空间布局，促进资源集约高效利用。城市公共交通、城市轨道交通、城际轨道交通的整体规划降低出行碳排放。推动公共交通优先发展，以公共交通为导向进行城市规划。持续推动大宗货物“公转铁”。结合城市的发展阶段及货物特点，以适合铁路运输、需求量较大的货类为重点，推动大宗货物从公路转到铁路运输。在基础设施和交通工具中广泛应用大数据、5G、人工智能、区块链和超级计算机等创新技术，推动构建电气化、智能化的交通系统。

第三，引导低碳交通理念。引导社会公众出行的理念和生活方式，鼓励公众将公共交通作为主要出行方式，倡导步行、骑自行车出行。

（五）促进城市低碳农业发展

第一，优化养殖结构，合理发展农村生物质能源产业。大力推广种养结合和生态健康养殖技术，不断改进和提升畜禽粪便等废弃物资源处理水平和还田率。合理发展农村生物质能源产业。利用秸秆、粪便、农村有机垃圾等废弃资源开发生物质能源，抵消农业生产的部分能源消耗。合理配置农业土地资源。促进土地可持续发展，提高土地利用效率，因地制宜地科学分配牧地、耕地、林业用地。

第二，因地制宜地发展低碳农业，加强绿色低碳产品生产。秸秆、生物炭或有机肥还田、茶果园生草覆盖。减少土壤侵蚀，提高农业土壤的固碳量，实现农田生态系统从“碳源”向“碳汇”转变。重点加强高效作物、能源植物品种选育。鼓励发展生态种植、生态养殖，加强绿色食品、有机农产品认证和管理，推进农作物秸秆综合利用。发展新兴生物产业，推进生物农业、节水农业、设施农业等以高效低碳为特征的现代农业。

（六）构建城市低碳循环经济体系

第一，城市废旧物资循环利用体系建设。对城市开展废旧物资循环利用体系建设。统筹布局城市废旧物资回收交投点、中转站、分拣中心建设。在社区、商超、学校、办公场所等设置回收交投点，推广智能回收终端。加强新能源汽车动力电池溯源管理平台建设，完善新能源汽车动力电池回收利用溯源管理体系。推动新能源汽车生产企业和废旧动力电池梯次利用企业通过自建、共建、授权等方式，建设规范化回收服务网点。

第二，推进产业资源深度循环利用，促进关键技术与装备创新。建设资源综合利用基地，促进工业固体废物综合利用。强化产业末端治理挖潜，在产业源头控制用能，在末端深度挖潜，深入推进循环经济，考虑以集群化方式强化不同产业之间的协同衔接，降低产业全生命周期碳排放。深入实施循环经济关键技术与装备重点专项。围绕典型产品生态设计、重点行业清洁生产、大宗固废综合利用、再生资源高质循环、高端装备再制造等领域，突破一批绿色循环关键共性技术及重大装备。

第三，推动再制造产业高质量发展，促进园区循环化发展。结合工业智能化改造和数字化转型，大力推广工业装备再制造，扩大机床、工业电机、工业机器人再制造应用范围。支持隧道掘进、煤炭采掘、石油开采等领域企业广泛使用再制造产品和服务。制定各城市循环化发展园区清单，按照“一园一策”原则逐个制定循环化改造方案。组织园区企业实施清洁生产改造。积极利用余热余压资源，推行热电联产、分布式能源及光伏储能一体化系统应用，推动能源梯级利用。

（七）促进城市金融体系的低碳发展

第一，推动支持双碳行动的金融规划与实施方案。以“碳达峰、碳中和”目标为约束条件，制定绿色金融支持双碳转型的规划和实施方案工作，建立碳金融支撑项目、企业、产业的统一界定标准，促进各类金融产品均衡发展、真正弥合碳投融资缺口。

第二，完善碳金融所需的碳排放信息披露监管。做好金融业实行环境、社会和公司治理披露的前期准备，强化碳融资平台的信息披露与发行规定，推进碳金融数字基础设施建设，推广碳金融信息管理系统，提高各类低碳零碳产品的统一性、规范性和透明度。

第三，加强低碳金融赋能其他行业低碳发展。加大金融对电力、工业、建筑、交通等重点行业低碳发展的支持力度，推动重点行业和领域的绿色化改造，减少经济对碳密集产业的依赖。加大对清洁能源、特高压建设、抽水蓄能、氢能、储能、碳捕集及利用等绿色技术、项目和产业支持力度，推动能源电力尽早以较低峰值达峰。加大对钢铁、化工等能效提升、节能减排改造项目以及绿电、绿氢、绿氨等低碳替代项目支持力度。强化对新能源汽车关键技术研发、工艺改进、检验测试、市场应用和充换电等配套体系建设的支持。

（八）积极提升城市参与全国碳交易市场的能力建设

第一，建立参与碳交易的工作机制。建立参与全国碳交易工作机制，相关部门积极配合参与全国碳市场运行，设立相应工作机构，做到有编制、有经费、有人员，确保碳排放权交易工作顺利开展。开展碳交易工作能力建设，在专家顾问的协助下，有计划、有针对地开展相关能力建设。

第二，完善碳交易监督平台。运用大数据、区块链等智能技术，整合政府各部门节能减排的监测管理系统资源，健全高效便捷的信息化监管平台，从而及时掌握、管理控排企业碳排放情况和碳交易产品的价格动向。同时，建立碳排放信息披露制度与企业排放台账制度，定期对减排企业期内的碳排放情况、碳交易等情况监测、报告、追踪。

（九）加大城市低碳发展财政支持

第一，加大低碳发展财税扶持力度。利用财政资金和预算内投资支持双碳基础设施补短板强弱项、低碳产业发展、能源高效利用、资源循环利用等。继续落实节能、资源综合利用以及合同能源管理的所得税、增值税等优惠政策。通过财政支出，鼓励双碳转型，促进低碳技术的研发、推广应用等。

第二，完善政府低碳采购制度。通过完善政府绿色采购制度，强化政府对低碳产品采购的支持功能。对政府绿色采购的主体、标准、清单和流程等一系列问题进行规定，从而确保低碳采购活动的顺利开展。

（十）建立健全城市碳排放统计系统

第一，建立城市碳排放数据库。开展温室气体相关调查，建立城市重点耗能企业碳排放情况数据库。建设基本覆盖全市主要用能单位的低碳节能智慧管理系统，实现对全市主要用能单位能源消费、碳排放情况的实时监控、分析、预警，建设全市碳排放数据库。

第二，编制城市温室气体排放清单。将温室气体排放基础统计指标纳入全市统计指标体系，建立健全涵盖能源活动、工业生产过程、土地利用变化、林业碳汇、废弃物处理等领域，适应温室气体排放核算要求和政府目标考核要求的统计体系。启动温室气体清单编制工作，实现市级温室气体清单编制常态化。

（十一）推动城市碳普惠平台的建设

第一，推动城市碳普惠平台的建设，设立碳普惠技术支撑平台。鼓励中小城市结合本地实际，选择具有减碳潜力、可复制推广的领域开展碳普惠建设，出台实施方案，搭建碳普惠制度实施平台。明确公众碳减排积分奖励、项目碳减排量交易的运行规则和流程，界定参与主体的权利、责任和义务。建立参与碳普惠技术评估专家咨询机制，提供决策咨询和智力支撑。

第二，鼓励碳普惠运营管理平台的商业化开发。开发个人移动端应用程序，动态采集行为数据，换算生成积分。建设积分兑换网上商城，实现低碳行为价值转换。强化平台数据的挖掘分析，精准贴近用户需求。实现碳减排项目在线审核和登记，植入碳减排量智能核算功能。对接交易平台，实现碳减排量登记和交易数据双向链接、同步交互。

（十二）提升城市碳汇能力

第一，增加中小城市绿色碳汇。扩大人工造林，推进绿地建设，提高人均公园绿地面积，提高绿地和居住用地比例。增加和保护中小城市森林面积，提高森林质量、减少森林火灾和森林病虫害，以及增加湿地、草原等生态系统的储碳功能。

第二，因地制宜地发展海洋碳汇。鼓励有条件的中小城市加强蓝碳（海洋碳汇）的监测与核算，开展蓝碳综合调查与评估，建立蓝碳调查评估和监测方法，查明蓝碳全生命周期和物质循环全过程的价值实现途径。推进基于转移支付或补偿金的海洋生态补偿。将蓝碳适度纳入碳交易市场。建立持续共赢的蓝碳投融资和收益回报机制。建立蓝碳扩增技术和评估方法体系。

第三，提升耕地碳汇能力。探索研究二氧化碳与作物增产之间的关系，在提高作物产量的同时提升耕地固碳的水平，推动建立城乡碳汇交易体系。积极发展生态循环固碳农业，大力推进秸秆还田，增加土壤有机质，降低碳排放。建立健全耕地休耕轮作制度，稳定耕地质量，提高耕地固碳能力。引导农户种植固碳效益高、固碳成本低的水稻、小麦等作物。

参考文献

《国务院关于加快建立健全绿色低碳循环发展经济体系的指导意见》，http：//www. gov. cn/zhengce/content/2021 – 02/22/content_ 5588274. htm。

国家发展和改革委员会：《“十四五”循环经济发展规划》，2021。

《新城市议程》，《城市规划》2016 年第 12 期。

国际能源署：《为净零未来赋能城市——解锁弹性、智能、可持续的城市能源系统》，2021。

《国务院关于调整城市规模划分标准的通知》，http：//www. gov. cn/zhengce/content/2014 – 11/20/content_ 9225. htm。

中小城市发展战略研究院等主编《中国中小城市发展报告（2019）》，社会科学文献出版社，2019。

牛明：《我国中小城市发展现状、问题及政策建议》，《中国物价》2015 年第 4 期。

范振林：《开发蓝色碳汇助力实现碳中和》，《中国国土资源经济》2021 年第 4 期。

G.5
2021年中国特色小镇发展报告

张晓欢　蒋剑辉*

摘　要：　本文对中国特色小镇的发展、示范效应以及政策发展动向进行系统梳理，并依据相关统计调查指标对中国特色小镇发展进行评价研究，深入剖析了当前特色小镇面临的困境与挑战，提出创新投融资体系、完善配套基础设施、减少土地资源浪费、科学合理布局空间等相关发展建议。

关键词：　特色小镇　发展指数　创新

一　中国特色小镇的发展

（一）特色小镇相关概念由来

20 世纪 80 年代初，建筑学界逐渐将特色研究转向小镇建设上。费孝通多年来潜心对苏州市吴江县（现苏州市吴江区）进行全面调查，于 1983 年发表著名的《小城镇，大问题》重要报告。翌年，《瞭望》周刊摘选报告中的精华部分，并以"各具特色的吴江小城镇"为题进行刊发。此后话题持续发酵，20 世纪 90 年代中期，对于小城镇特色的研究引起了学术界的关注，小城镇独特的文化氛围、特殊的民族风格、地方优势资源、产业发展优势、空间独特性等都成了学术界讨论的重点。

---

* 张晓欢，国务院发展研究院中心公共管理与人力资源研究所副研究员；蒋剑辉，浙江工商大学统计学副研究员，杭州数亮科技股份有限公司首席指数专家，中国商业统计学会市场调查与教学研究会副会长。

产业界使用的特色小城镇或特色小镇一词一般与旅游业相关联，因为民族特色、地方特色、风光特色均是小城镇旅游的主要吸引点。

2014 年 10 月，在参观云栖小镇时，时任浙江省省长的李强提出：“让杭州多一个美丽的特色小镇，天上多飘几朵创新‘彩云’。”这是特色小镇概念首次被提及。2016 年 6 月，首届亚太经合组织城镇化高层论坛在宁波举行，此次论坛的主题是“城镇化与包容性增长”，在论坛上，浙江省提出了非镇非区的多功能创新空间新含义的城镇化模式新思路，即新型特色小镇，这个模式得到与会各成员国的广泛关注。其实早在 2011 年 5 月，云南省人民政府就出台了《关于加快推进特色小镇建设的意见》。但这一时期的特色小镇，基本上还是以“建制镇”为发展依托，把特色小镇作为推动农村工业化、农业现代化，构建合理城镇体系的组成部分。因而，当浙江省“特色小镇”的提法推出之后，学界仍存在一个认识上的逐步深化过程，很多学者仍偏向于从“新型城镇化”“产业集聚区”等方向来对其进行解读阐释。

2016 年 7 月，住房和城乡建设部、国家发展和改革委员会、财政部共同出台了《关于开展特色小镇培育工作的通知》（建村〔2016〕147 号）文件。文件指出：为了彻底落实国家相关部门所提出的发展特色小镇的具体要求，也为了提高我国城镇化的程度，国家发改委、住建部、财政部等共同协作，展开关于特色小镇的建设和发展工作，从全国范围内引领带动小城镇建设，同时不断提高建设水平和发展质量。其中目标指出，到 2020 年，培育 1000 个左右各具特色、富有活力的休闲旅游、商贸物流、现代制造、教育科技、传统文化、美丽宜居的特色小镇，引领带动全国小城镇建设，不断提高建设水平和发展质量。至此，在国家层面上正式提出了“特色小镇”的概念，并付诸实践行动。

（二）特色小镇的四个发展阶段

特色小镇建设的出发点和落脚点是为人民服务和满足人民多样化的需求。实践证明，特色小镇的发展是科学的、渐进的，遵循不断满足人民群众对于美好生活需要的发展本身。这一出发点和落脚点不仅顺应了政府职能转变的要求，也为特色小镇提供了相对自由的发展空间。

我国特色小镇的发展经历了从低到高四个阶段。

1. 探索阶段

2013 年 12 月 10 日，在中央经济工作会议上，习近平总书记首次提出“新常态”，以概括我国经济发展新阶段，相应地我国城镇化进程也进入中后期，城市发展方式亟待转变。

2014 年 10 月 17 日，时任浙江省省长李强参观“云栖小镇”，首次公开提及“特色小镇”。2015 年 4 月 22 日，浙江省政府出台《关于加快特色小镇规划建设的指导意见》，明确浙江特色小镇规划建设要聚焦信息经济、环保、健康、旅游、时尚、金融、高端装备制造等支撑未来发展的七大产业，兼顾茶叶、丝绸、黄酒、中药、青瓷、木雕、根雕、石雕、文房等历史经典产业，坚持产业、文化、旅游“三位一体”和生产、生活、生态融合发展。同时还明确了特色小镇原则上 3 年内要完成固定资产投资 50 亿元左右（不含住宅和商业综合体项目），金融、科技创新、旅游、历史经典产业类特色小镇投资额可适当放宽，淳安等 26 个加快发展县（市、区）可放宽到 5 年。所有特色小镇要建设成为 3A 级以上景区，旅游产业类特色小镇要按 5A 级景区标准建设。支持各地以特色小镇理念改造提升产业集聚区和各类开发区（园区）的特色产业。

在特色小镇发展初期，便明确了特色小镇是一种“相对独立于市区，具有明确产业定位、文化内涵、旅游和一定社区功能的发展空间平台，区别于行政区划单元和产业园区”的新型经济社会组织形态。2015 年 12 月，习近平总书记对浙江特色小镇做出批示，指出特色小镇对产业转型、新型城镇化具有重要作用。一些学者随后提出培育供给侧小镇经济，至此，特色小镇兴起建设热潮，有了具体的创建程序、政策措施。

2. 培育阶段

在培育阶段，为了引领带动特色小镇发展建设，国家和政府积极出台相关扶持政策以及规划文件，助力特色小镇健康发展。同时，各省市积极响应国家政策，各种主题的特色小镇如雨后春笋般在全国各地涌现。

2016 年 7 月，住房和城乡建设部、国家发展和改革委员会、财政部（以下简称三部委）公布的《关于开展特色小镇培育工作的通知》中提出培育特色小镇，引领带动全国小城镇建设。三部委发文后，甘肃、安徽、辽宁、河北、山东、内蒙古、天津等省（区、市）出台特色小镇政策文件，在过去本省小城镇建设的基础上推出特色小镇的升级版。其中福建、河北、山东原则上采用了浙江模式，其他省则采取了各具特色的模式。

2016年10月，住建部公布了第一批特色小镇名单，名单包括北京市房山区长沟镇等127个镇，2017年7月，住建部公布了第二批特色小镇名单，包括北京市怀柔区雁栖镇等276个镇。经过整理分析，首位为生态旅游型的特色小镇，数量为155个，占总数的38.5%；其次为历史文化型特色小镇，数量为97个，占比为24.1%。随着各地区特色小镇建设的推进，概念混淆、认识混淆、质量不高等问题也逐渐暴露，规范纠偏、淘汰整改工作势在必行。2017年12月国家发展改革委等部门印发的《关于规范推进特色小镇和特色小城镇建设的若干意见》中将第一、二批公布的403个具有行政建制镇性质的"全国特色小镇"正式更名为"全国特色小城镇"。

与此同时，地方政府为响应国家的号召，制定相关规划，指引特色小镇建设。特色小镇作为加快建设新型城镇化的重要突破口和推进供给侧改革的重要平台，其建设是推进经济转型升级，加快供给侧改革的一项重要举措。地方政府除了在政策上给予支持外，还提供了包括奖金奖励、财政补助、基金支持、税务优惠等金融支持。例如河北省在专项资金、投资基金、奖金奖励三方面提供支持，鼓励本省打造因地制宜且极具特色的小镇。

在特色小镇发展的培育阶段，一方面是培育特色小镇的产业发展，实现文化功能、生态功能和社区功能的创新融合。与传统产业集群不同，特色小镇的产业培育形成了以多元化产业集群为核心的"中心+多元化"集群格局。产业集群催生了专业市场，专业市场的繁荣又促进了产业集群的进一步发展。它们相互补充，相互促进。另一方面，特色小镇的发展强调发挥区域特色、文化特色、自然环境特色的优势，建立综合产业区，促进区域经济发展。在特色小镇发展过程中，同时要求保护好区域生态系统，协调好产业发展与生态环境之间的关系。

3. 成长阶段

在前两个阶段的基础上，各方参与特色小镇建设热情高涨，但是从内涵到外延都在发生偏离甚至变味的"特色小镇"日益多见。国家发改委针对发展过程中出现的新问题采取积极措施，加强顶层设计，健全各项机制，引导特色小镇向高质量发展。

经历了探索和培育，通过发展特色产业和示范小镇功能整合，为我国新型城镇化发展奠定了一定基础。特色小镇作为新型城镇化建设和发展的主要破题手段与措施，具有文化、产业以及社区服务等方面的功能要求。但进入成长阶段后，特色小镇在规划建设与发展过程中，其定位不清晰、不准确，导致市场缺乏竞争力，照搬照抄等问题普遍存在，最终造成了部分特色小镇同质化现象严重。与此同时，部分地区在规划建设特色小镇过程中，过分关注产业发展和经济建设，严重忽略了人居环境与绿色建筑的融合及可持续发展，导致特色小镇规划建设中出现了部分功能联动较差的现象，特色小镇发展进程中也出现了一些新的问题。

为规范特色小镇的培育建设，助力特色小镇健康发展，2018 年 9 月，国家发改委颁布了《关于建立特色小镇和特色小城镇高质量发展机制的通知》（发改办规划〔2018〕1041 号），指出以引导特色产业发展为核心，以严格遵循发展规律、严控房地产化倾向、严防政府债务风险为底线，以建立规范纠偏机制、典型引路机制、服务支撑机制为重点，加快建立特色小镇和特色小城镇高质量发展机制，释放城乡融合发展和内需增长新空间，促进经济高质量发展。

2020 年 9 月 16 日，《国务院办公厅转发国家发展改革委关于促进特色小镇规范健康发展意见的通知》（国办发〔2020〕33 号）正式印发实施，指出当前特色小镇建设仍存在部分特色小镇概念混淆、内涵不清、主导产业薄弱等问题。针对部分特色小镇发展中概念混淆的问题，国家发展改革委有关负责人指出，促进特色小镇规范健康发展的大前提，是准确理解特色小镇的概念内涵。特色小镇是现代经济发展到一定阶段的产物，是规划面积一般为几平方公里的微型产业集聚区，既非行政建制镇，也非传统产业园区，具有细分高端的鲜明产业特色、产城人文融合的多元功能特征、集约高效的空间利用特点，在推动经济转型升级和新型城镇化建设中具有重要作用。因此，特色小镇必须以微型产业集聚区为空间单元进行培育发展，切不可将行政建制镇和传统产业园区命名为“特色小镇”。与此同时，要准确把握特色小镇的区位布局，应当主要在城市群、都市圈、城市周边等优势区位或其他有条件区域进行培育发展。建议立足不同地区经济发展阶段和客观实际，遵循经济规律、城镇化规律和城乡融合发展趋势，不下指标、不搞平衡，控制数量、提高质量，防止一哄而上、一哄而散。

此意见的出台，旨在以清晰界定特色小镇概念内涵和发展定位为前提，加强对特色小镇发展的顶层设计，健全激励约束机制和规范管理机制，引导各地区各有关部门和市场主体发挥要素成本低、生态环境好、体制机制活等优势，有力有序有效地推进特色小镇高质量发展，打造经济高质量发展的新平台、新型城镇化建设的新空间、城乡融合发展的新支点、传统文化传承保护的新载体。为全面做好“六稳”工作、落实“六保”任务提供抓手，为实施扩大内需战略和新型城镇化战略提供支撑。

4. 高质量发展阶段

建设高质量的特色小镇有助于促进城乡深度融合，带动传统产业转型升级，以及促进历史文化传承保护等。特色小镇由最初的简单追求经济规模效应，向内涵式、永续发展新模式转变，进入高质量发展的关键期。在高质量发展阶段，涌现出了一批先进要素集聚、产业高精特专、产城人文融合、体制机制创新的精品特色小镇。

中国特色小镇的建设要求是美丽宜居、产业丰富，同时集金融、休闲旅游、现代制造、教育科技、商贸物流以及传统文化业态于一体，投资建设规模巨大，在未来发展过程中应当创新和改进其发展路径。国家发改委立足实际，发布了特色小镇高质量发展通知，以此来推动我国特色小镇的健康发展。

2021 年是“十四五”的开局之年，已经有一部分特色小镇正朝着高质量发展的征程进发。以浙江省为例，2021 年浙江省政府工作报告指出，实施数字经济“一号工程”2.0 版，将成为浙江省“十四五”开局之年的重点工作之一。浙江省全面部署数字化改革，为“重要窗口”建设增添新动能。在此背景下，数字经济相关的浙江特色小镇也成为媒体关注的重点。从 2021 年 1 月浙江特色小镇传播指数榜单看，余杭梦想小镇在第一个月登上榜首，西湖云栖小镇紧随其后，滨江物联网小镇排名第三。可以看出，排名前三的小镇都和数字经济紧密相关，例如云栖小镇提出了新目标：打造数字经济的突破地、实践地和触媒地，奋力建设全国数字经济第一镇。

二 特色小镇发展的示范效应

目前全国特色小镇建设已经进入新一轮规范发展的“深水区”。近年来一些地区大胆探索，打造出了一批具有特色产业、环境优美、宜业宜居的特色小镇，彰显出了鲜明的独特性和旺盛的生命力。但是，也有一些地区在特色小镇推进过程中，出现了概念不清、定位不准、急于求成、盲目发展以及市场弱化等问题，更有甚者存在政府债务风险加剧和房地产化的苗头。因此，如何根据地方特色合理发展特色小镇，将是摆在小镇建设者面前的重要课题。总结和推广典型特色小镇经验，引导全国范围内特色小镇高质量发展，对于推进产业转型升级、加快新型城镇化建设和做精做强区域特色经济等具有重要意义。

（一）突出产业特色优势，形成集群、集约、规模的小镇特色产业模式

特色小镇是以特色产业和产业文化为核心来建设与培育的。对于特色小镇而言，产业就是立足之本，许多优秀特色小镇便是从壮大特色产业入手来寻求发展的。浙江省特色小镇建设十分强调小镇特色产业的培育，特色产业项目投资占比不得低于总投资的 70%；在创建、培育的申报阶段就对不同主导产业的特色小镇区分标准进行考核，例如要求所有特色小镇规划建成 3A 级以上景区，旅游产业特色小镇需按 5A 级景区规划；高新技术特色小镇则需在考核评价阶段完成“四高”目标。浙江对特色小镇特色产业培育的重视取得了明显成效，2019 年浙江省级特色小镇平均拥有高新技术企业 11. 2 家，占全省总量的 12. 7%，以全省 1. 8% 的建设用地面积，贡献了全省 7. 9% 的工业企业营业收入和 6. 5% 的税收收入，将小镇产业做到“特而强”，其中浙江宁波膜幻动力小镇还作为“聚力发展主导产业”的代表入选了“第二轮全国特色小镇典型经验”，创造近 400 项发明专利，形成从基膜到功能膜的完整产业链并完成了进口替代。

陕西、山西、江苏等省则出台政策进一步优化和完善运动休闲特色小镇的建设规划与管理，要求突出体育主题，形成产业链和服务圈。此外，文化旅游特色小镇的建设也是陕西省特色小镇建设的重点之一，其中陕西西安大唐西市小镇将盛唐文化和丝路文化旅游定位为主导产业，围绕文旅主题，聚焦城市服务经济，形成了文化旅游、文化创意、文化贸易、文化金融、文化科技等特色产业链条，每年旅游收入达十多亿元。四川省也出台了文化旅游特色小镇评选

办法，促进文化和旅游与其他产业融合发展，积极推动文化旅游供给侧结构性改革，加快培育具有四川特色的文化旅游小镇。

（二）突出功能多元融合，创造高品质的生活空间和优美宜居的生态环境

特色小镇若要追求高质量发展，在特色产业规模扩大的同时，作为新型社区，还需要实现多元参与、体制开放、协同共享的社区或社会治理模式。以人为中心，依托特色产业和地方优势，在产业集聚的空间内，形成彼此互嵌又功能叠加的多元社区，实现要素的充分发酵，构建具有生命力的本地社区是特色小镇建设思想的出发点。作为生活空间以提供人类居住、消费、休闲和娱乐等为主导功能，根本目的是形成良好的人本氛围，实现为人服务的功能。

浙江省是习近平总书记“两山”理论的发源地，浙江省在特色小镇的规划、建设和评估验收中，始终坚持“三生融合”的设计建设理念：在强调以特色产业转型升级为核心的“生产”理念的同时，注重完善配套服务设施的“生活”理念和绿色环保的“生态”理念，使浙江特色小镇的建设成为全国特色小镇建设的范本，如古堰画乡小镇注重打好“五水共治”“六边三化三美”等转型升级组合拳，通过路边铺绿、节点造景等方式为游客提供舒适的旅游环境。河南省出台森林小镇建设方案，突出自然环境优势和宜居宜业方向，务求森林资源与产业发展相融合，注重改善民生，体现出现代化、生态化和人性化的特点，河南省林业局还设立森林特色小镇和森林乡村“示范村”建设专项扶持资金对各类林业项目予以支持。

（三）突出市场主导方向，转变政府职能，提高资源配置效率

建设特色小镇既要凸显企业主体地位，充分发挥市场在资源配置中的决定性作用，又要加强政府引导和服务保障，在规划编制、平台搭建、机制保障、服务提供等方面更好地发挥作用。通过市场化运作模式，让市场和企业以更专业化的视角和手段，建设、运营特色小镇，对于特色小镇可持续发展至关重要。

浙江省在发展特色小镇过程中，充分发挥企业主体作用，激发企业投资热情、引导企业项目落地，注重政府发挥引导作用，当好“谋划者、改革者、

服务者”，重在优化营商环境，为企业提供“店小二式”服务。山东省在特色小镇建设过程中因地制宜地打造特色鲜明的主导产业，同时坚持深化“放管服”改革，优化政府服务打造良好营商环境，借此积极引入社会资本，吸引龙头企业、产业链条短板企业进驻特色小镇，集聚发展推动特色产业优化升级。其中，山东日照奥林匹克水上运动小镇建设坚持“政府引导、企业主导、市场运作、产业跟进”的发展思路，在市发改委、市体育局、东港区政府的支持下，依靠社会力量办体育，吸引20多家体育企业进驻发展，举办40多项省级以上赛事，每年承接2000多名专业运动员参赛。

三　2020年中国特色小镇政策研究与发展动向

（一）国家层面政策研究及探析

在“十二五”“十三五”两个五年规划期间，中国的特色小镇建设硕果累累，成绩斐然。但在数字赋能、经济高质量发展的大背景下，中国特色小镇在健康、稳定、持续发展的过程中，也遇到一些新的问题和挑战，部分特色小镇存在产业定位不清晰、“产城融合”出现偏差、政府与市场边界不清等问题。

为进一步引导特色小镇规范健康发展，2020年6月，国家发改委发布了《关于公布特色小镇典型经验和警示案例的通知》（下文简称《通知》）。一方面，为强化特色小镇典型示范工作，在2019年推广16个精品小镇的“第一轮全国特色小镇典型经验”的基础上，《通知》分别从“聚力发展主导产业”“促进产城人文融合”“突出企业主体地位”“促进创业带动就业”“完善产业配套设施”“承接改革探索实验”六个切入点阐述了来自20个精品特色小镇的“第二轮全国特色小镇典型经验”。另一方面，《通知》通报批评了“虚假特色小镇”、“虚拟特色小镇”与“触碰红线的特色小镇”三类警示案例。通过具有警示效应的案例，督促各地区全面推动规范纠偏和自查自纠，淘汰整改“问题小镇”，着力引导特色小镇走上理性发展轨道。《通知》指出，推进特色小镇高质量发展，需要落实监督管理责任，统筹推进典型示范和规范纠偏，各地区不仅要积极借鉴典型经验，因地制宜地建设小镇，也要认真鉴戒警示案例，整改或清理“问题小镇”。《通知》首次列举了一些特色小镇警示案例，将淘汰整改“问题小镇”作为国家层面对小镇高质量发展的宏观调控重点，这是与往年不同的重要亮点，表明在今后特色小镇的建设工作中，将更重视发展与规范的关系，突出正面激励与负面纠偏“两手抓”的方针。

2020 年 9 月，国家发展改革委发布《关于促进特色小镇规范健康发展的意见》（以下简称《意见》），明确了特色小镇规范健康发展的指导思想、基本原则，提出“准确把握发展定位”“聚力发展主导产业”“促进产城人文融合”等七项主要任务。《意见》强调国务院部门要加强激励引导，对特色小镇发展各方面予以支持；各省级人民政府要强化主体责任，对本省份特色小镇实行清单管理，择优予以倾斜支持；地方各级政府要加强规划管理，严守土地利用、生态保护、安全生产的红线，强化底线约束，同时及时纠偏纠错，对不合格的小镇予以整改或淘汰。《意见》强调要加强对特色小镇发展的顶层设计、激励约束和规范管理，既是对 2020 年 6 月《关于公布特色小镇典型经验和警示案例的通知》中规范特色小镇发展精神的细化补充，也是对 2018 年 8 月《国家发展改革委办公厅关于建立特色小镇和特色小城镇高质量发展机制的通知》中特色小镇建设规范纠偏机制的充实完善。

2020 年国家出台的关于特色小镇建设的政策文件，重点都放在加强对特色小镇发展的顶层设计、激励约束和规范管理上，对特色小镇建设提出了更高要求，为特色小镇下一阶段的高质量发展指明了方向。

（二）地方层面政策研究及探析

在国家政策的引导下，各地政府积极响应，在借鉴全国特色小镇典型经验的同时，因地制宜出台相关政策以积极推进当地特色小镇建设。省级特色小镇政策汇总如表 1 所示。

表 1　特色小镇省级层面政策

地　区	相关政策与文件	日　期
云南省	《云南省民族宗教事务委员会关于命名挂牌第二批云南省少数民族特色村寨和首批云南省少数民族特色小镇的通知》	2020 年 1 月
安徽省	《安徽省特色小镇建设领导小组办公室关于公布 2019 年度省级特色小镇创建和试验名单的通知》	2020 年 3 月

续表

地　区	相关政策与文件	日　期
四川省	《四川省文化旅游特色小镇评选办法》	2020 年 4 月
贵州省	《贵州省体育局关于开展创建景区体育旅游示范基地、城镇体育、旅游示范基地和体育特色小镇建设工作的通知》	2020 年 4 月
浙江省	《关于开展省级特色小镇第六批创建、第五批培育对象申报工作的通知》	2020 年 4 月
	《关于组织开展第二批高新技术特色小镇申报及第一批高新技术特色小镇评价工作的通知》	2020 年 11 月
江西省	《江西省 2020 年新型城镇化建设和城乡融合发展重点任务》	2020 年 6 月
	《江西省城乡融合发展工作领导小组办公室关于开展第三批省级特色小(城)镇创建申报工作的通知》	2020 年 7 月
江苏省	《关于印发江苏省级特色小镇验收命名办法的通知》	2020 年 7 月
	《关于开展江苏省级特色小镇"创新创业"大赛项目申报的通知》	2020 年 7 月
河南省	《河南省林业局关于印发河南省黄河流域森林特色小镇、森林乡村建设工作方案(2020～2025 年)的通知》	2020 年 7 月

各省结合本地实际，探索特色小镇多种发展模式，出台针对性政策文件。云南省注重建设有传统民族风格的特色小镇，强调在特色小镇建设过程中要促进民族团结、加强乡村治理、突出民族特色、加大宣传力度。2020 年 1 月，云南省出台《云南省民族宗教事务委员会关于命名挂牌第二批云南省少数民族特色村寨和首批云南省少数民族特色小镇的通知》，将习近平总书记关于民族工作的重要论述落实在特色小镇建设实践中，经过择优推荐、严格评选、社会公示，打造了一批"留得住乡愁"的少数民族特色小镇。

2020 年 3 月，安徽省出台《安徽省特色小镇建设领导小组办公室关于公布 2019 年度省级特色小镇创建和试验名单的通知》，着力推动省级特色小镇加快建设，要求特色小镇要在特色内涵上正本清源，在产业发展上深耕厚植，在功能建设上聚集融合，在后续管理上严格规范，在主体责任上落到实处。

四川省深入挖掘和保护利用本地特色文旅资源，积极促进文旅与其他产业融合发展，推动文旅产业科学发展、转型发展、跨越发展。2020 年 4 月，四川省出台《四川省文化旅游特色小镇评选办法》，着眼于文旅产业与特色小镇建设的融合，规定了文化旅游小镇的申报条件、评选程序、激励政策、监督管理等内容。

贵州省为推进体育旅游示范区创建工作，将体育特色小镇的建设作为体育旅游产业发展的重要手段。2020 年 4 月，贵州省出台《贵州省体育局关于开展创建景区体育旅游示范基地、城镇体育、旅游示范基地和体育特色小镇建设工作的通知》，明确贵州省体育特色小镇申报的程序与要求，对相关扶持政策进行了说明。

浙江省以“把特色小镇打造成全面践行新发展理念、率先实现高质量发展的高端平台”为目标定位，全力打造产业更特、创新更强、功能更全、体制更优、形态更美、辐射更广的 2.0 版特色小镇，于 2020 年 4 月、11 月先后出台《关于开展省级特色小镇第六批创建、第五批培育对象申报工作的通知》与《关于组织开展第二批高新技术特色小镇申报及第一批高新技术特色小镇评价工作的通知》，明确新一批特色小镇创建名单与培育名单的申报条件与程序，同时，为了更好地扶持高新技术发展，充分发挥科技创新支撑和引领作用，对于高新技术特色小镇的申报与评优条件要求也进行了规定。

江西省将特色小镇建设视作加快推进新型城镇化和城乡融合发展工作的重要环节，于 2020 年 6 月、7 月先后出台《江西省 2020 年新型城镇化建设和城乡融合发展重点任务》与《江西省城乡融合发展工作领导小组办公室关于开展第三批省级特色小（城）镇创建申报工作的通知》，提出加快实施以促进人的城镇化为核心、提高质量为导向的新型城镇化，并将特色小（城）镇的建设作为提高农业转移人口市民化质量、优化城镇化空间格局、提升城市综合承载能力、加快推进城乡融合发展的重要途径，对省级特色小（城）镇的申报程序与条件进行规定。

江苏省积极引导省级特色小镇加快构建创新创业载体，高质量发展建设特色小镇，于 2020 年 7 月先后出台《关于印发江苏省级特色小镇验收命名办法的通知》与《关于开展江苏省级特色小镇“创新创业”大赛项目申报的通知》，以高标准验收与加强创新创业激励促进特色小镇高质量发展。

河南省深入贯彻落实习近平总书记关于黄河流域生态保护和高质量发展的重要指示，建设森林特色小镇推动沿黄地区农村人居环境整治和乡村振兴战略实施，于 2020 年 7 月出台《河南省林业局关于印发河南省黄河流域森林特色小镇、森林乡村建设工作方案（2020 ~ 2025 年）的通知》，要求森林特色小镇建设要立足于森林资源、自然风光和历史人文资源优势，突出地方特色，以高标准造林绿化、多功能林业生态服务为依托，着力打造生态绿化特色小镇。

在各省发布的省内指导政策意见之下，全国部分副省级与地级城市根据当地实际情况与发展要求也出台了一系列具体政策推进特色小镇建设。市级特色小镇政策汇总如表 2 所示。

表 2　特色小镇市级层面政策

地　区	相关政策与文件	日　期
黄山市	《2020 年黄山市特色小镇建设工作要点》	2020 年 4 月
哈尔滨市	《哈尔滨机器人特色小镇创建规划》	2020 年 7 月
江门市	《江门市特色小镇发展规划(2020～2035 年)》	2020 年 9 月
丽水市	《关于印发高质量推进丽水市特色小镇 2.0 版建设实施意见的通知》	2020 年 9 月
	《丽水市特色小镇“争先创优大比武”活动实施方案》	2020 年 12 月
运城市	《关于印发运城市促进特色小镇规范健康发展的意见》	2020 年 11 月
昆明市	《云南昆明国际金融小镇建设扶持奖励办法》	2020 年 11 月

在安徽全省加速推进特色小镇建设背景下，黄山市于 2020 年 4 月出台《2020 年黄山市特色小镇建设工作要点》，表示要扎实推进市级特色小镇建设工作，适应省级特色小镇开放式申报要求，制定落实创建标准，主动加强与省对接，在落实“省统筹”要求基础上，健全完善“市指导、县主体、镇落实”推进机制，加快特色小镇重点项目建设，争创省级特色小镇。

哈尔滨市于 2020 年 7 月出台《哈尔滨机器人特色小镇创建规划》，提出要以哈工大机器人集团为核心创建机器人特色小镇，力争到 2025 年打造成为全国领先的五大机器人配套产业集群之一，建设成一个机器人产业集聚、欧陆风情宜居且具有北方生态特色的机器人特色小镇。

根据国家和广东省关于推进新型城镇化建设、加快特色小城镇建设以及特色小镇高质量发展等相关指导文件，为加快江门市特色小镇建设，江门市于 2020 年 9 月编制了《江门市特色小镇发展规划（2020～2035 年）》，预计到 2035 年，累计在全市范围培育建设 20 个左右特色小镇，力争 10 个以上小镇通过广东省命名验收，正式成为省级特色小镇。

丽水市响应浙江省号召，将特色小镇视为推进诗画浙江大花园最美核心区建设的重要载体与全面践行“丽水之干”的重要窗口，2020 年 9 月、12 月先后出台《关于印发高质量推进丽水市特色小镇 2.0 版建设实施意见的通知》与《丽水市特色小镇“争先创优大比武”活动实施方案》，结合丽水实际，对小镇建设规划谋划、招商引资、项目推进、形象塑造等方面提出更高要求，加快推动特色小镇迭代升级。

为贯彻落实《国务院办公厅转发国家发展改革委关于促进特色小镇规范健康发展意见的通知》，运城市于 2020 年 11 月出台《关于印发运城市促进特色小镇规范健康发展的意见》，强调要加强特色小镇建设管理，加快建设一流水准特色小镇。

昆明市于 2020 年 11 月出台《云南昆明国际金融小镇建设扶持奖励办法》，把金融产业建设作为昆明市特色小镇的建设中心，意在加快昆明区域性国际金融服务中心建设，打造具有昆明特色的国际金融小镇。

自 2020 年以来，国家加强了对特色小镇发展的顶层设计、激励约束和规范管理，对特色小镇培育建设提出了规范健康的发展要求。在国家与各省政策的宏观指导下，各地区结合当地实际情况，有针对性地发掘森林、民族村寨等有价值的资源，大力推进机器人制造业、旅游业等当地主导产业发展，建设培育个性鲜明的特色小镇，切实推进特色小镇的高质量发展。

四　中国特色小镇发展指数解析

（一）特色小镇发展指数编制意义

1. 通过指数编制与发布，展现特色小镇发展动态

特色小镇作为新型城镇化建设中的重要一环，目前还存在发展质量不高，生产、生活布局不合理，地区发展不平衡等诸多问题。当前仍缺少足够的数据资料来全面刻画其发展状况，通过编制特色小镇发展指数，可以及时、客观、科学地记录并反映中国特色小镇发展现状及运行轨迹。特色小镇发展指数以数据来衡量特色小镇建设带来的成效，通过建立科学的指标体系，研究和评估各地区、各类型特色小镇的建设发展水平，并分析评价影响特色小镇发展的动

因，为后续解决特色小镇建设发展可能出现的问题提供数据支撑和理论依据，为加快特色小镇建设发展及实现新的跨越提供了“风向标”和“晴雨表”，以科学引导各地特色小镇建设的具体实践活动。

2. 强化考核评价意识，推动监督与评价机制的建立

中央在对建设特色小镇的相关指导文件中明确了要坚持“政府引导，市场主导”的模式。政府可以通过制定合理的政策、科学的监管体系，引导监督企业在特色小镇建设中发挥主力军作用；政府还可以通过科学合理的规划以及构建评价机制，严格把控特色小镇建设的全流程。特色小镇发展指数在总体上反映了各地区、各类型特色小镇建设发展动态，对于各地区来说，通过特色小镇发展指数和各分类指数的比较研究，能够清晰地反映特色小镇建设的成效及短板，揭示各地区、各类型特色小镇发展的比较优势与薄弱环节，为政府监管特色小镇建设与发展过程、出台相关支持和监管政策、评估政策实施效果提供数据支撑，推动特色小镇建设监督与评价机制的建立。

3. 助力打造经济高质量发展新平台，促进特色小镇健康发展

特色小镇发展指数的推出，有利于将特色小镇的内涵与理念延伸至各市场主体与社会公众。全方位、多视角的指数分析报告将数据分析结果可视化，更能让特色小镇建设发展成果直观地为人们所了解，可以加深各市场主体与社会公众对特色小镇这一新型经济平台的高度认识，从而可激发各市场主体及社会公众的参与积极性，吸引更多的社会资本进入特色小镇，提升特色小镇建设水平，促进特色小镇健康发展。

（二）特色小镇发展指数的评价指标体系

2020 年特色小镇发展指数评价对象为“非镇非区”的特色小镇，特色小镇是指立足一定资源禀赋或产业基础，集聚高端要素和特色产业，具有特色文化、特色生态和特色建筑，生产生活生态空间相融合，产业特而强、功能聚而合、形态小而美、机制新而活的创新创业平台。从特色小镇的建设规划目标、功能定位以及考核评价目的出发，指标体系分别从宜业、宜居、宜游三大方面展开，共包括 19 个细化指标（见表 3）。

表3　特色小镇评价指标体系

模块	具体指标	单位
宜业	(1)特色产业产出占比	%
	(2)国地税总收入	亿元
	(3)科技相关投入占总产出比重	%
	(4)特色产业固定资产投资额占比	%
	(5)已进驻企业数	个
	(6)大专以上学历人员数占比	%
	(7)当年孵化并转移小镇外生产经营的企业个数	个
宜居	(8)占地面积	亩
	(9)小镇内常住人口数	人
	(10)人均可支配收入	元
	(11)小镇公共区域免费 WiFi(5G)覆盖率	%
	(12)小镇内各类酒店宾馆数	个
	(13)小镇内餐饮服务点数	个
	(14)小镇及周边1公里教育机构数	家
宜游	(15)绿化覆盖率	%
	(16)年接待游客人数	万人次
	(17)旅游产业增加值	万元
	(18)网络美誉度	—
	(19)绿地面积	平方米

宜业：特色小镇作为发展区域经济的重要载体和综合平台，其核心在于引导特色产业发展，坚持产业立镇。特色小镇宜业模块细分指标侧重于产业发展与创新发展、人才引进以及企业成果转化等方面。

宜居：特色小镇的发展除了需要具备产业基础外，还要坚持以人为本，完善生活配套设施，提高居民幸福感。特色小镇宜居模块细分指标侧重于居民获得感、社区生活服务功能、社区智能化程度等方面。

宜游：特色小镇的建设要坚持绿色发展理念，严守生态红线，依托小镇的优美自然环境，挖掘和彰显当地人文特色与文化底蕴，加强产业与文化旅游功能的融合叠加。特色小镇宜游模块细分指标侧重于绿化覆盖以及旅游业产出等方面。

（三）数据审核处理

为了确保数据的有效性、保证指数编制质量以及分析结果的准确性，在获取数据后需要对收集到的特色小镇数据进行审核，审核内容主要包括以下两方面。

完整性审核。对获取到的特色小镇数据进行完整性审核，主要审核指标数据是否存在缺失值以及样本数据的缺失比例，剔除缺失比例超过一定值的样本个体。对于缺失比例不高的样本个体按照插值法进行插补、填充。

准确性审核。准确性审核首先是对数据可能产生的登记性错误进行审核，检查数据是否存在填写错误和计算错误，如单位填写错误，计算过程失误等。若发现逻辑上不合理、相互矛盾、超出合理范围或是填写计算错误的数据，则按照一定的标准和方法进行修正或剔除。另外，检查各指标数据之间是否符合逻辑常识，并配合一定的方法识别指标之间的相关关系，确定指标数值的合理取值范围。

（四）特色小镇发展成果的指数分析

特色小镇发展指数按照功能设计分为动态发展指数和小镇评价指数，分别用于呈现特色小镇动态发展趋势和比较小镇间的建设水平差异。特色小镇动态发展指数采用定基指数的编制方法，选择2018年作为基准期，对比计算得到2019年、2020年的指数，反映各小镇、各省区及全国特色小镇建设发展的水平和趋势。特色小镇评价指数采用功效系数法进行编制，根据各特色小镇2020年的指标数据进行指数测算，横向比较各小镇建设水平的差异程度，可对小镇进行排名。

1. 全国特色小镇建设日新月异

特色小镇是在新的历史时期、新的发展阶段下新型城镇化的创新探索与成功实践。近年来，我国特色小镇经过市场洗礼与规范整顿，进入了高质量发展的新阶段。以产业与品质为灵魂的特色小镇是解决我国城市发展差距过大矛盾，纵深推进城镇化建设的有力抓手，是践行高质量发展的新平台。

特色小镇动态发展指数通过对特色小镇宜业、宜居、宜游三个方面的动态监测，可以直观地展示特色小镇历年发展变化情况，监测各小镇动态发展水平。2018～2020年，特色小镇动态发展指数变化如图1所示。

2019～2020年，特色小镇动态发展指数连续两年大幅提升。从图1可以看出，特色小镇动态发展总指数连创新高，年均增速超过25%。

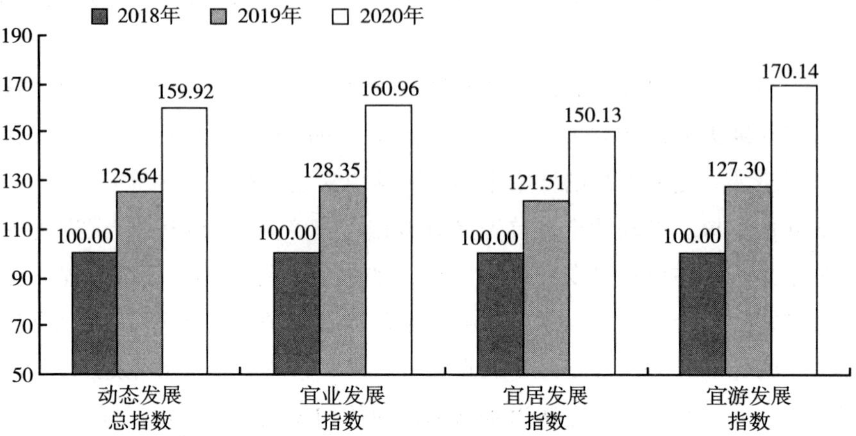

图1　2018～2020年特色小镇动态发展指数

建设特色小镇应以落实经济高质量发展、统筹推进区域协调发展、助力改善社会民生等作为战略目标，这其中包含着“宜业”“宜居”“宜游”的深刻内涵。从指数来看，三大分项指数运行走势相对均衡，累计增幅都在50%以上。其中，宜游指数遥遥领先，增速逐年加快，成为推动动态发展指数跃升的主要动力。2020年，宜业、宜居、宜游发展指数分别达到160.96点、150.13点、170.14点，较2019年分别上涨25.41%、23.55%、33.65%。特色小镇作为空间布局紧凑、形态优美、产业集聚高效的经济体，有利于驱动经济增长、扩大就业、增加居民收入，同时还能健全产业链条，促进要素融合。

如图2所示，从各省特色小镇动态发展指数情况来看，2020年，8个省区的特色小镇建设水平提升显著，指数值均超越2019年。

浙江省特色小镇建设工作一骑绝尘，从2019年的130.34点上涨至2020年的187.06点，增速达到43.52%，其中宜游指数翻了近一倍（见表4）。以浙江柯桥蓝印时尚小镇为例，2020年，小镇一方面不断提升各项公共设施的完备性，提升小镇内生活、工作的便利性，比如扩大小镇公共区域免费WiFi的覆盖面积，引进各类酒店宾馆、餐饮等企业，在推进常住人口转化方面成效显著；另一方面还通过各类媒体、公众频道加强小镇宣传，增加绿地面积，提升绿化覆盖率，小镇环境更加宜人，有效带动了当地旅游产业壮大发展，小镇旅游产值得到快速提升。

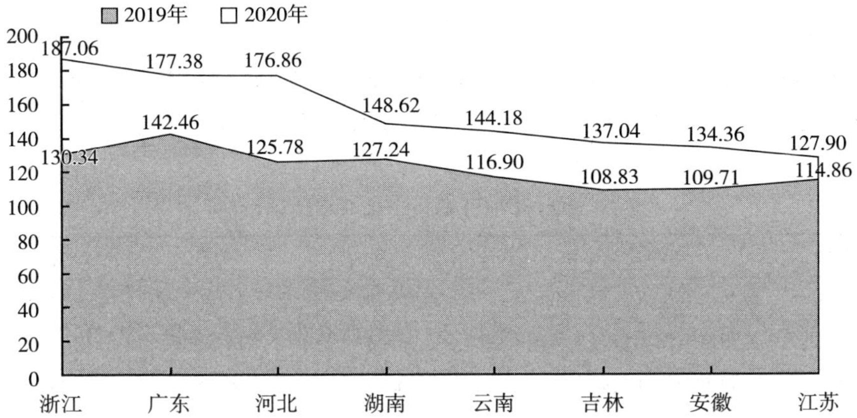

图 2　2019～2020 年各省特色小镇动态发展指数

表 4　2020 年各省特色小镇动态发展指数增速对比

单位：%

省　份	总指数	宜业	宜居	宜游
江　西	86. 05	36. 92	114. 49	110. 44
内蒙古	47. 99	61. 53	29. 10	56. 82
浙　江	43. 52	28. 12	9. 91	94. 53
广　东	24. 51	36. 11	17. 21	17. 66
河　北	40. 61	27. 78	54. 29	36. 82
湖　南	16. 80	5. 97	33. 46	9. 71
云　南	23. 34	28. 10	28. 46	12. 12
吉　林	25. 93	40. 23	13. 08	26. 08
安　徽	22. 47	4. 72	14. 45	55. 13
江　苏	11. 36	13. 30	11. 98	8. 36

内蒙古作为特色小镇内陆地区的代表，在特色小镇建设方面的工作尤为值得关注，其经验也值得学习和探索。内蒙古典型的特色小镇就是哲里木湛露温泉康养小镇，2020 年在宜业发展方面取得长足进展，孵化并转移小镇外生产经营的企业数量增长 1 倍，科技相关投入比重连续提升，带动当地国地税收入大幅增长。小镇发挥湛露温泉天然医疗保健作用，依托通辽市蒙医药工程研究院、蒙药集团等产业基础，打造湛露温泉康养小镇，形成了以养生、医疗、健

康管理、康复等为主要功能的现代蒙医药温泉康养全产业链。

特色小镇立足于经济发展、地方建设的需要，依托当地特色，发展相关产业，经过市场洗礼与规范整顿，在宜业、宜居、宜游三方面实现快速发展。2020 年，部分发展较好的特色小镇的模块指数如表 5 所示。

表 5　2020 年部分特色小镇分模块指数值

省份	特色小镇名称	宜业	宜居	宜游
浙江	杭州市余杭区梦想小镇	159.09	111.67	222.64
江苏	苏州市太湖体育运动休闲小镇	135.37	114.81	103.16
湖南	益阳市安化县黑茶小镇	106.94	265.52	123.85
云南	文山州丘北·普者黑水乡小镇	146.84	106.44	128.57
广东	佛山市禅城区岭南文荟小镇	109.98	137.58	69.53
江苏	无锡市江阴新桥时裳小镇	129.65	160.71	131.66
广东	深圳市龙华区大浪时尚小镇	92.41	115.56	101.38
河北	廊坊市永清县云裳小镇	102.33	184.00	246.56

在宜业模块中，杭州市余杭区梦想小镇独占鳌头，从细分指标来看，小镇特色产业占比达到90%，大专以上学历人员数占比为100%，小镇多措并举，营造良好的就业氛围；在宜居模块中，排名第一的为益阳市安化县黑茶小镇，从细分指标来看，2020 年小镇公共区域免费 WiFi（5G）覆盖率相比于 2018 年有了较大的提升，餐饮服务点数也由 2018 年的 160 家提升至 2020 年的 185 家；在宜游模块中，廊坊市永清县云裳小镇表现亮眼，2020 年小镇的绿地面积达到 11 万平方米，云裳小镇服饰广场开业时间不久，就吸引了众多来自北京、天津、山东、河南等地的客商和游客。

实践表明，特色小镇的建设在宜业、宜居、宜游“三位一体”、多措并举发展的工作推进中已取得了明显的成效。

2. 特色小镇发展更加均衡

为了衡量不同特色小镇发展水平，便于各个特色小镇进行横向比较分析，特色小镇评价指数采用功效系数法，根据各特色小镇 2020 年度的指标数据进行编制，并以此为依据，对特色小镇进行排名，形成 50 强榜单（见附表 1）。

2020 年，50 强特色小镇地区间分布均匀。从表 6 中 50 强特色小镇省区分布情况看，除了经济实力较突出的东南沿海地区之外，河北、湖南、内蒙古等内陆地区均有特色小镇入围50强榜单。

表6　50强特色小镇省区分布情况

单位：个

序号	省　份	入选小镇个数	序号	省　份	入选小镇个数
1	广　东	8	7	吉　林	5
2	安　徽	7	8	云　南	3
3	江　苏	7	9	内蒙古	2
4	浙　江	7	10	江　西	1
5	河　北	5	合　计		50
6	湖　南	5			

注：浙江省部分特色小镇未参加本次评选。

从各省区的表现来看，2020年，河北省充分考虑了“一环两带三轴”的区位特点，立足各地基础条件与特色优势，打造了一批具有承接疏解北京非首都功能和以京津创新成果转移转化、产业集聚、创新创业、文游融合等为主要功能的特色小镇，其中有5个小镇入围50强，相较于2019年，增加了3席。长期以来，县域经济相对薄弱一直是湖南发展的短板，自2019年起，按照工业、农业、文旅三个类别，湖南遴选出50家省级特色小镇，做足产业文章，着力打造一批形态小而美、产业特而强、功能聚而合、机制新而活的特色小镇，助推区域经济实现高质量发展。如今的湖南特色小镇建设成果丰硕，2020年在50强特色小镇榜单中占领5席。内蒙古自治区大力发展优势产业和特色产业，培育和发展乡村旅游业，特色小镇的建设翻开了新篇章，2020年有两个小镇入选50强。广东、安徽、浙江等地特色小镇在原有建设的基础上不断完善，奖优惩劣并行、指导规范并重，特色小镇建设呈稳步推进态势。

特色小镇发展区域差异减小。从榜单来看，50强特色小镇的评价指数得分分布较为集中，各区域特色小镇发展趋向均衡。特色小镇发展初期，东西部地区经济基础、资源配置等各方面的差异，导致特色小镇的发展呈现明显的“东部欢喜西部忧”的现象。特色小镇起源于浙江，是为了破解空间资源瓶颈、促进产业转型升级、改善人民居住环境、推进新型城镇化而生，在国家政策大力引导下，全国各地都在积极推进特色小镇建设，浙江建设特色小镇的成功经验也被多次提名并推广至全国。

如图 3 所示，通过小提琴图可以展示 50 强特色小镇评价指数得分的分布状态及概率密度，其中横坐标为小镇评价指数得分，纵坐标为概率密度。2020 年 50 强特色小镇评价指数得分集中在 80 ~ 84 分，最高分 84.43 分，最低分 79.18 分，标准差为 1.48，综合得分分布集中，东西部地区特色小镇的发展差异正在逐渐减小，高端与新兴产业基础较薄弱的中西部地区立足自身实际，依托丰富的自然资源稳步推进特色小镇建设，特色小镇不再是东南沿海地区的"专利"，而是为全国有发展条件的"小镇"提供了可借鉴的示范标杆与范本。

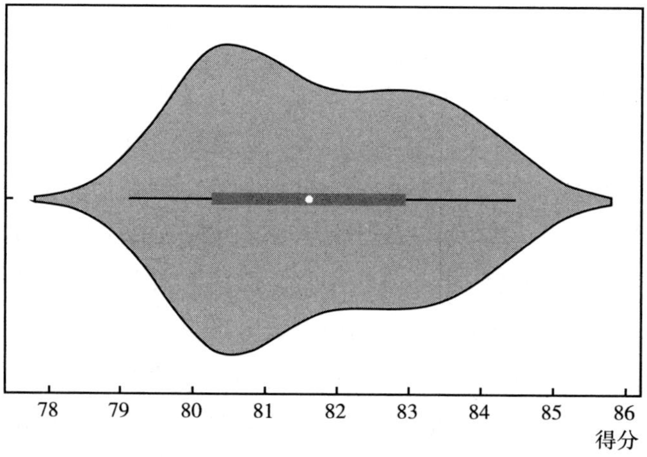

图 3　2020 年 50 强特色小镇评价指数得分小提琴图

3. 部分特色小镇迈入高质量发展阶段

作为特色小镇建设中的佼佼者，50 强特色小镇的表现可圈可点。指数数据显示，浙江省杭州市余杭区梦想小镇以 84.46 分居 50 强榜单第一。余杭区梦想小镇依托浙大、阿里、浙商优势，顺应"互联网 +"的发展浪潮，以章太炎故居、"四无粮仓"深厚的历史底蕴和"在出世与入世之间自由徜徉"的自然生态系统为载体，通过建设"众创空间"、O2O 服务体系，"苗圃 + 孵化器 + 加速器"孵化链条，打造更富激情的创业生态系统。梦想小镇创业氛围日益浓厚，相继举办中国青年互联网创业大赛、中国互联网品牌盛典等活动2031场，参与人数25.64万人次，2017年被命名为省级特色小镇。

表7为余杭梦想小镇近三年的数据情况。自2015年3月开园以来，余杭梦想小镇集聚创业项目2597个，招引创业人才21700名；230个项目获得百万元以上融资，融资总额达131.72亿元。梦想小镇建设经验更是被作为特色小镇建设的典型经验推广全国。

表7　余杭梦想小镇近三年数据情况

小镇基本情况	2019年3月（四周年）	2020年3月（五周年）	2021年3月（六周年）
集聚创业项目数(个)	1746	2203	2597
创业人才数(名)	15700	18800	21700
获得百万元以上融资额项目数(个)	166	166	230
融资总额(亿元)	110	110	131.72

江苏省苏州市太湖体育运动休闲小镇综合得分为84.43分，在50强榜单中位居第二，比排名第一的余杭梦想小镇仅低了0.03分。苏州市太湖体育运动休闲小镇位于苏州太湖国家旅游度假区，拥有太湖足球运动中心、太湖棒球训练基地等大型活动场所，全长26公里的“太湖蓝”赛道自通车以来就成了顶级赛事用地的宠儿。近些年，多项重量级体育活动相继在这里举办，包括中国足协希望杯足球联赛、全国女子足球锦标赛；2020年中超的“半壁江山”8支球队集结苏州太湖国家旅游度假区近2个月，这是继“菁英杯”青少年足球联赛总决赛（苏州赛区）之后，度假区再次迎来的“高光时刻”。

湖南省益阳市安化县黑茶小镇以84.11分在50强中排名第三。黑茶小镇坚持传承和挖掘黑茶文化，坚持以人才引领创新，以创新促进发展，突出“安化黑茶”主题，完美组合了安化最具优势的山水生态旅游资源和独一无二的黑茶文化产业资源，2018年第四届湖南安化黑茶文化节的成功举办使得黑茶小镇成为各方关注的焦点。现今小镇已有黑茶加工与服务企业71家，2020年小镇黑茶产量达4万吨，缴纳税收1.8亿元，域内旅游人数达458万人次，旅游收入达40亿元，“安化黑茶”已经成为国家地理标志保护产品和中国驰名商标。

除浙江省外，广东、湖南、江苏等地区也在特色小镇建设中不断加强规范引领、聚力主导产业、强化落实落地。如表 8 所示，以入围 50 强榜单的特色小镇数据测算，湖南省 2020 年完成投资额 44.75 亿元，吸纳就业人数 21651 人，两项指标遥遥领先于其他省份；河北省特色小镇平均进驻企业 1021 家，处于领先水平；吉林省特色产业投资占比为 90.37%，在各省区中位列第一。

表 8　2020 年 50 强特色小镇分省区数据对比

省　份	小镇完成投资额（亿元）	特色产业投资占比（%）	小镇进驻企业数（家）	小镇吸纳就业人数（人）	小镇年接待游客人数（万人次）
广　东	31.45	77.59	137	9003	246.63
湖　南	44.75	55.56	232	21651	188.55
河　北	43.18	84.81	1021	11240	207.98
江　苏	38.48	83.08	286	10968	106.20
吉　林	28.00	90.37	255	10377	46.60
安　徽	17.12	85.23	186	8046	161.60

从入围 50 强的特色小镇可以看出，优秀的特色小镇在打造经济高质量发展新平台中的作用十分显著。特色小镇的形成，有利于承接大中城市的信息、资金、技术和人才，有利于传统产业的转型升级。同时，建设特色小镇，可以发挥其平台极强的集聚作用，吸引工业和服务业的进驻，推动特色小镇周边农村一、二、三产业的融合发展。

4. 七大产业类型小镇发展各有千秋

从 50 强特色小镇的产业类型分布看，制造产业类特色小镇和文化旅游类特色小镇占比最高。如图 4 所示，制造产业类和文化旅游类小镇在 50 强特色小镇中均占 30%，其次是农业田园类和新兴科技类小镇，在入选小镇中分别占 16% 和 12%。

在特色小镇发展过程中，制造和科技类特色小镇发展质量依旧占优，这与国家建设特色小镇、提升产业支撑的初衷一致。浏阳市大瑶花炮小镇作为 50 强中制造产业类小镇的典型，已经形成了烟花爆竹生产、经营、原辅材料经营、包装印刷、造纸、机械等为一体的完整产业全链，原辅材料占全国市场的 70% 以上，成为全国最大的原辅材料集散中心和烟花爆竹交易中心，在全国具

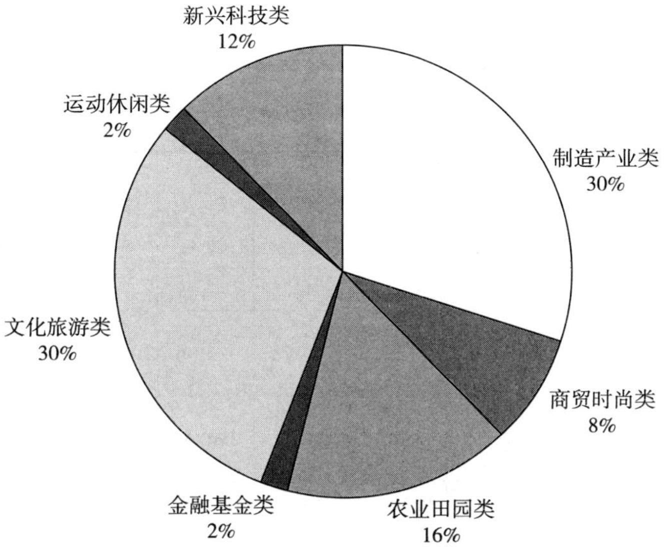

图4　50强特色小镇产业分布情况

有较高的知名度，2020年，小镇总产出达225.49亿元，特色产业税收达2.25亿元，共有特色企业413家，吸纳就业人数4.5万人。

此外，随着我国居民收入水平不断提高，人民群众对于旅游品质的要求也在不断提升，文旅类特色小镇因而更受到市场的青睐。2019年我国文旅类特色小镇大部分还处于规划建设阶段，如今文旅类特色小镇已呈现高速增长的发展态势。以云南丘北·普者黑水乡小镇为例，该小镇发展总体定位为山水田园高原水乡小镇，2019年小镇年接待游客数351万人次，旅游产业增加值约11.75亿元，特色民宿562户，小镇内餐饮服务点529个；2020年接待游客达445万人次，同比增长26.78%，旅游产业增加值约12.77亿元，特色民宿增加到699户，小镇内餐饮服务点582个，基础设施更加完备。文化内涵是特色小镇发展的灵魂，依靠特色自然与人文景观资源，打造主题明确、特色化的产品是文旅特色小镇发展的根本，普者黑小镇在文化特色建设方面卓有成效，不仅有仙人洞村的业余文艺队25支，省级非物质文化遗产（彝族弦子舞）和吉尼斯世界纪录（普者黑“花脸节”）更是吸引了许多国内外游客和寻幽探奇者。

特色产业主导了特色小镇发展方向。50强特色小镇按照产业类型分为七大类，部分指标表现情况如表9所示。

表9　七大类特色小镇部分指标表现

指标	制造产业类	商贸时尚类	农业田园类	金融基金类	文化旅游类	运动休闲类	新兴科技类
特色产业产出占比(%)	82.68	81.33	76.04	97.92	87.34	60.00	83.78
国地税总收入(亿元)	5.56	2.43	1.25	7.69	1.10	2.16	5.28
科技相关投入占总产出比重(%)	1.36	1.41	0.28	2.96	1.79	0.19	3.35
特色产业固定资产投资额占比(%)	87.75	80.06	68.55	94.44	54.37	60.00	75.42
已进驻企业数(家)	193	1641	250	628	105	85	2281
大专以上学历人员数占比(%)	31.39	32.17	28.95	80.80	27.72	40.05	71.63
累计孵化并转移小镇外生产经营的企业数(家)	17	1443	82	34	5	8	79

新兴科技类小镇在科技投入、企业进驻以及人才吸引方面具有一定优势，平均科技相关投入占总产出比重为3.35%，平均进驻企业数超过2000家，大专以上学历人员数占比达到71.63%。例如，泰兴凤栖小镇，科技投入占总产出超过4%，杭州市余杭梦想小镇到2020年底已进驻企业数6842家，吸纳就业人数14500人，就业人员中大专以上学历占比达100%。入围50强金融基金类小镇的江苏宿迁保险小镇，其特色产业产出达94.20亿元，占总产出比重的97.92%；特色产业固定资产投资额76.50亿元，占比达94.44%。商贸时尚类特色小镇平均孵化并转移小镇外生产经营企业1443家，明显领先于其他产业平均值，河北永清云裳小镇作为"北京疏解非首都功能首批重点承接项目"，累计孵化并转移小镇外生产经营的企业数有3830家，居该类型小镇之首。而文化旅游类特色小镇和运动休闲类特色小镇在特色产业发展上则相对较弱。

商贸时尚类小镇的人居功能聚合效应明显。如表10所示，2020年全国特色小镇的常住人口平均值为 3.36 万人，其中商贸时尚类特色小镇常住人口均值位列第一，达到 9.14 万人，人居聚集效应明显。人居功能的聚合带来了经济的繁荣，商贸时尚类小镇人均可支配收入达 7.43 万元，相比制造产业类、农业田园类、金融基金类、文化旅游类、运动休闲类和新兴科技类人均可支配收入分别高了 106.39%、224.45%、39.66%、114.74%、18.69% 和 11.23%；相应地，商贸时尚类小镇的亩均产值最大，达到 302.34 万元/亩，其余 6 类小镇——制造产业类、农业田园类、金融基金类、文化旅游类、运动休闲类和新兴科技类亩均产值分别为 152.38 万元/亩、13.24 万元/亩、213.78 万元/亩、18.97 万元/亩、29.30 万元/亩和 182.43 万元/亩。

表 10　七大产业类型特色小镇人居功能细分指标平均值情况

人居功能	制造产业类	商贸时尚类	农业田园类	金融基金类	文化旅游类	运动休闲类	新兴科技类
小镇内常住人口数(万人)	2.27	9.14	2.71	0.32	4.48	4.15	0.93
人均可支配收入(万元)	3.60	7.43	2.29	5.32	3.46	6.26	6.68
小镇公共区域免费 WiFi (5G)覆盖率(%)	51.26	100.00	62.14	100.00	66.37	100.00	100.00
小镇及周边 1 公里教育机构数(家)	8	16	9	3	8	9	8

在七大产业类型特色小镇中，有四类小镇公共区域免费 WiFi（5G）实现全覆盖，WiFi（5G）覆盖率相对较低的为制造产业类、农业田园类以及文化旅游类小镇。商贸时尚类小镇及周边 1 公里教育机构平均数达到 16 家，同样也是所有类型小镇中最多的。

文旅功能成为特色小镇的重要功能。文化旅游类小镇在文旅功能指标上表现出众，促进旅游业发展的一个重要因素是接待服务能力，对于文旅类特色小镇来说，餐饮服务点数、各类酒店宾馆数等基础设施的完善能为小镇的进一步发展创造坚实的基础，如表 11 所示，2020 年入围 50 强的文化旅游类特色小镇平均餐饮服务点数达 200 个，平均酒店宾馆数达 103 家，领先于其他产业类型特色小镇；此外，文旅类特色小镇年接待游客数 280.49 万人次，在七大产业类小镇中位居第一，其次为运动休闲类特色小镇和农业田园类特色小镇，年接待游客数均超过 100 万人次。

表 11　七大产业类型特色小镇文旅功能细分指标平均值情况

产业类型	制造产业类	商贸时尚类	农业田园类	金融基金类	文化旅游类	运动休闲类	新兴科技类
小镇内餐饮服务点数(个)	61	165	52	32	200	36	53
小镇内各类酒店宾馆数(家)	13	23	20	5	103	8	4
绿化覆盖率(%)	31.62	27.48	37.34	60.00	36.87	80.50	42.46
年接待游客人数(万人次)	40.77	20.33	134.11	32.00	280.49	174.85	32.96
旅游产业增加值(亿元)	0.47	1.03	2.16	2.50	4.24	17.49	3.70
绿地面积(平方千米)	0.46	0.37	0.93	1.80	0.92	3.89	0.53
网络美誉度	1.18	1.13	1.05	1.20	1.38	1.34	1.15

50 强特色小镇中，苏州太湖体育运动休闲特色小镇是唯一的运动休闲类小镇，其绿地面积 3.98 平方千米，绿化覆盖率 80.50%，旅游产业增加值 17.49 亿元，遥遥领先于其他类型小镇。从城镇化的发展趋势来看，旅游功能的挖掘是特色小镇发展的必然趋势，随着旅游休闲需求的增长，特色小镇的文化内涵和生态建设水平得到进一步提升。

五　当前特色小镇发展面临的困境与挑战

我国的特色小镇建设经过初创期、发展期后，正以昂扬的步伐进入成熟期，以高质量发展为新起点的征程已经开启，总结过往，展望未来，任重而道远。通过对样本数据的分析和深度挖掘，结合入选 50 强特色小镇的问卷调查或实地走访，目前特色小镇发展过程中存在的主要问题和面临的主要挑战有以下方面。

（一）融资渠道单一，投资回报周期长

2020 年 9 月，国家发展改革委发布《关于促进特色小镇规范健康发展的意见》，明确了特色小镇规范健康发展的指导思想、基本原则等。特色小镇能否实现健康发展的一个关键性影响因素就是资金投入是否充足和稳定。

目前，部分特色小镇的融资情况并不乐观。就当前特色小镇建设经验来

看，在小镇建设的前期，其基础设施和公共设施建设需要投入的资金规模较大，基础设施建设和公共事业项目会带来大量的资金需求，而这些项目具有公共产品的性质，与商业性金融机构的营利性产生矛盾，这会在一定程度上阻碍小镇建设的顺利推进。除主体建筑外，交通、网络、医疗等基础配套以及服务设施，产业园区等产业衍生建筑区建设也都需要投入大量资金。

另外，特色小镇建设回报周期长，在短期内难以获利，这些问题使得很多金融机构、企业、社会组织、个人不愿参与到小镇的建设中来，导致小镇市场化融资较为困难。此外，虽然特色小镇具有巨大的建设发展空间和开发潜力，但融资类型复杂多样并且缺乏专业性金融政策支持，难以为投资者提供有效的获利保障，这在一定程度上也抑制了特色小镇的健康发展。

（二）高层次人才短缺，人才资源储备不足

特色小镇的发展要以特色产业发展为核心，在特色产业壮大发展的同时，对于人才要素也将产生更大的需求。2020 年，50 强特色小镇中大专以上学历人员数占比平均为 40%。其中，浙江梦想小镇、广东岭南文荟小镇、江苏昆山智谷小镇和江西南康家居小镇大专以上学历人员数占比均超过 90%，但仍有部分特色小镇大专以上学历人员数占比低于 10%。依托产业发展起来的特色小镇往往城市功能较弱，缺乏高端人才必需的基本公共服务和设施，部分特色小镇不仅在医疗、教育、科技、文化等基础设施方面落后，在金融、娱乐等商业综合服务方面更是不足，这就造成了对人才的吸引力有限。

此外，随着社会老龄化现象的加剧，人才资源争夺更为激烈，这对处于较为落后地区的特色小镇来说，在人才招揽方面无疑是雪上加霜，使得特色小镇开始出现人才空心危险。例如，无为高沟电缆小镇、天长冶山玩具小镇等小镇的核心产业为制造业，对企业来说，研发是整个企业运行过程中最为关键的一环，但由于小镇地理位置不佳、远离市区，各项基础配套设施不健全，对专业型人才的吸引力不强，遭遇人才资源储备不足的难题。

（三）土地资源短缺，小镇建设受限制

土地是特色小镇在开发建设过程中不可或缺的要素，而投建特色小镇的企

业普遍反映建设用地指标少制约了城镇建设项目开展。特色小镇建设发展的土地要素难以保障仍然是亟待破解的问题。

由于用地指标较少，土地问题没有办法解决，部分优秀的特色小镇项目无法开展，例如2019年合肥市计划中的人工智能特色小镇项目由于土地问题一直得不到解决从而无法实施。另外，建设用地指标、商业用地指标不足，大量特色产业项目落地困难，阻碍了特色产业结构布局调整的步伐，影响了城镇化进程，对现有的特色小镇后续发展造成阻碍，例如合肥巢湖的三瓜公社，停车场、小镇客厅、民宿客栈、公共厕所等项目由于商业用地指标少而不能够按期动工，游客进不来、住不了、吃不了、出不去，对游客的观光体验造成了极大的影响，景区内的旅游人均消费水平严重下降。

（四）“产城融合”不到位，难以实现生产与生活的兼容

特色小镇建设是新型城镇化建设中的重要一环，“产城融合”作为实现“以人为中心的城镇化”这一新型城镇化的重要途径，是特色小镇建设的关键，产业、社区、文化等功能在物理上的简单叠加难以形成生产、生活相互融合的化学反应。

在产业支撑、人居环境等方面实现“以人为中心的特色小镇”才是其根本所在。但当前存在的问题是，有些特色小镇并不能实现生产与生活的兼顾，或是注重产业的发展，或是注重城镇的建设。2020年，50强特色小镇中特色产业产出占比平均为76%，占比相对较高，大部分小镇重视特色产业的培育和发展；小镇内每万人餐饮点个数为37.68家，小镇及周边1公里教育机构数平均为8家，有11家小镇的公共区域免费WiFi（5G）覆盖率低于50%，小镇的人居环境方面仍有待提升。又如，由于一、二线城市的土地资源日渐枯竭、特色小镇项目的增加以及政策红利的存在，房地产企业开始将特色小镇的开发当作新的“掘金点”，只是为了追求经济利益，假借开发特色小镇之名，而行开发房地产之实，不仅没有产业支撑，也没有跟上相应的配套设施。房地产商的插足必然造成土地成本的上升，进而导致特色产业更加难以得到发展，违背了建设特色小镇的初衷；另外，旅游类的特色小镇泛滥，只关注于旅游景区的打造却忽视了产业支撑的重要性，使特色小镇无法可持续发展。当前，实现“生产、生活、生态”的有机融合依然是建设特色小镇过程中的难点与重点。

六　促进特色小镇健康发展的对策与建议

（一）创新投融资体系，引导社会资本与政府资本相结合

为缓解特色小镇融资难问题，应当推进特色小镇与国开行、农发行等金融机构的项目资金对接，设立特色小镇专项贷款，并将专项贷款落实于合适的特色小镇项目。创新特色小镇投融资体系，探索产业基金、PPP（“公共私营合作制”，是指政府与私人组织之间，合作建设城市基础设施项目）等多种融资模式，引入社会资本，从而保障特色小镇项目能够有序展开。充分发挥市场在特色小镇建设中的决定性作用，引导企业进行有效投资，尤其是要引入国内外的大企业，推动项目建设。目前，从商业资本模式来看，PPP 融资模式是最合理、最受欢迎的模式之一，通过这种政府与社会资本相结合的发展模式，既减轻了政府的负担，又保证了企业的利益，多方互惠互利，更好地回应了社会公共服务的需求。

特色小镇相关资金需求主要包括三大方面：一是基础设施及其配套工程的建设；二是产业龙头企业的产业项目建设和流动资金需求；三是重无形资产、轻有形资产的中小企业的融资需求。针对不同的需求，政府部门和金融机构要在对融资主体、担保结构、还款现金流等问题充分考虑的基础上，积极打通融资渠道、创新产品与服务，做到区别对待、分类支持。

（二）完善配套基础设施，施以更多激励政策广纳人才

针对人才资源匮乏的问题，在硬件方面，应当不断完善特色小镇内部的各项配套基础设施以及公共服务设施，特别是教育医疗方面，要加快推进特色小镇交通、文化、医疗、教育等资源的城乡一体化发展；在软件方面，要结合实际、因地制宜地制定人才引进与人才激励政策。特色小镇缺乏的不仅是专业型技术人才，还有管理、营销、财务等类型的人才，在人才引进方面，应以“能”取人，同时，学历也不应作为选取人才的唯一标准，例如地处农村的特色小镇，可以考虑招纳本地优秀青年，如果非要舍近求远，往往得不偿失。

在人才激励方面，各地政府应针对进驻小镇的人才特别是高端人才给予精神和物质上的奖励。比如，设立小镇特色产业专业人才引进专项基金，对到小镇企业生产科研第一线的急需专业本科生、硕士生、博士生给予工资以外的经济补贴；对特色小镇特色产业领域领军型高层次创业人才给予一定数额的创业启动资金，鼓励企事业单位建立专家工作站和博士后工作站，财政给予经济补助；要把专业技术职称认定及荣誉奖励向特色产业专业人才倾斜。在特色小镇中企事业（含非公有制企业）职工的职称评定工作中，以及在选拔市级及以上专业技术拔尖人才和评选表彰人才等方面增设专门指标，提高对特色小镇中就业的专业人才的激励强度。

（三）减少土地资源浪费，加强土地资源集约利用

针对土地资源短缺的问题，第一，应加强土地资源的集约利用。基于小镇自身的产业类型，对小镇人口进行科学合理的预测，尽量避免对土地资源的浪费。第二，鼓励城镇低效用地的有机再开发。有机再开发利用闲置土地、低效用地、废旧厂房、废旧用地相比于申请难、成本高、申请周期长的新增建设用地指标来说，具有成本低、高效省时的优点，可以通过这种方式来增加特色小镇的用地供给。第三，探索灵活的用地政策。在特色小镇建设过程中，既要加强现有政策整合力度，盘活存量建设用地，允许通过村庄整治、宅基地整理等节地方式以支持特色小镇主导产业发展和基础设施布局、生态环境保护等功能的用地需求；用好现有政策，鼓励引导转让和租赁集体建设用地使用权；充分利用好城乡用地增减挂钩方式。第四，加强土地监督管理，建立土地资源集约利用的考核机制。

（四）科学合理布局特色小镇空间，营造宜居、宜业良好氛围

针对产城融合出现偏差、不到位的问题，一方面，既不能只注重产业发展而忽视生态、生活方面的建设，也不能过度追求城镇的开发建设而忽略产业发展。在打造特色小镇的实践过程中，需结合实际，科学合理地对特色小镇的空间进行科学布局，全面促进产城融合的程度，既要将资源高效转化为拉动经济增长的动力，又要有效保护当地特色景观资源。另一方面，文化内涵是特色小镇建设的灵魂，也是凸显小镇特色、促进“产城人文”有机融合的内化元素。

因此，各省区市应当根据本地人文资源与条件，充分挖掘当地特色文化，并将其内化于特色小镇建设中，成为推动特色小镇建设中“产城人文”融合的精神动力。科学规划布局，凸显人文底蕴，持续营造宜居、宜业的良好环境氛围，并不断完善商业等配套服务体系，持续改善周边生态与人文环境，不断改善常住居民生活条件，为广纳人才进驻特色小镇提供更好的软硬件环境。

在特色小镇建设中，要严控房地产化倾向，综合考虑就业人口和常住人口规模，要合理制定住宅以及产业用地比，严格防控房地产开发，对产业内容、盈利模式、后期运营继续严格把控，防止“假小镇真地产”的出现。

附表1　特色小镇50强排名

省　份	小镇名称	宜业	宜居	宜游	小镇 评价指数
浙　江	杭州市余杭区梦想小镇	89.61	84.64	78.24	84.46
江　苏	苏州市太湖体育运动休闲小镇	80.14	83.32	90.74	84.43
湖　南	益阳市安化县黑茶小镇	84.36	85.95	81.66	84.11
云　南	文山州丘北·普者黑水乡小镇	83.02	83.98	85.50	84.10
广　东	佛山市禅城区岭南文荟小镇	84.00	83.79	84.50	84.08
江　苏	无锡市江阴新桥时裳小镇	87.12	80.50	83.39	83.68
广　东	深圳市龙华区大浪时尚小镇	82.23	91.15	76.31	83.58
河　北	廊坊市永清县云裳小镇	85.20	81.55	83.89	83.53
江　苏	苏州市昆山市周庄水乡生活小镇	83.46	83.62	82.98	83.37
河　北	沧州市沧县明珠服饰小镇	86.43	83.95	78.42	83.16
江　苏	宿迁保险小镇	85.12	81.54	82.02	82.93
浙　江	绍兴市上虞e游小镇	84.12	82.67	81.63	82.86
广　东	佛山市寻味顺德小镇	81.63	80.39	87.19	82.86
浙　江	湖州市德清地理信息小镇	84.91	83.54	79.50	82.81
安　徽	芜湖市湾沚区殷港艺创小镇	80.81	82.04	85.76	82.73
云　南	大理州剑川县沙溪古镇特色小镇	77.80	81.78	89.19	82.61
江　苏	苏州市昆山智谷小镇	85.03	81.99	80.28	82.54
安　徽	亳州市谯城区古井白酒小镇	86.74	80.64	79.15	82.33
江　西	赣州市南康家居小镇	83.03	81.05	82.85	82.28
安　徽	黄山市黟县西递遗产小镇	85.11	81.50	78.34	81.82
云　南	普洱市宁洱·那柯里茶马古道小镇	80.53	80.60	84.48	81.74
浙　江	宁波市慈溪息壤小镇	82.83	82.75	78.82	81.60
内蒙古	通辽市开发区哲里木湛露温泉康养小镇	82.57	81.57	80.24	81.52

续表

省份	小镇名称	宜业	宜居	宜游	小镇评价指数
湖南	长沙市浏阳市大瑶花炮小镇	81.93	84.07	78.05	81.51
吉林	延边州安图红丰矿泉水小镇	82.23	81.40	80.65	81.47
湖南	湘西州永顺县芙蓉镇	77.51	86.31	80.37	81.45
江苏	泰州市泰兴凤栖小镇	82.22	81.14	80.25	81.25
江苏	苏州市高新区苏绣小镇	81.35	81.06	81.25	81.22
广东	佛山文创古镇	80.05	79.96	82.87	80.86
浙江	绍兴市上虞伞艺小镇	82.09	82.29	77.64	80.83
安徽	合肥市巢湖经开区三瓜公社电商小镇	79.97	80.07	81.92	80.59
浙江	台州市椒江绿色药都小镇	83.56	81.58	75.87	80.56
湖南	娄底市双峰县永丰农机小镇	80.89	82.40	77.83	80.50
河北	石家庄市鹿泉区君乐宝奶业小镇	83.78	81.28	75.59	80.45
安徽	黄山市屯溪区黎阳休闲小镇	79.73	81.16	80.42	80.44
广东	韶关市翁源江尾兰花小镇	80.23	77.21	84.42	80.43
河北	邢台市清河羊绒小镇	83.46	80.49	76.66	80.38
吉林	长春市鹿乡梅花鹿小镇	83.42	78.02	79.53	80.37
吉林	吉林市蛟河市天岗花岗岩小镇	83.03	78.27	79.46	80.29
浙江	绍兴市柯桥蓝印时尚小镇	81.44	82.16	76.73	80.28
广东	云浮市新兴六祖小镇	81.66	81.37	77.15	80.20
广东	广州市从化生态设计小镇	81.32	79.70	79.25	80.13
河北	衡水市武强县周窝音乐小镇	82.55	79.02	78.61	80.13
湖南	邵阳市邵东市仙槎桥五金小镇	82.16	80.05	77.57	80.05
吉林	白山市抚松县万良人参特色产业小镇	81.26	81.69	76.67	80.03
安徽	蚌埠市怀远县上谷农贸小镇	80.64	78.46	79.70	79.60
广东	河源市源城创意设计小镇	81.76	80.59	75.88	79.59
安徽	宣城市宣州区水东甜蜜小镇	77.82	81.48	79.03	79.47
吉林	白山市江源区松花石小镇	76.25	82.95	78.22	79.19
内蒙古	乌兰察布市商都县巨弘马铃薯小镇	76.25	77.21	75.59	76.39

参考文献

陈禹：《中国特色小镇的现状与发展研究》，浙江大学硕士学位论文，2018。

周湘智：《立足自身优势建设特色小镇》，《经济日报》2020 年 6 月 26 日。

团宗：《让小镇成为人们的心灵归属——民主党派成员建言特色小镇建设》，《团结报》2018 年 12 月 11 日。

王国强：《乡村振兴战略下特色小镇建设的专业人才问题与对策思考——以钦州坭兴陶特色小镇为例》，《保山学院学报》2019 年第 1 期。

李涛：《经济新常态下特色小镇建设的内涵与融资渠道分析》，《世界农业》2017 年第 9 期。

强海洋、谢海霞、刘志超：《特色小镇建设土地利用问题浅析》，《中国土地》2017 年第 9 期。

《决胜全面建成小康社会　夺取新时代中国特色社会主义伟大胜利——习近平同志代表第十八届中央委员会向大会作的报告摘登》，《共产党人》2017 年第 20 期。

G.6
2021年中小城市法治治理体系与法治能力现代化发展报告

孙慧娟*

摘　要： 随着我国城镇化进程的发展，城市尤其是中小城市的治理在实现我国现代化国家治理中发挥着日益重要的作用。然而中小城市治理是一项复杂、精巧的巨大工程，如何构筑现代化的中小城市治理体系从而全面提升中小城市治理能力，是百年大变局时代背景下，中国以及世界必须要面临的问题。针对这一问题，习近平总书记指出，加快推动城市治理体系和治理能力现代化，要强化依法治理，善于运用法治思维和法治方式解决城市治理顽症难题。习近平总书记这一论断为中小城市治理提供了根本的遵循。本文围绕中小城市如何建立现代化的法治治理体系这一问题，以当前中小城市法治治理中立法以及法治运行中存在的问题为突破口，从“以地方特色的立法构筑中小城市治理的基本体系”“用数字技术赋能提升法治体系的运行”两大方面为提升中国中小城市现代化法治治理能力提供有益借鉴。

关键词： 中小城市　法治治理体系　地方立法　数字赋能

---

* 孙慧娟，中国社会科学院法学所、社会科学文献出版社博士后，助理研究员，研究方向为智库法治化、家庭治理、国家治理。

一 引言

现代社会，城市建设与治理是国家建设与治理的逻辑前提，城市正在成为国家建设和治理的基石。美国著名城市规划专家雅各布斯曾言，“伟大的城市创造伟大的国家，优良的城市治理创造优良的国家治理”。也就是说，国家建设与治理要以城市建设和治理为依托，才能提高自身的治理能力，形成良性、有效的建设、运行、治理体系，最终产生优良的国家治理效应。然而如何实现城市的现代化治理，是当前世界面临的重要难题。围绕这一问题，本文以中小城市的现代化治理为研究对象，沿着通过法治构筑现代化的中小城市治理体系这一路径来探讨中国中小城市如何实现现代化治理这一命题，以期为中国中小城市治理提供有益的借鉴。

二 中小城市治理现代化是实现国家治理现代化的着力点

在完善中国特色社会主义制度、实现国家治理体系与治理能力现代化和“两个一百年”奋斗目标的伟大历史征程之中，通过建立现代化的治理体系形成强有力的治理能力打造高质量发展的现代城市，不仅是解决新时期社会主要矛盾的重要路径，而且是推动我国经济、社会高质量发展、实现我国社会主义现代化的必由之路，这是历史发展的必然。随着我国现代化征程的开启，国家建设和治理的战略空间逐渐从以乡村为主转为以城市为主。城市尤其是中小城市治理现代化成为国家治理现代化的着力点。

（一）城市治理现代化关乎国家治理体系和治理能力现代化的进程

“当今世界正处于百年未有之大变局”，习近平总书记这一重大论断，深刻揭示了世界新的时代特征。在百年未有之大变局的当下，国家治理以及各国之间的公共事务相互交织、日益复杂，国家治理迫切需要强有力的治理体系和治理能力来提供支持和保障，国家治理体系和治理能力现代化已成为保障中国特色社会主义现代化建设征程中的重要力量。对此，党的十九届四中全会明确指出："我国国家治理体系和治理能力是中国特色社会主义制度及其执行能力的集中体现。"城市建设与治理和国家建设与治理之间的关系日益紧密，城市的治理体系和治理能力不仅直接影响城市的稳定、经济的发展、文化的繁荣和市民的幸福，而且从长远来看，城市治理现代化关系国家治理体系和治理能力现代化的进程——"城市兴则国家兴，城市强则国家强"。因此，建立现代化的城市治理体系已成为构建现代化国家治理体系的重要组成部分。

改革开放以来，中国城市，尤其是中小城市正在以突飞猛进的速度发展，正逐渐成为推动现代化国家治理体系的重要力量。根据国家统计局统计数据，从 1978 年到 2019 年，中国的城镇化率已迅速从 17.92% 提升至 60.6% 以上，年均提高 1 个百分点，城镇常住人口从 1.7 亿人增加到 8.48 亿人，城市数量由 193 个增加到 678 个，截至 2020 年底，中国城镇常住人口 90199 万人，占总人口比重的 63.89%。① 在经历了 40 余年的发展历程之后，中国已成为名副其实的城市国家和城市社会。伴随中国城市化进程的发展，城市已逐渐代替乡村成为国家建设和国家治理的平台，城市治理的现代化成为整个国家现代化的内在动力和机制，城市现代化成为推动国家治理现代化的战略性空间和要素，城市已成为我国经济、政治、文化、社会等方面活动的中心，在党和国家工作全局中居于举足轻重的地位。作为引领全面建成小康社会和加快实现现代化的"火车头"，城市在我国经济社会发展、民生改善中发挥了重要作用。

在这样的时代背景之下，中共中央敏锐地把握住了中国向城市国家和城市社会迈进的时代发展脉搏，2015 年，在召开第四次中央城市工作会议时，习近平总书记明确指出，"我国城市发展已经进入新的发展时期，做好城市工作，要顺应城市工作新形势、改革发展新要求、人民群众新期待，坚持以人民为中心的发展思想，坚持人民城市为人民"。2018 年 11 月 6 日至 7 日在上海考察时习近平总书记指出"城市治理是国家治理体系和治理能力现代化的重要内容"，习近平总书记这一论断将城市治理提升到国家治理现代化的高度，将城市治理纳入国家治理现代化体系中，将国家治理现代化与城市治理现代化紧密结合起来。在浙江考察时，习近平总书记重申这一理论判断，他指出：

① 国家统计局：《第七次全国人口普查主要数据情况》，2021 年 5 月 11 日。

"推进国家治理体系和治理能力现代化，必须抓好城市治理体系和治理能力现代化。"这一论断明确指出，城市治理现代化是国家治理现代化的重要支点和必要条件。习近平关于城市治理现代化的重要论述，是习近平新时代中国特色社会主义思想在城市建设与治理领域的最新成果，是对马克思主义城市理论与学说中国化的继承与发展。

（二）中小城市治理是国家治理的基石

2014 年国务院《关于调整城市规模划分标准的通知》（国发〔2014〕5 号），以城区常住人口数量为依据，中国城市规模划分为五类七档：城区常住人口 100 万人以上的为大城市，其中 100 万～300 万人的为Ⅱ型大城市，300 万～500 万人的为Ⅰ型大城市，500 万～1000 万人的为特大城市，1000 万人以上的为超大城市；城区常住人口 50 万～100 万人的为中等城市；城区常住人口 50 万人以下的为小城市，其中，20 万～50 万人的为Ⅰ型小城市，20 万人以下的为Ⅱ型小城市。

截至 2020 年底，我国设置建制市 685 个（不包括港澳台地区，下同），其中直辖市 4 个，地级市 293 个，县级市 388 个。全国有 93 个建制市主城区属于大城市、特大城市和超大城市，其余 591 个建制市市区属于中小城市。在这 591 个建制市中，地级市有 204 个，即地级市主城区有七成以上属于中小城市，县级市城区则全部属于中小城市，其中有 11 个中等城市。

除上述建制市主城区和市区之外，我国尚有 40 个地级行政区（地区、州、盟）政府驻地城镇尚未设立建制市。这些城镇大多因自然条件限制，人口聚集尚未达到小城市规模，但市政设施相对完善，一般是数个甚至十几个县域的行政中心 、经济中心、文化教育卫生中心和交通枢纽，未来人口聚集是大概率增加趋势，可视为中小城市。20 世纪 80 年代以来，撤县（市）设区的市辖区因其建成区与主城区一般边界明显，也应视为自然形态的中小城市。

全国有 251 个县级行政区人口低于 10 万人，显然不可能形成 10 万人积聚的小城市。按 2019 年户籍人口计算，全国有 430 个县级行政区人口低于 20 万人，按目前城市化率计算，县城聚集人口超过 10 万的可能性较小，应排除在中小城市之外。但其中又有 40 个已经设置为县级市，这些县级市中又有 13 个辖区人口低于 10 万，主要分布于新疆、内蒙古、黑龙江等边疆地区和青海等人口密度较小的高寒地区。未来人口聚集到10万的概率不大，应视为小城镇。相反，据不完全统计，在沿海和内地已有436个超级建制镇辖区户籍人口已超过10万，其中建制镇辖区超过15万的有131个，已经是自然形态的小城市。

综合上述，我国现有中小建制市591个，其中有13个辖区人口不足10万人，未来成长为小城市的可能几乎为零，应视为小城镇。而自然形态的中小城市大约为2634个，但近80%没有设置为建制市。

表1　全国广义中小城市数量及构成（截至2020年底）

单位：个

类别	地级建制市	相对独立市辖区	地级行政区划政府驻地的城镇（地区、自治州、盟）	县级建制市的市区	县级行政区政府驻地城镇（不完全统计）	超级建制镇镇区	合计
数量	204	793	40	375	1091	131	2634

资料来源：课题组提供。

三　法治化是中小城市治理体系现代化的实践取向

如何形成一个良好的城市治理体系、推进城市的持续发展，是当前中国以及世界城市尤其是中小城市发展面临的一个重要问题。相对于国家治理，城市治理属于微观治理。就城市治理的内涵而言，“治理和管理一字之差，体现的是系统治理、依法治理、源头治理、综合施策”；围绕新时代“实现什么样的城市治理、怎样实现城市治理”等问题，就如何构建现代化的城市治理体系而言，“要强化依法治理。善于运用法治思维和法治方式解决城市治理顽症难题”，也就是说，城市治理必须以法治国的体系为依托，将整个城市以及城市与城市之间的协同建设、发展和运行都纳入法治的轨道中，确保各项决策及其执行都在法治的轨道上运行，才能最大限度地提高城市的治理效能。

（一）中小城市治理面临的公共事务分析

我国城镇化取得举世瞩目的成就，但是城市的发展同时也面临着重大的结构性挑战，带来了诸如基础设施建设、民生建设、社会管理、“城市病”、区域协调发展等广泛的城市治理问题，对我国城市治理能力提出了严峻的挑战。按照城市治理面临问题的主要属性，可以将中小城市治理的问题分为常规性问题、不确定性问题和模糊性问题三大类。

1. 常规性问题

常规性问题指的是与民众生活息息相关诸如户籍、医保、养老、就学、卫生等问题，该类问题尽管复杂性、不确定性和模糊性特征都不突出，但是由于直接关系民生利益，在城市治理中大量存在，遵循管理的一般经验即可及时有效的处理，但是常规性问题能否得到及时、有效的解决直接影响到城市正常和良性的运转，直接关乎人民生活的幸福获得感。

2. 不确定性问题

不确定性问题主要指的是面对公共卫生防控、自然灾害等不确定公共突发事件，地方政府如何去应对的问题。不确定性问题的最大特点是风险程度尚不可知，因此在决策过程中必须慎重，以避免决策失误；此外地方政府应增强整个治理系统的韧性，也就是在法律和政策标准范围内选择合适的管理方案，以保证在面对高度不确定性时相应的风险保护策略或调整策略能够及时根据事态发展选择谨慎的管理策略。

3. 模糊性问题

模糊性问题指的是不同的利益相关者对风险信息有不同的解释而可能导致的风险，此类问题体现了风险问题的社会性，是城市社区应急治理亟待被重视的难题。模糊性问题背后是难以调和的多元知识和价值判断，这使得在采取应急治理措施时，对于采取什么样的行动是合理的或规范的存在争议。

城市治理过程中面对的这三类问题有不同的特征：首先，在解决方式上，常规性问题、不确定性问题主要依靠技术手段解决，模糊性问题在解决过程中应更多地考虑人的因素。其次，常规性问题、不确定性问题是任何中等以及小城镇及社区在治理或者管理中都面对的共同问题，而模糊性问题主要沉淀于基层，即越贴近基层，此类模糊性问题越多。最后，基于三类问题的不同特点，对于常规性、不确定性问题的解决方案在于要有行之有效的立法，并且要保证制度运行的稳定性和权威性，避免制度形同虚设使民众对制度产生不正常预期乃至蔑视制度的心理。而针对模糊性的风险问题，其涉及不同的利益主体，并且此类问题一般比较复杂，并非日常的常规事务，因此是建立公共参与的决策机制，在协商与互动中最大可能地消除分歧，形成一致性意见。

（二）中小城市治理法治体系现状

面对中小城市治理的基本问题，目前中国中小城市基本已建立了决策、协调、执行治理体系，也正是在现有治理体系的支撑之下才有了当下中国中小城市的快速发展。然而，现实生活中很多城市问题是由于制度设计不科学、运行效率不高造成的。例如中小城市立法缺乏地方特色，制度对于公共事务的界限不清、职能交叉等，影响了城市运行和发展的科学性、稳定性、可持续性。本文从立法数量、立法类型、立法精细化以及立法内容四个维度来对中小城市现有治理体系进行考察。

1. 中小城市立法数量分析

本文通过查阅全国各地人大、政府官方网站和相关的权威数据库以及地方类立法的皮书发展报告对立法数据进行了收集和筛选，时间主要是在2019年10月至2020年9月，立法层级主要考察的是中小城市的立法成果。数据显示，2020年度我国地方性立法情况仍保持了法律制度权威、确定的特征，呈现稳健的立法风格，整个年度立法活动频繁。以新增立法、法规修订、法规废止为切入点来分析，2019年10月至2020年9月，31个省、自治区、直辖市人大及其常委会共召开40次人民代表大会会议和254次人大常委会会议，批准地方性法规和自治条例、单行条例900余件（含“制定”、“修改”和“废止”），平均而言，各省（区、市）制定省级地方性法规8.5件，批准设区的市地方性法规19.5件。同2019年（2019年我国全国地方立法共1665项，其中751件新增立法、761件法规修改、153件法规废止）相比，2020年整个地方立法各项活动整体相比，呈下降趋势。这说明，我国目前已建立了比较完善的地方法律制度治理体系，下一步工作的难点是如何深化法治体系改革，建立精细化的地方法治治理体系。

2. 中小城市立法类型分析

结合地方政府治理面临的问题类型和各级地方法治的现状，本文将地方立法按照公共事务管理类型的不同进行考察。

社会事务类，此类事务主要指的是涉及公民权益、公共安全、司法服务、社会事务、社会团体、基层政治、劳动安全、社会保障等内容的公共事务。

文化教育类公共管理事务，主要指的是涉及教育、科学、文化、卫生、教育等公共事务。

财经经济类公共事务，主要指的是涉及市场、交通、农业农村、旅游、企业、邮政电信、统计、中介组织等内容的公共事务。

城乡建设类公共事务，主要指的是涉及建设规划、市政绿化、风景名胜等内容的公共事务。

资源环境类公共事务，包括资源、能源、环保、灾害防治等公共事务。

从2020年地方立法趋势来看，该年度各地立法活动在不同公共管理事务方面表现不同，2018年地方立法主要集中在资源环境这一类型，呈现单一类型集中的情况。自2018年之后，地方立法开始从单一集中逐渐转变为多元集中的发展趋势，除了资源环境外，地方立法的热点领域也集中在了资源环境、财政经济、社会事务、文化教育等方面。2020年地方立法在内容上呈现了新的特点：有关新冠肺炎疫情防控、经济高质量发展、民生和社会治理、生态环境保护、弘扬社会主义核心价值观、区域协调发展的立法工作比较突出。从目前发展情况来看，我国中小城市立法体系已基本成熟，不仅可以满足日常公共事务管理的需要，而且已经可以具备了应对突发公共事务管理的能力。

3. 中小城市立法精细化分析

总体而言，享有立法权的设区的市地方立法工作无论是在数量、速度、类型方面都实现了有序推进、全面铺开的态势，但是设区的市地方立法仍存在一定问题，这是因为地方立法与中央立法不同的是，其更为注重的是要立足本地条件，立足本地实际需要，重点解决本土问题突出的，上位法尚未解决、不宜解决或者难以解决的问题。本文对相关问题进行归纳总结，主要表现在以下几个方面。

地方性立法呈现立法重复率高的问题，主要表现为立法项目、立法内容同质性高两个方面。立法项目同质性高体现为立法项目的选择具有一定的同质性，不能充分体现地方的特点和满足地方发展的需求。立法内容的同质性高体现为有些地方立法盲目模仿上位法，或者西部地区盲目模仿东部地区的立法，导致在立法项目选定和法律制度设计大同小异，看不出不同的地方在经济社会发展方面的差异。内容同质性立法主要体现为横向重复立法和纵向重复立法两个方面，横向重复立法主要表现为，不同地区之间的立法存在重复现象，主要是中西部地区立法较为重视参考借鉴东部发达地区的立法。纵向重复立法主要是地方立法与上位法存在大部分相似的情况，重复立法的问题主要在于缺乏本地市的特色和可操作性不强。

4. 中小城市立法内容分析

由于地方治理主要涉及的是行政法规，但是其具体执行情况直接关系民众的切身利益，为此本文主要从行政主体权责设置与行政相对人权利两个方面来考察。

（1）地方立法存在行政主体权责设置不清晰的问题

行政主体权力责任设置不清晰，容易造成权力交叉重复，管理主体多元化，或者“有利争着管，无利都不管”的管理局面。多个部门同时管理同一公共事务如何协同管理是一个问题，同时也将出现管理效率低下，部门权责权限不清等问题，在出现问题时将出现互相推诿的情形。与同一公共事务由多部门同时管理形成鲜明对比的是，有些公共事务在法律上没有明确管理部门，这将导致某些公共事务处于真空管理的状态，而此类公共事务正是整个社会治理的短板，将直接影响整个社会治理的效果。行政主体权责不清在法律制度上主要表现为两方面：第一是一些直接关系行政权力如何行使的法律条款缺乏明确的法律主体，而以“有关部门”或者“相关部门”代之；第二是对如何行使行政权力，法律条款没有明确规定，或者以“相关部门按照相关规定做好相关管理工作”。

（2）以人为本进行立法的特色不足

在依法治理的过程中，应以人民为根本。在立法中主要体现为规定权利条款较少，规定相对人义务的法律条款较多。这将导致在以决策—执行为基本法治治理的框架中，在信息不通畅、渠道不完善的情况下，行政相对人很有可能在利益博弈中处于弱势地位，其利益将难以得到充分的保护。

四　中小城市建立法治基本治理体系的经典案例

在探索如何通过法治思维和法治方式实现中小城市治理方面，一些中小城市积极探索，在实践中开拓进取，积累了非常珍贵的经验，受篇幅所限，本文仅以吉林省梅河口市为例，来观察中小城市是如何实现法治治理的，本文在写作过程中参考了梅河口市委常委、统战部部长汤培成的《梅河口市城市精细化管理案例》。

这一案例没有选择长三角或者珠三角等发达地区的中小城市，而是以吉林省一个中小城市为观察视角，是因为梅河口市是由中部向东部过渡的重要节点城，通过对这一城市的考察，可以有效地兼顾东部、中部中小城市的特点，并且可以启发我们，无论城市处于什么样的地区，中小城市建立法治治理体系的重心在于突出地方特色，同时要勇于创新。

（一）梅河口市简介

梅河口市是一个从中部向东部过渡的中小城市。梅河口市共 2174 平方公里，辖 1 个省级高新技术产业开发区、19 个乡镇、5 个街道，总人口 70 万人，城区常住人口 42 万人，从面积、人口来看，是我国中小城市的一个典型缩影。这一城市自 2013 年 9 月被确定为吉林省扩权强县改革试点被赋予地市级经济社会管理权限以来，积极开拓进取，在经济、城市建设、环境保护等各个方面发展抢眼，不仅成为吉林省县域发展的排头兵，而且先后荣获全国综合实力、投资潜力、新型城镇化质量、营商环境、绿色发展、治理能力 6 个“全国百强县市”称号，目前正在向“建设高质量发展先行示范区、打造现代化区域中心城市”的新定位迈进。

梅河口市之所以可以在短短几年在城市管理水平、城市治理能力和治理成效都得到显著提升，与梅河口市以法治推进城市精细化、标准化管理密不可分，在建立法治体系过程中，梅河口市突出地方立法的特色，建立起了符合梅河口市发展的法治治理体系。

（二）梅河口市法治建设突出了地方特色

1. 梅河口市建立了精细化的法治治理制度

对公共事务，梅河口市建立了符合地方特色的精细化制度，保证各项公共事务都有法可依、有章可循，其亮点主要体现在环境卫生、市政基础设施监管、城区绿化管理、物业管理几个方面。在环境卫生管理方面，梅河口市制定了“双五”标准（“双五”即垃圾落地不超过5分钟、一平方米内灰尘不超过5克），这一标准充分将季节、时段、人流量、天气变化等因素纳入环卫保洁资源安排之中，保洁轮次、频次安排符合梅河口市的实际环境卫生情况。在市政基础设施监管方面，除了制定实行步行巡查工作法外，还建立了职能分工及时接转的制度，解决了不同部门如何协调职能的问题。在城区绿化管理方面，针对梅河口市季节特点，制定了详细的栽种、后期管护规范和标准，根据土壤墒情、天气变化，科学规划灌溉频次，错峰施肥、打药，提高绿化养护标准化和科学性。在物业管理方面，梅河口市坚持把政府主导与社会协同相结合，创新城市管理新模式，按照市委、市政府总体部署，成立国有城源物业管理公司，形成群策群力、共治共管，探索物业管理的新模式。

2. 落实法律制度的执行

法律制度的有效执行是法治治理体系建立和运行的保障。为了解决执行难的问题，梅河口市积极探索精细化的执法形式，取得了良好的治理效果。首先，在治理模式上，梅河口市创新治理理念，建立和推广了“721”治理模式，所谓“721”指的是70%的问题通过服务手段解决，20%的问题通过管理手段解决，10%的问题通过执法手段解决，通过这一治理模式实现了政府职能从“管理型政府”向“服务型政府”的转变。其次，建立了权责明晰的制度，并通过监督制度来确保法律制度的执行。例如，为了建立“网格化、无空隙、全覆盖”治理体系，梅河口市建立了定点、定人、定责任的“三定”精细化模式，和“五个清单”制度（包括任务清单、问题清单、措施清单、责任清单、限时清单），进一步明确了工作任务，准确定位了整治目标，细化了分解工作责任，有效地避免了地方治理中职责不清晰的问题，保证了梅河口市各区域各方面治理全覆盖和精细化管理。

（三）数字技术提升梅河口市法治治理效能

随着时代的发展，智能技术的发展已经深入融入生活、工作之中，在这样的时代背景下，如何通过信息和智能技术提升城市治理智慧化水平，提升城市法治治理的效能，将新型智慧城市的技术优势与城市治理结合，是中小城市实现城市现代化治理的必由之路。

梅河口市建立了城市综合管理服务平台，实现了城市管理和运行情况的动态监管。梅河口市建设了住建部九标子系统、市民通子系统、处置通子系统、微信公众平台、园林管理子系统、水位监测子系统、智慧燃气、智慧路灯、地下管网三维管线综合管理平台、房屋信息录入系统，成立呼叫中心，不仅完成了城市数据的摸底调研，而且实现了城市综合管理服务效能的全面提升。在智慧城市的打造中，梅河口市还建立了“工程项目数字化智慧远程监控平台”，从技术层面实现了建筑业高质量数字化管理，不仅提升了工程项目数字化智慧管理能力，而且为全国各中小城市在全行业实行高质量的数字化管理提供了有益的借鉴。

梅河口市的经验启示我们法治在城市治理中的基础地位，不断强化法律作为社会基本行为规范和矛盾解决的主要机制。但是中小城市治理有其自身的特点，立法过程中要突出地方特色，注重制度和流程的细化，使地方立法真正符合地方治理现实、满足地方治理的需要，地方治理是一个复杂的过程，在这一过程中，既要通过制度设计保证治理方略的稳定性，同时也要积极采用新的技术手段提升城市治理的效能。

五　未来中小城市法治现代化发展趋势

习近平总书记指出了以体制机制创新开辟城市治理现代化的路径。就创新城市治理模式而言，“要改革城市管理体制，理顺各部门职责分工，提高城市管理水平，落实责任主体”。在建设现代化的中小城市法治治理体系中，应从立法和法律运行两个方面着手来构建现代化的中小城市法治治理体系以及提升中小城市法治治理的效能。具体就是立法方面应突出地方特色，在法律制度运行过程中要通过数字化技术手段的引入全面提升行政服务水平，便于民众生活，体现城市为民的治理理念。这要求在未来中小城市发展过程中应从以下三个方面出发，第一，在城市治理理念方面应树立“以法治市”的理念，通过法治实现现代中小城市治理体系的现代化升级；第二，形成具有地方特色的立法格局；第三，通过将数据技术手段引入城市法治治理体系，全面提升城市治理效率，最大限度地满足人民的获得感。

（一）树立“以法治市”的理念

实现中小城市治理体系和治理能力的现代化需要正确的理念以指引，习近平总书记关于城市治理的重要论述为中小城市治理树立了根本的遵循。习近平总书记指出，加快推动城市治理体系和治理能力现代化，要强化依法治理，善于运用法治思维和法治方式解决城市治理顽症难题，让法治成为社会共识和基本准则。这就启示我们在中小城市治理现代化转型的关键时期，无论是政府还是人民都应树立法治思维。

1. 树立“以法治市”的理念

就城市治理的决策者而言，要强化治理思维。要提倡法治思维，充分发挥法律制度的重要作用，通过严格的法律制度来规范城市治理各项工作，加强立法、严格执法、坚决守法，通过依法治理推进城市治理现代化。

2. 将“以人为本”的理念贯穿到“以法治市”之中

除了要建立完善的法律制度以保证城市治理的正常、有序运行以外，政府决策者在治理理念上应树立以人为本的理念，转变传统的“治理即管理的理念”，而应树立“以政府主导、社会协作、民众参与”的多主体法治思维。转变观念、创新理念。要强化治理思维，从过去的政府管理思维转变为政府主导、社会协作、民众参与的多主体治理思维，既要严格规范各相关机构的治理行为，也要让有利于城市发展和建设的多方主体能够积极主动地参与到城市治理中来。

（二）建立以法为准绳构筑现代化的中小城市治理体系

建立完善的治理体系是实现中小城市治理现代化的重要保障，法治是形成现代化治理体系的重要路径。在中小城市通过法律建立城市治理体系的过程中，要处理好三个方面的关系。

通过法律形成层级分明、权责清晰的政府决策体系，在建立政府决策体系的过程中应注意两个问题。第一，各级政府决策机制要遵循“简洁、属地化”的原则，一方面便于公共服务的重心下移，另一方面形成政府层级与政府决策的良性运转。第二，百年未有之大变局下，当下的治理体系和传统已有很大不同，科技的进步和信息化的快速发展，打破了传统政府垄断公共信息的局面，为非政府组织、个人参与公共事务的管理提供了可能，越来越多的非政府组织正在承担一部分公共事务的治理。在这样的情况下，必须重新明确政府的职能及其运作方式，并且在职能设置与运作方式方面必须与中小城市的定位、治理理念、组织结构、规则制度、考核方式相一致。通过法治打破传统的单纯以政府为主体的决策体系，鼓励、引导与规范社会力量参与城市治理，培育和创新城市治理体系，建立市民社会与公共治理的良性互动的决策体系，从整体上实现对政府治理范式进行的重构，从而形成新的具有“集成”功能的政府治理范式，最大限度地发挥政府治理的效能。

社会的治理和运行是一项涉及众多复杂环节、众多民众利益的系统、精巧工程，有章可循、有法可依是实现社会治理体系稳步有序运行的重要保证。世界很多中小城市的治理都依赖于完善健全的法律体系，通过严格的规章制度为城市治理保驾护航，以保证在城市面临常规公共事务和突发公共事务时都能够有法可依、违法必究。针对如何进行地方立法，全国人大常委会委员长张德江在地方立法工作座谈会上为中小城市立法建设提供了指引，“做好新形势下的地方立法工作，要紧紧抓住提高立法质量这个关键，坚持问题导向，突出地方特色，着力提高立法精细化水平，立符合实际的法，有效管用的法、百姓拥护的法，以良法促进发展、保障善治”。在这一过程中城市治理的规章条例、法律法规必不可少，中小城市的立法工作首先应与国家、省的法律制度统一协调，从而做好上位法与下位法的协调配合，做到战略层面的统一规划和部署，实现通过城市治理国家的目的。其次，在立法过程中，中小城市应把握中小城市治理的灵魂，即地方立法必须要有特色，所谓特色，即指“地方立法在分配管理资源（立法成本）的方向和力度上形成的区域特点”。针对当前地方立法存在的问题，中小城市要建立完善、符合地方特色、权责分明的法律制度体系，通过建立规范、权责分工明晰的法律制度为常规公共事务、不确定公共事务、模糊公共事务的处理提供明确的解决路径，建立政府各公共部门分工明确的治理体系，保证中小城市的治理沿着法治的轨道有条不紊地进行。最后，中小城市作为国家治理的基石，应加强精细化立法，在与民众生活息息相关的治安、消防、交通、教育、社会服务、住房、道路、街道清扫和垃圾处理等诸多方面制定符合当地特色、具有可操作性的精细化法律制度，以确保城市公共服务的稳定有效，顺利实现城市产业结构的转型。

建立以法律为准绳的社会治理体系，除了要有明确的法律规定外，还需要执法必严。按照我国现有的法律体系，立法、执法、司法三部分是分开的，因此在面对公共事务治理中，一方面要遵循分工明确、权责自负的原则，另一方面需要加强不同部门之间的协调，从而实现“有法可依、有法必依”法治体系的建立。

（三）引入数字技术全面提升城市治理效能

建立以法为准绳的治理体系，除了要保证有法可依外，更为重要的是确保法律制度平稳、有序的执行。在日益纷繁复杂的公共事务中，如何能及时了解公众的需求，以便于整合公共服务资源、合理调整政府公共决策，为公众提供个性化、精准化、高效化的公共产品和服务是智能化时代，政府面临的一个重要课题。为此，应以法律制度为主，以数字技术为手段，通过将高新技术嵌入地方治理的体系中，将城市治理现代化的重要力量激发出来。

一是运用大数据技术，收集、处理、储存、分析城市公共服务的基本数据，通过数据掌握城市法律建设情况、运行情况，从而掌握现有法律制度运行的第一手资料，从而实现对现有法律制度运行的全面评估，为地方性“特色”立法以及修法、法律的废止提供第一手可行的资料，为法治体系的建立提供严密的论证基础，从而为做实做细城市治理，提高精准研判和精准施策的能力，提升城市治理的精准度和效率奠定扎实的数字基础。

二是公共事务治理最大的特点在于复杂和繁多，为了以尽可能小的成本实现最大化的城市治理效果，要推动智能公共事务服务平台建设，打造智慧城市。首先，在城市基础设施建设中应增强科技“含金量”，通过互联网技术、工业技术、生物技术等高科技手段，全面推动升级城市基础设施，以技术创新为驱动，以信息网络为基础，面向高质量发展需要提供数字转型、智能升级、融合创新等服务的城市基础设施体系。其次，要结合地方城市的特色，加强电子政务和智慧政务建设，通过建立智能自助终端、智能服务机器人、线上行政审批等程序发展“互联网＋服务平台”，助推中小城市治理的效能。最后，要实现电子政务的统筹发展，打破部门之间的壁垒，实现在线综合服务平台一体化，全面提升中小城市的效率。城市治理智能化转型正在成为一种时尚，如北京城市网格化管理和“接诉即办”、上海“一网通管”和“一网通办”、杭州“城市大脑”实践等智能化技术赋能提升城市治理水平，让城市治理更智慧。

参考文献

〔加拿大〕简·雅各布斯：《美国大城市的死与生》，金衡山译，译林出版社，2006。

习近平：《决胜全面建成小康社会　夺取新时代中国特色社会主义伟大胜利——在中国共产党第十九次全国代表大会上的报告》，人民出版社，2018。

《中央城市工作会议在北京举行　习近平李克强作重要讲话》，新华网，2015 年 12 月 22 日。

中共中央宣传部：《习近平总书记系列重要讲话读本》，中央文献出版社，2014。

中共中央文献研究室：《习近平关于社会主义社会建设论述摘编》，中央文献出版社，2017。

闫然：《地方立法统计分析报告：2019～2020 年》，《地方立法研究》2020 年第 6 期。

付子堂主编《中国地方立法报告》，社会科学文献出版社，2020。

石佑启：《论地方特色：地方立法的永恒主题》，《学术研究》2017 年第 9 期。

《全面贯彻党的十八届五中全会精神　落实发展理念推进经济结构性改革》，《人民日报》2015 年 11 月 11 日。

王比学：《坚定不移走中国特色社会主义法治道路》，《人民日报》2017 年 9 月 27 日。

谢勇：《概念的成长：破解地方立法“不抵触”“有特色”的理论困境》，《求索》2017 年第 12 期。

《城市规划学刊》编辑部：《“城市精细化治理与高质量发展”学术笔谈》，《城市规划学刊》2020 年第 2 期。

辛宇：《当代中国社会城镇化问题与策略研究》，吉林大学出版社，2017。

专 题 篇

Special Topics

G.7

我国中小城市脱贫攻坚的基本经验分析

程学斌　郭建军*

摘　要：　通过对贫困人口建档立卡和动态调整、推进干部驻村，开展产业、教育、健康和精神扶贫等多措并举，实施中小城市脱贫攻坚，并总结了以人民群众为主体集中力量办大事的体制优势、干部群众和社会力量协同合作、物质脱贫和精神脱贫同步进行等相关经验，在经验借鉴的基础上研究提出对国际减贫的参考价值、推动乡村振兴脱贫经验、稳定脱贫成果可持续发展的政策设计、建立人民群众收入增长长效机制等相关启示。

关键词：　中小城市　脱贫攻坚　乡村振兴　收入增长

* 程学斌，中国扶贫开发协会副会长；郭建军，国家贫困地区发展基金财务总监、原国扶办规划财务司副司长。

一　引言

党的十八大以来，党中央明确提出，全面建成小康社会最艰巨最繁重的任务在农村，特别是在贫困地区，没有农村的小康，特别是没有贫困地区的小康，就没有全面建成小康社会；强调贫穷不是社会主义，如果贫困地区长期贫困，面貌长期得不到改变，群众生活水平长期得不到明显提高，那就没有体现我国社会主义制度的优越性，那也不是社会主义，必须时不我待地抓好脱贫攻坚工作。经过近几年来全党全国各族人民的共同努力，2020 年我国脱贫攻坚战取得了全面胜利，现行标准下 9899 万农村贫困人口全部脱贫，832 个贫困县全部摘帽，12.8 万个贫困村全部出列，区域性整体贫困得到解决，完成了消除绝对贫困的艰巨任务。

根据《城市规划法》规定，我国城市按照城市非农业人口的多少，把城市规模划分为大城市、中等城市和小城市。其中，大城市是指市区和近郊区非农业人口 50 万以上的城市。中等城市是指辖区和近郊区非农业人口 20 万以上不满 50 万的城市。小城市是指市区和近郊区非农业人口不满 20 万的城市，我国的 1 万多个建制镇均属于小城市的范畴。贫困地区作为扶贫开发的主战场和重点区域，全国农村贫困人口六成以上集中在连片特困地区和国家扶贫开发工作重点县，共 832 个县。这 832 个县也都属于我国中心城市范畴。本文以 832 个贫困县为主要研究对象，总结它们在打赢脱贫攻坚战的经验做法，探索我国在新的发展阶段下，巩固拓展脱贫成果与乡村振兴有效衔接过程中有效的体制、制度和政策措施。

二　中小城市开展脱贫攻坚的主要做法

党的十八大以来，中央出台一系列超常规政策举措，构建了一整套行之有效的政策体系、工作体系、制度体系，我国中小城市按照党中央、国务院的决策部署，围绕精准脱贫战略，主要开展了以下几方面工作。

（一）对贫困人口建档立卡，并进行动态调整

建档立卡是一项十分浩大、艰苦细致的工作，是精准扶贫的基础。2014 年 4

月至10月，根据中央关于“县为单位、规模控制、分级负责、精准识别、动态管理，对每个贫困村、贫困户建档立卡”的要求，国家制定建档立卡工作方案。对贫困村，按照“一高一低一没有”（贫困发生率高于全省贫困发生率一倍以上、农民人均纯收入低于全省平均水平60%、没有集体经济收入）的标准和“村申请、乡镇审核、县审定”的程序，以及“一公示一公告”（乡镇审核后公示，县审定后公告）的要求进行识别。对贫困户，按照收入低于国家扶贫标准，综合考虑“两不愁三保障”情况，采取“农户申请、民主评议、公示公告、逐级审核”的程序和“两公示一公告”（村里民主评议后公示，乡镇审核后公示，县里复审后公告）的要求进行识别。全国组织80万人进村入户，共识别12.8万个贫困村，2948万贫困户、8962万贫困人口，基本摸清了我国贫困人口分布、致贫原因、脱贫需求等信息，建立起了全国统一的扶贫开发信息系统。2015年8月至2016年6月，全国动员近200万人开展建档立卡“回头看”，补录贫困人口807万，剔除识别不准人口929万，识别精准度进一步提高。习近平总书记就建档立卡“回头看”工作批示：“这项工作抓得及时有效，今后每一项措施都应这样抓实抓准。”国务院对建档立卡工作予以通报表扬。2017年2月，组织各地对2016年脱贫真实性开展自查自纠，245万标注脱贫人口重新回退为贫困人口。建档立卡，使我国贫困数据第一次实现了到村到户到人，为中央制定“五个一批”等政策措施提供了重要参考，为精准帮扶提供了准确目标。

（二）推进干部驻村，增强基层帮扶力量

精准扶贫措施到户到人，必须依靠过硬的基层组织和帮扶干部。中央要求，每个贫困村都要派驻村工作队，每个贫困户都要有帮扶责任人，实现全覆盖。全国共选派出12.8万个驻村工作队，77.5万名干部驻村帮扶，期限1～3年。中央组织部组织开展抓党建促脱贫攻坚工作，选派18.8万名优秀干部到贫困村和基层党组织薄弱涣散村担任第一书记，着力建强农村基层党组织，发挥带领群众脱贫致富的战斗堡垒作用。832个中小城市也都选派第一书记和驻村干部积极帮助群众出主意干实事，推动各项扶贫措施落地落实，打通精准扶贫“最后一公里”。各中小城市也加强驻村干部管理，强化考核监督，有些地方针对帮扶干部“挂名”“走读”等问题，建立召回制度；有些地方探索干部“逢提必下”制度，在脱贫攻坚一线培养锻炼干部。

（三）开展产业、教育、健康和精神扶贫，改善贫困人口人力资本和内生动力

国务院印发“十三五”脱贫攻坚规划，细化落实中央决策部署。中央和国家机关各部门出台118个政策文件或实施方案，各地也相继出台和完善了“1＋N”的脱贫攻坚系列文件，内容涉及产业扶贫、易地扶贫搬迁、劳务输出扶贫、交通扶贫、水利扶贫、教育扶贫、健康扶贫、金融扶贫、农村危房改造、土地增减挂钩、水电矿产资源开发资产收益扶贫等。很多“老大难”问题都有了针对性的措施，打出了政策组合拳。

开展教育扶贫主要是“控辍保学”，一是降低义务教育辍学率，二是为学业差的返校生提供必要的补偿教育。全面改善贫困地区农村义务教育薄弱学校基本办学条件，加强贫困地区学前教育。推动贫困地区农村义务教育阶段学生营养改善计划全覆盖，贫困家庭之女免费接受职业教育，家庭经济困难学生普通高中免除学杂费，重点高校面向贫困县定向招生计划增加到6万人。加强贫困地区乡村教师队伍建设，实施农村教师特岗计划，提高乡村教师待遇等举措。

如四川省凉山州，为了切实保障适龄入学儿童正常接受义务教育，保护青少年合法权益，凉山州政府实施了“控辍保学”工程。凉山州委、州政府联合制发了《凉山州深化控辍保学学籍户籍信息化比对清理核查专项整治工作方案》，要求切实解决义务教育阶段适龄儿童少年存在的一人多户籍、有户籍无学籍、无户籍有学籍、无户籍与学籍，户籍年龄、学籍年龄与实际年龄不一致，户籍学籍“空挂户”等突出问题，并成立由州委常委、政法委书记任组长的专项整治工作领导小组，各州级成员单位高度重视，合力推动工作落实，州公安局、州教体局也随即成立领导小组和工作专班，专项开展工作。对清理核查及排查发现的失学辍学适龄儿童少年，及时采取宣传教育、责令整改、行政处罚、催告等措施，全力组织劝返复学。教育体育局联合州公安局以身份证号码为唯一识别标识，将全州867737条学籍信息与全省户籍信息、全州98万余条6～15周岁适龄儿童户籍信息、全州98万余条贫困人口信息进行多层次、全方位的分析比对。经过各部门各司其职、密切配合，3481条有学籍但户籍状态非正常的疑似问题数据中有87人下落不明，仍在继续查找。5211条有学

籍但无省内户籍的疑似问题数据已全部核查清楚反馈教育部门修正学籍信息；28138 条有户籍但无凉山学籍的疑似问题数据已全部检查清楚。彻底解决了适龄儿童少年无户口问题以及户籍学籍不匹配问题。

在健康扶贫方面，着力提升农村贫困人口医疗保障水平和贫困地区医疗卫生能力。新农合个人缴费部分财政给予补贴，提高报销标准，将建档立卡贫困人口全部纳入重特大疾病医疗救助范围，减轻看病支出负担。对患大病和慢性病的贫困人口优先建立电子健康档案和健康卡，选择负担较重、能一次性治愈的大病开展集中救治，实行贫困人口在县域内定点医疗机构住院先诊疗后付费。组织 800 多家三级医院对 832 个贫困县医院实施帮扶，开展贫困地区乡村医生轮训，提高乡村医生养老待遇。加大贫困地区慢性病、传染病、地方病防控力度，加强妇幼保健工作。例如西藏自治区，贫困群众医疗有保障，全面落实住院“先诊疗后付费”制度和“三个一批”分类救治，截至 2020 年 8 月底，大病集中救治 5354 人，慢病签约服务 37984 人，重病兜底保障 1809 人。全区所有贫困人口均纳入医疗保障范围，“因病致贫、因病返贫”人口实现动态清零。

贫困人口劳动力技能培训和就业促进是提高就业质量和脱贫质量的重要手段。中小城市也同全国其他地方一样，建立贫困劳动力就业台账和管理信息系统，开展多元化技能培训、劳务协作、鼓励劳动介绍、对贫困劳动力给予就业奖励和补助、创设扶贫车间和公益性岗位等，以此促进贫困劳动力就业。如山西省开展贫困劳动力就业培训，精准对接贫困劳动力和劳务市场需求，开展劳务输出社会保险补贴试点，在全国打响了“吕梁护工”“天镇保姆”“灵丘阿姨帮”等一批特色劳务品牌。四川省凉山州坚持物质脱贫与精神脱贫同步进行，明确摆脱贫困，首要的就是精神脱贫。解决好精神层面的问题，就会真正激发摆脱贫困的内生动力，就会激发出贫困地区干部群众的主动性、积极性和创造性，变被动救济为主动脱贫，提升自主脱贫能力。凉山州脱贫攻坚实践也表明，同步推进物质脱贫和精神脱贫是脱贫攻坚胜利的治本之策。凉山州在精准扶贫过程中，锁定移风易俗，聚焦精神脱贫，结合乡风文明建设十大行动，在全州开展移风易俗倡树文明新风主题教育实践活动，引导群众摒弃陈规陋习和“等、靠、要”思想，持续推进移风易俗，通过抓机制、定标准、促转变、兴文化，在广大城乡地区打出一套“组合拳”，引导广大群众革除陈规陋习，让崇德向善、勤俭节约的文明新风“吹散”陈规陋习，推动全州城乡群众精神面貌发生显著变化，树立起文明、健康、向上的乡风民风，逐步实现物质和精神双脱贫。

（四）广泛动员参与，形成精准扶贫合力

脱贫攻坚是全党全社会的事，必须构建政府、市场、社会协同发力的大扶贫格局。一是深化东西部扶贫协作。认真落实习近平总书记银川会议重要讲话精神，调整完善东西部扶贫协作关系，东部 9 省市对口帮扶（对口支援）西部 12 个省份，实现对 30 个民族自治州全覆盖，明确了京津冀协同发展中京津两市与河北省张家口、承德和保定三市的扶贫协作任务，启动实施东部地区 267 个经济强县和西部地区 406 个贫困县“携手奔小康”行动。如广东佛山对口帮扶四川省凉山州。自 2016 年 8 月佛山对口帮扶凉山以来，佛山市委、市政府聚焦凉山州脱贫难度大的未摘帽县和贫困村，切实加强组织领导，将社会力量助力挂牌督战村工作作为重要政治任务抓紧抓好。佛山市委、市政府第一时间召开会议研究部署，要求以区为单位强化统筹，做深做实挂牌督战工作。按照市委部署，市国资委、市农业农村局、市工商联、市民政局等分别协调部分企业和社会组织结对帮扶凉山州挂牌督战村，并出台《关于切实做好社会力量结对帮扶凉山州挂牌督战村工作的通知》。佛山工作组还与凉山州脱贫攻坚办共商制定了《关于切实做好广东佛山和浙江等社会力量助力脱贫攻坚挂牌督战工作的通知》等政策文件，对助力挂牌督战工作进行部署。佛山通过为挂牌督战村扶贫产业发展提供资金、技术、渠道等支持，培育合作社、家庭农场等经济主体，强化带贫益贫利益联结机制，帮助挂牌督战村发展壮大集体经济。佛山也在就业方面采取了就地就业、输出就业的全方位帮扶措施。佛山在定点帮扶过程中，挂牌督战村结合村情实际和群众生活需求，利用帮扶资金修建活动室、入户路、垃圾池等基础设施，优化提升贫困群众居住环境。

二是加强定点扶贫。中央出台定点扶贫指导意见，明确考核要求，着力解决做与不做、做多做少一个样的问题，中央层面共有 320 个单位定点帮扶 592 个贫困县，军队和武警部队结对帮扶 2000 多个贫困村。例如山西省协同社会力量推进精准扶贫。省八大扶贫工程 20 项行动牵头部门，各司其职，协同配合，推动落实。省人大常委会专题审议、专题询问，省政协常委会专题协商、

专题调研，中央26家定点帮扶单位高度重视、倾力支持。驻晋部队团以上单位结对帮扶贫困村，团省委实施“双心双实”工程，省妇联开展“三晋巾帼脱贫行动”，省卫生系统通过省市三级医院对口帮扶、专家兼职任职、技术骨干长期驻点等方式技术援助58个贫困县县医院。省教育系统组织88所省级示范高中对口帮扶贫困县67所普通高中，60所职业院校对口帮扶58所贫困县职教中心。省工商联开展“千企帮千村”，1500多户民营企业与1600多个贫困村结对帮扶。山西日报、山西电视台等媒体开设“走进贫困县”“决战贫困”专栏专题，组织记者开展“精准扶贫基层行”采访报道，营造了浓厚的脱贫攻坚氛围。

三是动员民营企业、社会组织和个人参与扶贫脱贫攻坚。国务院国资委组织45家中央企业开展“百县万村”行动，重点帮助1.5万个贫困村解决水电路问题。全国工商联动员2.2万家民营企业开展“万企帮万村”行动，帮助2.1万个贫困村发展特色产业，带动贫困户增收。

（五）对脱贫攻坚实施严格的考核评估和监督

实行最严格的考核评估，开展扶贫领域腐败和作风问题专项治理，建立全方位监督体系，真正让脱贫成效经得起历史和人民检验。为确保脱贫成效经得起实践和历史检验，中央明确要求实行最严格的考核评估制度。根据《省级党委和政府扶贫开发工作成效考核办法》，国务院扶贫开发领导小组连续组织开展省级党委和政府扶贫工作成效考核，根据考核情况对中西部20个省开展督查和巡查。从2016年开始，国家每年组织省际交叉考核，每年从22个省抽调500多名干部组成交叉考核工作组，通过随机抽样，分赴贫困县、贫困村，进村入户调查建档立卡贫困户和脱贫户、一对一访谈基层干部，发现典型、查找问题。开展第三方评估。主要评估贫困人口识别和退出准确率、因村因户帮扶工作群众满意度，以及“两不愁三保障”实现情况。每年委托第三方组织对15000个建档立卡贫困户和6600个脱贫户开展评估。收集考核数据。收集各省总结报告，贫困监测数据和建档立卡数据，财政部、扶贫办提供的财政专项扶贫资金使用管理绩效评价结果，中央纪委机关、审计署和社会监督发现的违纪违规问题，扶贫领导小组督查巡查和各民主党派中央开展民主监督提供的情况。最后进行综合汇总分析和激励。考核工作小组结合收集的情况和各省总结，按照定性定量相结合、第三方评估数据与部门数据相结合、年度考核与平时掌握情况相结合的原则，对22个省2016年以来脱贫攻坚成效进行综合分析，形成考核意见。对综合评价好的省通报表扬，并在中央财政专项扶贫资金分配上给予奖励。对综合评价较差且发现突出问题的省，党中央、国务院授权国务院扶贫开发领导小组约谈党政主要负责人。对综合评价一般或发现某些方面问题突出的省，约谈省分管负责人。约谈主要是指出考核发现的问题，提出整改要求。考核结果送中央组织部，作为对省级党委、政府主要负责人和领导班子综合考核评价的重要依据。

三　中小城市脱贫攻坚的经验和启示

（一）脱贫攻坚的经验

1. “集中力量办大事”的体制优势

集中力量办大事的显著优势对脱贫攻坚起到关键的作用，为较短时期间内实现精准脱贫提供了充足的人力、物力、财力、智力保障。我国中小城市脱贫攻坚实践再次验证了“集中力量办大事”的体制优势，一方面，由于民族地区自身经济发展基础差，自身财力、人力水平都很低，扶贫资源缺口大，单独地方政府难以解决资源短缺问题，需要中央、省级和其他沿海发达地区给予“支援”，比如凉山州仅2019年就获得中央和省级专项资金155.24亿元，广东佛山对口帮扶财政援助资金为7.99亿元，而凉山州和县级专项扶贫资金为14.84亿元，全州财政总收入仅200亿元左右，如果没有中央和省级集中统筹，以及其他沿海发达地区的支持，仅靠凉山州本地的有限财力难以满足脱贫攻坚巨大的需求。另一方面，精准扶贫、精准脱贫涉及农业、就业、交通、医疗等方方面面，如果没有统一的指挥协调，各部门、各行业各自“单干”，难以实现贫困村、贫困人口的综合、全面改善。凉山州坚持州、县、乡、村“四级书记抓脱贫”，建立“州统筹，县主体，乡实施”三级领导体系，州、县、乡三级均成立了以党政一把手任组长的脱贫攻坚指挥机构，明确党政主要负责同志为第一责任人，逐级压实责任、传导压力，州脱贫攻坚领导小组暨指挥部下设办公室和特色产业发展、文教卫生发展、基础设施建设等10个攻坚组以及政策宣传、信息资料、督查考核等3个保障组，形成“1+10+3”脱贫攻坚指挥体系，强力推进脱贫攻坚，在“集中力量办大事”的体制下，各级党委充分发挥总览全局、协调各方的核心作用，集中各方面力量，构建了政府、社会、市场协同推进的扶贫格局，形成了跨区域、跨部门、跨单位、全社会共同参与的多元主体扶贫体系。

2. 以人民群众为主体促进人的全面发展

“坚持以人民为中心”作为新时代坚持和发展中国特色社会主义的基本方略之一。精准扶贫、精准脱贫，就是对以人民为中心发展思想的深刻、集中、生动的体现和阐释，充分展现了习近平总书记真挚的为民情怀、务实的工作作风和科学的思想方法。精准扶贫强调干部群众是脱贫攻坚的重要力量，贫困群众既是脱贫攻坚的对象，更是脱贫致富的主体，彰显了鲜明的人民本位意识，打好精准脱贫攻坚战必须以此作为根本遵循。如西藏自治区在脱贫攻坚中始终以人民为中心。在精准识别中，组织干部走村入户，在“一看房二看粮三看有没有读书郎”的基础上，深入开展贫困建档立卡“回头看”“数据清洗”等多轮摸底排查，准确查找致贫原因，因人因户、因地制宜提出脱贫措施。立足资源禀赋和比较优势，因地制宜发展特色产业，宜农则农、宜牧则牧、宜林则林、宜商则商、宜游则游，让贫困群众不离乡、不离土或者离乡不离土就能融入产业发展、增收致富。在充分尊重群众意愿的前提下，坚持搬迁与产业、安居与乐业同步，统筹扶贫搬迁与城镇化、新农村建设、产业开发、就业、医疗、教育等条件改善相结合，依托中心城市、小城镇、产业园区、旅游景区、水利灌区、农业综合开发区、地震灾后恢复重建等平台，对生存条件恶劣、生态环境脆弱、自然灾害频发、高寒牧区的建档立卡贫困人口进行了易地扶贫搬迁，同时深入研究了海拔4500米以上不适宜人类居住地区的贫困户搬迁问题。除此之外，针对地方病患者，选择适合宜养地进行搬迁，充分体现人民至上、以人为本的发展理念。西藏坚持精准扶贫精准脱贫扶贫开发方略，把增进民生福祉作为发展的根本目的，在民生领域实施了一系列重要举措，西藏的发展进步实质是人的发展和人民主体性的实现，是尊重和保障人权的一次伟大实践。

3. 干部群众和社会力量的协同合作

脱贫攻坚实践表明，以政府为主导，充分发挥广大干部群众的积极性，撬动全社会资源是脱贫攻坚胜利的重要抓手。如四川凉山州精准扶贫以来，特别注重凝聚社会合力，坚持自身发力和向外借力相结合，累计协调到位各类社会帮扶资金 83.09 亿元，以物折资 8.3 亿元，帮助引进社会资金 53.24 亿元，购买贫困地区农产品 7.39 亿元，帮助销售贫困地区农产品 4.61 亿元，规划实施基础设施建设、公共服务设施、劳务培训、产业开发、文化教育、医疗卫生等各类帮扶项目 8241 个，发动“万企帮万村”，开展“中国光彩事业凉山行”、“万企帮万村 · 光彩凉山行”、“沿着总书记足迹 · 重走凉山扶贫路”、“助力凉山脱贫攻坚专项行动”、助力美姑脱贫攻坚等活动，各类民营企业累计为凉山脱贫攻坚公益捐款 8031 万元，以物折资 11588 万元。这些措施不仅能够协调扶贫力量合力助推精准扶贫，而且对贫困地区扶贫机制的创新都有重要意义，体现出了新时代扶贫的智慧与特点。

4. 物质脱贫和精神脱贫的同步进行

在扶贫过程中，短期内物质脱贫相对容易，而长期中精神脱贫则更难。精神贫困通常表现为听天由命、消极无为，安于现状、好逸恶劳，不求更好、只求温饱，老守田园、安土重迁，小农本位、重农轻商，“等、靠、要”思想严重。要彻底摆脱贫困，首要的就是精神脱贫。解决好精神层面的问题，就会真正激发摆脱贫困的内生动力，就会激发出贫困地区干部群众的主动性、积极性和创造性，变被动救济为主动脱贫，提升自主脱贫能力。脱贫攻坚使广大脱贫群众激发了奋发向上的精气神，社会主义核心价值观得到广泛传播，文明新风得到广泛弘扬，艰苦奋斗、苦干实干、用自己的双手创造幸福生活的精神在广大贫困地区蔚然成风。

（二）中小城市脱贫攻坚的启示

1. 对国际减贫的参考价值

首先，我国 832 个贫困县在如此短的时间内取得如此显著的减贫成就，创造了世界减贫史上的奇迹，直接推进世界减贫进程，为世界减贫事业做出了巨大贡献。其次，832 个贫困县作为中国区域贫困地区，一些贫困县由于自然、社会、历史等因素，生产力发展水平低下与社会发育进程滞后、落后发展基础与特殊社会问题、物质贫困与精神贫困等叠加交织，这些地区的全面脱贫，是对世界人权事业的重要贡献。

2. 借鉴832个县脱贫经验推动乡村振兴

首先，从产业入手做好发展衔接。产业振兴不仅是实现乡村振兴与脱贫攻坚的重要标志，也是实现二者有机链接的必然要求。对刚实现全面脱贫的部分深度贫困县而言，要顺利实现从脱贫攻坚到乡村振兴的转换，必须从根本上遏制产业扶贫的短期化偏向，要以产业振兴为抓手，构建可持续的产业发展长效机制。其次，从机制入手做好政策衔接。做好全面脱贫与乡村振兴有效衔接，是一个渐进的接续过程。要统筹考虑乡村振兴、脱贫攻坚和农村综合改革的发展情况，做好体制机制和政策的有效衔接。最后，从治理入手做好服务衔接，有效的乡村治理能助力脱贫攻坚，而完善的乡村治理体系能切实促进乡村振兴。要从乡村治理入手，将脱贫攻坚中形成的治理框架经过一定的再创新后，形成更好地服务于乡村振兴的治理体系。

3. 稳定脱贫成果可持续的政策设计

首先，建立精准防贫机制，有效遏制返贫现象。在推进精准脱贫的同时，还需要建立精准防贫机制。可以通过划定防贫监测线、预警线，将非持续稳定脱贫户、非贫困低收入户等存在返贫致贫风险的重点群体纳入防贫保障范围，分类制定精准防贫办法，采取多层次、复合式保障性防贫举措，有效防止形成新的贫困人口。其次，筑牢产业发展基础，提升自我造血功能。需要提升产业发展质量，从粗中选优、优中选特、特中选细，延伸产业链条，优化产业格局，完善产业脱贫机制，让特色产业真正成为脱贫富民的强大动能。

4. 建立人民群众收入增长长效机制

第一，夯实多元化的产业收益增长机制。发展乡村特色农业，加强做实农产品加工业的资源对接，将农业产业链梯次提升至二、三产业，提高产品的附加值，加快全产业链、全价值链建设，形成以市场带动农村产业收益增长模式。依托特有乡风民俗、历史资源、文物古迹等文化财富，发展特色旅游产业，推动一、二、三产业的农业融合，从而形成多产业共生互促发展模式。第二，推进基本公共服务城乡均等化的保障机制。继续加大优质教育资源向脱贫地区倾斜的力度，相应提高脱贫群体的教育水平，促进义务教育均衡发展，强化欠发达地区和农村的公共基础设施建设，加强农村基础设施建设的标准化和规范化。第三，坚持激发群众内生动力的自觉机制。引入竞争激励机制，鼓励需求导向的“点穴式”技术培训。如根据相对贫困户实际需求，精准开展面对用工岗位导向的系列就业技术训练。

参考文献

《坚决打赢脱贫攻坚战解读课件》，https：//max. book118. com/html/2018/0611/172082420. shtm，2018 年 6 月 11 日。

G.8
中小城市城乡融合发展的路径与策略

张耀军　王小玺 *

摘　要：中小城市不仅是大城市发展的重要支撑，也是城乡融合的重要平台。运用2015~2019年中国中小城市相关数据，从人口融合、经济融合和空间融合等方面着手，分析了我国中小城市城乡融合的现状和存在的问题。研究显示，我国城乡人口融合在波动中发展，且经济融合和空间融合的程度不断加强。同时，存在人口融合程度不足、城乡资源要素配置效率低下、基础设施建设有待完善和地区间城乡融合差异大等问题。在此基础上，通过分析比较北京市通州区与河北三河、大厂、香河三县市融合发展、日本城乡融合发展等国内外中小城市城乡融合发展的案例，研究提出了以统一规划为引领、以制度创新为突破、以基础设施为抓手、以产业融合为基础、以人口融合为核心和以公共服务为重点等对策路径。

关键词：中小城市　城乡融合　城镇化　产业融合

一　引言

中小城市，作为“城市之尾、农村之头”，已经成为我国经济社会发展的重要支撑。基于国家现行标准，截至2020年底，我国大陆地区中小城市数量

---

* 张耀军，中国人民大学应用经济学院教授，研究方向为城市化与区域可持续发展；王小玺，中国人民大学社会与人口学院博士生。

已达到1992个。在293个地级城市中，200个属于中小城市，占比68.26%。与大城市一样，中小城市功能的本质是居住、教育、医疗、商贸、交通等全面化、多元化发展。党的十九大报告强调，“以城市群为主题构建大中小城市和小城镇协调发展的城镇格局，增强中小城市和小城镇产业发展、公共服务、吸纳就业和人口集聚等功能”。

产业发展是城市的基本功能，是城市发展的基础因素，很大程度上与城市经济与文化进步密切相关。中小城市的产业功能与人们的基本生活息息相关，主要包括三大产业的生产活动，以满足市场需求、提供就业岗位、不断推动传统产业的转型升级，从而为中小城市的发展提供物质动力。简单来说，产业功能是中小城市通过三大产业的搭配运行发挥作用、满足城市和相关区域发展需要的能力。

公共服务是城市运行的一个方面，是政府承担的一种非排他性和非竞争性的社会服务，是城市可持续发展的必要功能。中小城市的公共服务通过信息、技术等一定形式表现出来，为城市的有序运行提供保障。

就业是民生之本，是社会稳定发展的前提，也是中小城市最具优化潜力的功能之一。中小城市的规模与数量决定了其未来在创造就业岗位、优化就业环境等方面将扮演不可或缺的角色。中小城市在经济发展过程中，需要通过制定就业政策、不断优化调整就业结构，减少失业问题的发生。

人口集聚是城镇化的表现形式，也是人们为了更好地获取公共服务或经济利益的一种优化结果。中小城市是人口集聚的核心载体，提升中小城市人口集聚功能是我国均衡城镇化战略的重要组成部分。一般来说，人口集聚水平越高，越有利于推动城镇化进程。

产业发展、公共服务、吸纳就业和人口集聚是中小城市相辅相成的四个功能，不断完善的城市功能提高了中小城市的发展步伐。许多中小城市的发展速度已经超过我国城市发展的平均水平。数量众多的中小城市汇聚了庞大的人口、资源等生产生活要素，带动了周边及辐射区域的发展，其发展状况直接影响了城市化进程，对加快推进现代化进程与实现中华民族的伟大复兴具有重要意义。

在中小城市的发展过程中，城乡融合是实现区域可持续健康发展的重要依托，是实现城乡一体化的根本途径，是保障经济和社会高质量发展的必然逻辑。从现阶段来说，中小城市城乡融合发展不但有着深刻的时代背景，而且有着重大而深远的历史意义。

第一，中小城市城乡融合发展是破除新时代社会主要矛盾的关键抓手，是解决中央提出的人民日益增长的美好生活需要和不平衡不充分的发展之间矛盾的有效之道。当前，我国最大的不平衡是城乡关系的不平衡，最大的不充分是乡村发展的不充分。解决发展的不平衡、不充分问题，很大程度上依赖于解决城乡二元结构。因此，中小城市城乡融合发展正是解决城乡之间发展不平衡不充分问题的体现。

第二，中小城市城乡融合发展是国家现代化的重要标志。国家的现代化是工业化、信息化、城镇化和农业化并列发展的过程。其中，城镇化是现代化的平台和载体，承载着信息化和工业化的发展空间，带动着农业化的快速发展。处理好城乡关系，推进城乡融合发展在一定程度上决定了国家现代化的成败。

第三，中小城市城乡融合发展是社会发展的内在要求。城乡融合是社会发展的高级阶段，既是高质量发展的基础，也是社会和谐的根本。社会的可持续发展不能就乡村来谈乡村，必须走以城带乡、城乡结合的路子，在城乡融合发展中破除阻碍社会可持续发展的阻碍和问题。

自城乡融合发展提出以来，我国城乡体制不断得到优化，乡村基础和公共服务设施建设不断加强，城乡产业融合不断得到发展，为中小城市城乡融合发展提供了基本保障。然而，当前中小城市城乡融合发展仍然面临着城乡收入差距过大、基础设施和公共服务配置失衡、城乡要素流动和循环受限等一系列问题。2021 年中央一号文件指出，“要把县域作为城乡融合发展的重要切入点，强化统筹谋划和顶层设计，破除城乡分割的体制弊端，加快打通城乡要素平等交换、双向流动的制度性通道”。

在我国城市发展的方针政策中，对于中小城市的重视相对不足，中小城市城乡融合发展的滞后已经成为制约我国城镇化质量提升的关键因素之一。相较于大城市，中小城市多是农业大市，具有经济总量小、综合实力弱、产业关联度低等特点，不利于中小城市吸纳就业、产业发展等城市功能的发挥，且造成了中小城市农村劳动力外流突出、城乡融合进程缓慢等一系列问题。因此，加快培育中小城市功能、推动城乡融合发展是我国现阶段城市规划工作的重点，对于促进城乡产业融合、城乡一体化以及积极稳妥地推进中小城市新型城镇化意义重大。

二 中小城市城乡融合的内涵与外延

中小城市城乡融合发展旨在构建一个城乡良性互动的有机融合体，城乡之间的互融共通、有机互动是城乡融合的独有内涵。因此，中小城市城乡融合的内涵强调的是结构优化、质量提升、实力增强，即依托城市内部要素的更新，激发内在需求，实现以人为本的可持续发展，从而达到有序和稳定的状态。与城乡融合的内涵有所区别，中小城市城乡融合的外延强调数量增长、规模扩大、空间拓展，以适应外部需求表现出的外形扩展。

中小城市城乡融合的内涵在产业、生态、人口、空间等领域主要表现为依托自我更新与升级、自我组织能力所实现的全面、协调和可持续发展。城乡产业融合是实现乡村振兴与城乡协调发展的重要途径，关系着农村居民生活水平的提高与农村改革发展的成效。工业反哺农业、城市支持农村是我国一项长期坚持的方针，城乡互动关系的作用可以有效发挥城市先进生产力对农村产业现代化建设的引领作用，在保留城乡特色差异的基础上，充分挖掘农村产业建设的内在潜力。城乡生态融合是一个系统性工程，是我国实现可持续城市化之路的前提条件。在我国，不少中小城市追求粗放型发展，生态环境为此付出巨大的代价，并且把由此带来的环境负担转嫁给农村，乡村生态环境短板尤为突出。要改变这样的生态局面，需要实施城乡生态一体化规划，将区域生态进行合理功能分区，建立健全城乡生态补偿机制，同时加大对农村的生态环保投入，从而实现城乡之间生态互补，恢复乡村青山绿水的自然景观与城市人地和谐的环境。城乡人口融合是中小城市城乡融合发展的核心环节。劳动是以人为载体的，是重要的生产要素之一。促进城乡人口双向自由迁徙，增强人口承载力，是全面激发城乡发展活力的重要前提。通过城乡公共服务和基础设施等一体化建设，城市人口能够顺利下乡、乡村人口能够顺利进城，实现人口流动与空间结构优化、产业经济地理重塑相统一。城乡空间融合是城乡关系演变的地理表达，是城乡融合发展的基础。城乡空间融合有利于优化城乡产业布局，实现城乡经济结构的融合，同时还是改善城乡生态环境的重要方式。城乡空间融合打造了城乡之间在产业、生态和人口方面的良性循环，也是城乡产业、生态和人口因素共同作用的产物。

从外延来看，中小城市城乡融合在产业、生态、人口、空间等领域主要表现为产业融合规模的扩大、空间布局范围的扩展、人口的合理分布等，即在城乡融合的过程中，通过适当增加土地、劳动力、资源和能源等生产要素的投入，适当扩大规模，促进城乡经济的繁荣发展。

产业融合、生态融合、人口融合、空间融合到最终中小城市城乡融合发展，体现了中小城市城乡融合由点及面的发展过程。在这一过程中，建立了新型的城镇化关系，促进了资本要素双向自由流动、城乡生态环境一体化、城乡产业融合等（见图1）。

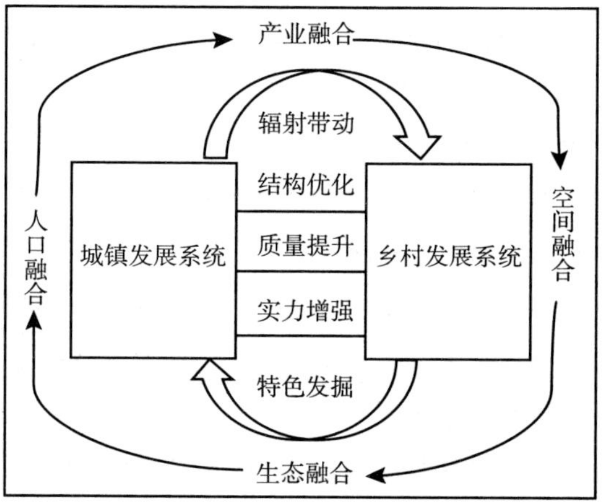

图1　中小城市城乡融合的内涵与外延概念

三　中小城市城乡融合的现状与问题

（一）中小城市城乡融合的现状

中小城市是城乡融合的重要载体，人口融合、经济融合、空间融合是中小城市城乡融合的三大表征。本文以县级市和人口规模未达到100万的地级市为研究样本，在所选取的590个中小城市中，东部地区172个，中部地区161个，西部地区175个，东北地区82个。以2015年至2019年为研究阶段，分析中小城市城乡融合的现状和可能存在的问题。①

① 资料来源：《中国城市统计年鉴》《城市建设统计年鉴》。

1. 城乡人口融合在波动中发展

农业就业人口向非农就业人口转移是城镇化的基础，因此城乡劳动力就业是结构体现城乡融合的基础，也体现城乡人口融合的重要特征。本文以非农与农业从业比，即二、三产就业人数与一产就业人数的比值衡量城乡人口融合。由于城市地区人口多从事第二、第三产业，乡村地区第一产业从业人口较城市多，且落后的乡村从事农业的人口更多，由此，非农与农业从业比越高，乡村相对城市从事农业的人口越少，城乡人口融合程度更高。

我国中小城市城乡差异大，城乡融合仍然需要大力推进。从人口融合看，2019 年我国中小城市非农就业人数达到农业就业人数的 600 倍多，也即中小城市 2‰的人口从事农业。时间趋势方面，如图 2 所示，2015～2019 年我国中小城市城乡人口融合呈现先下降后上升又下降的波动态势，并且，相比 2015 年，2019 年我国中小城市城乡融合程度略有下降。地区发展差异方面，东中西部地区的城乡人口融合情况差异性较为明显。如图 3 所示，中部地区整体呈现下降趋势，2019 年非农就业人口与农业就业人口比值为 2015 年的 1/3。东部地区城乡人口融合情况基本保持稳定，且在近两年成为四个地区中城乡人口融合状况最优的地区。西部地区与东北地区的城乡人口融合程度处于较低水平，但近年来缓步上升，且在 2019 年超越了中部地区。

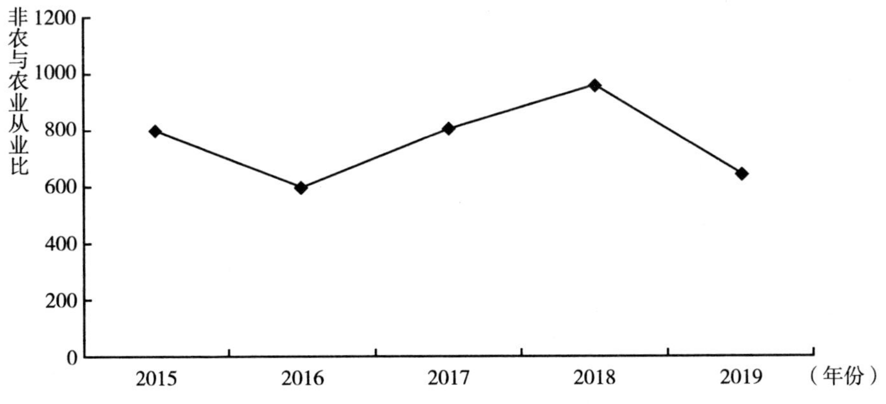

图 2　2015～2019 年我国中小城市人口融合程度

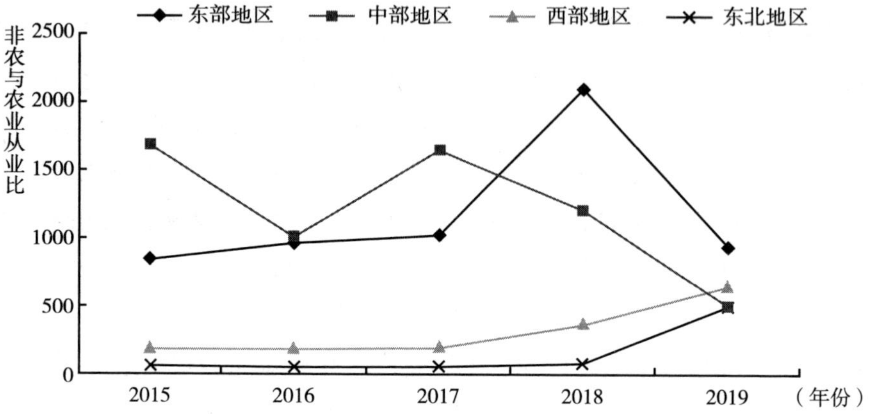

图 3　2015～2019 年我国中东西部中小城市人口融合程度

2. 城乡经济融合程度持续上升

在城乡二元背景下，与城市地区不同，乡村地区以发展第一产业为显著特征。因此，本文以二元对比系数，即二、三产产值与一产产值的比值，衡量城乡经济融合。二元对比系数越高，说明该地区乡村经济中第二、第三产业比重越大，与城市地区经济发展和产业结构差距越小，因此城乡融合程度越高。

2019 年，我国中小城市第二、第三产业产值是第一产业产值的 13 倍，也即第一产业产值占总产值的 7% 左右。这说明我国城乡人口融合先于经济融合，现代农业的发展释放了大量农村劳动力，进行第二、第三产业生产。时间趋势方面，2015～2019 年我国中小城市城乡融合在波动中略有上升，这说明非农经济和城市区域的比重在 5 年间有一定提升①（见图 4）。地区差异方面，除东北地区的中小城市二元对比系数略有下降外，东中西部地区融合情况都有小幅度改善，且呈缓步上升趋势。东部地区的中小城市城乡经济融合情况最优，东部地区整体经济发展水平较高对中小城市经济发展具有带动作用。西部

① 数据所限，2017 年经济融合仅以城市建成区二元对比系数为代理指标，因此 2017 年经济融合程度看似有很大波动，实际上总体情况与前后两年并没有很大差异，这从侧面上反映了与城市总体情况和乡村地区相比，城市建成区二元对比系数更高，城市发展水平更高这一特点。

地区城乡经济融合程度仅次于东部地区，达到近 14%，但西部地区中小城市的地区总经济产值绝对数量小于其他地区。东北地区城乡经济融合比例最低，呈下降趋势。2015 年，东北地区城乡经济融合比例为东部地区的 1/2，2019 年，东北地区城乡经济融合比例为东部地区的 1/3，与其他地区的差距呈现逐年扩大的趋势（见图 5）。

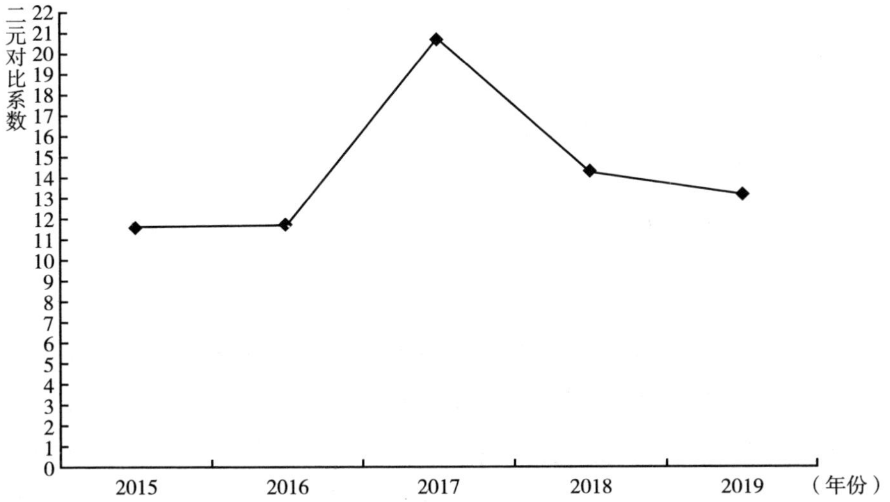

图 4　2015～2019 年我国中小城市经济融合程度

注：2017 年为建成区数据，其他为全市数据。

3. 城乡空间融合水平趋势明显

空间融合方面，本文从三个方面衡量。一是中小城市中建成区面积比，以建成区占总面积的比例为代理变量，建成区基础设施相对完备，在涓滴效应下，建成区相对完备的公共基础设施服务会外溢向乡村，因此，建成区面积比越高，中小城市空间融合程度越高。二是城乡土地配置，以耕地面积与建成区面积比值为代理变量，代表城乡融合过程中耕地保护和城市建设用地外延扩张之间的相互作用关系，城乡土地配置越高，城乡空间融合程度越低。三是城乡空间流通网络，以道路面积与土地总面积的比例衡量，城乡空间流通网络是推动城乡空间融合的重要载体，因此，城乡空间流通网络越高，越能有力推动中小城市空间融合。

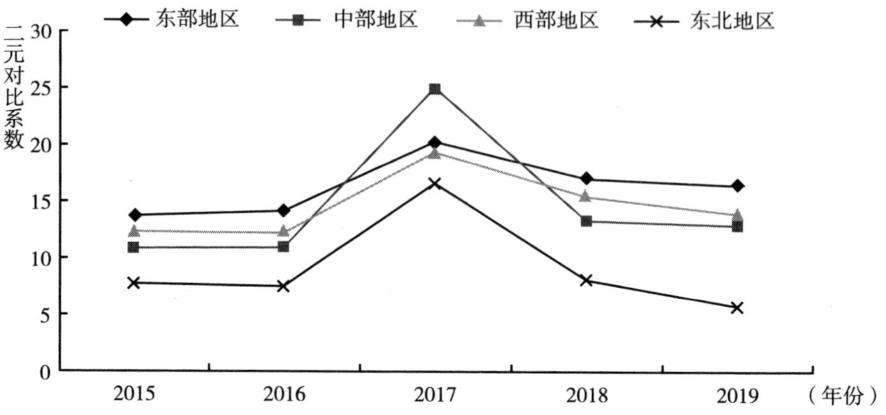

图5　2015～2019年我国中东西部中小城市经济融合程度

注：2017年为建成区数据，其他为全市数据。

2019年，中小城市中仅不到4%的面积为建成区，且耕地面积为建成区的3.6%。而中小城市道路面积占总面积的6‰，相比之下，大城市、超大特大城市道路面积占总面积的2%，说明我国中小城市空间流通网络的建设仍需加强。时间趋势方面，从城乡土地配置上看，2015～2019年我国中小城市城乡空间融合程度在波动中略有下降，这可能与我国耕地保护政策有关。从建成区面积比看，2015～2019年我国中小城市城乡融合在波动中略有上升，这说明城市区域的比重在5年间有一定提升。城乡空间流通网络方面，2015～2016年，我国中小城市道路面积比略有下降，2016年以后，道路面积占比逐年增加，每年增速5%左右，交通基础设施投入增加。我国中小城市近年来城乡空间流通网络加强，推进了城乡空间融合的进程。但我国地区间城乡空间融合程度差异明显（见图6）。东部地区、中部地区、东北地区与西部地区的城乡空间流通网络显著提升，即道路面积与土地总面积的比例升高，城乡互通程度都有显著提高。西部地区和东北地区建成区面积比保持稳定，中部地区有小幅度下降，东部地区有小幅度提升。不同区域之间城乡土地配置变化情况有显著差异，东北地区土地配置比例提高，耕地面积与建成区面积比值上升，城乡空间融合程度降低。西部地区的城乡空间融合程度有所提高，东部地区与中部地区空间融合程度有小幅度降低（见图7、图8、图9）。

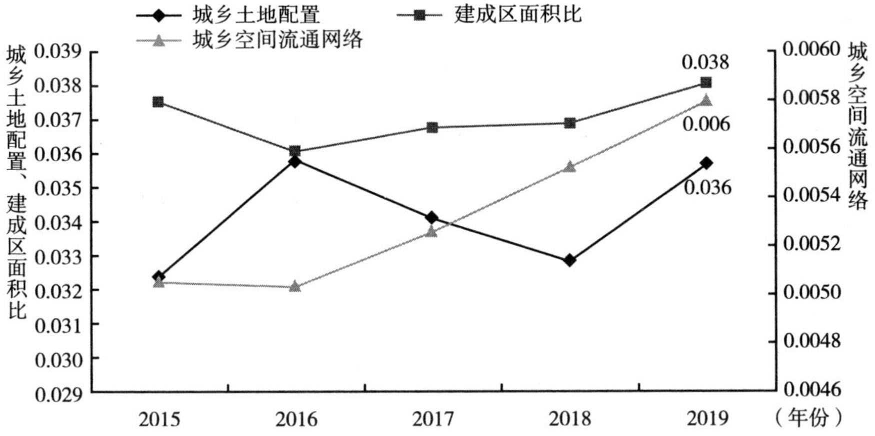

图 6　2015～2019 年我国中小城市空间融合程度

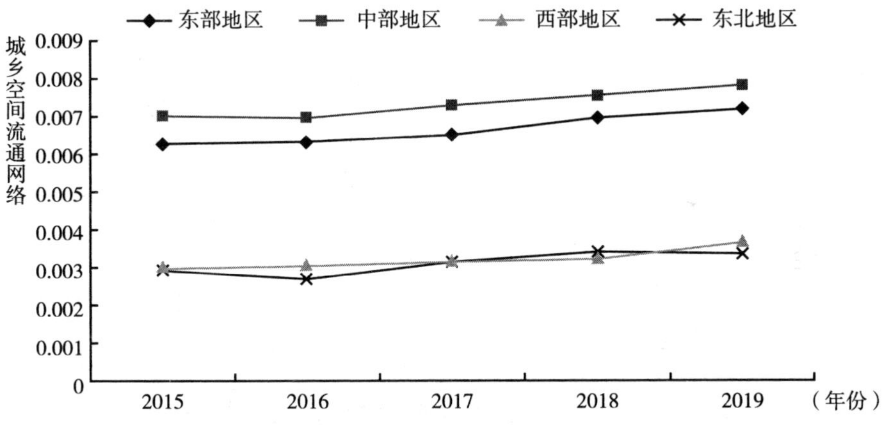

图 7　2015～2019 年我国中东西部中小城市城乡空间流通网络

（二）中小城市城乡融合现存问题

城乡空间流通网络是推动城乡空间融合的重要载体，更多的公路能够承载更多的物流与人流，促进城乡互通互动，目前中小城市空间流通网络的建设仍需加强。城乡融合过程中耕地保护和城市建设用地外延扩张之间需要保持动态平衡，农民的农耕土地面积与城市建成区面积之间存在替代关系，代表了城乡

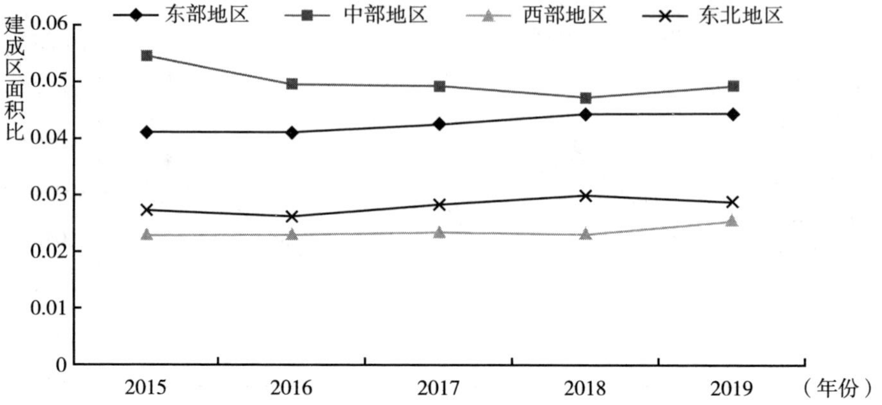

图 8　2015～2019 年我国中东西部中小城市建成区面积比

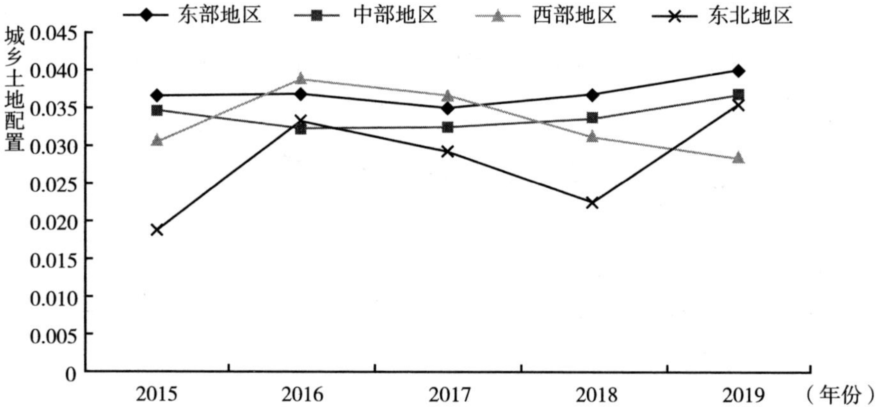

图 9　2015～2019 年我国中东西部中小城市城乡土地配置

之间的空间融合程度。目前我国城乡融合在空间层次的直观体现状况也存在问题，需要在找寻城市与乡村融合发展的平衡点。

1. 人口融合程度不足

产业布局是城乡融合的桥梁，产业决定了就业，农业就业与非农业就业的结构决定了城乡融合的状态。根据二、三产就业人数与一产就业人数的比值能够直观地衡量城乡人口融合情况，研究发现我国中小城市整体非农就业人数远超农业就业人数，但西部地区与东北地区非农就业与农业就业之比远低于东中部，说明我国部分地区城乡人口融合程度有待提高。人口在城乡之间的自由流动与灵活就业，是中小城市城乡融合的决定性因素。然而除通过户籍改革等降低制度成本的方法促进户籍人口城镇化外，还应着重解决人口就业这一根本性问题。

目前人口融合程度不足的问题可以拆解为三个方面。首先，农村人口流入城市的首要原因是为了有更高的收入，因此城市地区需要提供合适的工作吸引农村人口就业，就业岗位的不足是原因之一。其次，城市提供的就业岗位应具有可持续性，农村转移来的劳动力需要有稳定的收入，因此收入不稳定是城乡人口融合程度不足的原因之二。最后，"就业难"与"招工难"同时存在的现象是结构性失衡的体现，就业岗位与求职者素质的结构性失衡是问题之三。

2. 城乡资源要素配置效率不高

改革开放以来，我国城乡资金流动密切，特别是农村资金在较长时间内源源不断地流入城市，对城市经济的发展做出突出贡献。乡村地区通过吸收农村存款和向农村发放贷款方式实现金融渠道的资金流动实现。产业互动与转型也会促进城乡融合。在资本流入城市的同时，一些工业企业与服务业产业也会流入乡村地区，推动农村地区工业化的迅速发展。因此城乡经济融合程度可以较好地反映城乡产业互通的状况，也是城乡经济互动互补的方式之一。城乡经济二元系数（二、三产产值与一产产值的比值）在全国大部分地区都有小幅度上升，但实质上，由于产业层次不高，效率依旧较低，城乡之间经济与产业的隔阂在一定程度上阻碍了城乡资源要素配置，这是中小城市城乡融合的主要问题之一。

3. 城乡互联的基础设施建设有待完善

从城乡空间流通网络方面看，近年来我国中小城市道路面积比略有下降，同时交通基础设施投入增加。可以发现我国中小城市近年来城乡空间流通网络加强，推进了城乡空间融合的进程，但同时存在交通网络流动滞后的问题。在涓滴效应下，随着建成区基础设施相对完备，建成区相对完备的公共基础设施服务会外溢向乡村。从近年来建成区面积比看，城市区域的面积有一定提升，我国中小城市城乡融合在波动中略有上升，但整体水平低的问题同样明显。城乡融合与乡村建设中，通达的交通是发展的基础，在我国中小城市基础设施建设提升过程中，提高城乡交通融合问题应始终得到重视。

4. 地区间城乡融合水平差异大

目前，我国中小城市整体融合情况较差且空间差异性显著。我国中小城市数量巨大，分布广泛，但在中小城市发展过程中城乡融合的区域不均衡问题凸显。经济较为发达的东部地区的城乡融合程度水平明显高于中部地区、西部地区以及东北地区，尤其是经济融合与人口融合情况。东北地区的经济、人口与空间的城乡融合几乎都处于最低水平，西部地区也在多重指标上低于全国平均水平。造成这种区域发展不平衡的因素很多，包括自然地理和资源条件、经济区位和政策因素。自然地理和资源条件是城市发展的刚性制约因素，西部一些地区恶劣的自然条件制约着城市发展。与东部地区相比，中西部地区的经济区位也缺乏竞争优势。此外，受中国区域发展政策的影响，东部地区的发展速度和质量高于中西部地区。

四　中小城市城乡融合的案例与启示

（一）国内案例

1. 北京市通州区与河北三河、大厂、香河三县市融合发展

北京市通州区与河北三河、大厂、香河三县市融合发展是在《北京市通州区与河北三河、大厂、香河三县市协同发展规划》指导下，由中央着力推进部署的融合发展。这一融合发展路径呈现自上而下的管理特征。在融合发展的推进过程中，上级政府提供规划，下级政府配合具体实施。由于城市政府为上级（北京市），乡镇政府为下级（北三县），乡镇政府主要为配合政府推进融合发展的角色，形成了以城市为中心，乡村配合发展的中心—外围发展格局。具体而言，北三县及政府主要定位为“北京城市副中心后花园”及“全民服务副中心”，承接北京非首都功能疏解和产业转移，着力于产业平台搭建、疏解产业承接、疏解人口安置、交通路网完善、公共服务保障、医疗健康提升等方面的建设工作。

从北三县自身城乡融合的角度来看，北三县处于中心—外围模式的外围位置。这令北三县在区位上能够便利地使用北京市的资源，快速推动自身城乡融合发展。北京市与北三县协同发展的政策推行，强化了这一优势。具体来看，利用

北京资源优势推动自身城乡融合，具体有几个方面。从发展产业经济解决就业来看，北三县依托北京市人才集中、资源集中优势，着力打造智能制造、数字经济、文艺影视、绿色农业等多种产业并行发展、健康发展的经济局面；建设数字商务中心、高端居住楼盘，并推进中国人民大学分校区建设，通过利用北京市资本为自身发展提供有力支撑，建设良好硬件设施推动北京市优质资源顺利在北三县扎根。从基本公共服务的角度来看，北京市与北三县融合发展的一大抓手在于交通设施建设。在规划推进过程中，北京市与北三县推进了京唐城际铁路路网建设、出入京多条公路建设等公共交通建设工作，在地理上形成更好地融合发展。更为重要的是，借助信息技术便利，北京市医疗资源得以向北三县共享，服务于北京市协和、北医三院、积水潭医院等三甲级医院的专家能够前往北三县坐诊；北三县中病人的信息也可以通过在线方式及时网上共享，召开网上会诊。这使得北三县城乡居民能够平等、实惠地享受到高水平的医疗服务，城乡居民在医疗保障这一重要基础公共服务项目中不再有差别，完美实现城乡融合。

2. 云南省安宁市城乡融合发展

安宁市是云南省直辖县级市，由昆明市代管。位于昆明市西南 32 千米处，是通往滇西 8 个地州，并经畹町直接与缅甸相连的交通重镇。安宁是云南省城乡融合发展的县级试点，因此在城乡融合推进过程中有较大空间。云南省城乡融合工作推进过程中，主要依靠政府财政支持和民间资本吸引两条路线，获得推进城乡融合发展所必需的资源。一方面，通过国资建立能够提供贷款、投资、小额贷款服务的金融公司，解决推进城乡融合所需资金；另一方面，通过社会资本投入，发动当地私营企业投资，通过税收退还、减免等方式，推动企业力量进入，通过项目整合、就业提供等方式，促进城乡融合。此外，云南省安宁市推进城乡融合发展的一大特色在于网络治理。网络治理的核心在于不再将政府视作公共事务管理的唯一主体，而是多元主体之一。政府必须与社会多元体相互协作才能解决好公共问题；政府不再是与社会“二元对立”的，而是与社会相互融合且二者之间的界限日渐模糊；政府不再是“凌驾于社会之上并对社会发号施令”，而是主动与社会建立合作网络并与社会多元主体平等协商与对话。云南省安宁市在推进城乡融合发展过程中，采用了充分调动社会资源，尤其是引入民营企业项目、就业方式推动城乡融合，在城乡融合中体现了网络治理的概念与模式。

3. 陕西省千阳县城乡融合发展

陕西省千阳县位于西部，经济发展水平较低，人均 GDP 低于陕西省平均水平，城乡差距相对较大。陕西省千阳县在推进城乡融合发展的过程中，主要依靠政府起主导作用。通过政策扶持，将农村居民生活保障放在城乡融合发展的核心地位。具体的，政府通过制定政策和制度创新，富裕农村居民的农房产权、宅基地使用权、承包权、经营权以及集体资产股权等合法权益，提升农村居民主体地位，保障农村居民生活权益。在政府指导下，探索和完善农村居民在“议事协商、民主管理、民主决策”中的实践，建立能够凝聚各方面社会力量的管理主体框架。这种管理模式，提高了当地农民的实际获得感与幸福感。通过产权明细化，大大降低了农民在交易土地，宅基地建设等方面进行交易时所花费的交易成本，以及降低了办理各种手续所花费的行政成本。成本的降低带来的是效率的提高。一方面，高效的行政管理让农民有更多的时间用于生产，直接提高了经济收入；另一方面，对公共事务的参与也提高了农民参与公共决策的能力，从精神风貌上促进了城乡融合。

（二）国际案例

1. 日本城乡融合发展

与中国类似，日本在国民经济发展过程中，由于国家经济结构整体由农业转移，也经历了“以城育乡—城富乡贫—两极分化—城乡融合”的历程。日本自 20 世纪 70 年代开始推动农业、农村复兴与城乡融合发展，其走过的路程与所用方法值得借鉴。整体上，日本城乡融合的主要推动者是政府，主要手段是立法。从 1961 年开始，日本依次出台了《农业基本法》《农振法》《农业人养老金法》等多项法规，从立法的层面推动城乡融合发展。具体的，这些法规的推行，保证了日本推动农业工业化、农业就业保障、农村居民生活保障等工作的顺利实施，为日本城乡融合与农村状况改善铺平了道路。

位于日本九州东北部的大分县是这一模式的典型代表。在上述法规的保障下，大分县积极发展自身特色农业，改变贫困现状。1961 年的种植新梅与栗子运动，以此来减少农民工作量并增加收入；1965 年启动的新人格组合运动及 1969 年欧亚马村开始实施新天堂社区运动，则关注减少年轻人流失、提高人口素质及提供农业人养老金。政府则出资出力培养优秀人才，吸引优秀企业，帮助农村打造品牌并进行推广。

2. 德国巴伐利亚“城市与农村生活不同类但等值”运动

德国乡村在二战中受到战争摧残，战后又因工业重建损失大量人口，导致发展滞后，公共服务短缺等问题。在这种情况下，1950 年，德国赛德尔基金会提出了乡村等值化理念，即通过土地整理、村庄更新的方式实现“城市与农村生活不同类但等值”的目的。在德国城乡融合发展的过程中，德国巴伐利亚州是一个典型。该州在赛德尔基金会的帮扶下，实施了行之有效的城乡融合发展手段。具体实施方面，首先是通过细碎土地整理、合并的方式，为农业和林业的工业化生产创造条件，降低成本、提高收益。其次，是通过产权保障的方法，确保农民拥有对土地的所有及使用权，激发农民生产积极性。值得注意的是，包含以上内容的《巴伐利亚州乡村更新纲要》是由乡镇政府和参加者协会通过多部门的合作以及居民参与共同制定的。这与东亚城乡融合发展中采取的“自上而下”的管理方式有着较大的不同。

（三）启示

1. 通过公共服务以医疗、教育资源的空间布局促进城乡融合

北京市通州区与河北三河、大厂、香河三县市融合发展，是一个上级政府规划、下级政府执行的样本。在融合过程中，上下级分工明确、定位清晰，形成了中心—外围的城乡融合格局。上级政府的统筹规划，体现了中国政府强大的集中调配资源与项目推进实施能力，展现了社会主义制度“集中力量办大事”的特征。中心—外围的城乡融合发展格局，既能够疏解城市因承载力不足带来的压力，又能借助城市优秀资源帮扶乡村。这样，北三县城乡便通过吸收、利用北京资源大幅度提高自身公共服务水平、能力。在这一过程中，通过应用现代技术，同步将获取资源平等供给于城乡人口，实现城乡融合。

2. 通过多元化主体推动城乡融合

通过退税、补贴等方式吸引民营企业在乡村地区建厂投资，实现城乡就业一体化，促进城乡融合。推进国家治理体系现代化是中国全面深化改革的目标之一。社会治理主体多元化、网络治理是国家治理体系现代化的应有之义。云

南省安宁市推动城乡融合发展，借助多元主体共同发力，为城乡融合发展的具体实施提供了新的可能方式。

3. 根据城乡融合的总目标适时调整细化目标

城乡融合发展整体进程中，根据城乡融合施政主体各地的经济、文化、政治状况不同，具体的施政目的也有所差别。例如，北京市与北三县城乡融合的目的之一，在于缓解北京市承载过多功能带来的压力。千阳县城乡融合，则更多的是为了吸引城市优良资源，改善千阳县居民生活条件。这说明，同样是城乡融合发展，也要根据施政主体的经济、文化、政治状况，对具体的目标进行细化调整。

4. 着重保障农民产权

从管理方式的角度来看，巴伐利亚州在城乡融合的规划制定方法，采用了协会与当地居民多部门协商进行的方式，激发农民生产积极性。操作方式具有强烈的西方民主政治风格，在实际过程中也着重于农民产权保护，这种方式激励了农民生产与保护农田的积极性，具有借鉴意义。

5. 建立促进城乡融合的法律法规体系

城乡融合推进过程中有法可依才能有可持续性。在中国城乡融合推进过程中，出台相关法律法规，保障城乡融合工作切实长期进行。尤其通过立法保障农村居民基本生活水平得以提升，使农村能留人，使农村人得发展，当是中国城乡融合推进过程中的应有之义。

五　中小城市城乡融合的对策路径

（一）以统一规划为引领，推动城乡空间健康有序发展

科学的城乡规划是推动中小城市城乡融合的基础性工作，对于引导和约束各类开发活动、构建城乡有序空间具有重要作用。当前我国的城乡格局尚处于调整和变革时期，还没有完全定型，相比于大城市，中小城市的空间格局更加复杂多样，更需要因地制宜、因城施策，统一规划引导和约束城乡发展空间，避免单纯地照搬大城市摊大饼式的发展模式。一方面，要提高规划的整体性、系统性和科学性。在充分考虑自身的发展基础和特征的基础上，编制多规合

一、实用管用的规划，将土地利用、产业发展、基础设施建设、环境保护等纳入中小城市规划中，突出“三区三线”的管控作用，推动大城市和中小城市之间、城镇和乡村之间相互“借景”，促进城市之间多中心、组团式发展，用乡村的田园风光点缀城市，用城市的都市生活带动乡村，优化城乡空间布局。另一方面，要重点强调乡镇和村庄规划的编制。以特色小镇作为中小城市城乡融合的着力点和支撑点，通过规划建设特而强、聚而合、精而美、活而新的特色小镇，将乡村的特色资源和生产生活活动在空间上进行集聚，加快形成城、镇、乡村三者的功能分工。围绕乡村人口流动集聚、重大产业项目实施、农村环境整治、生态保护和历史文化传承等重大问题，进一步畅通农民、村干部等各类主体参与规划编制的渠道，依据不同地区的发展现状，科学规划建设重点村庄和功能区域，做到“人往哪里流，地在哪里划，基础设施在哪里建、公共服务设施在哪里配”。

（二）以制度创新为突破，提高城乡资源要素配置效率

围绕实现城乡要素平等交换和双向流动，进一步健全完善和创新改革相关政策制度，优化政府和市场之间要素配置决策权的分配，不断扩大中小城市的城乡要素市场，努力提高土地、人口和资金等要素的流动协同性和配置效率。首先，深入推进农村土地制度改革。通过加快农村土地集体所有权、农户承包权、土地经营权的“三权分置”，试点探索农村土地有偿推出机制，实行乡村地区农民用土地承包经营权和宅基地所属权益置换城市社会保障权和住宅权的“两权置换”制度，在尊重农村集体所有人意愿的前提下，探索建立同权同价、流转顺畅、收益共享的农村集体经营性建设用地入市制度，鼓励农村集体经济组织及其成员采取自营、出租、入股、合作等方式，盘活农村闲置宅基地和地上房屋，充分利用村庄整治、农村空闲零散建设用地整理等方式节约出来的建设用地用于支持乡村振兴。其次，逐步改革城乡人口管理制度。实行城乡统一的户籍管理，取消对农民进城就业的限制性规定，使进城农民在工作就业和社会保障等方面能够享受与城镇居民同等的待遇，支持农村人口真正定居城市，通过政策鼓励和引导城镇人口向农村流动，使其所承载的知识、信息、技术、资本等要素向农村流动，完善人才双向对流机制，实现城乡人力资源的优化配置。最后，建立健全农村金融体制。发挥相关政策性银行融资优势，通过

建立县域金融服务网点，吸引村镇银行、农业保险以及其他新型农村金融服务机构参与，为乡村振兴提供精准化、差异化的金融服务产品，搭建多元化和普惠性兼备的乡村金融体系，完善政策支持、配套服务与风险防范“三位一体”的政策体系，引导工商业资本以合适的方式进入适宜领域，充分发挥联农带农作用。

（三）以基础设施为抓手，实现城乡生产生活紧密连接

无论是城市还是乡村，生产生活活动都离不开道路、电力、水利、环保等基础设施的支撑。从国际经验来看，率先推动城乡基础设施互通互联是发达国家城乡融合发展的最直接有效的措施之一，贯穿城镇化发展过程的各个阶段。通过建立政府主导、多方参与、市场运作的城乡基础设施一体化规划、建设、管护体制机制，加大农村基础设施的投入力度，加快城市基础设施向农村延伸，实现中小城市城乡之间生产生活的有效对接。一方面，按照统一规划、统一建设、统一管护的要求，以县或市作为整体，统筹规划布局城乡道路、供水、供电、信息、防洪和垃圾污水处理等基础设施的建设，按照公益性和经营性对基础设施进行区分，进行多元化投资，道路、水利等公益性强、正外部性大的基础设施由政府来建设，供水供电、物流通信等经营性则交给市场，可以引入企业投资和市场化运作，将城乡道路等公益性基础设施的管护和运营纳入一般公共财政预算，其余收益专属性较强的设施建立起谁拥有谁受益则谁管护的机制，鼓励将城乡基础设施项目整体打包，实行一体化管养，探索城乡基础设施产权确权制度，落实权属人管护责任。另一方面，围绕城乡体系结构和人口流动变化趋势，重点补齐农村基础设施短板，尤其是农村垃圾污水处理等设施，形成适度超前、相互衔接、满足未来需求的城乡基础设施网络，提高基础设施的建设质量、运营标准和管理水平，提升基础设施利用效率，同时要加快建设适应城乡新产业、新业态、新模式发展的现代基础设施，在县乡村合理布局冷链物流设施、配送投递设施和农贸市场网络等，畅通农产品进城和工业品入乡渠道。

（四）以产业融合为基础，促进城乡经济功能互补耦合

促进城乡产业联动和乡村经济多样化是实现中小城市城乡融合发展的重要

途径，也是破解城乡产业割裂和乡村产业空心化等问题的有效手段。围绕产业链延伸、价值链提升和供应链优化，推动中小城市和大城市产业融合、城乡一、二、三产业大融合和乡村一、二、三产业小融合。首先，充分依托周边大城市的产业辐射带动作用，利用较好的区位优势和交通连接，依据自身的发展特色和资源禀赋，合理定位中小城市在城市群和都市圈中的产业优势，通过发展特色优势产业，满足大城市居民拓展性、改善性生活需求，以大城市产业发展为契机带动中小城市产业融合发展。其次，建立中小城市城乡产业协同发展平台，依托各类产业园区、特色小镇等空间，打造一批城乡产业融合发展示范项目，大力培育和发展农业新兴产业，以都市农业、休闲农业、乡村旅游等新产业、新业态为引领，满足城市多样化需求，推动乡村农业生产经营与城市其他产业互相渗透。最后，支持农产品加工业、乡村电商物流以及乡村文旅产业的发展，构建一、二、三产业融合附加值不断升高的乡村产业发展新体系，将具有地方特色的农产品优质品牌做好精深加工，提升农产品加工等级和产品附加值，加快电子商务平台建设，以“互联网+农业”为途径，利用专业营销团队和手段，大力发展农业电商业务，并以此为契机带动物流运输、涉农服务业等产业加快发展。在此过程中，要充分发挥政府的扶持引领作用，围绕解决好“用人难”“用地难”“融资难”等痛点问题，积极创设有利于中小城市城乡产业融合发展的政策支持和配套服务体系。

（五）以人口融合为核心，打造城乡人口双向流动格局

人口是经济社会活动中最活跃也是最关键的因素，人口能否在城市与乡村之间实现双向流动事关城乡融合发展的成败。改革户籍管理制度和建设均等化的城乡基本公共服务体系有助于降低城乡人口双向流动的制度成本，消除人口流动的后顾之忧。在此基础上，中小城市的城乡人口融合应着力解决好农村人口进城就业以及吸引城市人口入乡两个问题。对于农村人口进程就业问题，一方面，建立城乡就业市场信息共享平台，利用当地优势资源发展支柱性产业，增加城市就业岗位容量和创业平台，开发适合农村流动人口的工作岗位，为进城落户农民提供持久稳定的收入来源，另一方面，要建立农村流动人口的终身职业教育培训体系，出台政策鼓励和扶持教育机构、经济组织与社区组织搭建职教集团、社区学院等平台，组成终身职业教育共同体，深化实施农民工

“春潮行动”、“求学圆梦行动”、新生代农民工职业技能提升行动，支持企业开展新型学徒制培训并按规定给予培训补贴，扩大职业院校面向农业转移人口的招生规模，为农村流动人口建立终身教育账户，提供全方位、多样化、系统性的终身职业教育培训。对于城市人口下乡问题，一方面建立城乡互补联动的产业体系和链条，利用乡村地区的自然风景和人文风光开发乡村旅游、康养等产业，吸引城市人口到乡村旅游消费，另一方面通过制定城市人才加入乡村制度细则，创造良好的乡村营商环境，探索以投资入股、合作等方式吸引城市创业者、投资者和技术人才，加快建设现代农业产业园、农产品电商园等创业孵化基地，综合利用财政、税收等激励机制，健全乡村创业就业服务平台，以乡愁乡情为纽带，吸引城市人才返乡下乡，为城乡融合发展提供资金、技术、智力等支持。

（六）以公共服务为重点，确保城乡居民共享发展成果

基本公共服务发展水平的差距是城乡发展不均衡的突出表现之一，推动中小城市城乡融合发展，必须要以实现实质性公平为导向，加快补齐农村公共服务短板，推进城乡基本公共服务标准统一、制度并轨。通过扩大公共服务覆盖范围，提高基本服务能力，改进公共服务质量，保证城乡居民学有所教、劳有所得、病有所医、老有所养、住有所居，让发展成果真正普惠所有城乡居民。一方面，率先建立健全中小城市城乡教育和医疗资源均衡配置机制和城乡统一的社会保险制度。优先发展农村教育事业，促进各类教育资源向乡村倾斜，合理配置学校办学条件、办学经费和师资力量，优化城乡学校布局，促进义务教育教师“县管校聘”管理改革，推动优质教育资源城乡共享均衡。加强乡村医疗卫生人才和卫生服务设施建设，鼓励市县医院和乡村卫生所建立医疗共同体，鼓励城市大医院对口帮扶或者发展远程医疗，从而缓解农村看病难、看病贵问题。完善城乡统一的基本医疗保险、大病保险和基本养老保险制度，巩固推广医保的异地就医联网结算，构建多层次的农村养老保障体系，创新多元化照料模式。另一方面，要探索和培育基本公共服务多元化供给机制，形成政府和社会的供给合力，加大社会组织培育力度，鼓励和引导社会组织参与提供多层次、多样化的社会公益服务，提高基本公共服务信息化和智能化水平，充分利用大数据、人工智能等技术促进政府部门相关信息资源整合共享，采用固定

设施和流动服务相结合的方式，扩大基本公共服务覆盖的广度和深度，助推城乡居民生活水平同步提高。

参考文献

安树伟、孙文迁：《都市圈内中小城市功能及其提升策略》，《改革》2019 年第 5 期。

蔡超：《“三权分置”还是“两权置换”？——城乡融合发展视域下的土地制度改革构想》，《西北农林科技大学学报》（社会科学版）2021 年第 1 期。

陈丹、张越：《乡村振兴战略下城乡融合的逻辑、关键与路径》，《宏观经济管理》2019 年第 1 期。

杜启平：《城乡融合发展中的农村人口流动》，《宏观经济管理》2020 年第 4 期。

董世洪、郁建兴：《城乡融合进程中农村居民市民化的中国方案——基于浙江省海盐县、陕西省千阳县的调查》，《中南民族大学学报》（人文社会科学版）2021 年第 2 期。

蒿慧杰：《城乡融合发展的制度困境及突破路径》，《中州学刊》2019 年第 11 期。

何永芳、佘赛男、杨春健：《新时代城乡融合发展问题与路径》，《西南民族大学学报》（人文社科版）2020 年第 7 期。

何芳：《前联邦德国土地整理介绍与分析》，《中国土地》1997 年第 10 期。

黄锡生、王中政：《论城乡融合发展的双重逻辑及制度统合》，《现代经济探讨》2021 年第 5 期。

李爱民：《我国城乡融合发展的进程、问题与路径》，《宏观经济管理》2019 年第 2 期。

李玉恒、阎佳玉、宋传垚：《乡村振兴与可持续发展——国际典型案例剖析及其启示》，《地理研究》2019 年第 3 期。

欧万彬：《“新时代城乡融合发展”的内涵解读与实践要求》，《北方论丛》2020 年第 3 期。

涂圣伟：《城乡融合发展的战略导向与实现路径》，《宏观经济研究》2020 年第 4 期。

宋言奇：《从城乡生态对立走向城乡生态融合——我国可持续城市化道路之管窥》，《苏州大学学报》（哲学社会科学版）2007 年第 2 期。

王桂芹、郑颜悦：《我国城乡融合存在的问题及对策》，《江淮论坛》2020 年第 5 期。

邬晓霞、黄艳、高见：《都市圈内中小城市功能提升对策研究》，《城市》2020 年第 2 期。

徐素：《日本的城乡发展演进、乡村治理状况及借鉴意义》，《上海城市规划》2018年第1期。

徐祥临：《新时代城乡关系与推进之路——习近平总书记“城乡融合发展”思想的历史性贡献》，《国家治理》2018年第14期。

闫文仙、陈龙：《网络治理视角下的县域统筹城乡发展——以云南省K市为例》，《经济研究参考》2017年第37期。

周佳宁、邹伟、秦富仓：《等值化理念下中国城乡融合多维审视及影响因素》，《地理研究》2020年第8期。

曾雯、张小林、李智：《乡村振兴视角下县域尺度城乡融合发展评价研究》，《池州学院学报》2018年第3期。

G.9
美丽中国建设与中小城市绿色发展的路径与策略

李群　李晔*

摘　要：本报告对中小城市的发展现状与面临的问题进行了总结。在新时代背景下，探究中小城市绿色发展的路径与策略具有重要的战略性意义。本报告针对中小城市绿色发展的三种典型模式：旅游型、资源型和农业型，分别以井冈山、香格里拉、二连浩特、霍林郭勒、龙井和格尔木市为例，分析中小城市绿色发展的做法与路径，总结出以中小城市为地域单元载体，进而实现美丽中国建设的关键路径。

关键词：中小城市　绿色发展　旅游型　资源型　农业型

党的十八届五中全会首次提出“创新、协调、绿色、开放、共享”新发展理念，并将其作为一种全新的发展模式，用以指导我国未来经济社会的发展。绿色发展已提升至全新的战略高度，成为当今时代的潮流与趋势。我国中小城市数量众多，虽然其人口、产业、基础设施、资源的规模不能与大城市相睥睨，但也聚集了相当一部分发展要素。显然，中小城市在区域绿色发展中扮演着举足轻重的角色，应积极践行绿色发展理念；其发展方式的转变是我国实现更高水平绿色发展、加快推进生态文明、全面建设美丽中国的重要举措。

* 李群，中国社会科学院数量经济与技术经济研究所研究员、中国特色生态文明建设与林业发展研究院特聘智库专家，研究方向为经济预测与评价；李晔，南开大学经济与社会发展研究院助理研究员，研究方向为区域可持续发展。

一 中小城市发展现状及面临的问题

截至2020年底，中国有建制市685个，其中直辖市4个，地级城市293个，县级建制市388个。4个直辖市常住人口均超过千万，属于巨型城市。293个地级城市中，200个属于中小城市，占比68.26%。388个县级建制市中，除了极个别发达城市的市区人口接近或略超过百万之外，多数建制市市区人口在数万至数十万。在行政区域面积、人口集聚、经济总量、地方财政收入等方面中小城市均占据了不容小觑的地位，俨然成为中国经济社会发展的主力军。①

（一）中小城市发展现状

1. 综合实力不断提升

中小城市是连接城市和乡村的重要纽带，在我国城市化进程不断加快的过程中，中小城市的发展速度和城市规模也达到空前的程度。近年来，我国中小城市的经济总量始终在全国经济总量中占据较高份额；中小城市的社会民生得到较大改善；中小城市的生态环境与资源节约水平明显提升。总的来说，中小城市的发展势头良好，综合实力不断提升。②

2. 发展模式逐渐转变

我国绝大多数中小城市早期主要采取“高投入、高消耗、高排放、低效益”的粗放式发展模式，经过多年不懈努力，逐渐转变为“资源节约、环境友好”的绿色发展模式。在体制机制创新、重点工程实施等方面，许多中小城市以实现城市绿色发展为目标，积极开展相应的探索与实践。如山东省邹平县、江苏省昆山市、湖南省长沙县、常州市武进区等中小城市成为首批“中国中小城市科学发展调研基地”，通过生态立市、创新驱动、产业互动、优化结构等举措有效地推动了绿色发展、转型发展、和谐发展和高端发展。

① 贾中华：《基于增长极理论的新常态下中小城市经济发展战略研究》，《中国发展》2016年第4期，第31~35页。

② 刘娜、王军：《关于中小城市绿色发展的思考》，《环境保护与循环经济》2017年第4期，第11~12页。

3. 发展优势逐渐凸显

由于地理区位、自然禀赋等因素，中小城市的发展优势往往与大城市有所不同，它们往往具有迷人的生态环境和独具特色的历史文化。近年来，许多中小城市深刻把握其自身特点，大力保护自然环境和历史文化，构建和谐社会，加强生态文明建设，转变经济发展方式。中小城市在文化和环境方面的优势已经成为实现其绿色发展的关键动力及核心竞争力。

（二）中小城市发展所面临的问题

1. 缺乏科学合理规划

目前，部分中小城市建设规划与地区发展实际存在脱离现象，由于缺乏引领性、科学性和可操作性，一些城市呈“脱缰式”发展，城市建设质量参差不齐，出现无序扩张、盲目扩疆、贪大求全、资源环境恶化等问题。一是中小城市的上层区域性城市群规划引领不到位，致使中小城市各自为政，城市建设质量普遍不高，且建设水平参差不齐，同时出现城市开发遍地开花、重复规划和建设等问题。二是规划缺乏稳定性。城市规划“朝令夕改”“建了拆、拆了建”的现象时有发生，造成人力、物力、财力极大浪费，并严重影响规划对中小城市经济社会发展的指导作用。三是城市建设规划盲目跟风、追求“高、大、上”的现代化格局，忽视对城市文化的保护和挖掘，既无新意也缺乏创意，千城一面，毫无特色。四是发展目标定位与资源承载力存在偏差。一些中小城市在制定规划时，无视当地的资源优势和承载能力，摊子铺得过大，战线拉得过长，大开发、大建设、盲目上项目，掠夺式开发、利用资源，导致中小城市资源枯竭，影响城市发展的可持续性。

2. 基础设施建设落后

基础设施系统是维持中小城市经济社会正常运行发展的重要基础保障，也是现代化城市不可或缺的配置之一。与发达国家同类型城市相比，我国中小城市的基础设施建设仍存在较大差距。一是缺乏优质的基础设施和公共服务。我国中小城市数量庞大，总体来说呈现规模较小、空间分散的特征，以至于城市的集聚效应和拉动作用无法充分发挥，致使中小城市的资源难以有效整合。从而由于资金等因素无法提供优质的基础设施和公共服务。二是生活性基础设施配置滞后。随着人们生活水平的提高，城市基础设施的建设进度无法与百姓的生活需求相匹配，许多中小城市卫生死角多、供电紧张、交通不畅。其中，近年来受到全球气候变暖的影响，家用电器用电负荷在夏季高温天气时呈不断增长态势，一些中小城市采取限电、断电的措施来防止电力设施负荷过高，从而保证电力设施安全，这一做法严重影响到城市居民的正常生活；居民拥有私家车的数量快速攀升，而城市道路建设速度无法适应车辆增长速度，加上有限的交通管理水平，许多中小城市也在不同程度上出现了“大城市交通拥堵症”。三是环保基础设施建设严重滞后。垃圾、污水集中收集等设施数量明显不足，其处理能力落后于城市扩张速度，难以承担与日俱增的工业和生活污染物的处理处置，严重影响生态安全和国土安全。

3. 生态建设投入不足

一是对于主要街道的景观视觉效果十分偏重，而对其生态效益考虑不足。在城市景观设计方面，过分追求形式上的美感，大量占用绿地面积，采用豪华建筑材料过度装饰，导致与城市景观整体效果不和谐，降低了城市绿地的生态效果。二是违背自然生态规律进行景观设计。在现行的景观建设中过度使用石材、水泥和木材原料。其中，城市间争相模仿，过度铺设木栈道，导致景观不协调现象较为突出。三是城市建设破坏原有生物环境。一些中小城市违背植物配置原则，反季节移植、逆境栽植、填湖造景等破坏性建设现象时有发生，造成土地、水、生物等资源的严重破坏。一些中小城市在建设中改变生物自然生存环境，严重影响自然生态系统对城市的环境净化和气候调节作用。四是一些城市产业发展过度依赖消耗大、排放高的传统制造业，高新技术和战略性新兴产业项目少，生态环境压力较大。

中小城市的发展必然会面临各种问题，这些问题并非我们的“绊脚石”，当我们能够正视并解决问题的时候，它们就会成为我们迈向新台阶的“助推器”。解决这些问题的关键在于在坚持绿色发展理念的同时，我们要根据各地区的资源、环境等比较优势，形成符合地方特色的差异化发展道路，最终实现弯道超车，将我国中小城市打造成为推进建设生态文明、实现美丽中国的中坚力量。

二　实现中小城市绿色发展的意义

绿色发展是一种经济增长和社会发展的新型方式，以和谐、高效、可持续为目标。在资源环境约束日益凸显的背景下，坚定不移地走可持续发展道路，已经成为全球共识。近年来，传统粗放式城市发展模式已走到穷途末路，其弊端逐渐显现，我国城市发展面临转型压力。建设美丽中国、实施绿色发展战略是我国实现经济、社会、生态环境可持续发展的内在要求和必然选择。

中小城市是城市体系中不可或缺的重要组成部分①，在我国行政区体系中起到重要战略节点的作用，也是城市与农村地区连接的重要“纽带”。因此中小城市绿色发展是建设美丽中国、实现我国可持续发展的重要保障。

然而目前已有的关于绿色发展的研究中，大多数学者和决策者的关注视角依然停留在大城市、特大城市，中小城市的绿色发展研究依然凤毛麟角，仅仅处于起步阶段。其重要程度与当下的研究状况严重失衡。

因此，无论从现实角度还是学术角度来说，探究中小城市的绿色发展战略路径都有着举足轻重的意义。

三　中小城市绿色发展案例研究

一批中小城市成功地把握了发展机遇，因地制宜，因时制宜，制定了符合地方特色的绿色发展战略，并在实践中取得成功，给其他中小城市的绿色发展带来了深刻的启发。现选择中小城市具有代表性的三种绿色发展模式（旅游型、资源型和农业型），以案例的形式分别进行介绍，由此总结出一些规律性的经验供其他中小城市参考借鉴。

本研究以最为典型的Ⅱ型小城市为例。根据《中国城市统计年鉴2020》提供的人口资料，结合2014年发布的《国务院关于调整城市规模划分标准的通知》，特整理出全部Ⅱ型小城市，如表1所示。

---

① 赵文凯、张播：《居住小区不因市场而失效——小区理论在市场机制下的理解与应用》，《城市规划》2010年第9期，第61~66页。

表1 全国Ⅱ型小城市分布情况

隶属省份	Ⅱ型小城市	数量
内蒙古	霍林郭勒市、满洲里市、额尔古纳市、根河市、阿尔山市、二连浩特市、锡林浩特市	7
吉　林	临江市、图们市、龙井市、和龙市	4
黑龙江	同江市、抚远市、绥芬河市、漠河市	4
江　西	共青城市、井冈山市	2
河　南	义马市	1
湖　南	韶山市	1
广　西	东兴市、合山市、凭祥市	3
海　南	五指山市	1
四　川	马尔康市、康定市	2
云　南	水富市、瑞丽市、泸水市、香格里拉市	4
甘　肃	华亭市、玉门市、敦煌市、合作市	4
青　海	玉树市、格尔木市、德令哈市、茫崖市	4
新　疆	阜康市、阿拉山口市、五家渠市、北屯市、铁门关市	5

上述Ⅱ型小城市大体上可以分为旅游型、资源型与农业型三类。下面选择井冈山市、香格里拉市、二连浩特市、霍林郭勒市、龙井市、格尔木市6个典型的Ⅱ型小城市作为案例，介绍其绿色发展特征。

（一）旅游型Ⅱ型小城市的绿色发展

1. 井冈山市

地处江西吉安市境内的井冈山市拥有国家5A级旅游景区“井冈山风景名胜区”，它不仅是中国革命的圣地，更是享誉全国的著名红色旅游景区。旅游景区由龙潭、茨坪、主峰、黄洋界、桐木岭、仙口、鹅岭等十一大景区共同组成，这些景区囊括了诸多土地革命时期的历史遗存和革命旧址，是井冈山革命根据地的红色核心区域。长期以来，党和国家高度重视井冈山革命老区的发展，井冈山市的红色旅游成为拉动当地经济增长的重要引擎。为进一步推动当地红色旅游发展，党中央和国务院推行了一系列措施，譬如2003年批准成立了“中国井冈山干部学院”；2004年推出了全国爱国主义教育示范基地“一号工程”项目，井冈山革命纪念地位列其中；2008年则在当地拍摄了革命战争题材的电影《井冈山》，全国热映且好评如潮。经过多年的发展，井冈山旅游景区已成为开展爱国主义教育、宣扬革命精神的重要基地。据相关资料显示，在2019年的1月到8月期间，赴井冈山旅游的客流量高达1104万人次，创造了大约87亿元的旅游收入①。

只有生态环境保护得好，井冈山红色旅游的历史遗迹才能更好地留存；只有市容市貌和自然环境良好宜居，才能吸引更多游客来观光学习。为此，近些年来井冈山市开展了“红绿相映”的旅游发展模式。坚持将红色旅游高度融入绿色发展模式之中，形成“旅游做大、工业做强、农业做优、城乡做美，全面和谐发展”的绿色发展模式。将红色旅游作为绿色经济的支柱产业、龙头产业。井冈山市在全方位积极协调推进各项事业的同时，根据自身产业优势及区域资源禀赋，优化三产的比重，使第三产业占比超过了54%②，通过顶层规划与技术引领，科学布局了以电子信息、塑料光纤为代表的一批低污染高新产业；大力推动了以菖蒲古村、茅坪、黄坳为代表的乡村旅游产业；积极发展了以黄菊、金葡萄、井冈蜜柚为代表的绿色生态农业；全面落实作为江西省主要竹产地的功能，全面推广竹业，特别是竹床、凉席、毛笔、人物雕刻、竹制乐器等竹制品的生产销售，为整个井冈山市的绿色发展奠定了坚实的基础。

2. 香格里拉市

香格里拉地处举世闻名的“三江并流”风景区腹地，拥有缤纷繁多的旅游资源。譬如，香格里拉拥有被称为“江上普陀”的鸡公石；翁水河流域的香格里拉峡谷群以及号称“一线中分天作堑，两山夹斗石为门”著名峡谷“虎跳峡”则是香格里拉市境内著名的“V形峡谷”代表，奇特的地貌深受游客喜爱；在香格里拉白茫茫的雪山深处、茫茫林海以及草原腹地中，有着由“高原明珠”碧塔海、属都湖、高原牧场，以及被誉为“黑颈鹤乐园”的纳帕海，神女千湖三碧海等近300个宁静、神秘、清幽的高山湖泊等壮丽奇景点缀而成的国家5A级旅游风景区——普达措国家森林公园。此外，香格里拉还拥有中国最大的冷泉奇观白水台、美丽的天生桥“彩泉”、下给温泉“天浴”构

---

① 井冈山管理局：《井冈山景区旅游收入稳定增长》，http：//m.jian.gov.cn/news－show－46956.html，最后检索时间：2019年9月10日。

② 陈春泉：《创新先行、打造井冈山生态文明先行示范样板》，《鄱阳湖学刊》2015年第6期，第105～110页。

成的一幅幅明泉溪流图景，可谓惊艳天人。每年5月至9月，香格里拉的雪山草原与茫茫林海交织相应，整个旅游风景区被200多种五颜六色、竞相开放的山花簇拥，形成了花的海洋与绿的世界，可谓“山美水美，胜景迭出”。此外，居住在香格里拉的民族多达25个，包括藏族、彝族、傈僳族、纳西族、苗族、普米族、白族等，各个民族均保留了数百年来其先祖传承下来的传统习俗，琳琅满目的民族服饰、争奇斗艳的民族歌舞、多姿多彩的民族居所进一步装点了云兴霞蔚的香格里拉，使得其被全国乃至世界游客所喜爱。

为强化香格里拉市的绿色旅游，在第七届川、藏、青、滇毗邻地区康巴文化旅游艺术节上，四川甘孜、西藏昌都、青海玉树、云南迪庆四地州签署了合力打造“中国香格里拉生态旅游区”的战略合作协议，力争建成具有世界水平的融环保、历史、旅游、科考、探险、历史文化为一身的国家级生态旅游区。四地州同属康巴文化，不仅地缘相连，而且区位优势相近，又有许多共同分享的旅游资源，因此它们能够形成耦合，共同构成“大香格里拉生态旅游圈”。在这一战略合作协议签署后，香格里拉市也积极筹划并加强区域旅游资源规划，深化与邻近兄弟州的旅游交流合作，力争使四地州的旅游资源和特色产品能够在全国更好地呈现，促进旅游资源优势向现实经济优势转变。《中国香格里拉生态旅游区战略合作协议》中明确指出，要建立四地州中国香格里拉生态旅游区发展协调机制，由四地州旅游局在每届康巴文化旅游艺术节期间牵头召开合作会议，商讨并研究如何解决大香格里拉大生态旅游圈的绿色旅游发展相关事宜；四地州下辖的旅游局和相关行政负责部门将共同推进旅游项目的策划，加强项目管理实施办法，防止低水平、近距离、假大空的“面子旅游工程”与旅游设施重复建设；四地州将共同研究并制定惠及多方的“香格里拉旅游环线”绿色长廊，打造全国最美丽的景观大道，增强游客的旅游体验感；四地州将加强协作，共同推介物美价廉、代表性强的优质精品旅游服务，精简四地州之间旅客的通行手续。由此可见，香格里拉市依靠生态旅游确立了城市绿色发展的路径。

（二）资源型Ⅱ型小城市的绿色发展

1. 二连浩特市

二连浩特市拥有非常丰富的光能和风能资源。目前，其太阳能地表年总辐射约为1698千瓦时/平方米，光伏年日照时数约为3278小时，年等效利用小时数高达2500小时；风能方面，二连浩特市70米高的年平均风速为7.3～7.4米/秒，风资源有效风速小时数达7980小时，年可利用小时数高达2720小时。此外，二连浩特市地势平坦、土地开阔，且土地性质大多属于荒漠化类型，地势优势明显，投资兴建新能源项目的征地成本和建筑成本较低，具有良好的风能、光能、热能等新能源项目建设条件。

近年来，为夯实新能源产业基础，充分利用其丰富的光能和风能资源，依托二连浩特重点开发开放试验区这一优质政策平台，二连浩特市将风能、光能、热能等新能源作为了全市的支柱产业，在抢抓国家新能源扶持政策的同时，也利用科学的布局，逐步推进新能源产业形成规模，力争打造能源多元化的“新能源城市”。

2011年迄今，二连浩特市已有7家新能源企业，已建成风能、光能发电装机规模35.9万千瓦。其中风电装机规模总量为21.9万千瓦，光伏装机规模总量为14万千瓦。仅在2017年，二连浩特市就利用新能源生成了7.6亿千瓦时的绿色电力，同比增长20.2%，其中风电发电同比增长18.1%，总规模达5.1亿千瓦时，等效发电小时高达2318.3；光伏发电同比增长24.6%，总规模达2.5亿千瓦时，等效发电小时高达1778.9。另外，为积极拓展清洁能源的利用方式，按照国家清洁能源的供热政策，2017年二连浩特市启动兴建了两项清洁能源供热项目，分别为国际学院清洁电供热项目，以及中海油风电清洁供暖项目。其中，后者是锡林郭勒盟地区首家大型风电清洁供暖项目，该项目由中海油新能源二连浩特风电有限公司利用已建成投产的二期4.95万千瓦风力发电项目所发电量，为我市10万平方米建筑面积供热，项目总投资2645万元。该项目已于2017年12月17日建成投产，并成为我盟首个利用新能源供热的示范项目，供热期内运行良好；国际学院清洁电供热项目为自治区电网公司与我市政府合作建设的清洁电供热示范项目，项目建成后将满足国际学院8.5万平方米建筑面积供热，该项目总投资1000万元，目前项目整体已建设完成，具备供热能力，待优惠电价确定后投入运行。

2. 霍林郭勒市

霍林郭勒市拥有丰富的煤炭资源，霍林河煤田的面积达540平方公里，拥有119.2亿吨的优质煤矿储量，是重要的能源连续基地，更是国家规划的亿吨级煤炭基地。除了煤矿之外，霍林郭勒市还是国内重点打造的高端铝材产业集群，其铝材加工可以完全依赖市内丰富的褐煤资源，煤炭就地转化率较高。霍林郭勒市高度重视原铝精深加工、电力多元消纳、煤铝科技应用，已成功引进杭州锦江集团、国网电投、山东创新集团等一批行业领军企业投资创业，全力推进了煤、铝、电产业的延伸与升级。霍林郭勒市通过煤电一体化为架构打造了著名的“霍林河模式”。目前，霍林格勒市已形成3500万吨煤、143万吨原铝、442.75万千瓦电力装机、107.7万吨铝加工的强劲生产能力。

为进一步实现绿色发展，落实中央生态文明建设的战略要求，霍林郭勒市自2016年起便开始了对煤、铝产业的“脱污工程”。以煤产业为例，为实现煤炭超低排放和封闭储运，霍林郭勒市在2016年便投入了14.7亿元用于污染整治，原先位于全市的8家露天煤矿一并进行整改，要求做到“储煤不见煤，运煤不露煤，产煤不散烧”。同时，全市14台火电机组也一并进行技术升级，在2019年底之前全部完成了超低排放改造。在铝产业方面，许多铝生产企业采用了石灰石—石膏湿法烟气净化技术，使得二氧化硫、国家排放标准颗粒物、氟化物的排放浓度远低于国家平均水平。根据第三方委托监测，内蒙古霍煤鸿骏铝电公司、内蒙古锦联铝材有限公司和内蒙古创源金属有限公司3家电解铝大户企业超低排放投运后，若按177万吨电解铝产能计算，每年可减少氟化物350吨、粉尘640吨、二氧化硫2.1万吨。在对土地的污染整治上，全市因开采煤、铝而遭到破坏的10万亩土地被分批实施“祛沙化”和“退耕还草”。对煤、铝产业的污染整治取得了显著成效，据霍林郭勒气象站监测表明，过去45年平均每年沙尘15.6天，而近3年（2017～2019年）只有5.1天。由此可见，霍林郭勒市通过产业绿色化的政策，有力协调了资源利用与环境保护之间的矛盾，实现了其城市绿色发展的路径。

（三）农业型Ⅱ型小城市的绿色发展

1. 龙井市

苹果梨发源于龙井，是中国“四大名梨”之一，素有“北方梨之秀”美誉。龙井市全市的苹果梨种植面积高达4.5万亩，拥有果树农民合作组织33家，近年来相继推出了苹果梨果汁、果脯、果酱、果膏、苹果梨白酒、苹果梨米酒等优质苹果梨产品。龙井市依托苹果梨产业，先后取得了“生态原产地产品保护标志”“中国苹果梨之乡”“地理标志产品”“中国重要农业文化遗产”等诸多荣誉。龙井市最大、最著名的万亩果园位于龙井、延吉、朝阳川两市一镇的金三角地带，是亚洲最大的苹果梨生产基地。整个果园的经营土地幅员40余公里，果园的面积有2.3万亩，每年能够生产超过2万吨的苹果梨，号称是亚洲最大的苹果梨生产基地。果园出产的苹果梨口感好，甜度高，已经销售到全国20多个省市，还出口到了日本、韩国、俄罗斯等周边国家。万亩果园不仅生产了大量的苹果梨，它还是龙井市的一道亮丽的风景线。每逢春季，一望无际的苹果梨园蝶舞蜂飞、花海连绵，游客置身果园可一目尽睹“忽如一夜春风来，千树万树梨花开”的绿色美景；每逢秋季，万亩果园层林尽染，园中硕果累累、气象万千，徜徉其中则可尽情领略“碧云天，黄叶地，秋色连波，波上寒烟翠”的自然之美。

苹果梨一直是龙井市主要栽培作物，苹果梨栽培系统是农民增收、水土保持、生态恢复有机结合的最佳典范。苹果梨经济林用水量少，比一般农作物节水50%左右。通过苹果梨树的种植培育，能够直接增加林业资源的总量，改善龙井市的生态环境。龙井市也通过大力种植苹果梨，实现了城市的绿色发展。

2. 格尔木市

格尔木市的大格勒乡盛产枸杞。大格勒乡曾多次荣获国家、省、州、市、区表彰奖励，荣获“全国卫生乡镇”“全国文明村镇”“国家级有机枸杞出口质量安全示范基地（核心区）”“枸杞之乡”等荣誉称号。目前，大格勒乡拥有近13450亩的枸杞种植面积，虽然枸杞价格在2018年受天气影响有所下降，但全乡仍然生产了红枸杞4000余吨，黑枸杞40余吨，2018年全乡依靠枸杞种植实现了1.2亿元的农业生产总值，乡民的年度人均可支配收入达到5.5万元。随着枸杞产业体系的不断成熟，大格勒乡正在不遗余力地推进枸杞产业“提质增效”，并在此基础上改善全乡的基础设施条件，力图振兴乡村旅游，打造全国特色“枸杞小镇”。枸杞产业的蓬勃发展带动了全乡的经济社会发展，枸杞带来的丰厚收入使得大格勒乡拥有了宽敞的乡村道路、优美的人居环境、健全的基础设施、丰富的文化活动。每逢枸杞采摘季节，全国各地慕名而来的游客采摘枸杞、购买蜂蜜、品尝农家菜肴、留宿乡村，享受和谐舒适的乡村一日游，使得大格勒乡依托枸杞产业形成了村美、民富、景色亮丽的特色

“枸杞小镇”，成为戈壁滩上一道独特的风景线。

为进一步推进枸杞产业绿色化，从 2020 年开始，格尔木市落实青海省“打造全域绿色有机农畜产品示范省”的战略规划，将大力推进化肥农药减量增效行动，构建以绿色、环保、可持续为导向的生态农业生产体系，促进农业提质增效与可持续发展。预计到 2023 年，格尔木市将实现农作物有机肥替代化肥全覆盖，绿色防控全覆盖，至少将减少 60% 以上的农药使用量。格尔木市农畜产品质量安全监测站也将积极推行标准化生产记录手册的管理模式，结合全市新型职业农牧民培育项目，定期开展枸杞种植业技术培训，并深入枸杞种植的田间地头检查指导，宣传生态农业相关的法律法规及政策。同时，将积极购置食品二氧化硫残留快速检测试剂盒、亚硫酸盐快速检测纸条，向全乡及各个农垦集团所属企业批量发放，力促全方位开展晾晒环节快速检测工作。格尔木市结合枸杞采摘大面积开始的实际情况，继续加大产品质量安全巡查的宣传力度，尤其是对采摘后进行脱蜡处理阶段强化监管，把不安全、不卫生、不健康的因素消灭在晾晒环节之前，以确保枸杞质量安全。同时，进一步在全市、全省范围内协调组织技术力量，强化对各乡镇、公司监管人员的监管业务指导，全方位、立体式地做好监管工作。强化检测，加大力度对枸杞产品开展快速检测。通过枸杞产业的绿色化，格尔木市找到实现城市绿色发展的有效路径。

四　中小城市绿色发展的路径选择

结合现有学术研究成果，以及“绿水青山就是金山银山”的科学论断、中国生态文明建设的战略规划、建设“美丽中国”的历史任务，针对中小型城市实现绿色发展的旅游、资源与农业三条路径，可根据以下对策建议进一步完善，实现中小城市更为宏大的绿色发展愿景。

第一，基于旅游的绿色发展路径。强化社区居委会和村委会等基层自治单位在旅游资源规划、利用、监督、保护中的作用与力量。可以参考巴厘岛的 Sibetan 村、Desa Adat Tenganan Pegringsingan 村、Pelaga 村与 Nusa Ceningan 村共同组成的村庄生态旅游网络（印尼语为 Jaringan Ekoturisme Desa，JED）模式，这一模式不同于传统的生态旅游，它强调当地传统文化智慧的弘扬以及特色品牌建设，强调生态旅游的核心价值是基于社区生活的自然和文化保护，即在兴建旅游品牌、规划旅游路线时，首先要保护当地的文化与传统民俗，使得这种富有魅力的软性文化介质能够成为激活旅游环境氛围，增强旅客参与体验的催化剂，即把生态旅游“游客—景区”与“景区—游客”的两条单项互动模式通过文化纽带结合，形成闭环互动式的旅游体验。我国幅员辽阔，地大物博，文化璀璨，在边疆少数民族聚集生活的旅游景区，可以加强传统少数民族社群、部族等传统社会纽带的作用，弘扬多元丰富的文化符号，在坚持党的领导以及符合中国特色社会主义核心价值观和文化观的基础上，将这些文化符号汇集起来，渐进地构筑成文化旅游品牌，使游客不仅能体验到不同文化的浸润力，更能使游客感受少数民族地区传统、原始的“天人合一”式生活方式，进而领略自然的奥义与生态保护的重要性，从而间接起到宣传与教育的作用。通过这种方式，游客不仅仅能够增强旅游之中的文化体验感，还能够树立生态旅游观，从而为那些依托旅游资源实现绿色发展的小城市提供更多客源。

第二，基于资源的绿色发展路径。不论是资源的整合（Integration）还是资源的分离（Separation）都会给当地经济社会的发展带来影响。资源的整合可以利用产业的集聚效应增加当地人口和经济增长，创造更多的就业机会，但伴随在厂区附近的居民社区可能会面临污染的威胁，外来劳动人口的增加也会导致本地人口的就业空间受到挤压；资源的分离能够避免负面的集聚效应（比如污染的集聚），也能够在交通通勤、住房成本、医疗卫生等公共服务领域减缓本地社区居民的生活压力，避免兴建工业导致的环境问题和外来人口带来的社会竞争压力，但这会导致工作环境的恶化和通勤成本的增加。因此，不论是整合理论还是分离理论，都无法彻底解决资源利用与本地社会生活之间的包容性问题。最好的解决方法是，采用功能性分区的方式将“生产、消费与生活”三个环节有机剥离，譬如将生产环节的工业设施集中兴建并进行整合，并利用可再生循环技术降低污染排放，提高资源的有效利用率，譬如利用循环流化床燃烧技术高效燃煤，减少浪费。另外，可以将消费与生活区域与生产环节的工业设施分离，使得不同的功能分区之间无法形成干涉，在提高资源利用率的同时，也可以在一定程度上利用产业集聚效应增加人口和经济收入，同时避免污染导致的负面集聚效应，在提高经济水平的同时最大限度地保证当地人居环境的生态健康，实现经济与环保兼顾的资源型绿色发展路径。

第三，基于农业的绿色发展路径。社会生产的进步和发展需求必须考虑环境因素和原则。另外，有必要在保护对人类社会生活和社会生产具有重要意义的基本资源——清洁的空气、水和土壤资源的基础上，寻找合理的农业生产方式，并消除这些基本资源遭受破坏或枯竭的可能性。因此，对于那些依赖农业的中小城市，可以依据本地农业的特点，通过构建生态农业体系实现绿色发展。譬如，尽量使用有机肥料，减少传统化肥和农业药剂的使用，采用全流程密封的农产品生产流程，避免外界污染对农产品品质的影响，提高生态农业生产过程中空气、水、土壤等要素的质量和生产特性。可以借助数字化的浪潮，实现农业生产过程的数字化，利用物联网、区块链、大数据等技术，对农业的规划、种植、生产、加工、运输、销售等环节进行精准的监控与无缝衔接，提高农业上下游产业链的工作效率，减少不必要的资源浪费，降低农业的沉没成本。另外，可以通过农业技术加强土地的肥力，提升种子的品质，通过农学技术实现农业增产，保证生态农产品的充足供应，最终打造出“物美价廉，质优味香”的高端有机农产品品牌体系。大力发展生态农业，是那些以农业为支柱产业的中小型城市实现绿色发展的有效路径。

参考文献

何伟：《“三化”驱动下的中小城市发展战略探讨——以苏北为例》，《城市发展研究》2011 年第 12 期。

沈迟：《新型城镇化背景下的小城镇绿色发展之路》，《小城镇建设》2015 年第 1 期。

童纯跃、樊伟、陶文铸、李红：《湖北省中小城市绿色发展模式探讨》，《中华建设》2017 年第 1 期。

余信：《生态文明视域下中国经济绿色发展路径研究——基于浙江安吉案例》，《理论学刊》2015 年第 11 期。

张莉、王雪：《中小城市低碳经济发展模式及运行机制研究》，《中国发展》2016 年第 5 期。

刘娜、王军：《关于中小城市绿色发展的思考》，《环境保护与循环经济》2017 年第 4 期。

G.10

撤镇设市对镇域发展的深远影响及相关建议

谢洪波*

摘 要：撤镇设市本质上是提高特大镇的政治地位，促进经济社会更好更快地发展，为广大人民群众提供较为满意的公共服务。撤镇设市的根本动因是：国家出台鼓励政策的外在刺激，地方政府集聚资源和扩权的内在冲动，既有体制与经济发展矛盾运动的结果，舆论造势推动各方高度关注。经过20多年的探索，2019年8月30日，撤销苍南县龙港镇建制，设立县级龙港市，开中国建制镇直升县级市的先河。撤镇设市当前面临的主要问题是：顶层设计不够清晰系统，责权难以准确界定，利益分配不平衡情况表现突出，行政运行方式与城市建设要求差距较大，公共服务的覆盖面不够大。针对这些问题，我们应采取的对策建议是：不断强化顶层设计的科学性、合理性、规范性，进一步完善权力与责任的制度安排，持续深化行政管理体制改革，乘势创新产业发展布局，转变公共管理模式以提升治理水平，完善制度体系增强监督约束力度。

关键词：撤镇设市　镇域发展　行政管理　公共管理

一　引言

撤镇设市是指人口总量、经济发展水平、一般预算收入、实际税收和城市

* 谢洪波，清华大学公共管理学院博士后。

建成区规模等各项指标达到相关标准的特大镇，经过一定程序，获得国家批准后改为县级市的过程。撤镇设市本质上是提高特大镇的政治地位，促进经济社会更好更快地发展，为广大人民群众提供较为满意的公共服务，达到农村城镇化、农民市民化的目的。

撤镇设市作为国家新型城镇化发展到一定程度的成果体现，不但李克强总理在政府工作报告中反复提到，而且国家所有与新型城镇化相关的规划中，都提过这个概念，其实这个概念本质上是为我国增加若干新形态的城市。按照我国新型城镇化的发展规划，2020 年，将有 1 亿人进城。然而无限扩大当前已有的 600 多个城市，肯定是不现实的。怎么办？将特大镇升级新的城市，不失为一个好办法。

二　撤镇设市的内涵与外延及其政策变迁

新城市的标准分为广义和狭义，广义标准针对的是综合管理机制，狭义标准针对的是建成区的行政划分。一般来说，新城市可看作“城”和“市”的统一体，但不管哪种表述，“城”和“市”都跟大量居民的集聚和二、三产业的区位分布紧密联系。1990 年，《中华人民共和国城市规划法》颁布实施，该法规定，城市指按行政建制设立的直辖市、市、镇，这里明确把镇这一层级涵盖了进去。然而，2008 年通过的《中华人民共和国城乡规划法》提法截然不同，该法定义的城乡规划，将城市规划和镇规划分列，显然，这是镇从城市中剥离了出去。

即便如此，我国批准设立市的标准中，镇仍然是重要的候选目标。具体来说，特大镇改设为市方面有两类不同的标准：一是设立地级市和县级市的标准，二是设立特大镇的标准。1986 年发出的《国务院批转民政部关于调整设市标准和市领导县条件报告的通知》，明确规定，镇区户籍人口超过 6 万，国内生产总值达到或超过 2 亿元，就可以提出设市的申请。在此基础上，1993 年又发出了《国务院批转民政部关于调整设市标准报告的通知》，该通知进一步强调，区域经济发达的中心镇，如果镇区户籍人口超过 8 万、人均一般预算收入超过 500 元，可直接向上级主管部门申请撤镇设市。

2011 年，“十二五”规划纲要提出，要推动经济发展条件较好的东部特大镇，稳步改设为中小城市。2016 年 12 月，《关于深入推进经济发达镇行政管理体制改革的指导意见》经中共中央、国务院批准颁发，该意见规定，符合法定标准、具备行政区划调整条件，且行政管理体制改革成果显著的经济发达镇，可稳妥有序地推进设立市辖区或县级市工作。

2017 年 3 月，李克强总理在政府工作报告中强调，支持特色小城镇发展，对那些人口稠密、经济条件较好的特大镇，积极推动撤镇设市，发挥较大的辐射带动作用。一年后，国家发展改革委抓好落实，推动印发了《关于实施 2018 年推进新型城镇化建设重点任务的通知》，该通知明确提出，抓好新设立的中小城市的培育工作，鼓励将经济发达、形成人口集聚效应的特大镇改设为县级市。2019 年 4 月，国家发展改革委在下发《2019 年新型城镇化建设重点任务》的通知中进一步强调，对符合条件的、非县政府所在地的特大镇，要鼓励地方政府将其增设为中小城市。撤镇设市主要政策出台情况见图 1。

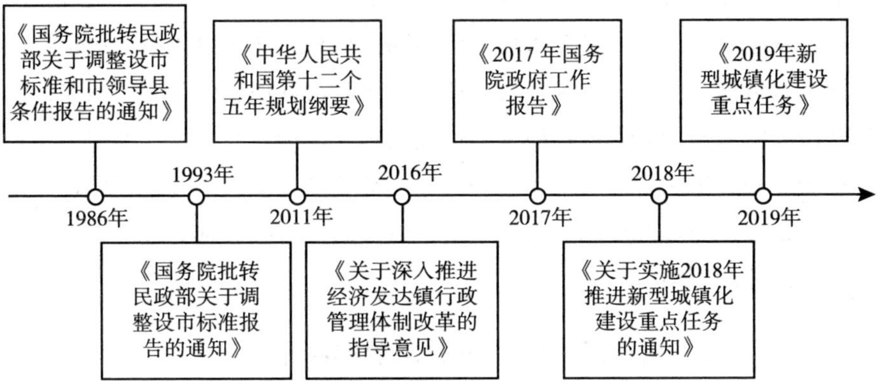

图 1　我国出台与撤镇设市相关的主要政策示意

三　撤镇设市的根本动因

（一）国家出台鼓励政策的外在刺激

如前所述，为激发撤镇设市的热情，国家陆续出台的十多项政策文件，鼓励条件具备、经济实力强劲的非县政府驻地特大镇稳妥推进设市工作，不断培育出新的中小城市。特大镇的经济和生产的发展水平一般较高，产业结构、城市空间规划都处于农村与城市的中间地带，便于转移农民就业和实现居住就地化，也有利于吸引各类人才、技术与资本等资源。为满足新型城镇化发展需要，国家出台政策时，注重对特大镇扩权赋能，稳妥地推进行政体制改革，这样可以实现城镇本地化，降低改革成本与风险，做到以城带乡、城乡融合。

（二）地方政府集聚资源和扩权的内在冲动

改革开放40多年来，我国乡镇得到较大发展，目前人口超过10万以上的特大镇有238个，这样的规模显然不逊色于很多中小城市。至于经济发展水平，很多特大镇甚至赶超部分县级市，如广东省东莞市虎门镇，2019年地区生产总值近900亿元，这让云南丽江（400多亿元）、甘肃武威（500多元亿元）、海南三亚（600多亿元）。都自愧不如。不少特大镇的产业优势明显，产业集群态势已露端倪，加上人口吸纳与承载能力较强，势必形成一定规模的就业规模。这些特大镇除了带动本地经济体的发展外，还可以辐射周边镇，产生联动效应。从这个意义上来说，特大镇完全具备设立城市的要素与功能，而且将这些特大镇升格为市，能够极大地加速城镇化建设。我国浙江温州、广东东莞、安徽合肥、山东青岛、福建石狮等地相继尝试撤镇设市改革，体现了地方政府对行政级别与资源控制权力的追求，以及通过行政级别升级后来推动当地经济发展的强烈愿望。

（三）既有体制与经济发展矛盾运动的结果

我国不少特大镇虽然经济实力与发展潜力都很强，但仍然无法摆脱建制镇这种既有体制的困境，人事、财政等自主权有限，成为很大的体制掣肘，如浙江绍兴的钱清镇，人均国内生产总值早就超过1万美元，但社会管理仍赋予的是农村集镇这一层级的权限。又如广东东莞的长安镇，2019年税收的总额已超过100亿元，但其可支配的财政收入却不到30亿元。① 这种体制机制显然滞后于经济发展，使不少特大镇长期陷入“小马拉大车”的尴尬局面。特大镇

① 罗勉：《东莞市长安镇推进新型城镇化试点改革释放特大镇发展活力》，改革网，http：//www. cfgw. net. cn/2016 -06/29/content_ 20755472_ 2. htm，2016年6月29日。

在当前镇级体制下，上级部分放权难以从根本上解决特大镇权责失衡的问题，极易导致镇政府职能出现空白现象，必将严重制约特大镇发展的自主性。此外，单一的行政放权不能为扩权后的城镇建设提供有力支撑，也会引发公共服务和专业基础服务设施供需失衡的问题，因此，需要探索新的路径方式。

（四）舆论造势推动各方高度关注

各级政府出台一系列撤镇设市的政策文件以及有关媒体报道撤镇设市的新闻与日俱增，不断提高特大镇本地居民思想观念上对撤镇设市的认同度和期许水平。舆论关注日益成为推动撤镇设市的重要力量，人们的目光更多地被吸引到撤镇设市上来。与此同时，撤镇设市也能提升群众对城市发展的预期水平，有助于吸引本地资本和外来资本。政府对撤镇设市的重视，无疑为投资者展开建设注入强心剂，有助于吸引外资扩大企业规模，防止资金外溢，全面提高内外资金的利用率。

四　撤镇设市现状分析

20 世纪 90 年代末以来，我国就开始探索撤镇设市，并取得了初步的成效。进入 21 世纪后，随着城镇化规模的不断扩大，撤镇设市的步伐明显加快。从 2007 年开始，在浙江省、广东省、江苏省等经济发达省份推行的强镇扩权改革试点，通过下放事权、扩大财权、改革人事权、保障用地，推动特大镇和强镇更好更快地发展，如 2007 年浙江省开展的“中心城镇培育工程”，就是要扩大中心镇的经济社会管理权限，嘉兴市姚庄镇是其中的典型代表；而广东佛山的顺德区、南海区从 2009 年开始的简政强镇试点改革，也将主要的事权下放给试点的十多个强镇。江苏省则是 2010 年才启动强镇改革，每个地级市都选择了至少一个试点，最后确定了 20 多个强镇，而吴江盛泽镇是其中的典型代表，这些改革都取得了显著的效果，也为撤镇设市提供了经验借鉴。

在强镇扩权试点基础上，2014 年 6 月出台了《关于开展国家新型城镇化综合试点工作的通知》，明确年底前开展大规模的新型城镇化综合试点，主要任务是建立农业人口市民化机制、城镇化投融资机制、行政成本降低机制等。基本目标是：到 2017 年取得阶段性成果，总结一批可复制推广的成功经验，并于2018~2020年推广到全国。

由此掀起了轰轰烈烈的新型城镇化综合试点热潮。2014年底，在第一批公布的62个试点地区名单中，只有浙江龙港镇、吉林二道白河镇两个特大镇。但一年后公布的第二批试点名单中，激增至15个特大镇。到2016年公布第三批名单时，特大镇数量更是达到21个之多，向特大镇倾斜的力度明显加大，也为撤镇设市迈出了坚实的步伐。

历经20多年探索，2019年8月30日，经国务院批准，同意撤销“中国第一座农民城”——苍南县龙港镇，设立县级龙港市，开中国建制镇直升县级市的先河，从而全面打开了撤镇设市的改革通道，也为深化特大镇行政管理体制改革提供示范样板。

（一）浙江省苍南县龙港镇

2015年2月，国家发改委将浙江省苍南县龙港镇作为国家新型城镇化综合试点建制镇之一，当时辖区建成区19平方公里。2013年常住人口43.7万人，户籍人口36.2万人，其中建成区常住人口24.9万人，镇区人口密度达每平方公里1.3万人；地区生产总值185.6亿元，财政总收入18.8亿元。到2018年，龙港镇的建成区面积扩大到180多平方公里，常住人口增至50多万；生产总值299.5亿元，工业总产值194.9亿元，分别占苍南县总量的53.4%和62.4%，形成了以印刷业为龙头的产业集群。

（二）江苏省昆山市玉山镇

玉山镇总面积118平方公里，人口471275人（2017年）。2015年完成地区生产总值638亿元，工业总产值1332亿元，一般公共预算收入57.39亿元。而到2019年，玉山镇完成地区生产总值达到820亿元，工业总产值1360亿元，一般公共预算收入95.08亿元，税收占比91.25%，还蝉联全国综合实力千强镇第一。

（三）广东省东莞市虎门镇

虎门镇面积178.5平方公里，总人口超过100万，其中户籍人口16.2万，常住人口64万。2015年，虎门镇完成地区生产总值447亿元，镇本级可支配财政收入23.5亿元，各项税收收入72.57亿元，市场主体总量超过6.5万户。而2019年，地区生产总值648亿元，各项税收总额87.7亿元。市场主体达11.2万户，其中企业4.5万户，在全国综合实力千强镇中排名第8。[①]

五　撤镇设市的典型形式

（一）区域合并模式

该模式主要是把人口数量较多的、综合实力较强不是县政府驻地的镇，同相邻的乡镇一并划出，独立设为市。其优点是廓清了城市与特大镇之间的地域，对城市空间无序扩张有一定的限制作用，还能实现人口的均衡发展。其缺点是：该模式本质上是一种城乡分治的做法，与城乡统筹的大趋势背道而驰，无形中也使政治、经济、文化、社会等很多方面的联系趋于中断；更为可怕的是，这种模式设立的市，会导致行政机构膨胀、人员冗余。此外，这种模式很难把空间划分好，因为满足该模式条件的特大镇数量较少；由于特大镇设市后肯定会影响所在县的经济发展，故而实际操作的阻力会相当大；更为严重的如市县分设、城乡分割、重复建设等问题，有可能危及县级行政区的稳定性。

（二）整体打包模式

该模式以县级行政区为单元，整体打包改设为市，即“县辖市”。这种模式的优点是：克服了区域合并模式的一些弊端，确保了县一级行政区划的稳定。缺点是：对行政区设立宗旨的背叛，会使城乡人口比例严重失调，而且县的数量有限制约了设市的总数，加之设市前后管理对象上基本相同，自然也就无暇顾及城市规划及建设；该模式很容易模糊市、县的概念，很难分辨它们之间的等级，更别说隶属关系了。

（三）石狮模式

1987年12月，国务院批准石狮镇升级为省辖县级市，该模式的优点集中

① 数据分别来源于龙港镇、玉山镇、虎门镇2015年、2018年和2019年政府工作报告。

表现为：行政管理上的小政府、大社会体制，拥有更大的自主权。缺点主要是：与所在县关系紧张，协同管理问题层出不穷；管理人员能力跟不上撤镇设市的脚步，发展思路与城市社会经济发展不匹配。该模式适合面积较大，邻近有两个或多个特大镇，经济实力强劲、发展潜力巨大，设市后对所在县经济影响不大的建制镇。

六　撤镇设市面临的主要问题

撤镇设市在推进过程中，还面临顶层设计不够清晰、责权难以准确界定、利益分配不平衡等问题。

（一）顶层设计不够清晰

一是关键权力仍处于似放非放状态。从本质上来说，撤镇设市的核心是明确上级政府与特大镇（中心镇）之间属于一种“委托代理”关系。然而，实际操作过程中，所谓的委托，仅仅被理解为下派机构，既没有界定委托的事项范畴，也缺乏必要的权力审核制度。不少特大镇政府官员甚至认为，“镇级市”事实上不存在，因为我国现有法律体系中并没有明确。① 个别撤镇设市试点镇，表面上是市级建制，但却名不副实，管理任务仍然那样繁重，唯一不变的是权限，少数下放的权利都是责任重大的事务，真正涉及城市规划和土地指标的审批权、执法权一点都没有下放，还牢牢掌握在上级手中。②

二是合法性地位缺乏政策支撑。国家虽然出台相关政策文件，赋予特大镇更多的自主管理权，但大多偏于宏观、可操作性不强，如撤镇设市后“市”的行政级别与城市定位、基本标准、人员绩效考核指标等仍不明确。不少综合试点特大镇尝试推行大部制改革，却由于国家层面的实施细则没有出台，比较难落实下去。③ 此外，县级权限部分下放和特大镇设为市后的称谓变化，都没有法律上予以认可，行政建制上的这些“市”大多面临镇级属

① 顾文剑：《温州龙港：“镇改市”破茧前夜》，《第一财经日报》2016 年 8 月 1 日。

② 丁振俊：《推进特大镇创新设市模式的探索研究》，《温州人杂志》2016 年第 2 期。

③ 陈竹沁：《民建中央：破解特大镇城镇化试点难题，建议研究撤镇设市程序》，见澎湃新闻网，http：//www. thepaper. cn/newDetail_ forward_ 1640225，2017 年 3 月 16 日。

性不变、不具有执法权的改革困局，话语权还是不够多，其合法性、主体性地位有待商榷。

（二）责权难以准确界定

由于撤镇设市中的“市”属于新生事物，其与上级、同级之间的责权从未有过明确界定，这些“市”在行政管理的过程中，无法真正落实追责机制，自然使得政府行政效率低下，与之相对应的就是多头管理、交叉行政问题也会不断涌现。如吉林省二道白河镇区也是长白山管委会的驻地，它们各管一摊，长白山管委会负责城建和城管工作，镇政府内设的公安、城管等部门也有一部分职能与之重合，这样，经常会出现一遇到违法、违章事情，两家都会派出相关工作人员前往处理，使得违法、违章者需要同时与管委会和镇政府的人打交道，不仅增加了行政成本，而且极易引发群众的不满情绪。某特大镇撤镇设市前后，政府机构数虽由 40 多个减少为十多个，但这十多个机构属于物理整合，不仅机构间不少职能重合，甚至机构内也存在同质化职能，如运政所和航道管理所合并后，对水路交通开展行政监督、监察的部门不仅没有减少，反而增加，因为两个所的职能重合度高，可以交叉行政、重复行政。

（三）利益分配不平衡

撤镇设市涉及的利益关系方方面面，很多需要进行重新调整，土地和资金是核心问题，其中用地指标和财政分成的利益纠纷又是核心难题，如某特大镇用地指标每年是 300 亩，占全县的 1/3 左右，即便如此，该镇仍然不满意这个指标数，因为该镇用占全县 50% 以上的地区生产总值和财政收入，来使用这些土地，显然是不成比例的。关键在于，同属一个县的另外一个镇地区生产产值和财政收入还不及该镇的一半，而用地指标数却相同。缺钱也是撤镇设市的“卡脖子”问题，由于镇级层面不具有独立的财政体系，如 2019 年某特大镇财政收入虽已超过 100 亿元，但由于财政分成比例较低，到手的实际财政收入仅为 10 亿元左右。此外，土地和资金分配不平衡容易引发招商引资、人才引进、信贷规模等连锁问题。

（四）行政运行方式与城市建设要求差距较大

如前所述，一方面，撤镇设市后的“市”缺乏立项审批权，任何项目不管大小都要经上级政府管理部门审批后才可实施。按照我国现行审批制度，不少项目从准备阶段到最终批准同意，要经历若干环节，少的 10 道，多的可能上百道，需要耗费大量的时间和精力。尽管近年来一直在大力开展“放管服”行政审批制度改革，但要真正提高效率还有很长的路要走。另一方面，撤镇设市的“市”也没有执法权限，履行相关行政管理职能，只能打着县政府及其部门同意的幌子来执行。人口规模较小时，还能管得过来，随着建成区面积和人口规模不断扩大，这种“借来”的执法权肯定跟不上快速增长的管理需求，这也就导致不少特大镇出现管理混乱情况，城区“四乱”（乱搭、乱建、乱占、乱停）现象比较严重，社会稳定受到影响。

（五）公共服务的覆盖面不够大

撤镇设市关乎广大人民群众的利益，而比较直接的表现就在公共服务上，这涉及教育、医疗、社会保障、养老等方面，难度最大的就是如何覆盖所有人口，特别是外来人口，因为撤镇设市后要朝着人口市民化方向发展，公共服务的人群必然是城镇外来务工人员、镇域农村就地转移就业人员等，这些人群具有多样性、多类别特点，故而对公共服务的诉求也是千差万别的。而受制于“市”的各项公共服务软硬件条件制约，很难做到差异化的精准服务。例如，北部沿海某特大镇投资 4000 余万元建设一座养老院，如此现代化的高标准的养老院，却只服务户籍老年人口，即便把房子空着，也不将此项养老服务延伸到非户籍人口，导致公共服务资源浪费。此外，教育、医疗、住房等公共服务的覆盖面也不够，大量外来务工人员无法享受到城市发展带来的公共服务红利。

七　规范推进撤镇设市的对策建议

（一）不断强化顶层设计的科学性、合理性、规范性

制度上健全撤镇设市的主要标准，抓紧建立可操作、易评价的设市模式标

准体系。提供特大镇的弹性发展空间，规范与引导综合试点地区设置合理进程。梳理“市”的改革需求，以标准化制度助推改革落地，以成功经验的复制推广固化改革成果，从而全面实现行政管理规范化、绩效考核可量化、社会治理高效化、公共服务全面化。加大政策支持力度，下放的权力要明确对象、内容、方式和过程，确保权力下得去、接得住。制定配套法律法规，依法保障“镇级市”获得的职权与资源更为完整、真实，为试点的标准化正名，从法律层面上拆除制度供给乏力的藩篱。

（二）进一步完善权力与责任的制度安排

推进撤镇设市，离不开法律法规、政策文件的支持，这也是确保从行政性分权走向法制性分权的关键环节。因此，要搁置当前围绕撤镇设市后“市”的行政级别的争议，一方面，要立足现有的法律制度，如依据新修订的立法法关于“扩大地方政府立法权”的规定，结合自身实际需要，明确镇一级政府行政执法的主体资格。或者在坚持立法权基本原则的基础上，出台地方性法规过程中，尽可能地赋予镇级政府相应的行政执法权限。另一方面，要紧紧依靠上级政府。新中国成立以来，我国逐渐建立起了“中央—省—市—县—乡”五级行政体制，本质上这是一种“压力型体制”，而行政地位直接决定着其经济、社会和政治资源占有和支配的数量。面对撤镇设市这个关系利益深层调整的重大事情，如何更好地重新分配相关资源，对上级政府提出了挑战，不仅不能损害“市”的既得利益，而且要为其争取更多、更大的利益，才能根本平息因权力与责任纠缠不清引发的矛盾。有时需要中央政府来统筹考虑、分类部署，才有可能被推行下去。

（三）持续深化行政管理体制改革

精干高效创新的行政管理体制，对撤镇设市后的“市”有着非同寻常的重要意义。一要建立适应小城市发展，权责明晰、保障有力的行政执法体制。在有条件的特大镇开展综合执法试点，集中行使行政处罚权和行政执法权。协调处理好派出机构与撤镇设市后的“市”级各部门之间的关系，可建立由省级政府牵头、相关市县级政府负责部署落实的管理体制，做到统一规划、统一管理，提升“市”政府各部门的协调能力。二要探索实行扁平化的管理模式。

结合特大镇经济、社会发展实际情况，探索以“社区自治＋服务”模式逐步取代“办事处＋管理”模式，在社区或农村基层党组织的全面领导下，不断优化社区或农村自治机制的功能，减轻上级政府管理和服务上的压力，确保撤镇设市工作轻装上阵。如浙江省温州市龙港镇将镇级机构由 41 个精简为 15 个，只有省内同类县市机构数的 40%，但却承接了县级下放的 1575 项权限。特别是，乡镇、街道名称将彻底消失，取而代之的是市直管村居，成为我国县级行政区域中的唯一，县级管理能力得到极大提升。

（四）乘势创新产业发展布局

优化升级产业结构，创新集聚力不断得到提升。撤镇设市后的“市”的发展必须以产业为主导，而创新又是产业经济发展的强大驱动力。因此，一方面，要聚焦主导产业形成发展集群。借助集群的聚合效应推动“市”域内的市场主体展开良性竞争，进而持续提升彼此间的创新融合能力；要坚持以技术创新力量作为产业经济发展的根本动力，在创新中聚合发展高新技术产业集群；要围绕产业特色做文章，打造“一城一品”，确保在市场中的核心竞争力。另一方面，完成产业的梯度转移，有效利用各类资源。引导要素流向周边区域，积极转移剩余劳动力，力争实现就地吸纳安置；着手转移劳动密集型产业，如东部特大镇可利用中西部地区原材料、劳动力等价格较低的时机，将部分劳动密集型产业转移至中西部地区，可以集中精力发展技术密集型和知识密集型产业，从而大幅降低生产成本，提高生产效率。

（五）转变公共管理模式以提升治理水平

我们要适应撤镇改市后“市”域经济社会的发展、不断扩大的城市建成区、日益增长的外来人口等现状，积极探索如何加强社会治安综合治理、安全生产监管、医疗保险服务、户籍管理等公共事务的管理工作，创新方式方法，不断满足人民日益增长的美好生活需要。一是将城市治理工作从行政区划管理中剥离出来。把原有的省、市、县、镇的层级对应为特大型城市、大型城市、中型城市及中小城市的不同类型城市治理模式，不断弱化城市间的上下级领导关系，在坚持分税制原则基础上，保证撤镇设市后的每个“市”能够有固定的税收来源，也无须担负其他的税收缴纳义务，这样就能尽可能地缩小城市间公共服务水平的差距。二是创新建立多元化供给模式。撤镇设市的关键指标之一是公共服务设施建设能力是否足够强大，要大力加强特大镇的公共服务设施建设，将输血模式转型为造血模式，进一步增强人、财、物各种要素流向特大镇的积极性。政府要在提供公共服务方式上主动创新，推动企业、社区、公民、合作社等社会组织积极参与，重点放在污染治理、市政维护、环卫清扫、绿化养护等公用事业领域，力争形成政府与社会组织一体互动的公共服务供给网络；也可以政府购买服务的方式，吸引社会力量自觉参与，达到提升公共产品使用效率、不断降低成本的目的；政府还要搭建云服务平台，坚持免费共享原则，做到实时在线服务与网络全覆盖，为全体百姓提供优质高效的公共信息资源服务。

（六）完善制度体系增强监督约束力度

随着撤镇设市后，权力下放给“市”一级的同时，各种约束规制却没有同步跟上，这样就容易使权力行使变得更为无所顾忌，权力执行变得更为随心所欲，这会陷入权力滥用的泥潭。因此，在撤镇设市的同时，必须构建完备的权力规制体系。一是紧紧依靠上级政府的监管力量。先把上级下放的权力分类编目，目录应包括授权的范围、重点和相关负责人，并在主流媒体上公示，以此欢迎广大群众对“市”政府行使权力的情况进行监督，条件允许的“市”，还可委托第三方机构，评估重要岗位的风险等级；上级政府定期反馈有关情况给“市”政府主要负责人，并检查其落实情况。二是推动人大、政协履行好监督职责。镇级人大虽然是最低层级的权力机关，但其在行使监督权方面也是不可或缺的，特别是有关人事、决策、监督等方面的监督权，一定充分发挥好它们的作用。

参考文献

白国强：《大镇改市富具改革创新意义》，《南方日报》2014 年 7 月 28 日。

常华：《10 万人口“镇改市”，掀起新一轮城市化建设浪潮》，《科技智囊》2016 年第 6 期。

陈剩勇、张丙宣：《强镇扩权：浙江省近年来小城镇政府管理体制改革的实践》，《浙江学刊》2007 年第 6 期。

丁振俊：《推进特大镇创新设市模式的探索研究》，《温州人杂志》2016 年第 2 期。

郭煦：《撤镇设市破题背后》，《小康》2019 年第 33 期。

李一宁、金世斌等：《深化经济发达镇行政体制改革研究》，《中国行政管理》2016 年第 2 期。

裘一佼、徐月萍、陈文文：《“中国第一座农民城”龙港撤镇设市》，《浙江日报》2019 年 8 月 31 日。

孙柏瑛：《强镇扩权中的两个问题探讨》，《中国行政管理》2011 年第 2 期。

吴玉宗、张鹏：《强镇扩权：何以可能与何以可为？——基于温州龙港镇的改革实践》，《中国机构改革与管理》2017 年第 6 期。

熊竞：《国外市制模式的经验借鉴——兼论我国的设市制度》，《江汉论坛》2014 年第 3 期。

赵晓娜：《特大镇改市，要变的不仅仅是名称——粤鲁江浙四省“中小城市培育试点”观察》，《南方日报》2016 年 7 月 13 日。

甄爱军：《“镇改市”驶上快车道》，《宁波经济（财经视点）》2016 年第 8 期。

朱光磊、张志红：《“职责同构”批判》，《北京大学学报》（哲学社会科学版）2005 年第 1 期。

李一宁、金世斌、刘为民、朱贤、邱家林：《深化经济发达镇行政体制改革研究》，《中国行政管理》2016 年第 2 期。

G.11

城乡生态环境保护的社会治理路径研究

夏 光*

摘 要： 城乡生态环境保护的社会治理，是指动员广大基层组织和社会公众广泛和深入地参与到生态环境保护中来，把社会力量与政府行政力量结合起来，推进城乡生态环境改善。近年来以环境信息公开、公众参与生态环保实践、社会绿色生活为主要内容的生态环保社会治理快速发展，它是政府直控型环境治理模式向社会制衡型环境治理模式转变的过程，其主要路径是建设社会责任义务体系和社会权利利益体系。

关键词： 生态环境保护 公众参与 全民行动 社会权利 社会义务

生态环境保护是涉及广大人民群众长远和根本利益的公共事务。城乡生态环境保护的社会治理，是指动员广大基层组织和社会公众广泛和深入地参与到生态环境保护中来，把社会力量与政府行政力量结合起来，推进城乡生态环境改善。“十四五”时期，国家将大力推进生态文明建设，力争实现生态环境状况的显著改善，为此必须构建和完善国家生态环境治理体系和治理能力，社会公众作为国家治理的主体力量必然在生态文明建设中发挥重要作用。

一 问题提出

生态环境保护的社会治理的本质是在生态环境保护中走群众路线，为了人

* 夏光，生态环境部国家生态环境保护督察专员，研究员，研究方向为环境保护政策等。

民，依靠人民，强调社会力量的组织性和能动性。在推动国家环境治理体系现代化中，之所以要强调生态环境保护的社会治理，主要有两个原因。

一是源于转型社会中力量博弈的变迁。在我国经济发展过程中，出现了很多生态破坏、环境污染等问题，就其本质而言，都是社会利益冲突的表现，既是人类作为整体追求经济利益与付出环境利益之间的冲突，也是一部分人追求经济利益与另一部分人承受环境损害后果之间的冲突，二者都会外化为不同利益主体之间的对抗和斗争。为了获得经济发展的利益，人们不得不放弃一部分环境质量，为此制定了各类环境标准，用以界定经济社会活动所可能消耗的环境质量边界。同时，为了制止一部分人为了获得经济利益而损害另一部分人的环境利益，人们制定了生态环境法律，用以保障社会公平和稳定。在制定和执行这些标准和法律时，各种利益主体都会进行博弈，这就是在生态环境保护工作中见到的不断修改环境标准和法律，以及不断监督各方执行这些标准和法律。

各方博弈的力度与当时社会所处的发展阶段有关。在人口不多、经济不发达、生态环境容量大的时候，生态环境问题不严重，利益冲突不突出，社会各方之间相安无事，无须进行激烈的对抗，环境标准和法律定得不严，执行也较宽松。而在人口密集、经济活动强度大、生态环境容量成为稀缺资源的发展阶段中，经济利益与生态环境利益的冲突，社会各成员之间环境损害造成的利益冲突，都会快速上升，并集中表现为资本追逐经济利益与社会维护生态环境质量之间的冲突。这个时候，社会不再沉默，发出改善生态环境、平衡生态环境利益的诉求，不断要求提高环境标准和法律要求，这就是社会力量开始觉醒并采取生态环境保护行动的时刻。

当今社会正处在这样由生态环境承载力宽松到生态环境容量稀缺的转型时刻，过多的污染物排放超出有限生态环境容量可以容纳和净化的能力，过强的资源开发活动突破了生态系统可以自我恢复的限度，因此我们看到各种社会力量——包括社会舆论、社会组织、公民个体等——都大大增强了对生态环境问题的关注和行动，包括对生态环境问题发出强烈的批评，对加强生态环境执法提出迫切的要求等，邻避效应也是社会诉求在生态环境问题上不断增强的反映。因此，国家生态环境治理体系的发展，不能仅仅停留在对物理意义上的生态环境质量的管控，而必须增加对人文意义上的社会利益的关注，这是生态环境保护社会治理兴起的一个重要原因。

二是源于生态环境管制成本的递增。随着生态环境问题日益突出，加强生态环境管制的社会呼声日益高涨。政府作为生态环境管制的法定力量，发挥了非常重要的作用。但由政府实施的生态环境管制是一项需要支出较大成本的公共管理活动，这些成本主要用于建立机构、增加人员、配备装备、进行管理、开展监督等，都是不直接产生经济效益的行为。在过去生态环境问题不突出的时候，管制成本的矛盾还不尖锐，社会关注程度小，政府的压力没那么大。但随着生态环境问题日积月累、此起彼伏，到集中爆发显现的时候，政府生态环境监管资源明显不足，难以负担巨大的管制成本，出现监管不严、力不从心的窘境。

这个时候，社会力量就显现出特殊的价值。社会力量的数量是巨大的，没有所谓编制的限制。它们遍布于社会的各个地方，具有天然的贴近现实、贴近问题的优势，最清楚生态环境问题的真实情况。最重要的是，它们是生态环境问题的利益相关者，具有直接的动力去与生态环境问题的制造者抗衡。因此，社会力量是加强生态环境保护的潜在资源。

生态环境保护社会治理就是动员这些力量加入生态环境保护中来。虽然这种社会治理也需要成本，但社会力量数量是巨大的，因此每个个体分摊的成本是较小的，例如如果仅靠环境执法人员监督企业，那么对企业的监督就需要巨大数量的执法力量，耗费极高的监督成本，而依靠广大公众的监督，他们就是企业旁边的千万只眼睛，容易做到低成本的贴身监督。

二　城乡生态环境保护社会治理的主要实践

城乡生态环境保护社会治理是随着我国生态环境保护的发展而不断推进的。2014 年颁布的新《环境保护法》对此进行了集中的体现。在这部“史上最严格的环保法”中，政府责任、管理权限、处罚力度、企业义务、公众权利等都得到很大的加强，给人们带来很高的期待。其中，“信息公开与公众参与”被单列一章，内容包括清洁环境、绿色生活、信息公开、社会监督、公益诉讼等，引人关注。在我国生态环境保护领域最高位阶的法律中如此突出社会公众的作用，是前所未有的，意义非同寻常，具有里程碑性质。

具体来说，城乡生态环境保护社会治理的实践和进展主要体现在以下几个方面。

（一）环境信息公开快速推进

相关法律制度不断完善。2008 年原环境保护部发布了《环境信息公开办法（试行）》，2013 年后又发布了《国家重点监控企业污染源监督性监测及信息公开办法（试行）》、《国家重点监控企业自行监测及信息公开办法（试行）》、《建设项目环境影响评价政府信息公开指南（试行）》和《企业事业单位环境信息公开暂行办法》等政策文件。2018 年修订了《环境影响评价公众参与办法》和发布了《生态环境部信息公开实施办法》。此外，《“十三五”环境监测质量管理工作方案》《打赢蓝天保卫战三年行动计划》《土壤污染防治行动计划》《渤海综合治理攻坚战行动计划》《中央生态环境保护督察工作规定》等具体措施方案中均部署了环境信息公开的内容。

在这些法律法规和行动计划中，分别建立了环保信用评价、环境信息强制性披露、上市公司和发债企业环境信息报告、部门联合奖惩机制等各项具体制度。重点排污单位必须及时公布自行监测数据和污染物排放数据、污染治理措施、重污染天气应对措施、环保违法处罚及整改等信息。

2016 年《控制污染物排放许可制实施方案》将全国排污许可证管理信息平台确立为统一公开平台。已核发排污许可证的企业按要求及时公布执行报告。2018 年《排污许可管理办法》对持有排污许可证的企业及许可证核发部门都提出了信息公开要求。

以上可见，我国环境信息公开制度已经形成了比较完善的体系。随着这些制度在基层逐步落实执行，公众获得环境信息的渠道更加通畅，同时也促进了企业积极改善环境行为。

（二）公众参与生态环保实践日益丰富

公众参与生态环境保护是国家生态环境治理体系的重要内容，是建立和完善生态环境保护全民行动体系的主要环节。“十三五”时期公众参与生态环保更加深入和有效。

公众参与生态环保的主要环节之一是参与建设项目的环境影响评价过程。

2016 年原环保部颁布了《“十三五”环境影响评价改革实施方案》，发布了《环境影响评价公众参与办法》。

2018 年生态环境部五部门发布了《公民生态环境行为规范（试行）》，2019 年生态环境保护部出台《关于改革完善信访投诉工作机制推进解决群众身边突出生态环境问题的指导意见》，为畅通和规范群众诉求表达、利益协调、权益保障通道做出了制度安排。

公众参与生态环保主要是通过建立环保社会组织来实现的。2017 年原环保部和民政部印发了《关于加强对环保社会组织引导发展和规范管理的指导意见》。目前我国已有生态环保相关社会组织数千个。

公众拥有对于生态环境问题的举报权，这在《环境保护法》中有明确规定。各级政府开通了 12369 环保投诉和举报热线以及网上举报途径，很多地方还设置了环境污染举报人奖励制度。

以上这些公众参与生态环保的制度建设和社会实践活动在持续改善生态环境质量方面发挥了积极作用。老百姓是生态环境的直接相关者，他们不仅希望政府做好生态环保，也愿意积极参与其中，事实说明群众的力量是巨大的。

（三）绿色生活逐步引领社会新风尚

社会生活方式是对生态环境保护具有密切关系的因素。过去人们生活水平不高的时候这种密切关系还反映得不是很明显，现在进入了物质大量消费的时代，生活方式对生态环境的影响就日益显现出来了，例如家庭能源消耗和水资源消耗总量很大，外出旅行的频率和距离显著增加，各种网购包装物与日俱增，等等，因此倡导节约能源资源的绿色生活方式的重要性就不言自明了。近年来，绿色生活已经开始走进大众生活之中，成为社会新时尚。

据中国连锁经营协会的数据，近年来我国有机食品消费市场以每年 25% 的速度增长。阿里研究院报告显示，2018 年天猫淘宝上购买绿色商品的消费者超过 3.8 亿，“90 后”消费者以 41% 的占比成为“环保购”的主力军。2019 年天猫“双 11”预售期间，节能空调、环保建材涂料的预售成交额比上年同期分别增长 41%、80%，购买电动滑板车、电动摩托车的消费者比上年分别增长 109%、522%。京东大数据研究院发布的《2019 绿色消费趋势发展报告》显示，绿色商品的种类已经超过 1 亿种。

公众对绿色产品的兴趣也带动了绿色产品的研发和生产。例如汽车，前几年电动汽车还不被人们接受，只有无法摇到汽油车号的人才无奈地去购买电动车，而近两三年来，人们选择电动汽车的热情高涨起来，路上跑的电动车越来越常见，这里面除了充电条件有所改善的原因外，人们常说的理由之一就是减少空气污染。国内新能源汽车从2015年的32.6万辆增长到2019年的120.6万辆，占全球新能源汽车销量的54.4%。再从其他家用电器看，2017年，高效节能空调、电冰箱、洗衣机、平板电视、热水器等5类产品国内销售近1.5亿台。

绿色食品是绿色生活的主要内容之一。绿色食品包含5个大类、57个小类、近150个种类；2018年有1.3万多个产品获得绿色食品认证（2015年只有近9000个），三年增加了约50%。2018年底，全国已创建680个绿色食品原料标准化生产基地，种植面积1.64亿亩，绿色产品生产资料企业总数发展到153家，产品达426个。绿色家居是绿色生活的另一个重要指标，2018年底，全国城镇建设绿色建筑面积累计超过25亿平方米，绿色建筑占城镇新建民用建筑比例超过40%，获得绿色建筑评价标识的项目达到1万多个。

三 进一步推进生态环境保护社会治理的思路

积极推进生态环境保护的社会治理，以上只是介绍了信息公开、公众参与和绿色生活三个方面，其他还有环保信用管理、社会风险防范、社会舆情引导等，这些方面也有很大的进展，这说明生态环保的社会治理逐步形成了一个比较完整的路径体系，一般被称为生态环保的全民行动体系。从最早的“公众参与”到现在的“全民行动”，反映出生态环保的社会治理正在逐步发展和完善。“公众参与”表明环境保护是别人的事，公众只是“参与”进去，而社会治理强调社会公众是生态环境保护的主要力量之一，生态环保就是自己的事，这是不断提升的治理模式。

公众参与意义上的治理模式，可以称为“政府直控型环境治理模式”，其特点是政府几乎包揽了环境保护的所有工作，从宏观政策制定和微观环境监督，主要都由政府直接操作，所采用的手段也以行政手段为主，即使是所谓“经济手段”，也是政府直接操作的管理方式，必须由政府投入相当的力量才能运行，在这个意义上说，经济手段其实是行政手段的一部分，是一种用收费、罚款等经济价值来调控的行政管理手段。在这种治理模式中，公众处在相对被动和辅助的地位，发挥作用虽然也在不断增加，但总体较为有限，更不可能成为主要力量。

社会治理意义上的治理模式，可以称为“社会制衡型环境治理模式”，它强调在政府主导下，社会力量发挥基础性作用，成为制约破坏生态环境者的基本对冲力量。当生态环境问题发生时，也就是社会发生利益冲突的时候，不再完全依赖于政府出面直接处置，而是由不同利益的代表进行互相作用，利用冲突处理机制（法律和司法）进行调解或裁判，从而解决冲突，使生态环境问题得到控制和解决。整个过程所发生的一切成本由造成生态环境损害的一方承担，避免支出过大的行政管制成本。在这个过程中，政府仍然是主导力量，可以为公众提供法律依据或监测数据等，还可以在社会各方“打官司”之前，先进行调解，为有理的一方辩护。由此可见，政府在很多情况下已由直接管理的当事人，转变为起支持作用的中间人，极大地节约了行政成本，这是社会制衡型环境治理模式的关键之处。

在社会制衡型环境治理模式中，政府的作用转向宏观管理特别是建立法治环境。是社会力量在生态环境治理中发挥主体作用的前提，是法律对于社会更多的授权。在这个意义上，新《环境保护》法所赋予社会的各种生态环境权利将成为引起生态环境保护社会治理发展的“起爆点”。在开始实施新环保法之后，环境公益诉讼的案例快速增长，来自社会的信息公开申请也大量增加，社会舆论对生态环境问题的关注、评论、批评、建议等明显增加，公众绿色生活创意和行动更加活跃。在社会制衡型环境治理模式中，公众的行动不仅仅限于“参与”，而是要成为一种基本力量。

四　生态环境保护社会治理的新途径

生态环境保护社会治理的核心是“社会行动”，包括“从我做起”的自我行动和“面向社会”的他律行动，前者反映的是公众的责任和义务，后者反映的公众的权利和利益，因此，生态环境保护社会治理主要是通过建设“社会责任义务体系”和“社会权利利益体系”来实现。

（一）建设社会责任义务体系

社会责任义务体系是对社会公众自身行为的要求，目的是培育具有生态文明意识的新型公民。建设社会责任义务体系由社会和政府共同建设。

1. 树立生态环境意识

——塑造生态文明价值观和生态环境伦理。

——强化企业的社会责任感和荣誉感。

——对企业家进行可持续发展教育。

——激励激发企业家的“环境慈善”之心。

——增加企业环境保护信用。

2. 践行绿色生活

——节水节电节约材料。

——循环使用废弃物质。

——把废旧衣物赠送给需要的人。

——不购买过度包装的物品。

——绿色出行，减少开车。

——绿色采购，选用有绿色环保标志的产品。

——参加绿色生态旅游。

——减少一次性产品消费。

——进行垃圾分类。

——创建绿色社区。

——维护清洁环境。

3. 传播科学知识

——媒体积极参与生态环境保护公益宣传。

——理解生态环保政策，知晓环境科学知识。

——依法、理性、有序参与生态环保事务。

——生态文明知识理念上课本、进社区、入工厂。

——参与绿色科技创新。

4. 进行绿色教育

——加强对儿童的绿色环保教育。

——培养下一代的生态文明意识。

——教育孩子爱自然、爱环境，视地球为家园。

——将生态文明理念贯穿于国民教育体系。

（二）建设社会权利利益体系

社会权利利益体系是生态环境保护社会治理的主体部分，目的是通过对社会赋予更多生态环境权利，拓宽公众从事生态环境保护的渠道，使社会力量担负起生态环境保护的重任，因此在建设这个体系中，法律和政策支持至关重要。

1. 扩展社会生态环境权利

——知情权。公布生态环境状况公报、空气质量周报等公共信息和企业环境信息。

——监督权。公众有权采集样品和合法测试，使之成为进行生态环境诉讼的证据。

——索赔权。公众可以根据法律规定向污染者索取赔偿。

——议政权。公众有权参与经济和生态环境决策的某些过程。

2. 监督企业环境行为

——积极关心企业环境信息，了解重点企业污染物排放情况。

——监督企业公开污染物排放自行监测信息。

——参与企业环保信用等级评定，了解公布评定结果。

3. 监督政府生态环保工作

——对政府生态环保工作积极建言献策，及时反映存在的问题。

——对政府失职行为给予批评。

——通过舆论监督等方式，反映社会对生态环境问题和生态环保工作的意见。

4. 推进环境信息公开

——主动获取环境信息，合理利用相关信息。

——完善环境信息发布机制，细化公开条目，明确公开内容。

——开辟门户网站、政务微博、报刊、手机报等权威信息发布平台。

——采取新闻发布会、媒体通气会等便于公众知晓的方式发布信息。

5. 依法维护环境权益

——对于噪声、水污染和恶臭等侵权行为进行坚决斗争。

——通过投诉、诉讼等途径依法维权。

——进行生态环境公益诉讼。

6. 参与生态环境公共事务

——积极参加环境影响评价等工作。

——对于政府公布的环境影响报告书等，客观公正地提出意见。

——对于违反法律法规的建设项目，进行反对和抵制。

——支持必要的建设项目，克服“邻避效应”。

7. 参与生态环境立法工作

——对于公开征求意见的生态环保法律草案，积极提供修改建议。

——积极向人大和政府提出新增或修改生态环保有关法律的建议。

——通过人大代表和政协委员等途径反映生态环保要求。

8. 有序发展社会组织

——支持发展生态环保社会组织，增强生态环境保护正能量。

——加强社会组织与政府的沟通协商。

——发挥生态环保社会组织对群体性事件的缓冲和化解作用。

——开拓发掘民间智慧，鼓励民间绿色科技创新。

五　促进生态环境保护社会治理的政策建议

（一）坚持政府的决定性作用

生态环境保护社会治理是对现有生态环境保护工作方式的补充和发展，社会治理模式不能否定政府治理模式，更不能代替之。国家生态环境治理体系的现代化，应该强调政府在生态环境保护中起决定性作用，市场和社会力量更好地发挥作用。如果说政府治理是正规军，那么社会治理则是民间武装，二者是互相配合的，正如毛泽东同志所说：兵民是胜利之本。

（二）发起社会绿色进步运动

生态环境保护的社会治理是社会进步的一部分，综观国内外，社会进步往往都伴随着相对强烈的社会运动过程，即集中式和大规模的社会动员和社会行动过程，这时因为社会意识往往具有很强的历史沉淀性质，要改变社会意识需要利用外力加以冲击，例如美国在 20 世纪头十多年里发生的“进步运动”。但在我国，由于 20 世纪 50 年代到 70 年代特定时期留给人们的特殊记忆，“运动”作为一种社会发展形式被赋予了比较敏感的含义，现在人们都不大愿意提“运动”这种工作方式。然而，鉴于生态环境保护的社会意识目前仍然处在较低的水平，文火慢熬式的启蒙教育固然重要，但大火猛烧式的突击提高也十分必要。生态环境保护的社会治理需要一定的暴风骤雨式的推进过程，这就是绿色进步运动。到目前为止，我国仍然存在“爱国卫生运动委员会”，这说明在一些特殊的方面，采取“运动”方式推进工作仍然是必要和可行的。

（三）设立生态环境保护社会管理机构

目前在生态环境保护部门，其内部机构主要是立足于政府直接管控需要而设置的，例如污染防治、总量控制、环境评价等，没有主管生态环保社会治理事务的内部机构。生态环境保护部门需要打开对社会的“窗口”，从群众中来，到群众中去。鉴于生态环境保护社会治理已经进入了比较活跃的新阶段，建议在生态环境保护部门内部增设管理生态环境保护社会治理事务的专门机构。

六　结语

党的十八届三中全会提出了推进国家治理体系和治理能力现代化的改革总目标，要求改进社会治理方式，发挥政府主导作用，鼓励和支持社会各方面参与，实现政府治理和社会自我调节、居民自治良性互动。党的十九届四中全会进一步强化了社会治理的部署，要求深化基层组织和部门、行业依法治理，支持各类社会主体自我约束、自我管理，发挥市民公约、乡规民约、行业规章、团体章程等社会规范在社会治理中的积极作用。健全依法维权和化解纠纷机制，建立健全社会矛盾预警机制、利益表达机制、协商沟通机制、救济救助机制，畅通群众利益协调、权益保障法律渠道。

当前处在非常特殊的时间节点：一是要全面建成小康社会，二是全面深化改革要取得决定性成果。由于生态环境是全面建成小康社会中的短板，必须突出加强生态环境保护，特别是进行生态环境治理体系的重大改革。这些新形势表明，生态环境保护作为国家治理体系的重要内容，必须从过多依赖政府治理转向更多实施社会治理，这个转变过程，既是生态环境保护的新阶段，也是生态环境治理体系和治理能力的一场深刻革命。

参考文献

环境保护部：《落实政府信息公开工作要点情况》，2015。

夏光：《构建整体优化的环境治理体系》，《中国环境报》2016 年 6 月 8 日。

生态环境部环境与经济政策研究中心：《“十四五”生态环境保护社会政策研究报告》，2020。

清华大学苏世民学院课题组：《“十四五”生态环境保护政策重点任务研究报告》，2020。

夏光：《环境保护社会治理的思路和政策建议》，《环境保护》2014 年第 23 期。

案例篇

Cases

G.12

以创新创业绘就苏南模式转型升级新样本

江苏省常州市武进区

摘　要：通过长三角、国际化合作等四大平台建设，结合创响中国活动和人才周活动增强双创引力，构建双创服务体系、引导体系、支撑体系和保障体系，将武进双创示范基地与苏南模式转型升级试验区建设相结合，走出了一条以“创新+资本+人才+开放+融合”为主要特征的“新苏南模式”。

关键词：“新苏南模式”　创新创业　“双创”升级　双创示范基地联盟

常州市武进区自2016年5月被评为全国首批双创示范基地以来，把示范基地与苏南模式转型升级试验区建设相结合，走出了一条以“创新+资本+人才+开放+融合”为主要特征的“新苏南模式”，为全国县区打造“双创”升级版提供了借鉴，2019年5月受到国务院督查激励表彰，2020年3月位列全国32个区域类双创示范基地（新区、城区、县域）第五。2020年，武进区按照国家、省双创工作要求，牢固树立新发展理念，聚优势协同发展、强平台融通创新，双创工作取得了一定成效，总体概括为“强化四大平台、办好两大活动、构建四大体系”。

一　强化四大平台，激发双创活力

（一）长三角双创合作提质

近年来，武进以双创工作为切入点，全面融入长三角一体化。2018 年，参与发起成立“长三角双创示范基地联盟”，2019 年，当选为联盟首届副理事长单位，牵头组建了石墨烯产业专业委员会。2020 年，参与发布“长三角创业地图 2.0 版”，与上海杨浦区、合肥高新区、嘉兴南湖区联合开展长三角双创券通用通兑试点，推动武进科创、人才、资本要素在长三角区域内双向流通，目前，武进长三角双创券入库机构数量占平台全部入库机构的 30%。“推行长三角双创示范基地联盟双创券”列入《长江三角洲城市经济协调会 2020 年度工作计划》。2020 年 11 月，武进联合上海杨浦区、宁波杭州湾新区、合肥高新区举办首期长三角高层次人才“赋能共融”研修活动，合力推进长三角人才合作新机制。成功举办 2020“龙城英才计划”上海邀请赛，征集重点产业领域参赛项目超过 60 个。

（二）国际化合作载体建设提速

武进重点建设四大国际化创新创业园区，加快打造国际化双创示范基地。中以常州创新园是国内首个中以两国政府签约共建的创新示范园区，得到国家领导的认可。2020 年“创响中国”常州站启动仪式暨中以创新投资与产业合作大会、第四届中以创新创业大赛总决赛（常州）等活动成功举办。以色列江苏创新中心在特拉维夫正式运营，成为省级离岸创新平台和海外人才离岸双创基地，省中以产业技术研究院、固立高端装备创新中心等创新平台投入运营。目前，园区已成功引进 39 个以色列元素项目，集聚以色列独资及合作企业 102 家。中德产业园加速推进，中德产业创新与合作中心大楼正式启用，已完成 18 个国际合作项目签约。中欧（常州）绿色创新园正式成立。苏澳合作园区有效迈出园区实质性建设步伐，高水平打造长三角国际创新创业港和国际高教合作区。

（三）科教城创新活力提振

常州创新之核科教城推进与武进高新区等开发区在创新链、产业链、供应链等方面的深度融合，2020 年，园区被认定为国家高等学校科技成果转化和技术转移基地、省科技服务业特色基地，同时新增进驻机构和孵化企业 370 家，科技创新创业平台总数突破 40 家，江苏中科院智能院工业大数据研发中心、中科智算中心、北邮常州新一代信息技术研究院等项目先后落地，北化研究院微纳米纤维研发与应用平台加快改造，南大研究院 5G 新材料产业技术创新战略联盟正式成立，初步形成“创新研发在科教城、成果转化在开发区”的新格局。传统制造业云集是武进区的特点，而提升的重要途径是推进制造业与现代服务业深度融合，这也是国家推进高质量发展的重要举措。

（四）特色园区能级提升

常州石墨烯科技产业园深耕石墨烯领域创新，产业产值增速超 30%。新型碳材料集群入选工信部“先进制造业集群”，发布 2 项石墨烯领域地方标准，石墨烯小镇入选国家发改委“全国特色小镇典型经验”。2011 年，武进谋划布局石墨烯产业。十年发展、数亿资金投入，这是政府“功成不必在我”的决心、一以贯之的规划执行，换来的成果落地。“政策 + 精神”吸引石墨烯团队进驻武进，政府细心服务加上金梧桐计划等政策，吸引了瞿研、董国材等国际一流的领军人才进驻武进，起源于集体经济的“苏南模式”招引 30 多个石墨烯领域创新创业团队，集聚多达 160 余家的石墨烯相关企业。“研究院 + 公司”创新模式诞生了江南石墨烯研究院这个创新孵化平台，源源不断地输出原创技术，也探索了可持续发展的双创新模式。“源头 + 产业链”构筑了石墨烯产业园、石墨烯小镇，扩大为现代产业集群。这种“引进一批高端人才、导入一项硬科技成果、成立一个创新服务载体、出台一套扶持政策、成就一类产业生态”的双创模式是武进示范基地的亮点。西太湖医疗健康产业园加速推进，医疗健康产业产值超 60 亿元，在全国医疗器械产业园区排名稳步攀升。常州西太湖细胞治疗前沿技术研究院、国家药监局南方医药经济研究所等创新平台启动建设。武进高新区智电汽车产业园以理想制造等整车企业为龙头，以中汽中心华东院为平台，加大电池、电机、电控、车身轻量化等配套企业的集聚，以智能网联汽车和新能源汽车为主攻方向，实现产业关联配套和区域联动发展。

二　办好两大活动，增强双创引力

（一）创响中国活动影响大

2020 年“创响中国”常州站启动仪式暨2020 中以创新投资与产业合作大会9 月在中以常州创新园成功举行，本次“创响中国”常州站系列活动视角更加国际化、内容更加贴近需求。一方面，启动仪式与2020 中以创新投资与产业合作大会共同举办，吸引了来自以色列等多地的科学家、企业家、创业者参与，进一步拓展了“创响中国”国际化品牌影响力。另一方面，活动与武进工业机器人等七大特色优势产业紧密结合，更符合区域特色和产业实际，进一步激发企业在科技创新中的主体活力。

（二）人才周活动成效好

率先在全省以县区之力举办“人才周”活动，打造“非武不栖　进无止境”工作品牌，全方位展示武进人才创新创业生态。“人才周”采取 1 + 10 的形式，即 1 场开幕式，10 个分会场活动，累计邀请到 3 名“两院”院士以及相关行业专家人才近 800 余人参会。“人才周”期间，发布了武进人才新政和人才创新合作热力图，招募了首批“引才合伙人”，引进创新创业人才企业 23 个，达成投资协议 14 项，总金额 1.5 亿元，为人才企业累计争取低息贷款近 2 亿元。

三　构建四大体系，凝聚双创内力

（一）优化营商环境，构建双创服务体系

一是政务服务有温度。现有市场主体总数超过 22 万户，连续多年稳居全国民营经济最具活力县区第一。建立政商交往“正面清单”、“负面清单”和

“五清民企建设引导清单”。企业开办登记、工程项目施工许可效率全面提高，60个重点事项实现“一件事”套餐办。全面推行“双随机、一公开”监管机制，不断提高监管执法规范性和透明度。

二是政策支持有力度。出台了《武进区加快高新技术企业培育的实施意见》《加快推进企业上市的若干政策意见》等一系列政策，形成跨领域、全链条支撑创新创业的政策体系。疫情期间及时推出用工稳岗补贴、金融顾问、便民利企“十办”服务等惠企政策，全年应对疫情因素减税降费36.9亿元。

三是改革创新有高度。新时代“两个健康”先行区创建工作获得国务院的充分肯定。在常州市率先开展工业项目“标准地＋承诺制”改革试点。统筹推进农村土地制度改革三项试点工作，农村集体产权制度改革基本完成，新一轮农村宅基地制度改革国家试点全面启动。启动武进区智能制造装备产业链普惠金融（征信）试点工作。

（二）集聚创业资源，构建双创引导体系

一是聚合高端资源。全年新增国家级博士后工作站3个、省级博士后工作站3个，培育国家重大人才工程入选者3人、省“双创团队”3个、“双创人才”19人，新增人才创业企业上市2家。累计成立10家海外人才工作站，支持离岸研发、孵化。

二是聚力创业就业。加强对农民工、退役军人、高校毕业生、就业困难人员等重点群体扶持力度，开展春风行动、青年就业起航、就业援助月、校园巡回招聘、退役军人专场招聘会等活动。2020年，新增就业岗位近11万个，扶持自主创业7263人，实现创业带动就业2.7万人，扶持大学生创业1401人，扶持农民创业2018人。“戎创武进”服务品牌得到退役军人事务部部长批示肯定。《立足“新苏南模式”，用育才平台和引才计划激励多层次主体创新创业》被列为2020年全国双创示范基地创新创业百佳案例。

三是聚焦精准施策。扎实推进民营企业家队伍建设“百千万工程”，认真落实培育小微企业、人才强企、人才“金梧桐”计划等政策，全年累计拨付人才创业就业专项资金8590万元。

（三）实施创新驱动，构建双创支撑体系

一是加力培育创新主体。全区现拥有2000多家规上工业企业、978家高新技术企业、56家瞪羚企业、近百家隐形冠军，制造业单项冠军企业数量、国家工业强基工程项目总数位居全国县（市、区）首位，省级专精特新“小巨人”企业数量位居全省第一。2020年，恒立液压助力国家天文事业，为“中国天眼”提供液压促动器，瑞声光学等3家企业被工信部认定为单项冠军示范企业，新纶科技等4家企业被认定为国家专精特新“小巨人”企业，碳元科技等22家企业通过国家级两化融合管理体系达标评定，新誉集团荣获省长质量奖。江苏（武进）水稻研究所创造粳稻新品种评审新纪录。

二是加快产业融合创新。武进现有省级以上工程研究中心、企业技术中心、工程技术研究中心286家，培育省级以上科技企业孵化器、加速器、众创空间和小型微型企业创业创新示范基地50家（国家级16家），累计引进智能、信息等领域研发机构100多家，共建成国家级重点工业互联网平台1家、省级重点工业互联网平台5家、省五星级“上云企业”12家。武进高新区被认定为省级互联网+特色产业基地。

三是加速创新成果转化。2020年1～11月，全区完成专利申请14772件，其中发明专利申请3668件；专利授权11428件，其中发明专利授权1022件；万人有效发明专利61.7件。承担的12个工业强基项目共取得专利超150项，突破关键核心技术近30项，产品达到国际先进水平。

（四）强化金融支持，构建双创保障体系

一是资本市场不断壮大。上交所资本市场服务（常州）基地、深交所常州路演中心挂牌运作。新增上市企业7家，全区上市企业累计达39家，位列全省第二。现有常州市上市后备企业90家，苗圃企业134家。

二是金融资源不断集聚。积极吸引银行、证券、保险等金融机构进驻，新增10家金融、类金融机构。目前，全区共有银行、证券、风创投等各类金融机构300余家。创新推出“政银担”“园区保”，累计担保发生额1.29亿元。获评江苏省2017～2019年度金融生态优秀县（区），金融生态环境建设获江苏省政府激励表彰。

三是投融资水平不断提升。组建总规模 80 亿元新兴产业发展基金、100 亿元中以创新发展基金和 10 亿元科教城产业投资基金。组建 5 支总规模 5.6 亿元区级人才专项基金，支持人才创新创业。龙城金谷南区建设迅速启动，吸引各类基金加快集聚，管理资产规模超 250 亿元。开展“资者见智”对接会，实现人才、项目、资本深度融合，不断提升投融资基金服务创新创业的质量和水平。

四　加快转型升级，形成双创经验

（一）探索以“双创”促经济转型升级的路径

武进区是“苏南模式”发源地之一，经过 30 多年的发展，逐步形成了以冶金、化工、机械、装备、纺织、电子电气等传统产业为支柱的经济，产品处于产业链中低端，也缺乏具有国际竞争力的创新型领军企业。通过“双创”示范，武进探索了传统经济加快转型升级、推进高质量发展的可行路径。本经验可在传统产业为主的区域推广，其他区域也有较高参考价值。

路径一：持续创新推进传统产业升级。在国家“双创”政策引导下，武进区政府通过政策扶持、金融支持、产业生态环境建设，企业则以科技创新、引进外来高端人才、收购世界一流的科技公司，实现企业自身转型升级。典型代表企业是江苏恒立液压股份有限公司。该企业成立于 1990 年，属于传统的机械制造企业。通过持续创新，逐步构建形成了以中国、美国、德国、日本为重点的制造和销售网络，涵盖 4 个研发中心、300 余名技术专家、200 余名营销服务人员，辐射 20 多个国家和地区的庞大高效网络，不断为全球客户提供售前、售中、售后，一站式、一体化的高效便捷服务。恒立公司被公示为工信部第三批制造业单项冠军企业。

路径二：培育壮大创新型产业。进入新发展阶段，武进区以智能装备、新材料、轨道交通、互联网、节能环保、绿色建筑、健康等新兴产业为接续，出台了《促进产业创新发展的政策意见（2017～2019 年）》等方面 5 个政策“组合拳”，引进瞿研、董国材等国际一流的领军人才，招引 30 多个石墨烯领域创新创业团队，集聚多达 160 余家的石墨烯相关企业，还引进了安川电机、纳博特斯克精密机器和快克锡焊、金石、铭赛等一批国内外机器人企业，形成从零部件生产到整机装配的完整机器人产业链。这些创新型企业的培育壮大，提高了武进经济体系中战略性新兴产业比重和科技含量，促进了高质量发展。

路径三：国际合作催生新产业。武进区积极推进科技合作，在50个重点任务中，涉及中外合作的项目6个，建立了以中国以色列常州创新园为代表的国际创新示范园区。2018年新签约以色列阿克塞斯孵化器、采晟智能科技、Biofishency、Step 4×4、Trendlines、科什航空食品等项目。同时，完成注册型税源经济项目16个，在谈活跃项目18个，具备申报共建计划意向的以色列企业17家。通过成功举办2018以色列智慧交通技术对接会、2018中英智慧医疗跨境科技创新论坛（常州场）等国际技术对接活动，20多个以色列、英国等创新项目吸引了江苏及周边地区的200多位企业家和投融资专家到场对接，国际科技合作为武进区产业升级提供了新动力。

（二）以新型研发机构为核心构建产业生态圈

武进区一直致力于引进高端研发机构，出台了“关于全面实施金梧桐计划推进大众创业万众创新的若干意见实施细则”，引进中科院、高等院校的科研力量扎根武进，先后成立100多家高端新型研发机构，弥补了武进高端人才缺乏的短板。这些研发机构，既是创新源泉，也是创业主体，并且以新型研发机构为核心形成了产业生态圈。比如，武进国家高新区与中国汽车技术研究中心积极合作，联合建立中汽研（常州）汽车工程研究院有限公司，根据江苏省汽车产业特色，在行人保护、动力电池、汽车座椅、振动噪声、疲劳耐久、热管理、动力总成等领域建立自主研发和产业化应用平台，填补了关键技术服务空白，形成了高端体系化的技术服务能力，吸引了汽车品牌企业的核心技术供应商和战略伙伴布局武进。又如江南石墨烯研究院，按照“市场化导向、企业化运作”的方向构建了“研究院+公司”的运营模式，促成同类企业的聚集，建成了常州石墨烯科技产业园，成为全国唯一获批的石墨烯新材料高新技术产业化基地，既推动了石墨烯高端装备、制备等共性关键技术的研究，也成为石墨烯原创技术的“输出高地”、石墨烯资源融合的“关键枢纽”、石墨烯行业服务的“核心平台”、石墨烯创新人才的“培育摇篮”，形成了有国际竞争力的产业生态圈。本经验适应了现代产业组织发展趋势，可在全国范围内推广，构建起大量的以新型研发机构（创新源）为核心的产业生态圈（或新型产业集群）。

G.13
长垣市农村土地制度改革的实践与探索

河南省长垣市

摘　要：　农村土地制度改革是乡村振兴的重要法宝。2015年，长垣市被确定为全国33个农村土地制度改革试点县（市）之一，2017年河南全省推进“承包地三权分置改革”。长垣市作为国家农村土地制度试点之一，同时作为省乡村振兴示范县，在土地制度改革助推乡村振兴方面可以先行先试。本文以长垣市为例，总结长垣市农村土地制度改革的典型做法，对乡村振兴取得的成效进行分析，并提出加强理论研究构建政策体系、注重社情民意完善改革路径、发挥改革动能助力乡村振兴等方法和路径助推乡村振兴。

关键词：　农村土地　制度改革　乡村振兴　社情民意

2015 年 1 月，长垣市被确定为全国 33 个农村土地制度改革试点县（市、区）之一，改革之初主要开展集体经营性建设用地入市试点，2016 年 9 月增加土地征收制度改革试点任务，2017 年 12 月增加宅基地制度改革试点任务。2020 年 1 月被河南省政府列为农村宅基地和农民自建住房规范管理综合改革试点，2020 年 9 月，被国务院列为 104 个宅基地改革试点县（市、区）之一。

2019 年 3 月 8 日，习近平总书记在参加党的十三届全国人大二次会议河南代表团审议时指出：“要用好深化改革这个法宝。推动人才、土地、资本等要素在城乡间双向流动和平等交换，激活乡村振兴内生活力。”几年来，围绕上级党委、政府交予的改革任务，长垣市把农村土地制度改革作为助推市域经济高质量发展的有效抓手，作为引领农村综合改革的重要手段，探索以改革破解乡村振兴中空间、资金、组织、人才要素缺失的突出问题，坚持全域全面铺开，聚焦矛盾问题，敢于触碰痛点难点，进行充分试验。通过改革厘清了发展思路和发展路径，培育了特色主导产业和新兴产业，促进了城乡融合和协调发展，提升了治理方式和治理能力。

一　深入调查摸底，厘清现状问题

在改革之初，我市分别对全市农村集体经营性建设用地和宅基地情况进行全调查摸底，厘清改革基础条件，明确改革工作定位，确保改革工作与长垣实际紧密结合，相向而行。

（一）集体建设用地入市方面

一是用地难。因用地指标和规模限制，政府往往只保障重点项目用地，小微企业无法得到用地保障，每年的缺口用地量达 1500 亩以上。二是用地乱。在无法通过正常渠道取得国有土地的情况下，部分企业转由私下交易和违法占地，以满足其用地需求，全县有近千家企业约 8000 亩用地，希望办理规范用地手续。三是需求旺。经调查摸底，长垣县集体经营性建设用地 1.01 万亩，占集体建设用地总量的 4.11%，在试点前有近 80% 的集体经营性建设用地已通过租赁、买断等方式自发流转。四是规模小。呈现“点多、面积小”的特点，因村镇规划覆盖面窄，核查出在村镇规划范围内的集体经营性建设用地仅 852 宗 1.8 万亩，可直接就地入市；有 2.4 万亩集体建设用地（含宅基地）处于空闲状态，可进行调整入市。五是潜力大。经调查核实，在全县村庄占地 21.66 万亩中，村内及周边有 4 万余亩零星分散的现状空闲建设用地，还有约 3 万亩的低效用地，且因现行法律禁止集体土地进入市场，土地作为农民拥有的最大资源，无法显现其资产价值。

（二）土地征收方面

改革前，国家规定所有项目用地均要以土地征收的方式来保障，造成征地范围过宽，集体土地权能不完整；征地程序不透明，被征地农民知情权、参与权、监督权保障不够，更没有决策权，因征地引发众多不稳定因素；征地补偿安置途径比较单一，各地都没有探索出能够保障被征地农民长远生计的有效办法，被征地群众获得感不强。

（三）宅基地管理方面

全市宅基地存在“三多一乱”现象：一是超占多。全市规划区外 507 个村庄总占地面积 21.12 万亩，宅基地 19.76 万宗占地 10.32 万亩，户均面积达到 0.52 亩。一户多宅共有 1.42 万宗 0.6124 万亩、占比 7.5%。二是闲置多。全市农村无房或房屋已倒塌的宅基地 2.54 万宗 1.4 万亩、占比 13.4%，闲置农房 1.5 万宗 0.72 万亩、占比 7.9%。户籍迁出仍拥有宅基地的 1.93 万宗 1.01 万亩、占比 10.2%，村庄“空心化”现象严重。三是纠纷多。全市每年宅基地纠纷多达 1000 余起，因宅基地纠纷引发的信访问题均占全市信访量的 70% 以上，引发的缠访、越级访多达 200 余起。四是乱圈乱占乱建现象突出。2018 年以前，每年有 3500 宗以上宅基地进行翻建和改建，均未履行任何审批手续；每年违法占用耕地建住宅的均在 600 亩以上，占全市新增违法用地量的 70% 以上，全市宅基地“线性”和“块状”扩张严重，村民建新房“沿路爬”，不断向村庄外围延伸。2009 年全市农村人均建设用地 160 平方米，2018 年增长到 220 平方米，同时期城镇用地规模增加 1.8 万亩，而村庄用地规模增加 0.44 万亩，出现城市和农村用地规模“双增长”乱象。

二　遵循改革要求，明确改革目标

农村土地制度改革以建立城乡统一的建设用地市场为方向，以夯实农村集体土地权能为基础，以建立兼顾国家、集体、个人的土地增值收益分配机制为关键，以维护农民土地权益、保障农民公平分享土地增值收益为目的，具体包括三项任务。

一是农村集体经营性建设用地入市，主要任务是：完善农村集体经营性建设用地产权制度，建立“同价同权、流转顺畅、收益共享”的农村集体经营性建设用地入市制度。

二是土地征收制度改革，主要任务是：探索缩小土地征收范围，规范土地征收程序，完善对被征地农民多元保障机制，健全“程序规范、补偿合理、保障多元”的农村土地征收制度。

三是农村宅基地制度改革，主要任务是：以切实保障和维护农民宅基地权益为出发点和落脚点，完善宅基地权益保障和取得方式，探索依法取得、节约利用、权属清晰、权能完整、流转有序、管理规范的农村宅基地制度，强化宅基地自建房规范审批、质量监管。

三　明晰工作思路，强化改革举措

（一）搭建组织架构

聘请自然资源部经济研究院、高校专家作为“改革智囊”团队，对改革顶层设计进行研究，同时针对长垣农村土地制度改革开展专业协作。市委、市政府成立领导小组，组建工作专班，集中办公，在人、财、物方面给予全力保障，建立部门、乡镇、技术单位联席会制度，形成了党委领导、政府负责、部门协同、专业协作、上下联动的高效工作运转体系。

（二）充分征求意见

在制定政策中，以问卷调查、征求意见表、召开座谈会、上门入户访谈等形式，向广大农村群众、进城落户人员、非集体经济组织成员，向“两代表一委员”、村贤乡贤、乡村干部，向自然资源厅、社科院、土地管理领域相关专家，分层次、广范围、多领域地了解社会各方面的意见，论证政策的科学合理性。先后发放调查问卷和征求意见表3.6万份，召开座谈会86次，入户访谈8000余户，确保了改革政策接地气、易落地。

（三）编制村庄规划

将全市城镇规划区外的507个村庄，划分为5种村庄类型，其中城郊融合类91个，集聚提升类31个，特色保护类36个，搬迁撤并类98个，整治改善类251个。安排专项资金完成507个村庄基础性规划编制工作，构建了县级总规划师、乡镇责任规划师、村庄规划明白人三级规划实施把控机制，强化了乡、村规划引领意识。每个村庄规划重点明确了“三线两区一布局”。“三线”

为划定村庄建设边界线、耕地保护线、生态控制线，“两区”为划定整治复垦区、建设引导区（含宅基地周转区），“一布局”为明确路网、学校、广场、卫生室公共服务设施的布局。启动了376个村庄“多规合一”实用性村庄规划编制，186个已形成规划方案。

（四）广泛宣传动员

尤其是宅基地制度改革，我市先后召开动员会、培训会、观摩会、汇报会、交流会、市乡村三级干部会等专题大会189次，市乡村三级培训300余场4万余人次，市领导包乡包村，实行领导带头宣讲、工作组入村宣讲、乡村干部入户宣讲、群众代表示范宣讲，发放“明白卡”15万余份，全面讲解试点政策。通过电视台全天候滚动播放改革内容、村广播循环播放改革介绍音频、村民小组刷写墙体标语等方式，进一步营造舆论氛围。开展“大走访、大宣讲、大讨论”活动，要求全市上下全面落实“三讲清，三带头”，做到向群众讲清意义、讲清政策、讲清方案，干部、党员、公职人员带头执行宅改政策。

四　把握改革规律，分步推进实施

长垣市的改革从单项改革试验、小范围探索，到三项统筹、全域铺开，再到深度融合、全面覆盖，大致可分为四个阶段。

（一）稳步探索、试点先行阶段

改革没有先例可循，在改革的头两年，我们既担心改革步伐滞后无法向组织和群众交代，也担心贪功冒进改出问题最终无法收场。如一度担心集体经营性建设用地入市和缩小征地范围后是否会影响产业落地和财政收入，土地利益调整分配是否会引起新的社会不稳定因素等；一度担心宅基地有偿使用和自愿退出是否加重农民负责，是否会引起社会不稳定因素等。在改革实践上按部就班、稳扎稳打，每个乡镇选择两个重点村进行先期试点，在小范围的试点探索中“投石问路”、发现问题、摸索经验。

（二）不断完善、以点带面阶段

经过近两年的试点试验，改革政策得到验证，改革成效得到初步显现，我们逐渐认识到土地制度改革是农村综合改革的龙头和牛鼻子，是从根本制度和体制机制上解决当前农村矛盾、城乡二元结构等诸多问题的有效手段，是推进脱贫攻坚、促进产业发展、解决“三农”问题的有力抓手，是推进县域经济高质量发展的必由之路，变“要我改”为“我要改”。针对改革中不断出现的新问题、新情况，积极修补政策制度和操作漏洞，全面发动引导群众，帮助群众转变观念，建立法制思维，争取对改革的理解支持，使改革步入“快车道”。

（三）由浅入深、全面铺开阶段

随着改革的不断深入探索、全域全面实践，长垣用改革的思维推进改革，凝聚共识、统揽全局，破解矛盾、推动发展，改革的内生动力，促使我们不断加大探索和推进力度，市四大班子齐上阵，举全市之力攻坚克难，形成全市改革氛围。

（四）自我完善、整体提升阶段

全市 446 个村庄初显宅改成效，89 个村庄发挥示范引领作用，宅改意识深入人心，产业发展和公共基础设施资源空间得到保障，宅改成效纳入乡村振兴综合考评体系，制订“乡村振兴示范工程三年行动计划”，构建了“三六九”财政奖补机制，农村面貌实现从量变到质变的提升。

五　加强理论研究，构建政策体系

2014 年 12 月 2 日，习近平总书记在中央全面深化改革领导小组第七次会议上指出：改革“要始终把维护好、实现好、发展好农民权益作为出发点和落脚点，坚持土地公有制性质不改变、耕地红线不突破、农民利益不受损三条底线”。长垣不断梳理改革试点过程中的实践探索，设立“征地和入市土地增值收益在国家和集体之间分享比例大体平衡”“入市主体可行性研究”“缩小征地范围和扩大入市对社会经济发展的影响”“被征地农民养老保险政策研究”等专题，委托河南大学、河南工业大学、省社会科学院专项研究，形成高质量的理论成果。在理论研究和实践探索的基础上，不断修改完善配套制度体系，挖掘自身特色，深入总结提炼，形成了代表中部地区实际的制度性成果。共出台配套文件60个，其中农村集体经营性建设用地入市16个，土地征收制度改革13个，宅基地制度改革25个，农村产权制度、农村房地一体不动产登记、村级规划等配套文件6个。

（一）以促进城乡融合发展为目标，深入推进农村集体经营性建设用地入市改革

1. 坚持“五个统一”，建设城乡统一的土地市场

为促进集体与国有土地同价同权，长垣市赋予两者同等权能，做好环境搭建：建设城乡统一的交易平台，将集体土地入市与国有土地出让的交易信息纳入同一平台发布；制定城乡统一的地价体系，实现集体建设用地地价体系与国有土地用途分类相统一、地价水平相衔接；形成城乡统一的交易规则，参照国有土地设置交易流程和操作规范；强化城乡统一的监管措施，参照国有建设用地供后开发利用监管政策精神，对入市后开发利用情况进行监管；促进城乡统一的中介服务，引导中介组织为入市交易提供第三方服务，形成国有与集体统一的中介服务市场。

表1　土地调节金征收比例按用途分布情况

用途	调节金征收比例(按成交价款计)	用途	调节金征收比例(按成交价款计)
商服	1~2级30%,3~4级20%,5~7级15%	公共2	1~2级10%,3~5级5%
住宅	1~2级20%,3~4级15%,5~7级10%	工业	5%
公共1	1~2级15%,3~5级10%		

2. 做到“四个统筹”，保障征收与入市和谐并存

国有土地征收，农民和农民集体只能按标准获得征地补偿款，征收出让中的土地增值收益均归政府所有；集体土地入市，政府只征收少量增值收益调节金（见表1），农民和农民集体可以获得绝大部分增值收益。为最大限度地通过入市促进农民和农民集体增收，确保社会经济平稳发展，长垣需明确以下几点：一是统筹入市范围。统筹把握缩小征地的范围和允许入市的区域，规定县

城规划区外的项目用地，除公益基础设施外，其他项目原则上要通过入市来保障；县城规划区内，原则上通过征收来保障。二是统筹入市用途。全面放开入市土地用于工业项目，同时鉴于入市用于房地产开发可能对当地房地产市场和国有土地收入造成的影响和冲击，以及后期难以办理商品房预（销）售手续，审慎推进入市土地用于房地产开发。三是统筹收益分配。按照农民个人所获入市收益与征地“大体相当”的原则，参照入市土地所在区域的征地区片价标准给被占地群众合理补偿，剩余部分留归村组集体，不得分配到个人，用于公共基础设施事业支出。四是统筹入市规模。统筹考虑年度国有土地和集体土地的供应量，把好国有土地征收和集体土地入市的节奏和总量，确保土地市场供应可控和可调。

3. 把握“三个关键”，确保入市规范有序运行

一是土地所有权人的确定。土地所有权人关系入市收益的归属。入市前必须核定集体土地所有权登记成果与实际所有权人是否一致。二是村组集体的表决。入市前的民主决策，是农民作为土地的所有权人，行使财产处置权的具体体现。其操作规范与否，直接关系后期用地人的权益和群众的信访稳定。所有入市地块，均由村组集体就入市相关事项进行集中民主表决，经2/3以上村民或村民代表同意后，形成正式决议。三是村组收益的使用。长垣在入市收益资金使用方向上，重点发展集体经济，建设公益事业和基础设施项目，纳入村组集体资产统一管理，实行“村财乡管”，资金使用情况纳入村务公开，接受财政、审计等监管及公众监督。

五年多来，长垣市共入市353宗6895亩，成交总价6.69亿元，实现了工业、商业、住宅、医疗、教育、养老等用途全涵盖，出让、租赁、作价入股三种入市方式全实践，乡（镇）、村、组三种集体所有权主体全涉及，为国家提供了全方位、宽领域、多层次的改革样本。

（二）以实践宅基地“三权分置”为主线，推进农村宅基地节约集约利用

1. 致力建立公平用地秩序，落实集体土地所有权

通过宅基地有偿使用体现收益权。根据调查结果，全市0.25~0.5亩宅基地达到57%，据此，宅基地改革政策应建立在多数群众支持和利益上，在保

障户有所居的前提下，实行村集体主导下的宅基地有偿使用制度。对超标准占用、一户多宅、非本集体经济组织成员占用宅基地的收取有偿使用费。新翻建、改建住房以0.25亩为起征标准，老宅基地以全村宅基地平均面积为起征标准（最大不得超过0.5亩），超过上述起征标准的缴纳有偿使用费。有偿使用费按年采用超标准递增的阶梯式计费：超出面积1～100m^2部分按每年5元/m^2计费；超出面积101～200m^2部分，按每年10元/m^2计费；以此类推，每增加100m^2增加部分提高5元/m^2。一户多宅的多宅部分、非本集体经济组织成员占用宅基地以实际占用面积按以上标准缴纳有偿使用费。宅基地有偿使用费县、乡一分不取，均纳入村级集体账户管理，主要用于公益事业支出，收缴使用情况每年至少公开两次。对自愿退出宅基地的，各村可结合本村实际情况，参照征地区片价计算补偿，地上房屋可通过协商或第三方评估确定补偿价格。截至目前，按上述征收标准，应收取6925万元，实际收取有偿使用费6748万元，其中2019年应收4002万元，实收3942万元，2020年应收2923万元，实收2806万元；其中收入最多的村庄达到80万元，收入最少的村庄0.4万元，村均收入13.47万元。2020年有偿使用费较2019年减少1136万元，是因有偿使用制度的推行，部分用地人选择了退出多占的宅基地。

通过宅基地退出盘活体现处置权。村集体经济组织区别不同情况，在乡镇（街道）的指导下，探索以下几种宅基地退出盘活方式：一是无偿强制退出，集中供养或去世后的五保户占用的宅基地、违法占用的宅基地、房屋倒塌两年以上等情形，实行依法无偿强制退出。二是有偿协商退出，农民将依法取得且面积大于167m^2的宅基地，村集体与农民协商签订退出协议，土地参照当地征地区片价，实施有偿退出。涉及地上房屋补偿的，采取以下补偿方式：议价协商补偿、第三方估价补偿、房屋置换补偿等。三是保权无偿退出，集体经济组织成员自愿无偿放弃宅基地，但具有集体经济组织成员身份，仍应享有集体经济红利分配权利，如需要回村居住，可重新申请宅基地。例如，毛庄村一户村民在城里工作，无偿退出宅基地建设党建广场，村集体保留其宅基地资格权。四是让权置换退出，允许农村老人自愿将宅基地使用权退回集体，置换养老服务用房。五是留权共享盘活，对应缴纳有偿使用费的宅基地，使用权人可以暂时将宅基地使用权及地上房屋使用权以租赁或无偿方式给村集体用于村里养老、活动室等公益事业，租金与有偿使用费可相互顶抵。六是留权返租盘活，对闲置的宅基地，农民不愿意退出的，由村集体统一返租并授权给社会主体开发经营。改革以来，共腾退宅基地12095.4亩。

2. 制定集体成员与“户”的认定标准，保障农户宅基地资格权

一是规范集体经济组织成员身份的认定。全市认定集体经济成员17.1万户64万人，非集体经济组织成员713户2853人，非集体经济成员中确认宅基地资格权861人。二是规范“户”的认定。农户有两个以上子女，随一个儿子居住，认定为一户，其他儿子成年后可认定为一户；按照农村婚嫁习俗，女儿原则上不认定为一户，农户确有特殊情况的随女儿居住的，经村集体审查后，也可认定一户。干部、职工的配偶为农民，在配偶的户籍所在村庄建有房屋的，可认定为一户。农户虽有两处或两处以上宅基地，但面积总和未超过167m^2的，认定为一户。三是赋予集体决策权。出台了《农村宅基地资格权证登记发放办法》，明确了村集体通过村民表决方式对农户资格权进行认定，对于历史遗留问题或其他特殊人群（退伍军人、大学生、返乡创业人员，拥有医疗、教育等特殊技能的人群，有特殊贡献的村贤、乡贤，回乡落户的机关单位工作人员等）的资格权认定，需由村民（股东）会议2/3以上成员或者村民（股东）代表同意。具有资格权的农户可以取得本集体分配的宅基地。农村村民出卖、出租住房后，不可再申请宅基地。

3. 致力赋能乡村空间价值，放活宅基地使用权

鼓励农户通过转让、互换、赠予、出租、抵押、入股等方式流转宅基地使用权。鼓励集体经济组织统一流转宅基地和房屋的使用权，发展乡村产业。鼓励工商资本下乡流转租赁空闲宅基地，与村集体经济组织合作发展乡村新产业新业态。

4. 注重改革联动配合，最大限度调动改革动能

注重宅改与入市的联动配合。通过宅改，推进空闲地和闲置宅基地的腾退和复耕，为集体土地入市提供了后备资源；通过入市，又为宅改提供了资金支持，推进了空闲地和闲置宅基地的腾退和复耕。一是腾退的土地若仍按建设用地使用的，可以直接安排其他农户宅基地，可以就地建设公益项目，可以就地建设发展集体经济，还可以入市给其他企业使用，为集体带来入市收益，并促进本地人员就业和增加地方税收。二是腾退的土地若复垦为耕地的，经政府验收合格生成复耕指标，该指标可以通过报批增减挂的方式用于本村异地建设项

目，发展集体经济；也可以市场化交易，市政府以 10 万元/亩的价格统一收购，11 万元/亩的价格售出，并以“增减挂报批 + 集体土地入市”的方式，保障其他区域的项目落地。同时市政府坚持城市新增商品房用地一律按照 15 万元/亩使用宅基地腾退的指标，为闲置宅基地有偿退出提供资金来源。2019 年以来，全市通过宅基地腾退和拆旧复垦方式，按 10 万元/亩价格完成拆旧复耕指标交易 3046 亩，集体和农民受益 3.046 亿元。

5. 围绕农村宅基地和自建住房，构建规范管理体系

一是严格规划管控，解决建设无序的问题。优化村庄布局，共划定周转区 2000 余亩，有效防止农民乱占耕地建房。落实规划管控职责，搭建了村庄规划“1 +2 + N”的管理机制。“1”是发挥乡镇规划委员会职能，“2”是落实乡村生态环境和规划建设办公室规划编制管理职责和乡镇综合执法队监督管理职责，“N”是发挥村庄党支部书记或规划明白人的靠前服务作用，确保村庄规划顺利实施。二是严格审批流程，解决管理缺位问题。按照“村民申请、村级审核、乡级审批、市级监管”的管理机制，探索建立于法周延、于事简便的申请审批流程，将市直机关 384 名工作人员下沉到乡镇工作，做到乡镇有职责、有权力、有人员、能落实。三是规范建设行为，解决自建住房风貌管控和质量安全问题。在风貌管控方面，编制了 20 套村民自建住房设计图集无偿提供给村民使用。在建设标准方面，控制宅基地面积不超过 167 平方米，农房建设总高不超过 10 米。在质量安全方面，实行施工备案管理办法，做到施工人员可追溯、建设资料有存档。强化建筑工匠培训，发放工匠培训合格证 1041 人。四是管好监管队伍，解决宅基地违规建设。市级由农业农村、自然资源、住建部门组建 86 人的联合执法队伍，不定时地开展联合巡查；搭建了市、乡、村三级“数字乡村”信息化服务平台。利用 12336、12316、“长垣为农”随手拍等平台，搜集违法违规线索。乡级每个乡镇（街道）组建不少于 18 人的执法队伍，全市共划分 114 个宅基地管理网格，实现了全域网格化；村级每村至少配备 1 名协管员，负责手续办理和日常监管。

（三）以保护农民土地权益为目标，推动土地征收制度改革

1. 制定正负清单，推行争议认定，实现缩小征地范围

制定征地目录，以列举法确定征地范围。制定征地负面清单，将城市规划

区外的商服用地、工矿仓储用地、旅游用地、非公益性公共服务用地等，全部排除在征地范围之外。成立由公共利益用地争议认定联席会议制度，负责公共利益用地争议的认定。几年来，先后将46宗3818亩不符合征地目录的土地改为入市。

2. 完善制度配套，优化征地步骤，实现规范征地程序

建立征地稳定风险评估制度、民主协商制度和补偿安置争议协调裁决机制。单个项目征地面积在100亩以上或者涉及拆迁20户以上的必须开展风险评估；征地补偿安置方案至少与80%的被征地农民协商签订征收补偿安置协议，协商不成不予征地。优化征地审批程序，将征地程序前置至用地报批前，并由原来的9个步骤简化为5个。几年中，按上述要求共征地135宗21518亩。

3. 落实社会保险，并行现金补偿，实现多元化保障被征地农民

在实践留商铺、标准化厂房、被征地农民每人每年发放1000元生活保障金、物业补贴、就业指导等多种安置方式的基础上，重点推进了社保安置，对失地农民每人补助2.68万元，全市7878人选择了城乡居民社保，市财政补贴2.12亿元，盘活了积淀的1.3亿元社保资金，被征地群众每月可领至少412元。该项举措，既解决了被征地农民后顾之忧，又盘活了被征地农民社会保障费，为我国中西部省份解决征地社保费积淀问题提供了思路和出路。

六　注重社情民意，完善改革路径

（一）坚持一个主导，尊重群众地位

改革工作全程由各村组集体主导实施，党委、政府和业务部门只指导、不插手，所有事项都通过集体讨论、集体决策、集体执行，解决部分村组集体弱化、虚化、边缘化的问题，重新树立村组集体的领导权威。从人民群众关注的焦点、生活的难点寻找改革切入点、政策制定的着力点，改革政策才能接地气、好落地。建立公众参与机制，保障公众的知情权、参与权、决策权，把改革的选择权、主动权、话语权交给人民，增强广大人民群众的改革主人翁精神，形成了“要我改”向“我要改”转变的强大内生动能，为农村土地制度改革提供了不竭动力和智慧源泉。

（二）把握三种心理，洞悉改革意愿

改革事关群众切身利益，各方参与者都存在一定的利益倾向和思想包袱。例如在宅基地改革中，一是普通群众受制于土地私有观念，在改革中存在顾虑心理。绝大多数群众认为自家宅地基属于祖产祖业，不能轻易放弃，更有人担心自己现在将多占宅基地退出，今后有正常需求时得不到保障，不愿退出贪占多占的宅基地。二是村级干部受制于宗族熟人关系，在改革中存在畏难心理。农村是一个熟人社会，村组干部在推进宅改过程中有怕得罪人、丢选票的思想顾虑。三是公职人员受制于安土重迁思想，在改革中存在观望心理。公职人员大多在城里居住，甚至户口也迁至城里，已经不属于村集体成员，但是一方面担心自己退休后无法“落叶归根”，另一方面担心父母甚至自己在百年之后无处办理白事，不情愿退出宅基地。

（三）坚持五个注重，确保改革成效

一是注重系统推进。在改革中注重与产权制度改革、城乡发展等相统筹，与规划编制、村庄管控、确权登记等相配套。党委、政府加强对改革的全面领导，汇集各方面力量，形成改革合力。

二是注重持之以恒。坚持持续发力，久久为功，敢于涉深水，除顽疾，攻城拔寨，不达目的决不收兵，坚决避免半途而废。

三是注重因地制宜。改革工作结合当地社会经济发展实际，才能使改革产生内生动力。如针对长垣市民营经济发达、用地需求旺盛的现实，将乡镇产业用地全部通过入市解决，避免了缩小征地范围后对社会发展用地的影响，也为入市试验拓展了空间。

四是注重及时调整。在改革中坚持边改革、边解决问题、边调整优化，及时解决实操问题和群众诉求。例如，在宅改中，针对退出后无法办理白事的顾虑，引导各村建设红白事礼堂，打消在外人员无处在老家办白事的后顾之忧；针对宅基地有偿退出补偿资金不足的问题，市政府设立复耕基金，对各村组退出后宅基地复耕达到标准的，按 10 万元/亩予以收购，并鼓励各村组推进集体土地入市获得入市收益。

五是注重政策宣讲。开展全市干部群众广泛参与的“大走访、大宣讲、

大讨论”活动，注重破除老百姓普遍存在的土地私有的观念，解除干部推进产权制度改革的畏难情绪，营造公平公正的用地氛围，调动群众参与改革、建设家园的积极性。

七 发挥改革动能，助力乡村振兴

（一）解决“地”的问题，保障乡村振兴的空间需求

1. 保障乡村用地

一是保障了发展需求。通过拆旧复垦和宅基地有偿退出，共腾退盘活宅基地和集体建设用地 12095 亩，用于城市规划区外 8778 亩，其中 2957 亩用于新型农村社区建设，3285 亩用于调整入市支持乡镇创业园、扶贫车间以及新产业新业态发展，2536 亩村内自留用于村基础设施建设。

二是保障了高效供地。集体土地入市无须报省政府批准征收，无须地方政府组织征地，其用地效率要大大高于国有土地。依托入市程序简便、用时较少的优势，长垣及时保障了一批项目用地需求。已完成入市的 353 宗集体土地中，有 269 宗从申请到拿到土地使用权未超过 45 天，占比 76.2%；有 229 宗从原本申请国有土地转向申请使用集体土地，占比 64.9%。驼人集团借助集体土地入市取得 37.57 亩集体土地使用权，从申请到拿到土地前后不足 1 个月，使得用地时间大幅缩短，用地效率大大提升，拿到地后不到 1 年便建成并投入使用，保障了项目快速落地、快速投产、快速见效，促进了企业快速成长和发展。入市也释放提升了土地使用效益，该地块入市后的用地实现了每年 21 万元/亩的税收。

三是保障了政府收益。政府出让国有工业用地存在价格倒置的问题，目前长垣市国有工业用地出让政府平均亏损约 3 万元/亩，而入市土地用于工业项目，省去了政府报批费用、征地费用、配套开发费用等，可以有效减轻地方政府的经济包袱。长垣已入市工业项目 278 宗 5698 亩，成交额 4.29 亿元，政府不但省去 1.65 亿元的亏损，还按入市成交额的 5% 收取了 2145 万元增值收益调节金。

2. 推进转型升级

一是促进了产业聚集。全市各乡镇结合本区域特色优势产业，通过入市建

设13个乡镇创业园区，打造小微企业孵化园，已建成标准化厂房86万平方米，吸引221家企业投资进驻，成为民营经济发展的有效支撑平台。丁栾镇创业园已完成入市243亩，一期、二期已建成4～5层标准化厂房48.1万平方米，投资11.3亿元，容积率高达3.7，是省级产业聚集区规定最低容积率1.2的3倍以上，已吸纳58家卫生材料民营企业进驻，安置就业2000人，实现年营业收入8亿元以上。乡镇创业园的建设，在促进地方特色产业快速发展的同时，整治了“小散乱”，统一规范化了管理，发挥了产业聚集效应，助推了产业转型升级。

二是解决了小微企业用地。小微企业是农民起步创业的必然阶段，由于其规模小、实力弱，受各方面政策限制，其用地往往得不到保障，集体土地入市为解决这一问题提供了很好出路。各乡镇和村组通过空闲地和宅基地腾退出的土地，若符合城乡规划、村庄规划，小微企业可以直接选址用地；腾退出的土地进行拆旧复耕的，经验收合格产生的复耕指标可以自主支配使用，小微企业拟选址用地只要符合土地规划和城乡规划，就可以使用该复耕指标报批增减挂，然后进行入市和建设。全市共入市集体土地353宗6985亩，折合19.28亩/宗，其中调整入市（即增减挂）213宗3973亩，占入市总面积的56.8%；就地入市140宗3012亩，面积占比43.2%。同时，全市通过入市1462亩集体土地（含乡镇创业园用地）建设标准化厂房，服务268个工业项目成功落地，每个项目平均用地5.46亩，生产及办公用房面积平均7272平方米。

三是推动了特色产业发展。全市已入市起重机械产业用地107宗2083亩，面积占比29.82%；医用卫材112宗2268亩，面积占比32.47%。长垣两支柱产业共入市219宗4351亩，面积占比62.3%，保障了特色产业发展用地。集体土地入市助力了地方特色产业的专业化分工，延伸了产业链，加强了产业协同，提升了工业增加值。

3. 培育新型产业

通过集体经营性建设用地入市的方式，引导社会投资向乡村聚集，培育乡村产业，保障了网络商城、社会养老、乡村旅游等新产业、新业态用地9宗203.1亩。拓展宅基地功能，村庄规划范围内的存量宅基地，以出租、合作等方式盘活集体资源，用于发展乡村旅游、新产业新业态。大浪口村通过集体土地入市、“宅基地＋乡村旅游”，盘活利用村内废弃宅基地，建设风俗文化旅游度假村，实现了破败小乡村到景色宜人休闲度假村的转变，并成功创建国家AAA级旅游景区，吸引40家外来商户进驻景区从事餐饮、娱乐等经营活动，带动当地劳动力就业230余人，每年户均分红4140元，村民每年获取收益87万元。

（二）解决“钱”的问题，增加乡村振兴的资金投入

农村土地制度改革为乡村振兴带来了“第一桶金”，破解了资金投入短缺的难题。

1. 集体经济不断壮大

改革有效激活了农村资源，集体经济迅速壮大。通过产权制度改革，清查核实资产总额198552.32万元，其中经营性资产7773.82万元，集体土地126万亩（其中农用地105万亩），清理不合理合同549份，界定集体成员66.64万人，全市596个行政村建立了村集体经济合作社，制定了合作社章程，选举了理事长和监事长，实现了农村集体经济从无到有，由弱变强。改革以来全市集体经济收入累计实现5.3亿元，所有村集体经济收入实现了清零，村均收入达88.9万元。一是集体经营性建设用地入市分取一部分。已成交的353宗集体土地，成交总金额6.69亿元，其中政府收取调节金0.48亿元，村集体获得收益3.14亿元，农民获得收益3.07亿元。二是宅基地制度改革创造一部分。通过实行宅基地有偿使用制度，收取506个村庄12.65万宗6748.22万元宅基地有偿使用费。指标交易3046亩3.046亿元，其中村集体获得收益1.553亿元，用于群众补偿1.493亿元。三是土地征收制度改革返还一部分，已有25个村集体和农民共分享3208万元土地增值收益，村集体获得收益962.4万元。四是承包经营权流转获得一部分。2019年以来，村组集体通过流转获得收益4100万元。

2. 群众收入不断提高

长垣突出念好“农民增收经”，让农民群众共享改革发展成果。通过承包经营权流转，农民群众年均稳定获得流转收益19967万元。通过发展集体经济，群众每年实现分红2272万元。入市土地用于建设扶贫车间，让适合农村的产业回归农村，当地群众和贫困人口分享入市土地增值收益的同时，在家门口就业，实现了1206个贫困人口通过入市收益及工资收入稳定脱贫。2017年

长垣县经济社会发展综合评价位居河南省县级第 1 位，2018 年农村居民人均可支配收入较 2014 年累计增长达 73.6%。

3. 企业创收不断增长

改革增强了社会经济活力和企业发展后劲，提升了企业生产经营能力和创收能力：一是盘活了企业房地资产。通过集体土地入市解决了一批历史遗留用地问题，入市后的土地及地上建筑物办理不动产登记后，不但提升了企业投资信心，还可以进行抵押融资，使“死资源”变成了“活资产”。通过入市共帮助解决企业遗留问题 146 宗 3271 亩，盘活企业土地、厂房等资产 65.4 亿元，42 宗 1278 亩僵尸用地和闲置低效用地焕发了新的生机，入市后有贷款需求的企业已申请获得贷款 1.68 亿元。二是激发了经济活力。全市入市工业项目 278 宗 5698 亩，面积占比 81.57%；入市商业用地（含旅游）29 宗 549 亩，面积占比 7.86%；入市公共服务用地（含养老、教育、医疗等）46 宗 738 亩，面积占比 10.57%。入市项目累计实现固定资产投资 128 亿元、产值 183 亿元、营收 154 亿元、税收 18.6 亿元，带动就业 3.4 万人。三是降低了用地门槛。集体土地入市方式较为灵活，可以采用出让、租赁、作价出资入股等方式，其中租赁入市可以大大减轻企业用地负担，切实降低用地门槛。全市已入市土地中，结合群众和企业意愿，租赁入市 141 宗 2791 亩，面积占比 39.96%；集体土地入市既可以挂牌出让，又可以协议出让，企业的用地意向可以得到有效保障，使其可以更加确切、明确地运作相关土地手续。全市入市土地中，协议入市 212 宗 4193 亩，面积占比 60.04%。集体土地入市有效解决了民营企业用地难、用地成本高的问题，提升了创收能力。

（三）解决“人”的问题，强化乡村振兴的人才支撑

通过改革，乡村环境得到全面改善，城乡差距不断缩小，能够把走出去的人“引回来”，把有能力的人“留下来”，实现了人才、技术等发展要素由单向输送向双向流动发展。

1. 改革使乡村环境全面改善

一是美化了农村公共生态空间。腾退后复垦为耕地的 8101 亩，因地制宜建设“四园”（花园、游园、果园、菜园）3882 个，实现了农村生态环境和人居生活环境的同步改善。蒲西云寨村结合宅基地改革，高标准开展自然村落改

造和农村环境综合整治，实现了破败村向示范村的华丽转身。因地制宜建设“四园”，绿化面积2.6万平方米，绿化率达45%，让村庄变“绿”；编制花香云寨村庄规划，按照“云中花园、寨上人家”形象定位，以花为主题，对三街十二巷墙体、宅院、坑塘、空闲院进行改造，建设小品7个，完成墙体绘画1.2万平方米，让村庄变“美”。二是优化了农村公共生活空间。利用腾退后仍作为建设用地使用的3994亩，规划建设了标准化村室437个，停车位13715个，日间托老中心90个，标准化卫生室543个，把消极闲置的私人空间变成了开放共享的公共空间。三是强化了农村公共文化空间。利用腾退后的宅基地和闲置房屋，建成党群文体广场541个、大礼堂64个、四点半课堂129个、村史馆120个，逐渐弥补了乡村文化生活服务短板，让村民开展活动有场所，接受教育有平台。

2. 改革使城乡差距不断缩小

改革所创取的收益，使村组集体有能力改善和提升农村基础设施条件，建成农村水冲式公共厕所670个，农户水冲式厕所14.6万户、覆盖率91.25%，污水处理站374个、垃圾分拣站116个、垃圾中转站16个、垃圾焚烧发电站1个、修复整治坑塘794个，铺设燃气主管网451公里、覆盖417个村，发展燃气用户6.7万户，城乡之间经济差距不断缩小。开展示范创建工程的村庄数量达到446个，占规划区外村庄的89%，实现市场化保洁、垃圾集中收集处理、生活污水处理等12项城乡基础设施和公共服务建设的全覆盖。构建“11115”乡村振兴创建标准体系，实施3年投入18亿元的“369”财政投入计划，给予成功创建村50万~1200万元的奖励，城市规划区外村庄已有446个村参与乡村振兴示范创建、占比89%。

3. 改革使发展要素有序回流

产业回归、工厂回迁、人才回流已成为长垣发展的新常态。通过入市为产业集聚区和乡镇创业园新增用地1462亩，服务268个工业项目成功落地，创造产值142亿元。这些项目均在广大农村地区，其中173个项目为产业回归和工厂回迁，吸引高素质人才2131人，为乡村发展提供了不竭动力。长垣市本土企业——驼人公司自2015年至今，共吸引招聘本科生1502人、硕士350人、博士9人，高素质人才的汇集促进了企业快速成长和发展。

（四）解决“管”的问题，健全乡村振兴的治理体系

改革改出了乡村秩序，使乡村治理发生了变化。群众与群众之间、群众与组织之间、生产组织和社会组织之间，通过共同的经济利益，搭建了联系的载体和纽带，建立了管理的通道和途径，改变了以往“分田到户、各干各事”的局面。

1. 强化了基层组织的管理能力

完成全市596个村级集体股份经济合作社组建，厘清自治组织和经济组织在集体资产管理上的职责权限。集体股份经济合作社负责集体资产管理运营，发展壮大集体经济；村民委员会负责村级事务管理，提供高效的公共服务，实现“农民增收有保障、集体发展有后劲、公共服务有效率”。“基层党组织+村民自治组织+集体经济组织”“三位一体”的治理体系，使村民松散的关系变为紧密的、市场的、法治的有机联系，实现了基层治理“政经分离”，提升了乡村治理水平。

2. 提升了基层组织的战斗能力

扎实推进抓党建促乡村振兴，把基层党组织活动融入农村土地制度改革。把改革作为党组织工作能力的磨刀石，把“能改革、会改革”的87名同志吸收进党支部。在工作中改进作风，在转变作风中促进工作，通过土地制度改革，村组集体获得收益4.9亿元，使村集体有资金、有条件加强公共服务保障，基层党组织壮大了实力、提升了能力，彰显了基层党组织的感召力、凝聚力。

3. 增强了基层组织的自治能力

通过宅基地“三权分置”，改变了农民宅基地私有的观念，强化了土地公有意识。通过宅基地有偿使用和退出，整治了一户多宅、超标准占用和闲置宅基地，贪占、多占宅基地的现象得到初步遏制和解决，使农民建立了节约集约用地意识。通过产权制度改革建立“党组织+村集体+合作社+农户”的利益联结机制，强化了群众与村级组织的紧密联系，通过组建村民事务理事会、制定村规民约，形成民事民议、民事民办、民事民管，集体讨论、集体决策、集体监督的村民参与机制，农村社会治理成效大幅提升，土地管理秩序得到规范。2019年全市宅基地纠纷比2014年同期下降71%，新增违法用地比2014年同期下降72.3%。

参考文献

王星：《用好深化改革这个法宝　激活乡村振兴内生活力》，《资源导刊》2019 年第 4 期。

新华社评论员：《为改革想招，为改革发力——学习贯彻习近平总书记在中央全面深化改革领导小组第四次会议的重要讲话》，《河南农业》2014 年第 18 期。

李金磊：《土地制度改革为乡村振兴注入新动能》，《资源导刊》2020 年第 10 期。

G.14
如皋市优化营商环境工作报告

江苏省如皋市

摘　要：　如皋市将营商环境建设作为推动经济实现高质量发展，提升综合实力和竞争力的关键保障和重要抓手，在推进相对集中许可权改革、深化推进政府职能转变和“放管服”改革、推进工程建设项目审批制度改革、平安法治建设等方面，通过“三融合”“三优化”改革、打造市场主体“全生命周期”服务链、通过“一件事”改革关注自然人全生命周期服务、开展“智慧政务”服务模式、规范行政执法等改革举措，创建一流营商环境，积累了重要经验，取得了丰硕成果。

关键词：　如皋　营商环境报告　“如意”营商环境品牌

营商环境快一步，经济发展胜一筹。当前，营商环境建设已成为全国自上而下推动经济实现高质量发展，提升综合实力和竞争力的关键保障和重要抓手。在言必称营商环境的当下，随着一项项便民惠企的改革措施加速落地，如皋的活力与潜力不断释放，城市综合能级加速跃升，这座文明时尚的城市正以走在前列的实施力度，全速推进营商环境的进一步优化，连续三年在江苏省营商环境评价中名列前茅，为如皋市高质量发展提供了坚强保障。

水深则鱼悦，城强则贾兴。对于近年来发展全面起势的如皋而言，优化营商环境直接关系建设长江以北最强县市、全面融入“长三角”工作的推进。而自优化营商环境被列为如皋市人大“一号提案”以来，锚定打造如皋“如意”营商环境品牌目标，正借助一系列切实可见的成效与举措，向着既定的目标奋力前行。

一　以相对集中行政许可权改革为契机，破解行政审批“一长四多”难题

如皋市探索“化多为一”的做法，有针对性地破解了审批环节中群众反映强烈的审批时间长，中介服务多、盖章多、收费多、材料多，“一长四多”突出问题。一个窗口，推进物理整合。如皋市委、市政府率先成立了南通首家县级行政审批局。首先选择与“大众创业、万众创新”关系最密切的市场准入和投资建设两大领域先行改革，将发改、环保、安监、市场监管等13个部门的162项行政许可事项划转至行政审批局，审批业务科室由26个减为6个。一个窗口对外，解决审批事项多、部门分散问题，效率效果立见。一枚公章，促进化学聚合。把多枚公章变成一枚公章，改“串联审批”为“并联审批”，化繁为简、便民利民。如皋市通过大幅简化优化，办理环节由原来的702个减到现在的291个，累计减少411个，精简率达58.5%。实现事项集合、科室整合、流程融合的“化学聚合”。一张网，实现系统融合。全力推进江苏省政务服务网，实现政务服务应用的集成融合，全市审批数据的集中和共享，实施“网上办、集中批、联合审、区域评、代办制、不见面”工作，按照“外网受理、内网办理、全程公开、快递送达、网端推送、无偿代办”的方式开展审批服务，办事企业群众足不出户，就可以办理各项政务服务事项，充分享受政府电子政务服务建设成果。

推进“三个优化”，有针对性地破解了审批环节中群众反映强烈的审批时间长，中介服务多、盖章多、收费多、材料多，“一长四多”突出问题。

一是优化审批层级。审批权限向窗口一线授权，90%的审批事项在窗口直接完成，每项审批事项控制在两级审批内。审批环节由以前的6个（受理、初审、审查、审核、审批、发证）减至现在政策性审批2个（申请受理、审批发证），业务性审批3个（受理、踏勘、审批发证）；审批层次由以前的6个（收件人、办事员、科室负责人、业务科长、副局长、局长）减至现在2个（办事员、科长或分管局长）。

二是优化申报材料。对事项的审批依据、申报材料进一步梳理并组织论证，模拟申报办理程序，查找滞症所在，将依据不足、可要可不要的申报材料

全部取消，必须提交的材料只需提交一次，不需重复提交，对行政审批局出具的批文实行同步内部流转共享，最大限度地精简材料。共精简各类申报材料300份，精简率达70%。

三是优化审批流程。对审批事项，打破原有的审批模式的束缚，对原有行政审批的规则、流程、机制进行再造和完善。全面打破过去互为前置的审批环节和流程，改串联审批为并联审批，坚持能并则并、应并尽并，打造了市场准入“证照联办”、“三个融合、三个工作日”和投资建设“五个一、五十天”的审批服务机制，市场主体登记和项目建设审批均提速70%以上，促进了“投资创业快捷化、民生服务便捷化、政府治理简约化”改革目标的实现。

二 以“放管服”改革为重点，激发市场主体活力

（一）以更有力的“放”释放发展潜能

做好权力清单动态调整。推动37家市级部门在“一张网”维护政务服务事项1547项，其中依申请6类权力子项1643项，公共服务事项590项。7483项政务服务事项100%可网上查询设定依据、服务指南；2237项政务服务事项100%可网上下载打印申请材料清单，具备不见面办理条件的依申请权力事项占比99.7%。经过一年的协同奋战，我市六类行政审批事项认领为92.4%、办事指南准确率达100%。推进开发园区精准赋权。将工业项目建设类及市场准入类的部分行政审批权限共计37项行政权力事项委托给经济技术开发区实施，经济开发区初步实现了审批事项不出园。深化“证照分离”改革。着力推进“照后减证”和简化审批，突出“照后减证”，梳理公布第二批“证照分离”事项清单179项，提升“证照分离”区域和事项的覆盖率。根据国务院、省政府公布的清单，推动证明事项和涉企经营许可事项告知承诺制全面落实。

（二）以更有效的“管”规范市场秩序

推行“互联网+监管”。将全部监管事项、设定依据、监管流程、监管结果等内容纳入“互联网+监管”系统，充分发挥市域治理现代化指挥中心作

用，加强重点监管领域数据汇集，通过大数据分析，推行以远程监管、移动监管、预警防控为特征的智慧监管，使监管既“无事不扰”，又“无处不在”。提升信用监管效能。分领域分行业开展信用评价，推动信用信息在市场准入、市场监管、公共服务等领域应用，对相关市场主体实施分级分类差异化举措。创新包容审慎监管。对“直播带货”“微商电商”“在线教育”“互联网诊疗”等新业态，探索开展包容审慎监管试点，为新业态发展留足空间。针对新经济新业态催生的灵活就业，进一步创新监管方式，促进更高质量就业。

（三）以更优质的“服”激发改革活力

做到“标准化服务”。完善三级政务服务体系，提升规范化、便利化、精细化服务水平，推行首问负责、一次告知、限时办结等制度，增强办事企业群众满意度。用好政务服务评价，无论线上线下办事，企业群众都可以对政务服务进行评价，对不满意评价“有评必访”，倒逼服务质量提升。推动“同城通办”。开展全市范围跨区域、跨层级事项通办试点，提升24小时自助服务机功能范围和覆盖面，拓展银行等第三方政务服务渠道，把企业服务放到离市场最近的地方，把民生服务放到离百姓最近的地方。提升“一网通办”。推广应用南通市一体化政务服务管理平台，推广覆盖36个市级部门、14个乡镇、347个行政村，共部署16234个政务服务事项，“一网通办”能力迈上新台阶。升级如皋政务服务旗舰店，为企业群众提供“一件事”、代办帮办、工程建设项目并联审批等九大类“点餐式”服务。

三　以工程建设项目审批制度改革为抓手，项目审批全面提速增效

（一） 优化项目服务窗口设置

划分“立项用地许可、工程建设许可、施工许可、竣工验收”四个阶段，设置4个综合窗口和水、电、气等市政公用服务窗口，实现“一个系统”统一管理、“一个窗口”综合服务、“一张表单”整合材料的审批模式。

（二）优化服务举措

推行容缺审批、帮办代办等举措，实行一个阶段一个窗口牵头，向前延伸至企业注册，向后延伸至不动产权办理。将同阶段的其他行政许可、技术审查、强制性评估、中介服务、市政公用服务及备案等事项纳入相关阶段办理或并行推进。

（三）优化设计方案联合审查流程

研究出台《建设工程设计方案联合审查实施意见》，搭建联合审查网上办件平台，申请人提交一套资料，网上流转，由原来的住建、城管、公安、供电等部门“串联”审查为现在的“并联”审查，减少重复提交材料 40%，压缩审批时间 50% 以上。

（四）规范水、电、气等市政公用报装

围绕报装流程固化，牵头供电公司制定了《快速接电服务工作方案》，规范电力报装程序，明确办理时间，量化服务标准。制定完善自来水、燃气报装接入方案；推动中油燃气公司进驻市政务大厅，为企业提供燃气报装咨询指导。

（五）在南通首推数字化联合审图

率先在南通建成数字化审图系统，一套电子图报审、多部门同步审查、审查意见统一反馈、合格图统一签章，使业主跑腿变为数据跑路，部门审查由接力传递变为齐步快跑，为项目建设按下快捷键。通过施工图审查工作的数字化、信息化和智慧化，取消纸质材料（减少申报材料 12 件），提高审图效率，压缩审批时间，提升了服务能级，为工业建设项目 30 天内获取施工许可证提供关键性保障。

四　以商事制度改革为切入点，提供市场主体全生命周期优质服务

（一）首创市场准入证照联办审批机制

市场准入领域根据事项的关联度及专业性进行科学融合，构建“一并告

知、一窗受理、组合审批、证照同发”的登记审批流程，在全省率先实现企业开办从工商登记、公章刻制、银行开户、发票领取办结时间从改革前的15个工作日压缩到改革初的3个工作日，到目前的0.5个工作日办结。

（二）“政银合作”全程代办，全面推进开办企业全流程“半日通办”审批机制

引进6家商业银行进驻政务服务大厅，为企业提供全流程免费代办服务，平均每月代办新办企业约260家。按照“一网申报、一窗受理、并联审批、一站办结”审批模式，打造并不断优化智慧政务服务“企业开办半日通”管理系统，通过江苏政务服务网如皋旗舰店一站申请，并联打通相应部门间数据传输，后台同步开展分类审批，审批结果上传共享。通过企业开办半日通系统实时交换数据，常态化实现了10分钟内办理营业执照、40分钟完成刻制公章、60分钟内完成银行开户、30分钟内完成涉税事项申报、20分钟内完成社保（含员工参保）登记、10分钟内完成住房公积金企业缴存登记的开办企业全流程登记。拓展政银合作业务覆盖面，延伸提供银行网点代办服务。积极优化银行开户业务流程，前移现场核查实施银行预审，有效地破解了银行开户滞后的难题。同时，积极推进代办业务向银行网点延伸，工行如皋营业部、如皋农村商业银行已试点建立企业开办“一站式”服务专区，初步实现最快两小时内全流程办结。

（三）公章刻制政府买单，企业开办全程零费用

为减轻企业投资成本，提升企业开办服务水平，为全市范围内新开办企业提供免费印章刻制服务。自此，在如皋境内新注册登记的企业，可免费领取光敏印章一套，进一步降低了企业开办成本，预计全年为企业节约成本240万元。

（四）简化市场主体注销程序审批机制

对领取营业执照后未开业、无债权债务企业实行简易注销登记，使企业退出市场更加便利；推广应用“注销企业全链通”服务平台，一窗受理、关联审批，足不出户办理税务、海关、前后置相关审批部门的企业注销相关事宜。

（五）全面遏制虚假登记注册

推行行政许可实名认证制度，一方面通过现场即时认证和远程实名认证两种方式，对申请人的身份及提交材料的真实性进行鉴别，从源头控制冒用身份、虚假签名及提交虚假申请材料等问题。另一方面积极有效地应对群众诉求，扎实开展撤销冒名登记工作，切实维护商事登记权威性，保障社会秩序稳定和维护群众合法权益。

五 以“一件事”改革为突破口，提供自然人全生命周期优质服务

（一）聚焦需求，打造“如皋样本”

探索开启自然人“全生命周期”服务改革，围绕出生、就业、生育、退休和身后五个“一件事”，将涉及计生、社保、民政等部门的 81 个民生服务事项按需求划分到居民全生命周期的各重要时段，为居民打造“一站式”的套餐服务。五个“一件事”套餐的实施实现了材料减少 56%，时限缩短 48%，环节减少 50%，切实解决了一件事跑多个地方，一份材料反复提交、等待时间漫长等问题。

（二）聚焦保障，优化办理体验度

升级完善如皋市智慧政务平台，打通“信息高速公路”，线下设立多个“一件事”服务窗口，为办事群众提供全程高效线上线下服务。

（三）聚焦难点，优化办理便利度

突破申报和取件的地域限制，群众可就近到如皋市政务服务大厅、各镇（街道）为民服务中心、村（社区）便民服务室办理，实现三级便民服务全覆盖，群众办事“就近能办、多点可办、全城通办”，让辖区群众感受到实实在在的获得感、幸福感，居民只要就近办一次，就能办理好所有的业务，大大提升了办事便利度和满意度。

六 以围绕需求导向为出发点，智慧政务服务便企利民

（一）在全省首推“互联网+政务服务”向基层延伸

率先组织镇级权力事项、公共服务事项进行梳理，并被江苏省政务服务网采用作为基础事项清单，开发市镇村政务服务管理线上线下三级一体化智能集成平台体系，办结江苏省首例村级不见面审批服务事项。

（二）在全省首推政务服务智能客服系统

运用5G、大数据云概念、区块链技术等新一代信息技术，推出江苏省首个政务服务智能客服系统——“云上如意店小二”，开启“数字化”政务服务新模式。通过此系统，实现跨部门、跨区域审批事项汇集、管理，首创H5可视化申报流程和操作要领，应用人工智能技术提供7×24小时咨询服务。目前，通过模糊查询，服务对象可随时随处查询全市21个部门单位、251类高频事项、3806个知识要点、2226篇申报样表图解、956个常见问题以及281个教学视频。

（三）在全省首推“网上中介服务超市”

全省率先建设“网上中介服务超市”应用，开发网上注册备案、信息发布、网上竞价、网上成交、网上评价五大功能，将工程建设领域主要涉及的环评、勘察、设计等20多类中介服务事项全部纳入平台管理。打破了中介机构和业主单位之间的信息壁垒，企业可在网络平台上自由发布需求信息，变“单选”为“多选”，中介机构可以同台竞争，通过平台进行初步报价、承诺服务时限，实现与业主的“双向互动”，实现中介选取不见面、服务过程受监督、中介服务更高效的目标，打造“公开公平中介服务”新模式。中介服务周期平均由原来的90多天压缩到如今的30多天，为全市项目业主节省上亿元成本费用。

（四）首推“远程踏勘”服务

创新推出“远程选址、远程指导、远程验收”等“远程踏勘”三大特

色服务，借助如皋智慧政务服务平台，通过“申请平台+后台处理+移动设备”的体系创新，搭建“云踏勘”模块，实现事前“云咨询”，事中“云指导”，事后“云验收”，数据“云存储”，现场核查实现全程电子化、“不见面”，目前踏勘类业务“云指导”比率达到96%，“云验收”比率达到50%。已累计为近千家餐饮申请者提供了选址踏勘、装修图纸设计、远程验收服务。

（五）在南通首推公共资源交易项目“网上电子询价”

通过制定“线上谈判告知函”，明确双方责任和义务，开展“线上谈判承诺”，全程录音录像等，试行开展公共资源交易线上谈判活动，开启了政府采购竞争性谈判的新模式。

七　以规范化为目标，打造公平、公正、公开的阳光交易环境

（一）加强制度建设，推进工作规范化

先后出台《如皋市政府投资项目管理暂行办法》《如皋市公共资源交易不良行为记录和失信行为“黑名单”管理暂行办法》《如皋市公共资源交易平台共享实施方案》《如皋市公共资源交易项目进场交易规则（试行）》等。

（二）加快平台整合，推进交易电子化

积极推动国企非经营性货物、股权转让以及医疗器械采购项目的进场交易。实现了工程建设、政府采购、产权交易、国企采购以及土地招拍挂等的全流程电子化交易，电子化交易率达到100%，初步实现工程招标、产权交易、土地出让以及政府采购的公开招标不见面交易率100%。

（三）加强信用评价，推进考核制度化

推行全环节信用承诺，对参与交易各环节的市场主体，全面推进信用承诺，提升交易主体的守法守信意识。累计对13名评标专家、10家代理单位、

7家投标单位进行了不良行为记录，暂停了3名评委的评标资格，依法限制了4家投标单位的投标资格，网上公示失信信息11条。

八　以规范行政执法检查为立足点，打造严肃公正法治环境

（一）试点“双随机、一公开”监管标准化

如皋市“双随机、一公开”监管成功获批江苏省首个且唯一一个“双随机、一公开”监管标准化试点项目立项；在江苏省率先创新制定的《“双随机、一公开”跨部门联合抽查工作规范》获批江苏省地方标准立项，《中国市场监管报》连续2次对如皋市“双随机、一公开”监管标准化建设工作进行了报道。截至目前，如皋市“双随机、一公开”监管覆盖30家行政监管职能部门，覆盖检查市场主体11830家，2021年共制订抽查计划322条，开展本部门双随机抽查750次，跨部门联合抽查68次，执行上级下发任务20项，抽查各类市场主体8799家，检查公示8799家，保证必要抽查覆盖面和监管效果的同时，又最大限度地规避了执法扰民。

（二）加强政务诚信建设

出台《关于全面建立信用承诺制度的通知》，进一步规范信用承诺标准，优化承诺流程，拓展承诺应用场景，如皋市公示信用承诺件超1万件。依法审核如皋市政府及政府办文件189件，审核政府合同6件，出具合法性审查意见书23份，依法及时办理如皋市政府依申请信息公开77件，主动公开的信息达1.6万条。大力实施信用惠民便企“信易+”工程，持续推进“信易批”“信易贷”“信易租”“信易行”等信用惠民措施，为守信主体在行政审批、融资贷款、住房租赁、交通出行、旅游购物等方面提供优惠便利。

（三）建立全生命周期的监管新模式

推动建立事前信用核查和信用承诺、事中信用分级分类和随机抽查、事

后联合奖惩和信用修复的全过程闭环监管制度，实现市场主体准入、经营、退出全生命周期监管，明确监管事项、责任分工，促进市场主体积极参与全生命周期管理。充分发挥“互联网+监管”有效支撑作用，动态更新监管事项清单，持续推进监管数据汇聚，加强对风险的跟踪预警，提升监管智能化水平。

G.15
梅河口市城市精细化管理案例

吉林省梅河口市

摘　要：　“十三五”以来，梅河口市把生态宜居、产城融合理念贯穿城市建设管理全过程，坚持用“大空间、大生态”理念指引城市建设，坚持用工匠精神、绣花功夫管理城市，不断提升智能化、市场化水平，有效解决城市管理中面临的突出矛盾和问题，城市建设管理水平进入先进行列，先后获得国家卫生城、全国文明城、国家园林城、国家生态文明建设示范市、国家全域旅游示范区等荣誉称号。

关键词：　城市管理　精细化　智能化　市场化

梅河口市位于吉林省东南部，地处松辽平原与长白山区的过渡地带，自古以来就是东北地区重要的交通枢纽和商埠重镇。全市土地面积2179平方公里，辖1个省级高新技术产业开发区、19个乡镇、5个街道，总人口70万人，城区建成区面积60平方公里。“十三五”以来，梅河口市深入实施名城创建工程，把生态宜居、产城融合理念贯穿城市建设管理全过程，坚持用“大空间、大生态”理念指引城市建设，坚持用工匠精神、绣花功夫抓好城市管理，城市功能持续完善，城市布局更趋合理，城市框架不断拓展。

一　坚持以明确的发展方向与发展规划为指引，构建现代化城市框架和格局

城市建设是一种文化的累积和一种文明的积淀。梅河口市坚持用发展的眼

光看待问题，围绕城市在每一个发展阶段主要目标和规划，明确不同时期的建设重点，确保城市建设始终与发展的核心目标相匹配、相适应。2013 年 9 月，梅河口市被确定为吉林省扩权强县改革试点，赋予地市级经济社会管理权限。围绕完成省委、省政府赋予的使命和任务，梅河口市将发展目标明确为建设现代化中等城市，确定了保持经济中高速增长不动摇和争创全国先进水平不动摇“两条工作主线”，完善形成了“三三四四五五”战略布局。围绕这些顶层设计，梅河口市深入实施名城创建工程，确立了国家卫生城、文明城、健康城、生态城、园林城“五城联创”的总体思路，明确了打造吉林著名、东北知名、全国闻名的现代化城市的发展目标。围绕这一目标，在辉发河北侧，改造提升老城区。“十三五”期间，梅河口市集中力量、科学规划老城区。投资 64 亿元实施棚户区改造工程，安置棚户区居民超过 2 万户，改造农村危房 4867 户；投资 2183 万元，新建改建路网道路 7 条，老城区格局全面提档升级。特别是 2020 年，投资 3.6 亿元，全面改造全市 350 个老旧小区，将老旧小区改造与景观环境、空间布局、绿化美化等各项工作紧密结合起来，使改造后的小区成为城市最美风景和全域旅游最佳名片。同时，成立国有物业公司管理部门，负责无物业小区日常管理与服务工作，彻底解决小区管理“老大难”问题。在辉发河南侧，科学建设新城区。在南部新城，规划建设政务、经济、文化、生态四大板块。政务板块，以市委、市政府政务中心为核心向南、向西拓展，建成政务大厅、人民公园、会议会展中心，为办事企业和群众提供便利服务。经济板块，建成投资 100 亿元的工业新城，建设投资 60 亿元的红星美凯龙城市综合体，投资 100 亿元的啤酒文旅产业园区，打造产城融合发展平台，推动医药健康、食品加工、商贸物流、现代服务业“四大主导产业”持续快速发展。文化板块，建设投资 100 亿元的教育产业园区，建成投资 105 亿元的现代服务业示范区起步区和投资 40 亿元的康美医疗健康产业园区，打造了区域医疗教育文体“三个中心”，形成了具有较强辐射带动能力的区域公共服务体系。生态板块，建成投资 15 亿元的河湖连通生态水系，与海龙湖、南山生态城相呼应，打造城市生态空间。同时，累计投资 200 亿元，建设城市基础设施、工业新城配套工程和重点市政工程，全面改造主街主路，新建东环桥、华阳桥、普阳桥 3 座跨河大桥。恒大集团、碧桂园集团、翰林文化、兴佳地产、江诚建工、龙湖集团开工建设了一批高品质住宅小区和星级宾馆。“十三五”时期，梅河口市城市建成区面积扩大一倍，达到60平方公里，成为具备承载100万人口能力的现代化生态新城。

二　坚持以高标准理念和高水平设计为支撑，全面提升城市品质形象

宏观上，城市建设水平取决于思想和理念。具体来说，城市建设水平与设计息息相关。梅河口市坚持一张蓝图绘到底，精心设计每一所建筑、每一处景观，保证了建筑风格的整体性和局部建筑的景观性，完善了城市功能。

一是对标一流标准。梅河口市始终被吉林省委、省政府寄予厚望。在扩权强县改革阶段，就肩负着先行先试、率先发展的任务；完成扩权强县改革任务后，又被赋予建设高质量发展先行示范区的重任，要求为全省高质量提供示范。因此，梅河口市始终坚持向全国先进地区学习，吸收一切可供借鉴的全国最先进理念和经验。比如，在城市建设方面，市委书记、市长连续三年带队到浙江大学进行脱产学习，与各领域专家学者和浙江省、杭州市有关部门领导进行面对面交流，比照杭州西湖，建设了投资8亿元的海龙湖，并打造为国家4A级景区，已经成为周边地区旅游的必选之地。

二是制定一流规划。梅河口市高度重视城市规划的指导作用，聘请中国城市和小城镇发展研究中心、中国城市规划设计研究院等“行业大家”及时修编城市总体规划，完善了十余项专项规划，基本形成了从总体规划到区域规划、控制性详细规划、专项规划等比较完备的规划体系，为统筹城乡高质量发展提供了强有力的规划指导作用。同时，为保持规划的严肃性，加大对违建的执法力度，实行政府、职能部门、街道、社区（村）“四位一体”的防控体系，做到“即建即拆”，实现“拆一片、管一片”的目标，有效防止“拆后建、建后拆”的恶性循环。

三是坚持一流设计。坚持精品一定出自精心设计，在设计环节投入大量资金和精力，保证出精品。在街道规划、楼房外观、公园建设上，充分借鉴新加坡、上海、深圳等国内外先进地区设计标准，选择恒大、碧桂园和中泉设计所等国内一流设计团队，对城市建筑进行整体规划设计，保证建筑风格的整体性和局部建筑的景观性。比如，在老旧小区改造过程中，精心设计楼房外立面色彩，精心挑选建材保证形象品质，打造高品质城市面貌。

三　坚持大体量投入、高标准建设，打造公园城市、花园城市和精致的客厅城市

“十三五”以来，梅河口市工程项目之多历史罕见，在城市基础设施建设上总投资累计超过700亿元，其中现代服务业投资超过300亿元，政府公共投资超过100亿元。只有保证建设水平，才能确保设计百分之百落到实处。

一是高站位谋划，保证建筑质量。梅河口市在建设问题上，始终坚持“四三三”模式，聘请大批具备相应建筑资质和垫资实力的建筑单位，在提高入选企业门槛的同时，保证一流的设计可以得到最大限度的展示。比如，在城市绿化问题上，考虑到本地施工企业专业化程度不够，从域外引进专业绿化公司，帮助整体提高绿化美化水平。同时，充分发挥第三方监理作用，把各个环节监理到位，打造百年建筑、百年工程。

二是大规模投入，推进生态建设。按照新发展理念要求，梅河口市始终重视发展过程中的生态性，坚持“大生态、大环境”理念，着力打造公园城市、花园城市和精致的客厅城市。成功创建国家全域旅游示范区，获评中国最美全域旅游名城和文旅融合创新示范城市，2020年吸引域外游客休闲度假超过500万人次。打造水系成环的城市水网。实施山水林田湖草生态修复项目，引进海龙水库水源地的二类优质水源，与城区海龙湖连通，形成了35公里“三纵三横”河湖连通生态水系，沿城区街路、住宅小区、景观公园形成河湖连通生态水系，打造东北的“江南水乡”。建设绿地成荫的城市公园。2016年以来，累计投资30亿元，在南部新城建设了海龙湖公园、人民公园、山水公园等8个主题公园和36个城市花园，全部免费对外开放，人均公园绿地面积达到15平方米。持续提升长白山植物园、辉河景观带品质，打造成“城市客厅”，增加12个高品质城区绿化景观游园。同时，实施城市绿化美化工程，投资6500万元绿化梅河大地，森林面积增加10万亩，绿化覆盖率达到44.7%，实现城区处处见绿、步步有景，呈现出“水在城中、城在绿中、人在景中”的优美画卷。打造环境优美的生态小镇。加快推进投资100亿元、占地2.5平方公里的啤酒生态小镇，由杭州蓝城集团投资，打造集啤酒生产旅游、主题乐园体验、生态小区、城市森林等功能于一体的特色文旅生态小镇。加快推进投资

100 亿元、占地 2.5 平方公里的教育生态小镇，由江苏南通中如建工集团投资建设，绿化率达到 60% 以上，打造公园式生态教学园区。

三是大体量建设，抓好污染防治。按照现代化区域中心城市的定位和标准，建设一批环保产业项目，以有效投资推进有效治理。建设投资 5 亿元的医药产业配套危废处理项目，年处理 15 万吨医药产业废弃物；建设投资 3.5 亿元的生活垃圾焚烧发电项目，日处理生活垃圾 600 吨；建设投资 4 亿元的新区污水处理项目，日处理污水 10 万吨；投建设资 3.6 亿元的环保产业园项目，年产 150 万平方米纳米过滤膜材料，为净化生活污水，高标准处理饮用水提供技术和产品支撑；建设投资 5 亿元的废旧橡胶轮胎绿色生态产业化项目，年可处理 10 万吨废旧轮胎；建设投资 7 亿元的生物发电异地扩建和秸秆制气项目，年转化秸秆 15 万吨，合成天然气 1000 万立方米、发电 2.5 亿千瓦时，多渠道推进秸秆综合利用。同时快速推进城市道路硬化、城市节能亮化、下水管网普查改造工作。完成生活垃圾场渗沥液处理项目，生活垃圾填埋场一、二区封场覆盖项目，建成区黑臭水体治理工程，积极推进生活垃圾焚烧发电、新区污水处理厂及其配套管线工程，大幅提升城市污染防治能力和水平。

四是大手笔布局，完善服务功能。在市民休闲方面，梅河口市在原有硬件设施基础上，不断加强城市细节设计，累计投资 310 万元，在街边道路、公园角落、公共草坪等区域放置休闲座椅、遮阳凉亭等设施，给市民预留足够的休息空间。在日常出行方面，大力倡导绿色出行，投资 1.5 亿元建设公交车首末站和出租车之家，建设 25 个智能化封闭式公交驿站，新增 125 辆新能源公交车，开通 3 条免费公交线路，方便群众日常出行；在惠民饮食方面，投入 735 万元，在公园、小区建设 1 个市民食堂和 1 个人民食堂，对老年人、特困户、低保户、残疾人实行减免政策，为广大市民提供优质、贴心的公共服务。同时，梅河口市注重城市细节，不断完善公厕布局，累计投资 5980 万元，建设高标准水洗公厕 77 座，“五星级”公厕已经成为梅河口市的一张亮丽名片。

四　坚持以工匠精神、绣花功夫管理城市，切实提升城市管理能力和管理水平

梅河口市提出“向管理要效益”的城市管理理念，按照“3 分建 7 分管”

的方法，坚持用工匠精神和绣花功夫管理城市，提升城市管理精准化、精细化水平。

一是城市管理职能化。2018 年，成立了城市管理行政执法局，建立城区全覆盖、监管全时段的高效城市管理机制。建立并坚持 70% 服务、20% 管理、10% 处罚的“721”工作法，实施“网格化、无空隙、全覆盖”治理模式，围绕主街主路、支次巷路和城乡接合部等重点区域，每两名执法人员管辖一公里，形成定点、定人、定责任的“三定”精细化模式。在时间管理上，推行错峰、延时执法，彻底解决“八小时”之外市容管理薄弱问题，对全城街面秩序进行不间断监控，有效整治了占道经营、露天烧烤、垃圾造脏等行为。

二是管理主体市场化。梅河口市坚持把政府主导与社会协同相结合，创新城市管理新模式，将城市管理推向市场。一方面，以政府购买服务的方式，相继将城区环卫保洁、公厕管理、城乡垃圾清运等工作推向市场，由原来城市管理部门，街道社区、物业小区、乡镇分级分块作业的旧模式，转变为专业企业统一组织实施的新模式。市场化运行以来，实现了主要街路、支次巷路保洁效果一个样，白天、夜晚卫生状况一个样，机械化清扫率由 36% 提升到 90% 以上，生活垃圾日产日清，清运率、无害化处理率均达到 100%，城市保洁面积较“十二五”末增加 2 倍，达到 1014 万平方米。特别是在清雪工作上，将城区街路、广场、公园冬季清运冰雪工作推向市场，根据降雪程度实施不同清理办法，设置小雪随时清除，中雪 12 小时、大雪 24 小时清除的目标要求，实现快速清雪、绿色清雪、科学清雪、景观清雪，保障了市民出行安全、畅通。另一方面，2020 年，成立梅河口市城源城市管理运营集团有限公司，将城市管理行政职能与城市建设、维护、养护工作进行有效剥离，进行国企化运营，打造一支城市管理品牌化专业队伍，在城市管理工作上真正实现“管干分离”，进一步优化社会资源配置，降低建设管理行政成本，提高财政资金的运用效率，开创了“政府主导、资本运作、社会参与”的城市治理新格局。

三是城市水体生态化。围绕辖区内水体清洁，通过清理疏导、封闭管理，将污水导入城市截流干管内，采取清淤和打捞等方式，清除水中的底泥、垃圾等固态污染物，利用 3 年时间将城区内 8 处黑臭水体全部治理完毕。同时，引入清净流动水体、栽培水生植物、投放水生动物，恢复水体生态系统，并配套建设景观小品，成为周边群众休闲纳凉的绿地游园。

四是建筑工地减尘化。梅河口市将新城区和老城区划分成两处监管区域，成立渣土运输和造脏管理中队，加强对建筑施工工地和车辆造脏的管理。在工地出入口，要求施工单位铺设长度不小于30米、宽度不小于5米的混凝土洗车槽，设置冲洗设备，从源头上遏制出入工地车辆造脏行为。对初次作业造脏施工负责人和车主，给予纠正批评，并督促对造脏路面进行清扫冲洗；对屡教不改或严重造脏造成不良影响的，视情节做出相应的行政处罚，实现从"尘土飞扬"到"尘埃落定"的彻底转变。

五　坚持以市域治理助力城市管理，构建基层社会治理工作新格局

人民城市人民建，建好城市为人民。无论是城市建设还是城市管理，核心都是人的管理。梅河口市始终注意把群众满意放在第一位，切实解决社会各界最关心、最直接、最现实的问题，努力消除各种"城市病"，提升城市治理的"温度"。

一是以党建引领服务城市发展。梅河口市坚持以城市党建推动基层社会治理，不断延伸党组织"服务触角"，创新推出"四个一"工作举措，实现城市建设科学化管理、精准化服务。织密一张治理网。为推动网格精细化治理，全面实行网格化管理工作机制，梅河口市重新调整优化城区网格设置，建立街道党工委、社区党委、网格党支部、楼栋党小组四级组织架构，按照每350户设1个网格的标准，将原有162个网格织密到341个网格。通过选优配强党支部书记和党小组组长，新招录"社工岗"100人，充实网格员队伍，进一步下沉网格工作力量。同时，梅河口市坚持抓好"融入"和"回归"两个关键环节。在全市开展"在职党员回归社区"活动，市级领导带头，4420名在职党员到社区报到，每人至少认领1个服务岗位。活动开展以来，解决居民微心愿、扶贫帮困、小区治理等实际问题千余件。打造一批党群服务站。为了让党员群众享受到"大事不出社区、小事不出楼院"的贴心服务，坚持把阵地建设作为强化治理的有效抓手，着力破解党组织触角延伸不够的问题。以网格为依托，每3～4个网格设1处"网格党群服务站"，采取新建、租赁、利用各部门闲置的办公用房等方式，集中建设100个"网格党群服务站"，打造集党员活动、

政策宣讲、民意收集、诉求调解、为民办事、协商议事、扶贫助困、特殊照料“八合一”平台，形成15分钟服务圈，为居民群众提供贴心、贴身、实时服务。试点一批红色物业。结合无物业小区管理提升工程，采取试点先行的方式，推行“红色物业”管理模式，社区党委指导小区成立业主委员会，每个街道引进1家物业企业，有效形成社区、物业、业委会“三方联动”的融合共建新局面。“红色物业”启动以来，老旧小区基础设施年久失修、管线老化、环境脏乱差等诸多问题得到彻底改善。建立一支楼长队伍。充分发挥居民自治作用，采取居民自荐、群众举荐和组织推荐相结合的方式，配齐配强1080名楼长队伍，并签订服务协议书，有效形成由街道统筹管理，社区“两委”分片包保，网格员具体负责，楼长协助的“一长多员”管理服务链条。制定出台《楼栋长管理办法》，明确工作职责和考核办法，补贴待遇由每人每年2500元提高到5000元，采取“街道抽查、社区督查、群众评议”等方式对楼长工作成效进行打分，将考核结果与楼长补贴和退出机制挂钩，激发楼长工作热情。如今，有困难找楼长，已成为居民习惯。

二是以市域治理推动城市治理。梅河口市高度重视基层社会治理，全市建成市级综治中心1个，乡镇（街）级综治中心24个，村（社区）级综治中心319个，推动城市治理重心和配套资源向街道、社区下沉。推动综合治理规范化。建立市、乡、村三级综治中心，完善社会治安形势“分析评估”和“预警机制”，组织各级综治中心建立“十户联防”群防队伍216个、“综治社区警务队”112个，依托综治中心建立心理咨询室272个，建设综治中心多功能服务窗口328个，建设法治广场3个，全面提升基层社会治安综合治理能力。2019年省委政法委发布全省群众安全感满意度的调查报告，梅河口市群众安全感满意度指数为98.7%，在全省60个县（市、区）排名中列第三位。提升治理手段智能化。全市安装公安系统监控设备1772台，教育系统监控设备2600台，卫健系统监控设备2270台，应急、房产、住建、执法等行管部门均设置监控设备，初步形成公安视频专网、政府行业专网等多张独立网络，多个部门已建成内部应用平台。2020年底，梅河口市将完成城区30路人脸识别系统和乡村重点公共区域1000路枪机摄像头建设任务，推动形成大数据治理平台，全面提升基层社会治理信息化、科技化水平。推进矛盾纠纷化解人性化。依托三级矛盾纠纷排查调处室，完善制定矛盾纠纷定期排查和调处报告制度，各乡镇、街道设立“便民服务点”，随时收集和解决群众的问题，按照市每月、街每半月、社区每10天排查一次的原则，及时收集、处理群众矛盾纠纷。对排查出的问题，按照“分级负责、归口办理”的原则，实行领导包案制，将矛盾排查化解在最前沿，不断夯实基层社会治理第一道“防线”。

三是以市民素质提高城市文明。发挥市民参与城市、建设城市的主导作用，通过广泛开展群众性系列主题文化活动，形成爱家乡、做主人、敢奉献的梅河口市人民特质精神，引导全市人民树立“一座城市、一个家”的主人翁意识。深入实施“市民素质提升工程”。每年组织16个社区新时代文明实践所，开展党的十九大精神、习近平总书记考察吉林重要讲话重要指示精神等宣传宣讲活动300余场次；以“文明梅河口”为主题，开展“文明交通、文明窗口、文明餐桌、文明上网”等文明实践活动，进一步提升市民文明素质和社会文明程度。广泛开展“志愿服务提升工程”。梅河口市定期开展“点亮微心愿”活动，征集并点亮助学、助困等“微心愿”近万条。同时，针对环卫工人如厕难、休息难等问题，在全市临街商户建立了210家“暖心驿站”。当前，梅河口市志愿者达到6.3万人，成为城市发展的坚强助力。大力推进“文化惠民工程”。一方面，以完善硬件设施提高群众参与活动热情。先后投资15亿元，建成体育公园、文化中心和万人体育场等文体设施，并在社区、村部建设了文化活动中心，为群众提供足够活动空间。2020年，投资近300亿元的区域医疗、教育、文体“三个中心”全面建成并投入使用，为全市人民和周边县市群众提供更高层次公共服务。另一方面，以活动开展拉近党群干群关系。每年坚持组织市民举办各类大型文体活动，开展送电影送戏下乡、文学艺术“五进”、书画摄影展等大型活动，群众满意度、幸福感大幅提升。

G.16

创新驱动高质量发展之路

浙江省新昌县

摘　要：　实施创新驱动发展战略，基础在县域，活力在县域，难点也在县域，新时代如何推动县域创新驱动发展，是我省乃至全国面临的重大课题。作为一个“八山一水一分田”的山区小县、资源小县，新昌以科技创新为手段、以振兴实体经济为目标、以产学研合作为途径、以激发企业主动性和动能性为重点、以信息技术和制造技术融合为突破口，抓制度供给、抓示范工程、抓环境营造、抓主职领导，开展了新型产学研协同创新的综合科技体制改革，形成了“小县大创新”的特色模式，实现了从浙江省环境保护重点监管区到国家级生态县的跨越,实现了从浙江省次贫县到全国百强县的跨越，走出了一条科技强、产业好、生态优的高质量发展之路。新昌的实践再次印证了创新是驱动发展的第一动力，实施创新驱动发展战略，用好科技这把“金钥匙”，能够解决县域发展中的难点和堵点，打通创新“最后一公里”，从而实现县域经济的高质量发展。

关键词：　科技创新　科技体制　高质量发展

一　基本情况

（一）科技人才基础薄弱但创新活力较强

1. 研发投入高

目前，新昌规上企业研发投入占主营业务收入比重为3.74%（全省平均

1.68%），全社会研发投入占 GDP 比重为 4.12%，连续六年保持在 4% 以上（全省 2.68%），一直保持在全省各县（市、区）前三位。

2. 产学研率高

新昌企业与国内外 110 多家高校院所建立长期合作关系，平时活跃在新服务企业的专家团队达到 73 支，现有高校共建研究院 3 所、院士专家工作站 17 家、外国专家工作站 13 家、博士后科研工作站 16 家，全县规上企业产学研合作覆盖率高达 95% 以上。

3. 成果水平高

每万人发明专利拥有量从 2015 年的 18.61 件提高到 2020 年的 74.66 件，在全省同类型县市中稳居第一。新昌企业已累计获得国家科技进步、技术发明二等奖奖项 8 个，新昌也成为全国唯一一个设在县域的国家级科技成果转化服务示范基地。

（二）区位条件不优但发展质量较好

1. 经济增长稳

2015～2020 年，新昌地区生产总值、财政总收入、一般公共预算收入年均分别增长 6.1%、6.42% 和 9.32%。特别是在经济下行的宏观背景下，新昌企业经营稳健，2020 年贷款不良率仅 0.44%，保持全省最低水平。

2. 企业效益好

2015～2020 年，规上工业销售利润率从 7.4% 提高到 15.1%。全县 11 家上市企业总市值 2258 亿元，三花等 5 家企业市值均超过百亿元，万人拥有上市公司数和人均上市公司市值均列全省第一。规上工业企业亩均税收 31.6 万元/亩，万元 GDP 综合能耗 0.32 吨标准煤（全省 0.44 吨标准煤）。

3. 生态环境优

2015～2020 年，全县 AQI 优良天数比例从 85.3% 提高到 96.4%，PM2.5 浓度从 $44\mu g/m^3$ 下降到 $26\mu g/m^3$，年均降幅 11.1%；全县森林覆盖率保持在 65% 以上，境内河流水质保持在二类水以上，2017 年成功创建首批全国生态文明建设示范县，是浙江省第二个既是生态文明建设示范县又是“两山”实践创新基地的县。

（三）资源禀赋一般但产业层次较高

1. 转型升级快

传统的医药化工产业转型为以创新药物制剂、生命营养品等生命健康产品为主，传统的机械制造产业转型为以节能环保制冷设备、高端数控机床、智能纺织印染装备等高端智能产品为主，通用航空、新材料、数字经济等新兴产业快速发展，2020 年规上战略性新兴产业增加值占比 57.4%（全省平均 33%）。尤其是制造业一枝独秀，早在 2018 年一些关键指标已达到或超过中国制造 2025 年设定的目标，如规上制造业研发经费内部支出占主营业务收入比重 3.52%（目标 1.68%）、规上制造业每亿元主营业务收入有效发明专利 2.3 件（目标 1.1 件）、宽带普及率 97.9%（目标 84%）、数字化研发工具 100%（目标 82%）、企业设备数控化率 82%（目标 50%）。

2. 高新占比大

2015～2020 年，高新技术产业工业总产值年均增速 22.1%；高新技术产业增加值占工业增加值比重由 36% 提高到 90%，排名由全省第 39 名提升至全省第 2 名。

3. 产品冠军多

拥有一大批具有国际竞争力的拳头产品，其中，维生素 E、车用电子膨胀阀、铝合金轮毂等 15 个产品市场占有率全球业界第一，瑞舒伐汀、液位传感器、三气通用电控阀、智能转杯纺纱机、动漫服饰创意产品等 20 个产品国内行业第一。2020 年，新产品产值率 51.9%（全省平均 39%）。

二 主要成绩

“小县大创新”的工作模式得到各级领导的充分肯定，也获得了众多荣誉。2016 年，新昌作为唯一的县市代表在全国科技创新大会上作典型交流发言；2017 年全国唯一一个设在县域的国家科技成果转化服务示范基地落户新昌；2018 年，新昌入选首批国家创新型县（市）建设名单；2019 年，“全面推广科技创新新昌模式”写入省政府工作报告；2020 年，省科技领导小组专门发文推广新昌全面创新改革经验，科技创新“新昌模式”入选全国科技体制改革案例，新昌跻身2020年中国城市创新百佳示范县（榜首）、中国创新百强县（第7位）。2021年，新昌荣获首批浙江省“科技创新鼎”。创新指数位居浙江全省第二，科技投入、技术创新、转型升级、创新环境等四个综合性指标均进入浙江全省前三。

三　主要做法

（一）坚持企业主体，持续合作创新

新昌秉持“资源不足科技补”的理念，做好“主体培育、产学研合作、强研发投入”三篇文章，走出了一条“小县大科技”的创新之路。

1. “坚守实业，做强主业”育企业

新昌把实体经济作为县域发展的基础，引导企业坚守实业、专注主业，不断做大做强。一是做大创新群体。2006年1月，时任浙江省委书记的习近平同志在省十届人大四次会议参加绍兴代表团讨论时强调：“要推进‘腾笼换鸟’，实现‘凤凰涅槃’，努力培育和引进‘吃得少、产蛋多、飞得高’的‘俊鸟’。”为此，新昌坚持有所为有所不为，深入实施上市企业、高新技术企业、科技型中小企业“三个倍增”计划，鼓励企业努力成为细分领域的“单打冠军”“隐形冠军”，全县现有上市企业11家（另有5家企业已经过会），创造了全国各县市“企业上市过会”的新纪录，全县上市企业总市值排名华东地区各县市第三。2015～2020年，国家高新技术企业从45家增加到220家（与规上企业数的比值超过70%），省科技型中小企业从240家增加到702家。3家企业（新和成、三花控股、捷昌驱动）跻身2020年中国新经济企业500强榜单，5家企业（三花智控、新和成、三花制冷、京新药业、浙江医药）入选全省高新技术企业创新能力百强，数量占到全市的近一半（全市11家）。同时，积极推行以“亩均论英雄”，制定出台工业企业绩效综合评价工作实施意见，探索推行精准供地答辩制、标准地+承诺制等，投资强度按省定标准再提高20%，2020年全县规上企业亩均税收达30.26万元/亩、全员劳动生产率25万元/人·年。

二是始终扎根实业。新昌企业能抵住诱惑，不赚快钱，不图暴富，90%以

上的企业没有涉足房地产，偶有涉足的也是把赚到的钱投到主业的技术研发，绝不动摇实业的主体地位。在高端制造、生物医药两大主导产业深耕细作，如五洲新春从1996年创立到现在，从未脱离实业、偏离主业，20多年来始终专注于轴承制造，并依靠创新成为中国轴承行业磨前技术的领先者、成品轴承进口替代的先行者，2016年成功在上交所上市。目前，全县战略性新兴产业增加值占比达到57.4%，高新技术产业增加值占比达到90%。尤其是制造业一枝独秀，一些关键指标已达到或超过中国制造2025年设定的目标。

三是争做细分市场领头羊。不求大而全，但求专而精，努力做“单打冠军”“隐形冠军”，打响“新昌制造”品牌。新昌现有全球细分市场占有率第一的产品15只，国内细分市场占有率第一的产品20只，如维生素E产量占全球市场的60%，家用空调的核心部件“四通换向阀”占全球市场的63%，铝合金摩轮占全球市场的30%。如浙江医药的盐酸万古霉素产品占到全球的50%，因其拥有完全自主知识产权且产品具有不可替代性，通过公众评议程序，美国将其排除在了加征25%关税的清单外，同时由于浙江医药的抗辩，国内同类产品也得到关税豁免。又如三花的四通换向阀、电子膨胀器、微通道换热器等产品，由于技术的领先性和产品的不可替代性，美国客户主动提出由他们承担全部或部分加征的关税。

四是数字经济赋能企业转型。围绕传统产业转型升级，实施“4+1”数字化改造提升计划，抓好轴承、纺织、胶囊、机械等4个行业的数字化改造，打造大企业集团数字化转型示范样板，全县现有三花、新和成、万丰等12家数字化工厂、25个数字化车间，拥有工业机器人800多台/套。数字化引领产业转型升级成效显著，如轴承行业通过“百企提升”行动，企业平均设备有效利用率提高20%，企业设备故障发现与处理速度提高120%以上，产品加工平均综合成本下降12%，劳动用工成本下降近50%。大力实施数字经济“一号工程”，陀曼智造、康立科技、盛达物联等6家公司入选省信息工程服务公司资源池，建成轴承行业和纺织行业两个省级工业互联网平台，联网设备超过1.6万台。2019年新昌被评为省工业互联网平台建设及应用重点提升发展县（全省仅6个），轴承行业工业互联网平台被列入全省第一批工业互联网平台推广名单（全省仅10家）。目前全县两化融合发展指数104.4，连续六年居绍兴市第一，“数字化制造、平台化服务”做法得到国家部委和省委、省政府的批示肯定。

2. “校地合作、产教融合”破难题

深入推进产学研协同创新综合体制改革，打通科技成果转化“最后一公里”。一是深化企业精准出题。建立企业出创新课题、出科研经费、主导产学研合作的体制机制，深入挖掘企业需求，精准编制技术课题需求、企业合作、专用电子等产品对接、技术类项目合作、人才团队合作等五张清单，促进产业端与技术端的精准对接。每年挖掘并凝练企业技术需求和攻关课题超过100项，技术交易额从2015年的0.69亿元增加到2020年的6.4亿元，年均增速达56%。二是深化院校精准解题。引进集聚高校共建产业创新研究院3家、高校技术转移中心近20家，九三学社中央科技服务基地建成投运。深化两层双向对接机制，带着企业进高校找团队，邀请专家来新昌走企业，促进校企精准合作，每年新增产学研合作项目100项以上。鼓励高校针对企业需求清单，开展技术攻关，为企业带来更多的原创技术和高层次人才，企业的创新能力明显提升，如2020年浙江医药新昌药厂与杭州师范大学联合研发的“新型稀缺酶资源研发体系创建及其在医药领域应用”项目获国家科学技术进步二等奖。有的企业还与大院名校开展了深耕合作，如捷昌驱动、五洲新春与浙江大学建立了全面战略合作关系，并各捐赠1000万元支持学生创新创业，企业也借此实现了创新的原创化、自主化。三是深化政府精准服务。出台产学研合作专项政策，建立专家、团队激励表彰制度，为参与新昌产学研合作的研究生团队、研究生导师设立专门奖项。实行县领导结对创新团队制度，每月联系，每季走访，帮助解决实际困难。通过“项目牵引”“筑巢引凤”“成果转化”“长期合作”等模式，新昌企业与国内外110多家高校院所建立产学研合作关系，规上企业产学研合作覆盖率达95%，累计获得国家科学技术二等奖以上科技成果8个。2017年教育部在新昌召开了研究生联合培养机制暨深化专业学位研究生教育综合改革座谈会。

3. “紧盯市场、舍得投入”强研发

深度研发、适度超前，持续加大科技创新的高强度投入，努力做到人无我有、人有我优。一是建精机构搞研发。坚持把研究院建在企业，把人才留在企业，实施省市县三级企业研发机构梯队培育机制，支持企业建设高能级研发机构，尤其是对省级重点企业研究院按一比一配套县级财政投入。新昌企业引进一流（高端）团队，聘请专家教授担任研究院院长、首席专家，对设施设备等硬件投入不遗余力，企业里最漂亮的房子永远都是研究大楼。培育市级以上研发机构 162 家，全县累计建成市级以上研发机构 448 家，其中国家级企业技术中心 6 家，省级重点企业研究院 10 家，数量居全省各县市前列。通过企业自建、高校共建、技术联盟等方式，基本实现规上企业研发机构全覆盖。二是盯着市场搞研发。引导企业紧盯市场加快产品升级换代和新产品开发，全县新产品产值率始终稳定在 50% 以上，现有全球细分市场占有率第一的产品 15 只，国内细分市场占有率第一的产品 20 只，如维生素 E 产量占全球市场的 60%，家用空调的核心部件“四通换向阀”占全球市场的 63%，铝合金轮毂占全球市场的 35%。三是盯着明天搞研发。新昌企业始终盯着五年、十年甚至二十年后的行业趋势，按照“实施一批、储备一批、研究一批”的技术方针，开展前沿技术研发。如三花 2010 年就开始新能源汽车热管理系统研发，2017 年获得美国汽车工业 PACE 大奖；如新柴股份 2014 年着手研发欧Ⅴ排放标准的非道路柴油机，2017 年被德国 Bosh 评为年度全球标杆样机。

（二）坚持精准服务，构筑创新生态

新昌秉持“区位不足服务补”的理念，优化政策、平台、服务三大体系，持续改善自然和社会环境，打造创新创业群体的理想栖息地和价值实现地。

1. “内联外合，开放共享”搭平台

围绕创新链抓平台建设，做好内部创新资源的优化配置和外部创新资源的整合利用。一抓构建产业承载平台。围绕特色化、高新化、集约化，提升发展高新园区、经济开发区等省级平台。建立以科技、效益、集约等为主的项目综合评估机制，实行科技导向的差别化用地价格机制，加快科技成果转化，园区承载力持续增强，目前 90% 以上的高新技术产业集中在两大省级园区。智能装备小镇被评为 2018 年度省级特色小镇“亩均效益”领跑者；浙江（新昌）境外并购产业合作园成为全省首批设立的三个境外并购产业合作园之一。二是构建创新服务平台。推进南岩科技城建设，规划面积 1 平方公里，其中核心区 500 亩，科创服务中心、科技孵化器、中小微企业产业园、高校研究院集聚园等项目相继建成，高校研究院集聚园已有 3 家校地共建研究院投入运行，科技孵化器成功创建省级科技孵化器，轴承产业创新服务综合体、茶产业创新服务综合体入选省级综合体创建名单，科技大市场被评为全省十大优秀技术市场。以数字化改革为引领，积极谋划科技创新服务数字化新模式，整合多方资源，探索产学研众创共享的高质量创新路子，2020 年 5 月 31 日，以全要素服务、全过程服务、全价值链、全治理链为特色的新昌众创共享科创云平台正式上线运行，已帮助企业成功对接创新课题 243 项，解决技术难题 41 个，做法和成效得到高兴夫副省长批示肯定，省科技厅专门发文向全省推广。三是构建资源共享平台。出台鼓励建设开放实验室的意见，全县 20 家大型企业 82 个实验室向社会开放共享，每年服务中小微企业近千家，创新要素沿着产业链快速传导，形成龙头企业引领、中小企业协同的“雁阵式”企业创新梯队。如三花集团带动本地 40 多家冷配企业，日发纺机、泰坦股份等智能纺机龙头企业带动上下游 400 多家企业技术创新。2017 年，全省开放实验室暨服务企业助力众创工作现场会在新昌召开。

2. “不求所在、但求所用”聚人才

新昌求贤若渴，惜才如金，不拘一格引育人才，做好借智借力文章。一是政策引才。实施“天姥精英”专项引才行动，每年安排上亿元资金，大力引进高端人才和创新团队，对带项目、带技术、带资金的高层次人才，最高补助 500 万元的创业科研经费。连续多年举办海外高层次人才智力项目洽谈会和“天姥英才”高层次人才创新创业大赛，县主要领导每年带队到智力富集地区，带领企业与院校开展精准对接。倡导“生活在外地、工作为新昌”的用人策略，政府主导建设科创飞地，企业搭建异地科创平台，千方百计地引聚高端人才。二是“飞地”聚才。政府主导在西湖区、滨江区设立了科创飞地，助力企业柔性引才。支持企业加快“走出去”，充分利用全球创新资源，目前新昌企业已在美国、英国、德国、以色列等国家设立海外研发中心 11 个，在北京、上海、深圳、杭州等地设立国内异地研发机构 32 个，通过“飞地”模式集聚博士以上高层次人才近 1000 名。出台总部经济政策，鼓励企业实施以技术为核心的并购重组，新昌企业累计实施并购项目 53 个，资金超过 190 亿元，企业创新能力得到快速提升。三是服务留才。建立人才库，健全完善县领导联系优秀人才制度，落实定期调研、定责服务和人才分析例会等制度，特别是针对各类人才普遍关注的住房问题，一方面加快人才公租房、专用房建设，另一方面推出了安家补贴和购房货币化补助办法，对高层次人才给予最高 100

万元的购房补贴，用服务留人，用感情留人。目前全县引进集聚国家引才计划人才 13 人，省引才计划人才 18 人，万人拥有人才量达 2277 人。

3. “无事不扰，有事必到”优服务

围绕企业需求，主动做好科技“三服务”，让企业专心创新创业。一是办事“零跑腿”。优化办事流程，对科技创新领域的涉审事项开展流程改造，提高办事效率，如优化高企申报流程，改原先企业申报材料需国税、地税、科技等三个部门分别审核盖章为县高企认定办统一审核盖章，并由县高企认定办统一对接相关部门出具安全生产、环保、质量无违规等证明，实现了县内最少跑三次向“最多跑一次”的转变，认定时间从原先的 30 天缩减至 3 天；如改进企业研发费用加计扣除流程，改事前报备为事后监管，实现了企业申请科技税收优惠“零跑腿”；如开发新昌智慧人才 App，建立“一站式”服务平台，实行“互联网 + 人才”服务模式，实现人才事项全流程网上办理、网上反馈。提高服务效能，让科技服务“跑零次是常态，跑一次是个例”。二是服务“零距离”。以“三服务”活动为抓手，建立“书记县长面对面”制度，把每个月的 27 日设为“爱企日”，与企业面对面恳谈。建强科技管理部门队伍，专门为科技局增加了两个行政编制和 1 个副科级领导职数。建强科技指导员队伍，选调 200 多名副科级以上领导干部，派驻 200 多家规上企业，帮助企业解决人才、产学研合作、知识产权等方面问题 1000 多个。建强企业首席科技官队伍，在规上企业中全面推行首席科技官制度，成立科技官联谊会，建立微信群，每天推送最新的科技动态、科技成果和政策文件，定期不定期地举行科技大讲堂和业务知识培训，不断增强企业老总或技术副总的创新意识。建强中介服务机构队伍，大力引进高水平科技中介服务机构，出台与服务企业实绩挂钩的考核奖励办法，建立能进能出的管理机制，充分调动中介机构服务企业的自觉性和积极性。建强科技创新专家队伍，大力引进集聚高校院所资源，浙江工业大学、浙江理工大学、中国计量大学等 3 家高校共建研究院投入运行，九三学社中央科技服务基地和近 20 家高校技术转移中心落户新昌，目前长期在新昌开展产学研合作的研究生及导师团队达到 73 支，每年来新昌走访服务企业的专家团队超过 100 批次。三是保护“零缺位”。司法行政联动，打击保护并重，全面保护企业创新成果。积极探索知识产权“三合一”改革，建立知识产权综合管理体制，成立知识产权保护领导小组，设立知识产权司法保护和维权援助两个中心，成立宁波法院知识产权新昌巡回法庭，推进规上企业知识产权警企联络室全覆盖，构筑了“政府前置保护、企业自我保护、司法强力保护”的知识产权保护网络。加大知识产权侵权打击，严格做到知识产权纠纷100%调解，知识产权违法行为100%查处，知识产权维权100%跟进。强有力的创新保护，有效激发了全社会创新热情，全县每万人发明专利拥有量达到74.66件。

（三）坚持改革引领，优化创新治理

针对县域创新普遍存在动力不足的问题，新昌秉持“动力不足改革补”的理念，完善领导组织、技术创新、保障激励三大机制，持续推进科技创新与体制机制改革双轮驱动。

1. “一张蓝图、久久为功”抓落实

健全“一张蓝图绘到底、一以贯之抓落实、一把手当行动队长”的创新领导机制。始终把创新作为引领发展的第一动力，大力实施“科技新政”。一是“一张蓝图绘到底”。坚持把创新放在战略位置，创新的主基调多年保持不变，历届县委、县政府都把创新作为工作主线、作为政策制定和制度安排的核心要素，把做强产业作为创新的出发点和落脚点，政企联动，上下同欲，坚定不移地走创新驱动实体经济的路子。二是“一把手当行动队长”。坚持“领导抓、抓领导”，书记、县长带头当好科技创新的“行动队长”，工作中做到“三个亲自”“三个不少于”，即科技创新重大事项亲自谋划、科技创新政策制定亲自研究、科技创新重点工作亲自推进，每周安排科技创新相关活动不少于一次，每月协调推进创新改革不少于一次，每季上常委会或政府常务会议议题不少于一个。三是“一盘棋强统筹”。成立县委科技创新委员会，建立党委、政府各部门统筹协调抓科技抓创新的组织体制，增强部门间在政策和工作上的协同性。突出科技创新在园区、部门、乡镇街道绩效考核中的权重和应用，科技创新在园区绩效考核中占比不少于30%。同时建立科技与人才工作重大事项容错免责机制，让干部吃下“定心丸”。

2. “需求导向，锲而有信”给政策

精准制定政策，强化刚性执行，真正推动科技政策为科技创新主体服务。

一是突出政策的精准度。始终把“企业需要不需要，满意不满意”作为政策制定的出发点和立足点，每年科技投入的财政支出占比不低于10%，增幅不低于10%，每年安排4亿元用于科技创新、人才引进和战略性产业发展，设立4亿元政府产业基金投向创业创新和产业转型升级。相继制定出台了《新昌科技创新20条》《创新驱动推进工业经济高质量发展的若干意见》等一系列文件，并且每年根据企业的意见建议修订完善。如在得知“一些企业希望到杭州、上海等智力富集地区设立研发机构，但由于成本压力犹豫”的情况后，专门出台政策“对在政府统一规划地设立飞地型研发机构的企业给予50%的房租补助”；如针对中小微企业创新投入动力不足的问题，取消了政策享受与上缴税收挂钩的限制；如针对公共技术服务能力弱的问题，专门出台了共建高校技术研究院的意见；如针对企业创新投入不足的问题，出台了科技金融专项扶持政策；等等。2015～2020年，县本级财政科技支出年增长12.51%，占一般公共预算收入比重从13.79%提高到15.92%。二是“五个100%兑现”。即产学研协同创新按合同金额一定比例补助100%兑现，全县每年单是对省级产学研合作项目的补助金额就超过300万元；研发经费税前加计抵扣100%兑现，全县每年加计抵扣额超过10亿元；高新技术企业税收优惠政策100%兑现，所得税减按15%征收，全县每年减免高新技术企业所得税超过3亿元；科技创新成果奖励分配100%兑现，每年用于科技创新成果奖励的金额超过3000万元；企业研发创新政府补助100%兑现，每年兑现科技政策性财政补助超过5亿元。

3.“文化引领、名利并重”激活力

建立健全“在政治上给足荣誉、在经济上给足回报、在社会上给足荣誉”的人才激励机制。一是坚持文化引领。深耕“崇文守正务实创新”的新昌精神，引导企业培植各具特色的创新文化，以企业文化凝聚人心，汇拢人才。如三花集团在1994年成立时就以“管理之花、科技之花、人才之花”为内涵，形成了“企业是树，人才是根；根有多深，树有多盛”的常青树文化。又如浙江医药新昌制药厂在20世纪80年代就提出“人才来去自由”的理念，鼓励科研人员赴国内外知名大学和科研机构深造，深造期间待遇不变，学成之后去留自由，非但没有造成人才流失，还吸引了一大批海内外精英，培养了一大批技术骨干。二是全面喊响创新光荣。2017年将5月31日设为新昌科技日，是全国第一个县域科技日，每年举办科技创新大会和中国县域创新发展新昌论坛，重奖科技创新“好企业、好团队、好专家”，如在今年第五届科技日上，隆重举行了新昌数字经济发展突出贡献团队和个人颁奖仪式，全面喊响创新光荣。三是做到“三个给足”。在政治上给足地位，畅通科技人才建言献策、参政议政的渠道，对具有科技领导能力的优秀企业家，在“两代表一委员”等政治待遇及各项荣誉评选上优先安排。在经济上给足回报，万丰奥特、五洲新春、日发精机、美力科技、捷昌驱动、远信工业、达利丝绸等企业普遍建立了股权激励、销售分成、项目制奖励等多种人才激励机制。如三花集团、新和成等每年人才奖励资金在1000万元以上，如康立科技实行项目提成制度，其气流纺研发团队已累计获得销售提成奖励300多万元。在社会上给足荣誉，每年表彰报道科技创新先进人物和事迹，让“科技人才”在新昌拥有“高光时刻”；成立高层次人才联谊中心、推行人才服务“一卡通”，让人才在新昌“高人一等”。

参考文献

《小县大创新　高质量发展的“新昌模式”》，《中国农村科技》2021年第6期。

G.17

厚植生态底色　推动绿色发展

——“两山”理论的当涂实践

安徽省当涂县

摘　要： 当涂县通过健全组织领导机制、政策保障机制、责任落实机制举“两山”旗强化绿色发展保障，通过高水平抓好生态保护、高强度抓好污染防治、高标准抓好问题整改打“两山”牌厚植绿色发展底色，用全域生态化打开美丽宜居之门、产业生态化打开绿色发展之门、生态产业化打开富民强县之门，破解了人与自然的矛盾、发展与保护的对立、资源和生态的制约等共生转化之路，探索实践生态价值转化新模式。

关键词： 保障机制　生态保护　污染防治　美丽宜居　绿色发展

一　引言

当涂县隶属于安徽省马鞍山市，隋朝时置县至今已有2200多年历史，位于南京、芜湖、合肥城市群之间，是安徽的东大门、南京的卫星城，也是安徽融入长三角一体化发展和南京都市圈的桥头堡。全县总面积1002平方公里，总人口约45万人，辖10镇1乡。

党的十八大以来，当涂县认真贯彻落实习近平生态文明思想和党的十八大、十九大精神，牢固树立“绿水青山就是金山银山”理念，坚定不移地走“生态优先、绿色发展”高质量发展新路子，积极开展生态文明建设模式探索和“两山”理论实践创新，加快建设经济强、百姓富、生态美的幸福当涂，取得了明显成效。先后荣获全国县级文明城市、国家生态文明建设示范县、全国绿化模范县城、国家园林县城、国家卫生县城、全国国土资源节约集约模范县、中国最美县域、安徽省首批生态文明建设示范县、安徽省美丽乡村建设先进县、安徽省园林城市、安徽省生活垃圾分类和资源化利用示范县等一批国家级和省级荣誉称号。

二　举“两山”旗，强化绿色发展保障

“绿水青山就是金山银山”重要思想写入党的十九大报告和新修订的党章，标志着“两山”理论提升到前所未有的高度。当涂县坚决贯彻中央和省、市部署要求，坚持以“两山”理论为引领，健全完善“两山”基地创建制度体系，努力建设更高水平生态文明。

（一）健全组织领导机制

成立由县委、县政府主要负责同志任组长的县“两山”理论实践基地建设工作领导小组，把生态文明建设和“两山”基地创建摆在突出位置来抓，定期召开县委常委会、县政府常务会、环委会、领导小组会等会议，深入学习习近平生态文明思想和中央、省、市有关精神，听取工作汇报，研究解决问题；县四套班子领导经常深入一线检查指导，县人大代表和县政协委员积极建言献策，县“两山办”做好综合协调，各单位发挥职能作用，形成了党委、政府领导，人大、政协监督，部门分工负责，社会广泛参与的工作格局。

（二）健全政策保障机制

坚持以规划为先导、以政策为支撑，先后制定出台了《当涂县生态强县建设行动计划》《当涂县全域环境整治提升工作方案》《当涂县环境保护“十三五”规划》《当涂县“绿水青山就是金山银山”实践创新基地建设实施方案》等文件，并将创建经费纳入财政预算，全县生态文明建设和“两山”基地创建制度政策、资金保障等日趋完善。

（三）健全责任落实机制

坚持以责任为前提、以成效为根本，制定出台《当涂县生态环境保护工

作实绩考核实施办法》《当涂县党政领导干部生态环境损害责任追究实施细则》等文件，构建环境保护“党政同责、一岗双责、失职追责”的完整责任链条。将生态环境保护纳入党政领导班子和领导干部个人年度综合考核，同步开展领导干部经济责任审计与自然资源资产离任审计，实行“一票否决”。建立创建成效监督评估机制，加强动态检查监督，确保“两山”基地建设见行动、有成效。

三　打“两山”牌，厚植绿色发展底色

习近平总书记指出，“环境就是民生，青山就是美丽，蓝天也是幸福。要像保护眼睛一样保护生态环境，像对待生命一样对待生态环境，把不损害生态环境作为发展的底线”。我们高度重视环境保护工作，把生态绿色贯穿于“两山”基地创建全过程和各方面，确保青山常在、清水长流、空气常新。

（一）高水平抓好生态保护

一是全面加强空间管控坚持节约资源和保护环境的基本国策，立足国家生态主体功能区功能定位，把山水林田湖草作为一个生命共同体，落实最严格的生态保护制度，健全完善绿色治理机制。全县生产空间集约高效，土地集约节约利用受国务院表彰；生活空间宜居适度，构建县城区、中心镇、特色镇、中心村整体协调的格局；生态空间山清水秀，落实生态保护红线、园林绿化绿线和水体保护蓝线，全县耕地连续多年占补平衡。

二是全面推行“两长”制。建立覆盖城乡、贯通上下的县镇村三级林长制、河（湖）制，设立林长200余名河、（湖长）700余名，建立完善日常巡查、长效管理等机制，大力开展“护绿、增绿、管绿、用绿、活绿、补绿、提绿”专项行动，加强长江、石臼湖等河湖岸线保护，综合治理城乡水系，常态化开展巡河（湖）、巡林工作，成功解决了石臼湖围网养殖拆除、非法码头整治等一批涉林涉水难题，切实做到“林有人护、山有人看、河有人巡、湖有人管”。

三是全面开展生态创建。将生态创建作为环境保护重要抓手，纳入国民经济和社会发展规划，县级成功创建国家生态文明建设示范县、国家园林县城、

全国绿化模范县城、安徽省首批生态文明建设示范县、安徽省园林城市等，全县80%以上的镇村成功创建市级以上生态（森林）镇村，其中，黄池镇获评全国特色小镇，桃花村入选全国美丽宜居村庄、全国最美乡村。

（二）高强度抓好污染防治

一是坚决打赢蓝天保卫战认真落实国务院“大气十条”和省实施方案及《防治条例》，大力开展“五控”专项行动，狠抓工业企业达标排放，狠抓扬尘污染整治，划定高污染燃料禁燃区，县城区实现烟花爆竹全面禁放，燃煤小锅炉、黄标车和老旧车淘汰任务全部完成。狠抓秸秆禁烧和综合利用工作，实现全时段禁烧。

二是坚决打赢碧水保卫战。认真落实国务院“水十条”和省实施方案，制订实施年度水污染防治工作计划，实行“一河一策”“一湖一策”，努力改善水环境、保护水资源、修复水生态。2019 年，3 个国控断面水质全部达到地表水Ⅲ类及以上标准；县级以上集中式饮用水源地水质达标率 100%，地表水环境质量居全省第 5 位、水质改善率居全省第 2 位；重要江河湖泊水功能区水质达标率为 100%。

三是坚决打赢净土保卫战。认真落实国务院“土十条”，编制完成《当涂县土壤污染治理与修复规划》，开展疑似污染地块初调，启动实施地净工程，协助开展生态环境部下达农用地土壤污染状况详查点位核实工作。持续开展固废专项整治工作，对重点产废企业加强源头管控，签订土壤污染防治责任书，加强监督检查，确保企业固废依法依规进行处置、利用。

（三）高标准抓好问题整改

一是持续抓好环保反馈问题整改聚焦中央和省环保督察交办问题，全力做好督察交办件整改落实工作。全县 61 家非法无证码头、8 家船舶修造企业、54 家畜禽养殖场、129 家“散乱污”企业完成整治，2123 艘渔船全部拆解，石臼湖自然保护区 9.3 万亩、94 万米养殖围网以及内河河道 4.5 万米养殖围网全部拆除。

二是全面打造水清岸绿产业优美的长江（当涂）经济带。严格落实“共抓大保护、不搞大开发”要求，合理划定“1515”三段线，大力开展“禁新建、减存量、关污源、进园区、建新绿、纳统管、强机制”七大行动，分三年（2018～2020年）实施110项具体任务，全面打造水清岸绿产业优美的长江（当涂）经济带。认真落实长江“十年禁捕”部署，当涂县于2019年7月1日启动了长江禁捕退捕工作，对“一江、一湖、四河”，即长江干流、石臼湖、姑溪河、青山河、运粮河、黄池河等水域实行常年禁捕，全县3841名渔民全部实现退捕转产，渔民转产就业率、社保参保率均达100%，提前一年完成渔民退捕转产任务，实现“六无四清”目标，即无一条捕捞渔船、无一副捕捞网具、无一个捕捞渔民、无一起捕捞生产、无一起非法偷捕行为、无一条野生江鲜在当涂上岸买卖，做到问题清、原因清、整改清、责任清。

三是强力推进长江干线当涂段生态环境问题整治。成立长江东、西两岸两个指挥部，实行一名县领导挂帅、一个部门牵头、一套班子参与的“三个一”包保机制，落实问题发现、交办、整改、督查、反馈闭环管理机制，按照“整洁、干净、生态、美观”标准，强力推进港口码头规范提升、姑溪河口切滩、停靠船舶规范整治、沿江构筑物美化、入江排污口整治、沿江环境整治、绿化提升等重点任务，加强日常巡查、动态巡查，全面消除各类生态环境风险隐患，确保应关尽关、应拆尽拆、应绿尽绿。

四　兴“两山”业，探索生态价值转化模式

习近平总书记强调，“既要绿水青山，也要金山银山。绿水青山就是金山银山”。我们坚持生态环境保护与经济发展同步推进、绿水青山与金山银山互促共进，推进一、二、三产业融合发展，推动生态要素向生产要素、生态财富向物质财富转变，持续打通“绿水青山就是金山银山”的转换通道，努力形成处处是景、处处致富的“两山”实践新格局，让百姓吃上“生态饭”“美丽饭”。

（一）用全域生态化打开美丽宜居之门，在破解人与自然的矛盾中找到共生之路

大力实施“生态立县”战略，深入开展全域环境整治，努力绘就山清水秀、天蓝地绿、景美人和的美丽画卷。在城区，以新型城镇化建设示范县建设为主抓手，着力打造精致县城。实施城市更新计划，推进新型城镇化补短板项

目，每年组织实施一批老旧小区综合整治项目，积极推动多层住宅加装电梯工作，继续推进护城河、205 国道周边棚户区改造，深入开展水环境黑臭水体治理、城区雨污分流和地下管网改造。推进小黄山、白纻山、尼山环境整治，实施城区道路和绿化提升工程，加快公共停车场、柔性步道、休闲游园建设，打造海绵城市、公园城市。加快推进智慧城市建设，推动城市管理数字化、信息化、智慧化转型，建成县数字大厦。采用市场化运行方式，引进优质品牌物业公司，加强小区物业管理，稳步推进生活垃圾分类试点，打造一批智慧化示范小区。常态长效推进全国文明城市创建，让城市每一个角落都整洁有序，让每一位市民生活得更有品质、更有幸福感。在农村，以全面实施乡村振兴战略为主抓手，着力打造美丽乡村。围绕乡村振兴战略 20 字总要求，开展三年攻坚行动，围绕“五大振兴”，扎实开展三年攻坚，加快打造全省乡村振兴先行示范县，努力实现“五百五千”目标：力争三年招引百亿元社会资本下乡、发展千个新型农业经营主体；打造百里乡村振兴示范带、建设千个美丽宜居村庄；创建百个乡村治理样板、培育千名乡村能人；提升百个文明实践站所、选树千名乡村好人；壮大百个经济强村、实现农村居民人均收入年增两千元以上。持续推进农村人居环境“三大革命”和“五清一改”，建好美丽乡村基础版，进一步扩大省级示范村覆盖面，打造美丽乡村升级版。围绕水边、路边、村边，高标准打造乡村振兴示范带，持续开展“美丽村庄”“美丽庭院”创建，由点串线到面，实现全域美丽。

（二）用产业生态化打开绿色发展之门，在破解发展与保护的对立中找到转化之路

我们大力推行绿色发展方式和生活方式，加快新旧动能转换和产业转型升级，不断提高经济发展的“含金量”和“含绿量”。一是加快发展战略性新兴产业。坚定不移地走工业强县、智造强县之路，推动形成以奥克斯空调为龙头的智能制造产业集聚区、以利洁时桂龙药业为龙头的生物医药产业集聚区、以顺丰速运为龙头的智慧物流产业集聚区，智能家电产业集聚区成功入选安徽省县域特色产业集群（基地）。入列全省首批创新型县、全省制造业发展综合十强县和增速十快县。长江钢铁获评省级绿色工厂。

二是改造提升传统产业。加大技改投入力度，推动传统产业高端化、智能

化、绿色化发展，加快工业互联网应用，推进“机器换人”，建设“工业大脑”，提升传统制造业信息化水平。坚持“亩均论英雄”，创新出台亩均效益评价实施办法，制定创新、绿色、质量、效益、管理五大类28项差别化政策，通过正向激励与反向倒逼，提高企业亩均效益和发展质量。

三是大力发展文旅产业。编制全域旅游发展规划，整合自然资源和人文历史文化资源，加快引进大型文旅集团，实行市场化、专业化运作。大力发展文旅产业，深入挖掘和整合李白文化、圩田文化等人文自然资源，大力发展环大青山旅游圈、江心洲生态花岛旅游区、大公圩水乡生态旅游区、石臼湖生态旅游区。全力创建大青山野生动物世界4A级景区。策划组织各类节庆赛事、展览展销、风情民俗等活动，全面繁荣节庆消费，推动生态价值向经济价值转化。

（三）用生态产业化打开富民强县之门，在破解资源和生态的制约中找到统一之路

当涂县农业占比仅为7.3%，但农业面积、农业人口占比不小，其中耕地面积52万亩，占总面积的34.5%；林地面积16.6万亩，占总面积的11.1%；水面面积34.6万亩，占总面积的23%；农业人口38.2万人，占总人口的80.4%。我们大力实施乡村振兴战略，充分发挥生态资源优势，让广大乡村既添生态颜值，又增经济价值。一方面，抓融合发展，促产业兴旺。按照“优一产、接二产、连三产”思路，以生态绿色为重点抓一产，以精深加工为重点接二产，以休闲旅游为重点连三产，促进三次产业融合发展。做大做强优势特色产业，推动全产业链融合发展，加快培育新型农业主体，壮大农产品深加工业，发展休闲观光、文化体验、健康养生、科技服务等新业态、新经济，积极创建一、二、三产业融合示范区、现代农业示范区、农业产业强镇、田园综合体。围绕构建集约化、专业化、组织化的新型农业经营体系，通过财政资金扶持、吸引工商资本下乡、集体自办、乡贤领办等形式，因村施策培育市级以上农业龙头企业42家、专业合作社524家、家庭农场498家，黄池蔬菜产销合作社、塘南海滨水产合作社入围全国农民合作社500强。遴选两个乡镇试点开展党建引领信用村建设，开发契合农村实际、助力农村改革的纯信用金融产品，用金融“活水”浇灌农业“良田”，累计授信农户11033户、新型经营主

体338户，授信金额52171万元，用信金额7685.7万元。另一方面，抓农民增收，促生活富裕。深化改革促增收，整县完成农村集体产权制度和“三变”改革试点，115个村挂牌成立股份经济合作社98家、经济合作社19家，盘活闲置资源资产，增加农村分红收入。建立“覆盖城乡、三级联动、一体运作”的农村产权交易市场，推动实现水面、土地、房产等要素市场化有序流动，交易额连续两年突破亿元。壮大集体促增收，探索形成资源开发型、资产经营型、产业发展型、服务经济型、投资入股型、自主发展型等“5+X”集体经济发展模式，率先完成“脱壳消薄”任务，村均集体经营性收入达到84.2万元；2020年全县农民人均可支配收入2.9万元，连续18年保持安徽省县级第一。实践充分证明，只要农村生态环境好了，生态农业、养生养老、乡村旅游就会红火起来，土地上就会长出“金元宝”，生态产业就会变成“摇钱树”，田园风光、湖光山色、秀美乡村就可以成为“聚宝盆”。

参考文献

谢红心：《“生态福地”作样板“智造名城”当好头》，《马鞍山日报》2018年8月13日。

G.18

新型城市化实践与思考

山西省孝义市

摘　要：城镇化是指人口向城镇集中的过程。新型城镇化与传统城镇化的最大不同，在于新型城镇化是以人为核心的城镇化，是以城乡统筹、城乡一体、产业互动、节约集约、生态宜居、和谐发展为基本特征的城镇化，是大中小城市、小城镇、新型农村社区协调发展、互促共进的城镇化。近年来，孝义市紧紧围绕打造“宜居宜业宜游”区域性中心城市目标，立足新型城镇化试点七大任务，以科学规划为引领，项目建设为抓手，全面推进新型城镇化建设，经过不懈努力，城市框架不断拉大，城区品质显著提升，城市功能逐步完善，“十三五”末城区规划面积拓展到62平方公里，市域常住人口城镇化率达到71%，户籍人口城镇化率50%以上，新型城镇化取得显著成效。

关键词：新型城镇化　城乡统筹　改革创新　梧桐模式

孝义市位于山西中部，吕梁山下，汾水之滨，太原盆地西南缘，是山西中部盆地城市群一体化发展重点县市。市域面积 937.6 平方公里，人口 47.7 万，辖 8 镇 3 乡 5 街道，1 个省级经济开发区，224 个行政村、45 个社区。春秋周定王十三年（公元前 594 年）始置瓜衍县，是有记载的全国置县历史最早的九县之一。唐贞观元年（公元 627 年），因邑人郑兴“割股奉母”，孝行闻于朝，唐太宗敕赐改名“孝义”。“行孝仗义、包容大气”的城市精神传承至今。1992 年撤县设市。近年来，孝义市坚持以习近平新时代中国特色社会主义思想为指导，始终把新型城镇化建设作为重要发展战略，紧紧围绕打造“宜居宜业宜游”区域性中心城市目标，坚持以人为核心，准确把握规律，全域统筹推进，因势利导，积极作为，大胆探索，走出了一条具有孝义特色的新型城镇化发展路径，城市建设跨入一个崭新阶段，城乡面貌发生翻天覆地变化，区域发展迸发出强劲活力。先后荣获全国生态文明先进市、国家园林城市、国家卫生城市、全国绿化模范市、全国平安建设先进市、全国文化先进市、全国科普示范市等称号。2020 年位列中国县级全面小康指数第 67 位，入选中国城市高水平全面建成小康社会和高质量发展“优秀城市”。

一 “新型城镇化”的决策背景

2015 年 11 月底，《山西省孝义市国家新型城镇化综合试点工作方案》获国家发改委批复。孝义市审时度势，大力推进新型城镇化建设，成为第二批国家级新型城镇化综合试点，由此开启了经济社会高质量发展的新篇章。

（一）“新型城镇化”是科学研判形势，深刻把握发展规律的顺势之为

孝义是一个典型的资源型工业城市。改革开放以来，孝义坚持发展第一要务，依托资源优势，大力解放生产力、发展经济，经济社会发展取得令人瞩目的成就。这一时期，在工业化的带动下，围绕城区和矿镇各种要素自发集聚，基本服务功能逐步配套，初步形成了现代意义上的城镇。跨入 21 世纪之初，国内产业和市场更加成熟，加快产业结构调整、迅速抢占更高发展领域成为主导，传统产业完成了第一次升级改造，城镇服务功能更加完善、初具规模，城市服务产业逐步兴起，经济社会发展实现了吕梁第一、三晋一流、中国百强“三步走”的目标。随着改革的深入推进，城镇化、工业化进入加速发展时期，产业结构、消费类型发生重大转变，城镇化率由 2006 年的 53%，增长为 2015 年的 65.15%。但与此同时，城镇公共服务功能不足，要素集聚能力差，城乡二元矛盾突出等问题凸显，极大地制约了经济社会的持续健康发展。对此，孝义市科学把握发展新形势、新特点和主要矛盾，紧紧抓住国家新型城镇化综合试点机遇，加快完善“一带五组团”城市格局，以人的城镇化为核心，

着力优化布局、提升品质、统筹城乡、创新管理，不断集聚人口和要素，为经济持续健康发展提供强有力的支撑和动力。

（二）“新型城镇化”是着眼发展滞阻内因，化解发展困局的破题之选

改革开放初期，受当时发展政策、观念的局限，一段时期以来，发展过度依赖资源、土地、人口等低成本优势。在经济快速发展、积累社会财富的同时，带来了资源产业结构单一，发展方式粗放、无序；城镇与工业布局不合理，发展空间相互冲突、阻碍；生态环境严重恶化，资源和环境不堪发展重负；城乡两极分化加剧，农村发展滞后，各类社会矛盾凸显，等等，造成了诸多发展风险隐患。孝义市超前决策，及时调整发展思路，提出了“资源型城市经济转型”战略，一方面以壮士断腕的决心，大力淘汰落后产能，积极招商引资上项目，倒逼加快经济转型步伐；另一方面把加快新型城镇化建设作为加快转型、应对危机的重要抓手，大力优化资源配置，完善基础功能，改善生态环境，缩小城乡差距。正是由于新型城镇化战略的正确决策和有效实施，有效缓和了危机冲击，加速了转型步伐；也有力化解了城乡社会矛盾，促进了群众增收，为经济社会持续健康夯实了基础、拓展了发展空间。

（三）“新型城镇化”是立足全局长远，加快转型发展的战略之策

内需是经济发展的根本动力，扩大内需的最大潜力在于城镇化。通过加快推进新型城镇化，能够不断扩大城镇消费群体，促进消费结构升级，释放消费潜力；能够带动城市产业发展，增强创新活力，促进产业转型，并且形成良性互动循环，为经济转型跨越式发展提供持续的动力。对此，孝义市深刻认知，随着内外部环境和条件的深刻变化，推进新型城镇化绝不能延续传统粗放的发展模式，必须把孝义的发展放在全局中谋划，科学定位发展目标；要坚持统筹理念，推进四化同步、城乡一体发展；要坚持以人的城镇化为核心，以提高质量为关键，注重改善生态环境，保护自然文化景观，避免“千城一面”，走孝义特色的新型城镇化发展道路。

二 “新型城镇化”试点改革任务

孝义市成为第二批国家级新型城镇化综合试点以来，按照中央城镇化工作会议精神、《国家新型城镇化规划2014～2020》、《国务院关于深入推进新型城镇化建设的若干意见》和《山西省人民政府关于深入推进新型城镇化建设的实施意见》等要求，结合实际，明确了七大方面改革任务，配套实施了287个概算投资1843.5亿元的产业转型、基础设施和社会民生三大领域项目。

（一）完善农民入城保障机制

按照“统筹考虑、因地制宜、区别对待”要求，从户口限制、入城成本分担以及农村宅基地使用三个层面为农民工入城创造条件，建立农民工入城成本“三方”分担机制，降低入城农民工生活工作成本，形成对农民工入城的助推力。到2020年按照有序推进的原则，累计解决约10万农业转移人口市民化。

（二）推进土地高效集约利用

实行最严格的耕地保护制度和集约节约用地制度，按照管住总量、严控增量、盘活存量原则，优化土地利用结构，提高土地利用效率。盘活城乡低效存量用地，基本满足城镇化用地需求。

（三）建立试点产业支撑体系

充分利用2009年3月被国务院确定为全国第二批资源枯竭城市的政策机遇，发挥全国县域经济实力百强市优势，着力推进经济开发区转型升级。到2020年基本建立由土地集聚向产业集聚、资金集聚和核心技术集聚转变，由传统工业向现代制造业和服务业转变，为新型城镇化建设提供产业支撑，为进城务工人员提供就业平台。

（四）建立多元化投融资机制

按照“形式多样、方法多元、管理科学”要求，正确处理市场和政府关系，完善原有投融资机制，深化财税体制改革。不断创新金融服务，采取资产证券化、投资基金、项目融资、融资租赁等市场化融资方式，积极吸引民间资本参与城镇建设，建立以“政府投资为引导、企业民间投资为主体、社会投资共同参与”的新型城镇化建设投融资体制。完善投融资平台建设，用好用活土地资本和上级政策，积极与银行、基金公司等金融机构开展合作，拓展城镇建设资金来源。

（五）发挥社会资本活力和创造力

围绕增加公共产品和公共服务供给，在基础设施和公用事业领域大力推广政府和社会资本合作（PPP）模式，加大财税、价格、土地、金融等方面的支持力度，吸引社会资本参与建设运营。

（六）构建特色行政管理模式

按照“分工明确、管理高效、公开透明”要求，遵循全市城镇建设总体思路，探索特色行政管理模式。精简行政管理机构，以高效率为管理目标，建立健全行政管理制度，为推进新型城镇化提供强有力的组织保障。

（七）加快城市发展体制机制创新

按照“全面覆盖、重点突出、改革创新”要求，从推进新型城镇化实际出发，初步建立起产城融合发展机制、城乡公共服务提供机制、城镇绿色智能发展机制、城市群协同发展协调机制，为新型城镇化建设提供完善的体制机制保障。

三　“新型城镇化”的探索实践

围绕新型城镇化试点任务，全面贯彻党中央、国务院决策部署，落实山西省和吕梁市关于新型城镇化工作要求，孝义市在优化布局、提升品质上下功夫，在统筹城乡、创新管理上出实招，攻坚克难、勇于突破，积极推进创新、协调、绿色、开放、共享、廉洁和安全发展，新型城镇化工作取得积极成效。

（一）坚持规划引领，城市发展空间不断拓展

按照多规合一思路，不断优化布局，高标准编制完成《孝义市城乡总体规划（2015～2030）》，并以此为全市城镇化发展的总纲领，进一步完善城乡建设、产业发展、基础设施、公共服务、社会管理、生态环境等一体化发展规划。编制完成《孝义市市域城镇化规划》，着力打造一个主城区，四个中心镇建设，推动形成文化名镇大孝堡、田园小镇高阳、商贸小镇下堡和工贸集镇兑镇等各具特色的中心镇，高质量建设20个社区化中心村（特色村）。围绕全省“一核一圈三群”城镇化布局，积极融入山西中部盆地城市群一体化发展战略，充分发挥“孝汾平介”城镇组群中心城市功能，创新理念，大胆实践，着力打造以孝河、胜溪湖为中轴的绿色生态旅游带，以主城区、古城区、南部新区、梧桐新区以及大孝堡新区为组团的“一带五组团”城市格局。加强与周边交通联系，实现与汾阳、介休15分钟通达，与太原1小时通达。全市公路总里程达到1759.9公里，城市道路里程达到234.2公里，较“十二五”末增加15.1%。2020年底，城市规划面积拓展到62平方公里，镇化率已达71%，在县级、全省乃至全国都位居前列。

（二）坚持转型为纲，产业项目基础不断夯实

“十三五”期间，孝义市新增市场主体6946家，达到3.3万户。403个转型项目开工建设，150个完工或投产。焦化行业在山西省率先全面进入大型现代焦炉时代，产能达到1696万吨；氧化铝建成产能达到760万吨。经济开发区拓展到62.42平方公里，依托一区五园，全面推进开发区改革创新，不断改善投资环境、引导产业集聚、扩大对外开放。全市所有重大新兴转型项目全部落地开发区，集聚全市工业总产值的80.3%，新增亿元产值企业17家，转型发展主战场作用日益凸显。山西国控远尔州1000万吨/年低阶煤分质综合利用项目、嘉能年产5万吨超高模量碳纤维原料项目、晋茂30万吨/年环己酮装置工程等一批转型标杆项目加快推进，成为现代产业集群的核心支撑。

（三）坚持品质提升，城乡基础设施不断完善

大力实施设施提升、城市安居、城中村改造和环境提质等城乡人居环

境改善“四大工程”，城市基础设施进一步完善。排水设施方面，城市排水管网达到395.3公里，生活污水收集率达到95%以上；集中供热方面，全市现有热源厂4座、换热站155座，主管网达到240公里，热用户达9万余户，城市供热面积达到1260万平方米，集中供热普及率达到95%；集中供气方面，3座城市门站投入使用，实现“双气源双回路双保险”供气，燃气抢险救援基地建成投入使用，城市燃气管网达到503.6公里，管道燃气用户达到6.3万户，燃气普及率达到98.6%；集中供水方面，现有3座城市水厂，城镇日供水能力达到5万吨，供水普及率达到100%，城市水质安全达标率100%；公用设施方面，两座城市污水处理厂日处理能力达到5.4万方，出水水质全部达到一级A类排放标准，中水回用设施建设完成。城市生活垃圾综合处理厂日处理能力达到330吨，垃圾分类处理车间在加快实施，城市生活垃圾无害化处理率达到100%。城区道路机扫率达85%，城乡环卫市场化保洁覆盖率达100%。新建5G基站306个，城区5G网络实现全覆盖。

（四）坚持以人为本，公共服务均等化水平不断提高

财政累计民生支出128.8亿元，年均增长7.9%。以城区学校为龙头，组建集团化办学共同体，实现优质教育资源城乡共享，并作为18条典型经验之一在全国推广。全国义务教育学校管理标准实施部署会在孝义召开，基础教育迈入全国第一方阵。完成市、乡、村三级医疗卫生院所标准化建设，市级医院托管乡镇中心卫生院，一体化管理医疗资源。同时，统筹整合科技、规划、文化、图书等场馆功能，在教育、卫生、医疗、养老等民生领域实施了一批公共服务项目，包括建西街幼儿园、湖滨路小学、十中二期、十三中、实验中学、职教中心、人民医院新建、福利中心养护院、儿童福利院等项目。2020年全面小康指数位列全国县级第67名，城乡居民人均可支配收入分别跨上3万元和接近2万元的新台阶，人民群众获得感、幸福感、安全感进一步提升。

（五）坚持统筹协调，城乡一体化进程不断加快

完成6.6万户清洁取暖改造。加快梧桐、下栅一体化发展，梧桐新区总建

筑面积130万平方米，已入住3万人；下栅新区总建筑面积28万平方米，具备一万人入住条件。实施高教科技园区工程，吕梁职业技术学院、太原理工大学现代科技学院在校生规模超过1.5万人。实施8个乡镇84村5万余人的采煤沉陷区搬迁工程，已完成13个村2861户房屋拆迁，开工建设涉及46个村10982户的搬迁安置工程，现有8069户安置房竣工，竣工率达到73%以上。实施保障性安居工程，累计开工建设公廉租房项目8个，共78栋、5842套、面积31.67万平方米，分七批为城镇中低收入群体分配4023套。地百纺片区安置房预计2021年底完工，具备回迁入住条件；争取国家开发银行对中心城区六大片区改造9.7亿元贷款支持，启动三贤路片区二期、党校周边和长安巷片区棚户区改造。万达广场、永辉超市、沃尔玛、义乌商博城等知名企业进驻发展。有效集聚城市人口规模10万余人。

（六）坚持生态优先，生态环境质量不断改善

深入实施生态治理，利用国家“三北”工程、天保“两山”造林工程以及退耕还林干果经济林等项目，重点围绕矿区及其他生态脆弱区加强生态治理和修复，完成生态治理3000亩。实施矿山地质环境保护与恢复治理，完成治理项目28个。完善提升通道绿化，以市区近郊、镇村周围、国道、省道、市乡通道两侧绿化带为重点，全面开展补植补造和管护工作，切实提升通道绿化质量，累计完善提升通道绿化5万亩。塑造城市园林景观，实施大型公园、城周防护林建设，加快城市道路、街头游园、庭院绿化，累计完成25条新建、改造道路绿化和城市园林景观绿化。孝河湿地公园跻身国家级湿地公园，与胜溪湖森林公园、三皇庙景区、金龙山风景区获批国家4A级景区。全市森林覆盖率达33.25%，绿化覆盖率达47.5%，形成了“绿地系统纵横通透、环境优良舒适、文化特色鲜明”的现代城市园林格局。

（七）坚持改革创新，体制机制不断健全

在深化改革方面，作为曾经的晋商核心区，孝义享有宽松的经济管理权限、明显的政策优势，承载国家级、省级以上改革试点35项，教育领域改革、公立医院综合改革、农村集体产权制度改革等12项国家级改革试点受到国务院及有关部委通报表扬。供给侧结构性改革深入推进，“三去一降一补”全面

落实。成功争取财政部隐性债务化解试点，获得再融资债券37亿元。纵深推进能源革命综合改革试点，实施10项重大改革、20项重大事项、5项重大攻关和20项重大项目清单。坚持“软环境”建设和“硬环境”建设并举，持续深化“放管服效”改革，“最多跑一次”“一枚印章管审批”“企业投资项目承诺制”等改革举措扎实推进，营造“六最”营商环境，吸引了大量人流、物流、资金流加快集聚。在科技创新方面，支持园区和企业发挥技术创新主体作用，新发展高新技术企业3家、省级民营科技型企业13家、企业技术研发中心62个。高新科技园区科技孵化基地进驻企业30户，培育引进中科三阳物联网、华为山西企业数据中心等“互联网+”优势企业。大力实施“标准化+”战略，国家级社区服务标准化、农业综合标准化示范市、胜溪新村国家级美丽乡村标准化等试点项目高分通过国标委验收。成功举办三届“一带一路”煤焦化工绿色发展研讨会、全国镁业大会等高端论坛，开放发展呈现新气象。

（八）坚持破解瓶颈，高质量发展活力不断释放

积极破解户籍瓶颈。实行城乡统一户口登记制度，全面取消农业户口与非农业户口性质区分。实行居住证制度，按照流动人口服务管理有关规定，积极为外来人口办理了居住证，提供相关公共服务。放开城镇迁移落户条件，放开城区、产业片区、建制镇落户及人才落户限制，放宽投靠类落户条件。加快推进城中村居民市民化，实行“村改居”将城中村居民全部纳入城镇户籍人口登记管理范围。积极破解金融瓶颈。搭建融资平台，健全城投公司加融资平台公司的“1+X”政府投融资体系，组建城镇公共服务和基础设施建设、棚户区改造建设管理、医疗工程建设管理等若干重大项目运营公司，满足政府基础建设融资需求。积极争取重大基础设施项目列入国家和省投资建设计划，先后利用国债项目投资、亚行贷款等，完成胜溪湖森林公园、梧桐新区等工程。大力发展金融机构，发展银行14家、保险证券19家、小额贷款6家，4家小额贷款公司获批筹建，交通银行、晋城银行、中信银行全部落户。入选山西省金融振兴重点联系县，市农村信用联社改制农村商业银行顺利完成。筹建中小企业转贷基金，重点支持基本面良好、银行有意续贷的企业融资。积极支持民营企业股份制改造，引进央企、省属国企、国内知名民企和上市公司等战略投资者，形成各具特色、合作共赢、共同发展的崭新模式。积极破解用地瓶颈。

2011 年在山西省率先争取到城乡建设用地增减挂钩试点，大力实施旧村庄、废弃工矿企业拆迁和土地复垦整治。积极推进迁村进城、集聚产业，提高建设用地节约集约化程度。推进矿业用地整合利用，积极争取省国土厅煤矿企业用地周转指标 129.09 公顷。完成农村宅基地和集体建设用地使用权确权登记发证，加快推进集体建设用地入市改革。2012 年荣获全国首批国土资源节约集约模范县市称号。

试点实施期间，孝义市于 2016 年 8 月顺利通过国家发改委委托第三方机构清华大学中国新型城镇化研究院评估小组综合评估。代表山西省在国家发改委举办的第二批国家新型城镇化综合试点培训会上就推动新型城镇化建设的典型做法做了经验交流。推进城乡教育、医疗养老等公共服务资源城乡共享和均衡配置作为新型城镇化 18 条典型经验之一全国推广。2018 年 12 月 4 日的全国第二批 73 个新型城镇化综合试点济南现场经验交流会上，孝义市经济开发区梧桐模式、城郊留义村模式、山区无矿产资源的碾头模式、“整体搬迁”的偏城模式、城乡教育和医疗共同体模式“五种模式”新型城镇化典型做法在大会上作为全国 14 个试点区域之一进行了现场经验交流，得到国家发改委高度评价。截至 2020 年底，全市常住人口常住率已达 71%，户籍人口城镇化率达 50%。

四 “新型城镇化”典型案例——“梧桐模式”

（一）基本情况

梧桐镇位于孝义市东部平川，南与介休市接壤，被誉为“吕梁的南大门”。全镇镇域总面积 35.8 平方公里，下辖 20 个行政村，总人口 3 万人，是全国重点镇、山西省重点扶持中心镇、重点资金扶持建设小城镇、亚行贷款示范镇、百镇建设工程首批示范镇和山西省首批扩权强镇试点之一。近年来，梧桐镇认真贯彻落实国家、省市特色城镇化建设的战略要求，创新路径，先行先试，启动实施梧桐新区建设工程，通过以党建为引领，走出了一条新型工业化、特色城镇化“两化互动”，生活新区、工业园区“两区共建”的梧桐特色城镇化发展的新路子。率先实现乡镇向城市转变、农村向社区转变、农业向工业转变、农民向居民转变的梧桐城镇化模式。先后荣获全国重点镇、全国综合实力“千强镇”、吕梁市“五个好乡镇党委”等荣誉称号。

（二）主要做法

1. 通过科学规划，高点定位，以全域城镇化理念引领新区建设

打破行政村界限，把全镇35.8平方公里作为一个整体区域，按照“企业向园区集中、人口向新区集中、土地向项目集中”三集中的总体思路，规划建设总投资65亿元、占地1500亩、建筑面积130万平方米的梧桐新区，用三年左右时间全力打造生活新区和工业园区“两位一体”的城镇化发展新格局，实现全镇20个村的居民全部搬迁入住新区。

2. 通过扩容提质，高端推进，以完善的城镇基础功能布局新区建设

以传统邻里街坊空间为主题，以历史文化景观为特色，以园林绿化环境为保障，全面启动包括市政基础设施、公共服务设施在内的生活新区建设。新区居民以0.2元/月/平方米的低物业费，真正享受到城市物业的高水平服务。

3. 通过园区承载，项目攻坚，以支柱产业的集群发展推动新区建设

借助城乡建设用地增减挂钩政策，搬迁、置换出7160亩建设用地，以地招商、以地聚商，着力打造全国一流的1500万吨新型煤化工循环经济园区。金岩500万吨、鹏飞500万吨、金达300万吨、东义120万吨新型焦化、鹏飞500万吨煤焦化企业投产进驻，引进山西煤销集团吕梁孝龙煤炭综合物流园区项目、金晖集团可降解塑料（PBS）等项目。工业园区在为新区建设提供资金保障的同时，直接解决农民就业岗位5万余个，间接提供就业岗位3500个，有效推动农民变工人，正在成为梧桐百姓民生幸福的“孵化器”。

4. 通过解放思想，破解难题，以创新有力的体制机制助推城镇化建设

围绕群众购房难，出台农村旧屋置换新区新房政策，全镇90%以上农户可实现“零付款”入住新房。围绕社会保障难，通过宅基地使用权置换村民福利的方式，全面补贴群众医疗、养老等费用开支。特别是围绕资金短缺瓶颈，按照“政府组织、村委实施、企业帮扶、村民集资”思路，通过争取亚行贷款、财政投入、企业捐资、村民集资、商业投资等多种形式全力破解，保障新区建设。推进农村集体产权制度改革，20个村全部成立股份经济合作社，17个村集体经济收入超100万元。

5. 通过创新管理，全面保障，以群众幸福指数的全面提升检验新区建设，实现农村管理社区化、农民身份市民化、社会保障规范化

将新区幼儿园、小学、初中全部列为市直学校，保障群众学有所教。引导村民参加新型农村养老保险、企业职工养老保险，保障群众老有所养，参保率达到100%。由政府和企业捐助2.7亿元建成总面积约8万平方米的老年公寓，已有1200余名老人入住，保障老有所住。孝义市人民医院分院落户新区，成功打造康养特色品牌，吸引周边县市患者前来治疗。投资300万元建设卫生计生服务楼，配备卫技人员，配套医疗设备，保障群众病有所医，新型农村合作医疗参合率达到100%。2.9万人次的新区居民接受免费体检，对2800余名老年人实行健康管理，健康管理率达87.5%，成功开创了医养结合新模式。同时，全镇各中心站所及20个村委全部进驻新区综合服务中心，实现“一站式”办公；建成便民服务大厅，设立信访调解、劳动就业、民政、土地、派出所等12个服务窗口，实现“零距离”办事。

（三）经验启示

1. 创新理念，走符合实际的城镇化发展之路

把落实各级有关政策与梧桐镇的人文、区位、产业发展实际紧密结合起来，综合考虑城镇发展之后的规模效应、集聚效应和带动效应，创新建设理念，拓宽筹资思路，走出了一条改善居民生活环境、节约集约利用土地、发展壮大主导产业、提高群众幸福指数的城乡统筹发展路子。

2. 规划先行，做精做细城镇建设发展规划

按照“宜居、宜业、宜人”的定位，以适度超前的理念，沿袭街、坊、院等传统，配套水、电、路、气等基础设施，配建教育、文化、医疗、就业培训、社区服务等公共服务设施，邀请国内一流的规划设计单位规划设计超市、银行、邮局、酒店、专业市场等商业设施，编制出一套具时代性、创造性和可操作性的《梧桐镇特色城镇化建设》详细规划。

3. 发动群众，破除农民融入城市的思想障碍

面对新区建设初期干部群众的不信任、不理解，镇党委、政府召开大规模动员会议和镇村干部工作推进会，广泛动员，逐步实现了群众由怀疑、反对到理解、拥护的转化。

4. 发展经济，培育支撑城镇发展的产业体系

梧桐镇依托本地优势，找准战略定位，宜农则农，宜工则工，宜商则商，培育出一套完善的、具有竞争力的产业体系，为群众就业增收创造更多机会，为新型城镇化建设奠定更加坚实的产业支撑。

总之，新型城镇化涉及人口转移、劳动就业、社会保障、基础设施建设等诸多方面，是一个国家和地区经济社会发展的必然趋势。孝义市在新型城镇化建设中做了一些积极的探索和实践，但在发展质量、推进机制等方面与上级要求和群众期盼相比，还有一定差距。下一步，我们将以国家县城新型城镇化示范区建设为新的契机，坚持以人为本，强化城乡统筹，更加注重发展质量，大胆创新实践，高效有序推进，推动形成工农互促、城乡互补、协调发展、共同繁荣的特色新型城乡关系，不断夯实高质量发展的基础，为全国县城新型城镇化当好示范、做好表率，提供更多可复制可推广的好经验好做法，让包容大气的历史印记与璀璨耀眼的现代繁华深度融合，让人民群众的归属感更强、获得感更足！

参考文献

《国家新型城镇化规划（2014～2020）》。

《国务院关于深入推进新型城镇化建设的若干意见》（国发〔2016〕8号）。

何立峰主编《国家新型城镇化报告（2019）》，人民出版社，2020。

《国家发展改革委关于加快开展县城城镇化补短板强弱项工作的通知》（发改规划〔2020〕831号）。

G.19
泸州江阳国家可持续发展实验区建设实践

四川省泸州市江阳区

摘　要：　泸州江阳在工业、示范园区建设、民生工程、绿色发展和改革开放领域取得了一定成效，下一步将继续加强生态环境保护、提升产业发展平台、扎实推进新型城镇化建设、加强基础设施建设、提升公共服务水平、深化改革开放，在组织领导、政策支持和职能发挥等各方面提供行动保障。

关键词：　生态环境　基础设施　城镇化建设

一　引言

江阳区是四川省泸州市主城区，是泸州老窖国窖 1573 的发源地。全区共 68 万人、649 平方公里。近年来，江阳区经济社会发展步入快速发展时期，全区 GDP 由 2008 年的 145.65 亿元到 2020 年实现 GDP 616.36 亿元增幅达 323.19%，地方一般公共预算收入由 2008 年的 2.83 亿元到 2020 年实现收入 23.8 亿元增幅达 740.99%。县域经济综合实力自启动可持续发展实验区建设以来不断增强，被省委、省政府表彰为县域经济先进县和模范县（区）。

江阳区以“捍卫黄金水道，巩固生态屏障”为实验区主题，以“天更蓝、地更绿、水更清、人更寿”为发展目标，于 2008 年启动可持续发展实验区创建，2010 年列入四川省可持续发展实验区建设，2014 年通过省级实验区验收并列入国家级实验区创建。10 年来，坚持以“创新驱动、产业重构、生态优先、全域并重”为抓手推进国家可持续发展实验区建设，通过十年努力，“创新驱动、产业重构、生态优先、全域并重”的可持续发展江阳模式已基本成型。

二 实验区建设的总体成效

泸州市江阳区针对地处长江上游，生态环境脆弱，城乡发展不平衡，白酒、机械、建材等传统产业优势不再的发展瓶颈问题，以“捍卫黄金水道，巩固生态屏障”为实验主题，进行省、国级可持续发展实验区建设。

（一）工业集中发展，促进产城一体

突出产业集聚转型升级，完善三大工业集中发展区供给侧结构性改革，推进可持续发展“有依有靠”。推动可持续发展，企业是基因，产业是支撑。江阳区是老工业基地，产业基础相对薄弱，按照高质量发展的要求，促进传统产业转型升级发展，扶优汰劣，这对地方发展来说也是一种挑战。自启动创建工作以来，我们更加坚定信心，以园区为载体，集中精力在产业发展上“推陈出新”，加快产业重构、区域重组，持续推进产业高质量发展。目前，白酒、化工、机械等传统产业实现了绿色化、智能化改造，现代医药、新材料、智能终端等产业加快发展，特别是2017年才开始发展的智能终端产业，目前已实现落地企业38家、建成投产29家，实现产值312亿元。中国白酒金三角酒业园区依托全国唯一的“国家级白酒固态酿造工程技术中心”技术优势，已建成全国规模最大的酒业园区，被国家工信部列为“国家新型工业化产业示范基地”；机械工业集中发展区已成功升级为泸州国家高新区，已被国家科技部命名为“国家高性能液压件高新技术产业化基地”；江南科技产业园突出发展智能终端、医药康健、节能环保和楼宇经济等新兴产业，已被国家科技部命名为“国家火炬中医药特色产业化基地”。

位于泰安镇的机械产业园升级为泸州高新技术开发区后，泸州市以机械产业园作为核心园区，向外辐射拓展，总规划面积202平方公里，按照“科技引领、产城一体”理念，形成“一核、两翼、多园”的空间格局，打造集科研孵化、产业发展、生态宜居等功能于一体的现代化科技产业新城。“一核”即位于龙马潭区4.62平方公里的核心区。“两翼”即江阳片区和泸县片区两大

板块。“多园”即现代医药产业园、机械装备产业园、新能源新材料产业园、智能制造产业园、大数据产业园、江南科技园、纳溪科技园、合江生态工业园。泸州高新区已成为国家高性能液压件高新技术产业化基地，全国九大工程机械生产基地之一，全国大中型全液压汽车起重机、挖掘机制造中心，国家火炬特色产业基地，四川省市级区域聚集度最高的现代医药产业基地。先后被国务院和省政府批准为“长江经济带国家级转型升级示范开发区”、“国家循环化改造示范试点园区”、“国家第二批科技服务业区域试点园区”、“全国青年创业示范园区”、“四川省培育成长型特色产业园区”、“四川省首批特色高新技术产业化基地”、“四川省中药材现代化科技示范产业基地”、第四批“四川省知识产权试点园区”。2019 年 7 月，被列为国家知识产权试点园区。

位于黄舣镇的中国白酒金三角酒业园区，成立于 2015 年 6 月，由泸州老窖集团的全资子公司泸州酒业集中发展区有限公司实施公司化运作的独立法人，全面负责发展区的规划、推广和经营。公司围绕白酒产业供应链，通过招商吸引多业主进驻园区，特别是引入大量的民营资本，自主投资经营。整个园区按照“三产联动、产城互动”的理念进行规划建设。是国家新型工业化产业示范基地、全国浓香型白酒综合加工产业知名品牌创建示范区、四川省首批“51025”重点培育成长型特色产业园区、四川省循环经济示范园区。2020 年，园区实现营业收入 1005.6 亿元，同比增长 16.8%；利润总额 95.2 亿元，同比增长 17.9%；税金 61.08 亿元，同比增长 17.5%；工业投资 27.6 亿元，带动就业 2 万余人。2019 年 7 月，荣获全国模范劳动关系和谐工业园区。2020 年，经省经信厅、省委组织部等 6 个部门联合批准，园区成功创建为四川省首批、泸州市首个“院士专家产业园区”；由酒业园区牵头的目前国内唯一的“世界级白酒产业集群”成功落户泸州。

位于蓝田街道的江南科技产业园，近年来，园区不断调整产业结构，由最初承接东部转移的电子电器、服装轻纺、箱包皮具三大产业逐步转型为发展智能终端、医药康健、节能环保、现代商贸、科技服务五大主导产业。智能终端产业是泸州产业转型的一个重点，江南科技产业园抢抓机遇，把承接深圳智能终端产业转移作为招商引资的工作重点，发挥优势，招引了一批生产手机、摄像头、电子元器件等智能终端产品的企业，助推园区经济快速提升。园区将培育智能终端产业发展作为全年主攻方向，创新机制抓建设、抓配套、抓服务。

目前园区 52.7 万平方米的一、二、三期 A 区智能终端标准化厂房已相继建成，并交付企业使用。同时园区规划配套服务区 175 亩，含公寓、食堂、超市、网吧、银行等，可解决 1 万余人的食宿娱乐需求，营造良好的企业发展环境和企业职工生活环境。为解决企业融资难，园区通过组织金融机构外出考察目标企业、定期组织银政企智能终端专场融资对接会等，协调银行对园区智能终端企业授信额度 8.9 亿元；为解决企业招工难、用工难，园区通过外出招工、远程见工、发放招工宣传单、播放招工视频、引入人力资源公司等多种途径全力助企招工，现已累计招聘 10000 余人。2018 年园区企业主营业务收入突破 300 亿元，实现三年连续翻番，成为全区最具发展活力的工业园区。2020 年，江阳区智能终端产业实现主营业务同比增长 50 亿元，同比增长 32.6 个百分点，成为拉动全区工业增长新亮点。对规模以上工作经济增长的贡献率达 27.1%，拉动规模以上工业经济增长 3.7 个百分点，成为拉动全区工业增长新亮点。

三大产业集中发展区对全区工业增加值的贡献率达到 80% 以上，提供就业岗位近 10 万个，妥善解决了失地农民的居住就业问题，吸收了大量农村富余劳动力的就业，形成了江阳区"以园兴城、产城一体"的工业发展特色模式，破解了制约城乡二元结构城市城镇化发展进程中的若干难题。

（二）推进示范园区建设，带动现代农业发展

泸州市江阳区董允坝现代农业示范园区，园区位于江阳区东南部分水岭、黄舣两镇交汇处，距主城区仅 11 公里。董允坝现代农业示范园区是集规模生产、研发展示、创业孵化、观光旅游等于一体的现代农业产业园，是泸州市国家现代农业示范区的核心基地。

园区规划面积 2 万余亩，计划总投资 15 亿元，按照"八区一带"规划布局，集中打造种植推广区、环境涵养区、新村示范区、研发展示区、电商物流区、水生蔬菜区、创业孵化区、农庄体验区及名优水果带。园区按照"政府引导、龙头引领、大户参与"的模式，以"农业更强、农民更富、农村更美"为目标，突出"优质、高效、生态、科技"四大主题特点，加快建设成为山水林田湖草系统治理和一、二、三产融合发展的现代农业示范园区。截至目前，园区已建成面积 1.3 万亩，高标准绿色生态农田 6000 亩、高效节水灌溉

4000 亩，发展露地蔬菜 3000 亩、科技大棚蔬菜 300 亩、农民双创孵化园 300 亩，建成产业道路 22 公里，形成“一环一横三纵四线”的南北区交通路网。新村综合体、国际钓鱼池、南区生态小屋、食用菌生产示范中心已建成。依托山东寿光蔬菜产业控股集团，实验栽种西红柿、茄子、黄瓜、辣椒等 47 个新品种，引进荷兰吊架栽培、西班牙多层无机质水培、以色列无土栽培、物联网自动控制、物理和生物病虫害绿色防治等先进技术 10 余项。打造了“江之阳”农产品品牌，建立了智能温室系统、高效节水灌溉系统、物联网远程控制系统和农产品质量追溯系统等。

2017 年江阳区被确定为全省 9 个川菜直供港澳试点建设县（市）区之一。董允坝已成功创建为四川省“蔬式生活”主题公园、国家 AAA 级旅游景区。目前，我区正在以黄舣和董允坝现代农业示范园区为核心争创国家级农业科技园区，打造丘陵地区现代农业可推广、借鉴、复制的现代农业发展新模式。

在董允坝国家现代农业示范园区的带动下，泸州市大力实施乡村振兴战略，将“乡村振兴”作为泸州市六大攻坚行动之一，按照“建设大园区突出大示范、发展大产业实现大融合、培育大龙头深化大合作”的发展思路，依托“春提早、秋延后和反季节”特色蔬菜优势，打造沿长沱两江早春蔬菜基地、浅丘地区特色加工蔬菜基地、高山错季蔬菜基地三大区域蔬菜基地，省级现代蔬菜产业示范区达 19 个。蔬菜产业已成为泸州市农村经济发展和农民增收致富的支柱产业，特别是江阳区被农业农村部命名为“国家现代农业示范区”，真正实现了“产业兴园、以园带村、村强民富”。2020 年，泸州市蔬菜播栽面积 115.6 万亩，产量 285.8 万吨，产值近 60 亿元。

2016～2019 年由四川省农业农村厅、泸州市人民政府连续举办了 4 届四川（泸州）江之阳蔬菜品赏会，品赏会在江阳区分水岭镇董允坝举行。2020 年 3 月，四川省第十二届（春季）乡村文化旅游节在董允坝伞乡景区举办。活动期间，“安逸四川·春暖江阳”四川省第十二届（春季）乡村文化旅游节开幕式、“伞韵江阳”非遗文旅周和“幸福江阳”蔬式生活集市等三大主体活动，以及泸酒定制 DIY、钓鱼争霸、蔬式趣跑、蔬菜品尝等“畅玩江阳”主题活动和赏花季、踏青季、采摘季、美食季等 11 个“春暖四季”配套活动轮番上演，亮点纷呈，精彩不断，为广大游客全方位展现江阳的文化底蕴、风土人情、乡村旅游、非物质文化遗产以及乡村振兴成果，为游客呈现了丰富的文旅盛宴。

（三）统筹城乡“十个全域”，大力实施惠民工程

2016年江阳区第九次党代会提出率先实现全面小康的城乡统筹“十个全域”，着力解决民生问题，加速城乡一体化进程。统筹城乡“十个全域”，即推进全面小康、安全供水、同网同价、农村公交、燃气供应、安居乐业、均衡教育、文体服务、全民保健、综合治理全域推进。在投入方面，争取中央支持，调整公共财政支出结构，整合相关专项资金，调动企业投资，鼓励社会资本进入。

5年来，全区投入资金超过100亿元，带动贫困对象1117户、3264人全面脱贫，新改建学校43所、新增学位4.6万个，农村自来水入户率达90%以上，开通农村公交线路44条，基本建成无缝换乘、全域畅通的“1小时城乡公交圈”，改造棚户区20264户、农村危房改造7568户，建成安置房11675套，推行全民免费健康体检，慢性病、流行病免费治疗全域覆盖。“十个全域”惠民工程的实施，切实增强了全区群众的获得感、幸福感、安全感，为推进可持续发展夯实了基础、凝聚了力量。

泸州江阳全域公交线路由50条农村公交线路组成。2015年，江阳全域公交线路还在全国首创纯电动公交车开进农村先例，近年来，江阳先后投入128台运营车辆（其中新能源公交车74台），实现全区88个行政村全覆盖，惠及40余万民众，每年为村民节约出行成本2000余万元。2019年，泸州江阳全域公交线路荣获全国“新能源公交高品质线路”，全国仅10条线路获评，江阳全域公交成为全省唯一获此殊荣的公交线路。这也是江阳区实施“十个全域”的典型示范案例。

（四）践行绿色发展，保护生态环境

近年来，江阳区始终坚持以生态文明建设为统领，突出总量减排、环评审批、执法监管，全力打赢大气、水、土壤污染防治“三大攻坚战”，切实解决环境污染问题，着力改善城乡环境质量，努力实现全区经济社会发展与环境保护互促共进的目标。

为切实降低污染物排放总量、改善环境空气质量，江阳区印发《大气污染防治攻坚实施方案》，在全区开展为期半年的大气污染防治攻坚行动，举全区之力保卫蓝天。全区上下联动，重点开展扬尘、挥发性有机物、“散乱污”、

散煤燃烧、餐饮油烟、秸秆焚烧、文明祭祀等行业领域“七大”专项行动，列出建筑工地、汽修行业、散煤整治等领域重点问题89个。同时，对国控站周边500米范围内污染源进行全面排查，共排查出“散乱污”企业、汽修店、未安装油烟净化设施的餐饮店、散煤用户、在建工地、庙宇等污染源共187家，切实强化“源头治理”。为进一步加大扬尘治理力度，江阳区委托省环境监测总站、摩贤科技公司分别对全区PM2.5、PM10及挥发性有机物进行走航分析；协调市监测站对6家汽修店进行监督性监测。此外，还投入200余万元在15个重点防控点位安装了扬尘在线监控和秸秆焚烧监控设备，并增加1台6个因子的微型空气质量监测站用于对比数据，扬尘治理工作在全市率先步入“智能时代”。2020年PM2.5平均浓度下降9%，优良天数上升5.4%。

打赢水污染防治攻坚战，关键在保护河流一役。江阳区委、区政府认真贯彻落实中央、省、市关于全面推进“河长制”工作重要部署，大力保护水资源、防治水污染、改善水环境、修复水生态。“通过实施‘一河一策’制度，将长江、沱江、大洞桥河等11条江河列入区级‘河长制’管理体系。”区河长制办公室负责人介绍，除2名总河长外，区上还设了区级河（段）长21名、镇街级河（段）长87名、村级河（段）长99名，形成了区、镇、村三级联动的“河长制”工作格局。

江阳区以长沱江沿江污水处理设施建设为抓手，总投入约0.98亿元用于全区污水处理设施建设，建成了一级城镇污水处理厂11座、二级城镇和农村聚居点污水处理设施33座，实现了18个镇街、3个园区污水处理设施全覆盖。保护饮用水源，江阳区敢于出实招、亮利剑，全面完成城区雨污分流改造37平方公里，先后依法取缔，五渡溪、四渡溪、葫芦岛、观音寺等城市入河排污口30个，查处涉污企业21个，规范沿江餐饮店17家，取缔长沱江流域江阳段上的餐饮船舶10余个，还对两个城市饮用水源保护区开展了专项治理和规范化建设。据最新监测数据显示，长江、沱江水质均质达到Ⅲ类标准，城市集中式饮用水源水质达标率100%。近年来，滨江路长江河段吸引了成群结队的红嘴鸥迁徙越冬就是最好的见证。

全区范围内已设置农村生活垃圾收集点1017个，升级改造了农村生活垃圾收集点526个，投放了移动制式垃圾桶3000个，采购了垃圾清运压缩车19台，全区实现了农村垃圾即清即运全覆盖。此举不仅可以极大地改善农村生态环境，每年还可节约垃圾处理费用300万~500万元。

近年来，江阳区始终坚持生态建设，依托独特的资源优势，打造了张坝、方山等景区，新建和升级打造了忠山公园、龙透关公园、江阳公园和体育生态公园等生态景观，不断保护和增添城市绿色，让繁华城市蜕变为美丽公园。目前，江阳区城市绿化面积达到3364公顷，人均公园绿地面积13.68平方米（见图1）。其中，张坝国家AAAA级风景区生长着近2万株百年以上桂圆树和荔枝树，在长江沿岸绵延10余里，素有“十里长廊”之称。景区秉承了绿色、健康、可持续的理念，紧紧依托这些老树，有效开发利用周边荒山荒坡，经过规划、搬迁、打造，形成了占地300多公顷的绿色生态示范片，成为泸州市构筑长江生态屏障的典型案例。

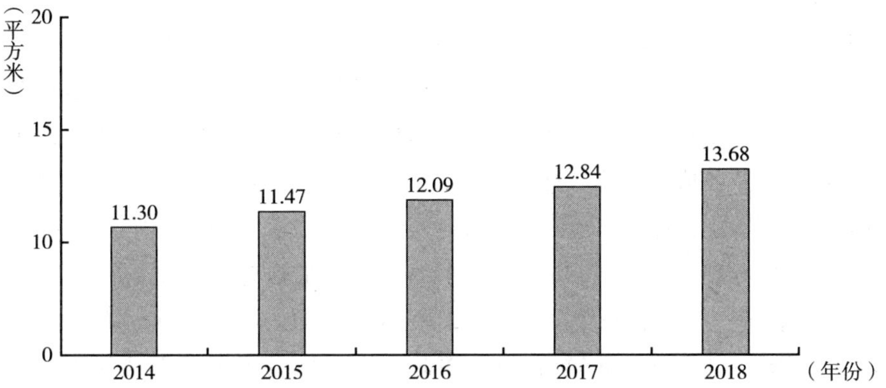

图1　人均公园绿地面积

这里的天更蓝了，水更绿了，环境更整洁了，空气更清新了。良好的生态环境让江阳老百姓真切地感受到绿色生态之美，群众的幸福感、获得感显著增强。江阳区“蓝天、碧水、净土”保卫战取得胜利，环境空气质量改善幅度进入全国前十强，践行绿色发展入榜全国百强区。

（五）扩大改革开放，促进合作交流

1. 中国国际酒业博览会

由国家商务部批准、中国酒业协会主办的中国国际酒业博览会自2014年永久落户泸州，已连续成功举办8届。泸州致力于打造酒博会这张国际化名片，取得了丰硕成果。以 2020 年第十五届酒博会为例，泸州采取现场直播、录播等方式，方便客商、市民“云上观展参会”，酒博会成交额近 4000 万元，其中线上成交额超过 2500 万元；泸州市还被中国轻工业联合会、中国酒业协会授予“世界级白酒产业集群·泸州”称号，这是全国首个“世界级白酒产业集群”称号。本届酒博会也在对标顶级酒业展会时，提前打牢基础，交出高质量答卷——泸州市成立第十六届酒博会筹备工作领导小组，在展会品质、疫情防控和工作推进上下足功夫，高标准、全方位地做好展览展示的同时，统筹推进社会治安、市政交通、消防安全、环境卫生、食品安全等工作，为全球酒类产区、酒类企业、酒类人士搭建更加广阔、更具活力、更富实效的合作平台，携手开创酒业高质量发展新未来。

2. 可持续发展实验区建设交流

自 2013 年江阳区创建国家可持续发展实验区以来，创建工作领导组办公室先后编写并印发了《国家可持续发展实验区创建专报》290 期，主送国家科学技术部、四川省科学技术厅、泸州市科学技术和人才工作局，抄送创建工作领导组组长、副组长及各成员单位。有关创建工作的重要进展或成果，通过中央和地方电视台、报刊等媒体进行广泛的宣传报道。泸州市人民政府和江阳区人民政府先后委派多名领导和工作人员参加国家可持续发展实验区建设交流。2018 年 11 月 21 日区委副书记、区长杨长缨在“落实 2030 年可持续发展议程：再造魅力故乡·2018 宁波论坛”上做了“创新驱动　产业重构　生态优先　全域并重——泸州江阳区国家可持续发展实验区建设情况介绍”的主旨发言，交流了江阳区国家可持续发展实验区建设的成效和经验。“创新驱动、产业重构、生态优先、全域并重”的可持续发展江阳模式，得到国家科技部和新华社《经济参考报》的肯定和认可，并被国家可持续发展研究会在“落实《2030 年可持续发展议程》全球论坛”交流中作为中国可持续发展样板典型案例介绍。

三　下一步建设方案

（一）实验主题

四川省泸州市江阳区建设国家可持续发展实验区，以习近平新时代中国特色社会主义思想为指导，深入贯彻党的十九大和十九届二中、三中全会精神，统筹推进“五位一体”总体布局，协调推进“四个全面”战略布局，紧紧围绕联合国2030年可持续发展议程和《中国落实2030年可持续发展议程国别方案》，重点针对实验区长江沱江两江四岸生态脆弱问题与城乡二元结构城市发展矛盾，继续以“捍卫黄金水道，巩固生态屏障”为实验主题。密切结合当地现实需求和实验区实际情况，巩固实验区建设成果，继续实施可持续发展攻坚行动计划，坚持不懈实施长江大保护战略，坚定不移走“创新驱动，绿色发展，生态优先、全域并重”的可持续发展道路，汇集社会各方力量，依靠科技进步，推动经济高质量发展和社会事业的全面进步。

（二）建设目标

以环境科技为引领，推进生态环境建设健康发展。全域实施两江四岸生态修复，保护森林绿地资源、景区景观、饮用水源和地下水资源，升级工业废水处理与城镇污水治理、工业垃圾与生活垃圾分类处理、土壤污染控制、空气污染防治的现代技术和智慧管理水平，推行人畜粪便资源化利用和农村沼气安全普及。切实巩固生态屏障，进一步提高江阳区“全国绿色发展百强区”的品位和地位，为长江上游地区实施长江大保护战略提供示范。

以创新发展为引擎，推动经济高质量发展。突出优化发展，坚持城市功能建设优先，探索建设公园城市；侧重高端要素聚集集成转化，重点培育节能环保、信息技术、新能源、新材料、高端制造等新兴产业，大力发展知识技术密集型产业、生活服务业，有序推进产城融合发展，逐步提高城镇化水平，形成市域经济重要支撑；城市功能不断完善，经济实力和区域服务能力稳步提升。持续巩固“全国文明城市”建设成果，积极推进“全国健康示范城市”和“全国食品安全示范城市”建设。到2022年，经济发展质量和效益全面提升，综合实力和整体竞争力明显增强，力争全区GDP超过700亿元。生态文明、经济发展、城乡建设、公共服务和民生改善等方面明显高于全国平均水平，保持全国西部区（县）先进行列、丘陵地区领先行列。构建统筹城乡、产城一体发展、实施乡村振兴战略的典范区县，为全国提供可复制、可推广的江阳可持续发展经验和模式。

（三）重点任务

1. 加强生态环境保护，筑牢区域生态本底

（1）加强生态建设

积极推进新一轮绿化泸州行动，深入实施天然林资源保护、退耕还林、生物物种保护等重点生态工程。统筹推进山水林田湖草系统治理，严格落实“三线一单”，有序组织开展生态保护红线勘界定标工作。进一步强化国家长江上游珍稀鱼类自然保护区、张坝 AAAA 风景区等国家、省、市级自然保护区规范化监督管理机制，严把自然区建设项目准入关。积极开展地质灾害防治体系建设，建成调查评价、监测预警、防治和应急体系。支持开展国家农业绿色发展先行区、生态文明示范创建和“绿水青山就是金山银山”实践创新基地建设，培育生态示范标杆镇村。加强长江保护修复，积极开展长江经济带沿岸露天废弃矿山生态修复治理，推动建设长江上游生态廊道，构筑生态屏障。

（2）强化环境保护

进一步优化产业布局，调整能源结构，深化工业企业治理，强化机动车污染防治，实施城市精细化管理，做好重污染天气预警预测和应对。全面落实河长制，推进长江、沱江的良好水体保护。统筹开展耕地土壤环境类别划分，严控农村面源污染。全面推进重点行业企业用地土壤污染状况调查，强化土壤污染源头预防，开展自行监测监督性监测及预警体系建设，强化企业拆除作业污染防治。继续打好污染防治攻坚战，深入开展“绿盾”行动，严格生态环境执法，持续改善县域生态环境质量。

（3）推行绿色发展方式

支持发展节能环保产业，加快园区循环改造，推动资源循环利用基地建设。推进秸秆全域综合利用试点建设，支持申报秸秆综合利用试点示范镇（村）。大力推进种养结合、畜禽粪污资源化综合利用，鼓励推广安全沼气应用工程建设，深入开展化肥使用量零增长行动，全面推进测土配方施肥，支持区县申报实施果菜茶有机肥替代化肥试点，促进农业由过度依赖资源消耗向追求绿色生态可持续转变。推广绿色建筑、新材料环保建材及装配式建筑。推动低碳社区发展，深入推进节约型社会建设。

2. 优化提升产业发展平台，促进区域经济高质量发展

（1）促进园区提档升级

以三大园区为载体，发展壮大优势特色产业，形成特色区域经济有力支撑。高新区以智能制造、智能终端、大数据服务为重点产业发展领域，挖掘园区院士工作站、孵化器、技术中心、创新中心的潜能，大力支持以市场为导向、企业为主体的创新创业活动和高端技术开发，建设具有国际竞争力的高科技产业集聚区；酒业园区健全优化酒类全产业链，加快建设以酒谷湖为主轴的城市生活配套功能区，推动产城景一体融合发展；江南科技产业园突出总部经济，向城市综合功能区转型，以生态环保、中医药、现代信息服务、楼宇经济等产业为重点，建设二、三产业联动发展的创新创业示范园区。同时，加快完善各园区生产生活配套设施，构建完整的产城一体服务体系，进一步推进园区供给侧结构性改革和园区循环，大力支持清洁生产和节能降耗，促进园区经济社会高质量发展。

（2）加快现代农业园区建设

以国家现代农业示范园区、国家农村产业融合发展示范区为引领，聚焦粮食、蔬菜、水果及特色养殖等优势特色产业，打造集中连片的粮食生产功能区、重要农产品生产保护区、特色农产品优势区和现代农业（林业）产业园、科技园、创业园。培育壮大园区主导产业，实施农业产业化龙头企业“排头兵”工程，打造高品质、有口碑的“泸字号”农业品牌。培养职业农民，探索建立“农户＋园区”利益联结机制。完善江北百里蔬菜产业带、沿江百里龙眼产业带的基础设施，配套乡村旅游设施，打通江南江北农业产业和乡村休闲旅游业连片发展。围绕国家长江上游珍稀鱼类自然保护区的战略需求，大力开展长江上游特有珍稀鱼类的生境控制和人工繁育集成技术研究，鼓励产学研合作，构建渔业产业联盟，实现特有珍稀鱼类的增殖放流和区域渔业产业的可持续发展。健全以需求为导向的农业科技产业创新体系，大力发展农产品电商，不断完善农业社会化服务。加快完善园区基础设施，增强园区加工、储藏能力。加大财政涉农资金整合力度，激励社会资本、金融信贷投入，集中资源做优做强特色农业。

（3）培育壮大创新创业主体

加大科技投入力度，重点支持开展创新型区、知识产权区、现代农业科技

示范区等试点示范工作。支持创建省级科技成果转移转化示范区和技术转移示范机构，创建省级及以上高新技术产业开发区、农业科技园区。支持建设小型微型企业创业创新示范基地和中小企业公共服务平台，培育一批专精特新中小企业。加大优秀人才引进力度，完善和落实酒城人才新政，实施“优秀人才反哺工程”“酒城三农之星”培育计划等，支持县域集聚培养“高、精、尖、缺”人才和高水平创新团队。

3. 扎实推进新型城镇化，统筹城乡融合发展

（1）做强城市产业，建设中心城区

坚持三次产业联动发展，做实做强工业，与泸州国家高新区、中国白酒金三角酒业园区深度融合、共享发展。巩固提升白酒、机械、建材等传统产业，加快发展智能终端、新能源新材料、生物医药、高端装备制造产业。做大做优现代服务业，推动传统服务业转型升级，加强生产性现代服务业培育发展。

（2）加快试点镇、特色小城镇建设

将“百镇建设行动”试点作为城镇跨越发展的重要支点，巩固分水岭、黄舣试点镇建设，依托产业优势，做强镇域经济，促进产镇联动。发挥示范辐射作用，带动周边城镇协同发展。完善城镇功能配套，提升城镇人居环境。加强分水岭、省级特色小城镇建设，依托董允坝景区建设，结合丰厚的历史底蕴和非物质文化遗产传承，积极探索“现代农业 + 文化旅游”模式，全力培育宜居、宜业、宜游的特色“蔬式小镇”，将产业优势转化为经济优势。

（3）深入推进城乡融合发展

建立人才流向乡村机制及农业农村优先发展机制，为实施乡村振兴战略提供政策支持和人才支撑。推进城乡要素自由流动，平等交换和公共资源合理配置。健全城乡民生共享发展机制，创新财政金融支农方式，加快发展新型村级集体经济，推动城镇基础设施、公共服务向农村延伸，带动农业农村现代化和农民就地就近市民化。加快缩小城乡发展差距和居民生活水平差距。优化乡村发展布局，重点推进中心村建设，大力实施农村人居环境综合整治，健全现代乡村治理体系，建设“美丽江阳宜居乡村”。

4. 加强基础设施建设，改善县域经济发展条件

（1）畅通城乡交通网络

加快完善高速公路路网，融入全市构建“三纵四横二联一绕城”高速

公路网，巩固和发展江阳全域“新能源公交高品质线路”；提档升级区域国省干线，打通断头路、瓶颈路，构建区域互联互通普通公路网体系。稳步推进过江通道（渡改桥）建设，加快实施破损路面整治、窄路加宽、撤并建制村通村硬化路、公路安全生命防护工程等农村公路专项。规划建设7个县城物流配送中心、149个建制村物流服务点，切实完善农村物流配送体系。

（2）加强农田水利建设

深入实施土地整理、农田灌排渠系、田间道路等工程，大力开展高标准农田建设及整合试点县高标准农田绿色示范区建设。加快推进病险水库整治改造及农业水利工程建设，继续推进农村饮水安全巩固提升工程，以新（扩）建联网为主，重点发展规模化集中供水，大力发展城乡一体化供水和全域供水，推进“水量充足、水质优良、用水方便、保障率高”的农村供水网络体系形成。

（3）强化能源通信保障

加快电力基础设施建设，全力推进输变电工程建设和农村电网改造升级，统筹城乡电网发展，扩大电网覆盖范围。继续实施农网改造升级工程，全面提升农村电网服务能力，基本实现城乡供电服务均等化。严格控制煤炭消费总量，进一步调整和优化能源消费结构。加快页岩气、煤层气勘探开发，合理利用光能，有效开发生物质能，发展分布式能源，坚决淘汰落后产能及燃煤锅炉。加快充电基础设施建设，合理布局充电站（桩）。大力发展“互联网+”智慧能源，推动供气设施向农村延伸。推动全光网络向乡镇辐射，落实“组组通宽带”、4G网络优化、5G网络建设应用及IPv6规模部署等工作，提升县域信息通信基础设施服务水平。

5. 提升公共服务水平，切实保障和改善民生

（1）强化区域公共服务中心功能

持续加大公共服务设施建设投入，全面深化教育综合改革，实施区级镇级医院医疗服务能力提升工程，完善区域文化旅游功能，推进公共法律服务、就业服务规范化、标准化、电子化建设，加快社会保险、社会救助城乡统筹，提升区域公共服务的便利性、普惠性、可及性，为区域人口集聚、产业发展提供有力支撑。

（2）推进基本公共服务均等化

继续推进统筹城乡“十个全域”民生工程，促进区域社会事业均衡发展。持续加大基本民生保障投入，逐步完善区域公共服务供给保障机制，鼓励社会民间资本参与健康养老、城镇污水智能管理、生态环境治理、智慧交通等社会公益事业建设。加速学前教育发展，推进城乡义务教育优质均衡，实施高中阶段教育攻坚、提档升级计划。健全全民预防保健服务体系，深化公立医院改革，推动城乡医疗卫生中妇幼健康方面普惠共享。推动养老服务业健康发展，提高养老服务保障能力。着力提升城乡居民基本医疗保险、基本养老保险参保率。不断完善文化基础设施，构建市、县、镇、村四级文化网络，实施“三馆一站”错延时免费开放等文化惠民工程。

6. 深化改革开放，激发区域经济发展活力

（1）深化行政管理体制改革

按照省委、省政府和泸州市委、市政府的部署，开展新一轮乡镇行政区划调整改革，进一步优化乡镇行政区划设置，继续推进改村设居工作，优化乡镇规模结构。积极推进经济发达镇行政管理体制改革，赋予经济发达镇同人口规模和经济社会发展相适应的管理权。

（2）创新投融资体制机制

开展基础设施投融资体制改革试点，规范运用政府和社会资本合作（PPP）模式，引导基金及各类投资者投资基础设施建设、公用事业、农林水利和社会事业领域项目。积极推进融资平台公司市场化转型，有序推进混合所有制改革。积极贯彻落实财政金融互动政策，健全完善财政引导金融支持实体经济发展的长效机制，引导银行、小额贷款公司等金融机构优化金融资源配置效率，加大对镇街的信贷投放。防范化解债务和隐性债务风险，持续推动政府债务常态化管理，稳步推动专项债券管理改革。

（3）深化农业农村改革

积极开展农村承包地“三权分置”改革，探索颁发经营权证，赋予经营权证权能，推进农村土地所有权、承包权、经营权分置有效实现。按照省市统一部署，推进农村土地征收制度改革和农村集体经营性建设用地入市改革，深化宅基地制度改革试点。继续推进泸县农村土地制度改革“三项试点”，形成可复制、可推广经验。完善农村产权流转交易体系，建立农村产权流转交易信

息发布中心及农村土地承包经营权信息平台。全面推进农村集体产权制度改革和集体经营性资产股份合作制改革。探索财政支农项目实行股份量化到村集体经济组织，支持农村集体经济组织承担或参与财政支农项目建设。

（4）持续优化营商环境

加快推进“最多跑一次”改革，实现审批服务“马上办、网上办、就近办、一次办”。继续完善市、区县、镇街、村社四级政务服务体系规范化建设，推行“一窗受理，集成服务”模式，实现审批服务集中办理，切实加强事中事后监管。实施“多证合一、证照分离”改革，全面推广企业设立登记“小时清单制”，进一步压缩企业开办时间；严格落实《市场准入负面清单》制度，对投资项目采取“多规合一、并联审批”，推行审批服务标准化。持续开展“减证便民”行动，实施综合执法改革，建立统一集中的综合执法机构。

（5）提升县域开放合作水平

积极推进江阳区和其他区县及毗邻省市协同发展、一体化发展。鼓励区域企业“走出去”，主动开拓国际国内市场。强化“工业招商”理念不动摇，聚焦白酒产业、电子信息、新兴产业三大千亿产业，紧盯国内外500强、知名民企和行业龙头企业，以长三角、珠三角两大区域为重点，大力开展精准招商、精品招商。

（四）行动举措

1. 加强组织领导

完善推进区域可持续发展工作机制，充分发挥区可持续发展实验区建设工作领导小组统筹协调、指导推动和督促落实作用。强化区领导联系指导可持续发展工作机制，“一对一”研究解决政策、财政、人才扶持等问题。主动争取国家、省、市级相关部门（单位）的指导和服务，采取切实有效的措施，有力支持区域可持续发展。发挥各园区、镇街的主体作用，细化工作措施，创新工作机制，扎实推动区域经济社会发展取得新成效。

2. 加强政策支持

参照省委、省政府和市委、市政府的支持政策措施，结合我区实际，在基础设施和公共服务、优势特色产业、中小微企业、财政税收、建设用地、金融服务、人才保障等方面，整合资源、集成政策，确保国家可持续发展实验区建设工作经费实报实销和财政资金向可持续发展重点项目倾斜。进一步加强和完善可持续发展的政策措施，支持区域各园区、镇街经济高质量发展，推进社会事业全面发展。

3. 强化职能发挥

在新一轮县区机构改革中完整保留区科技局（区政府组阁成员单位），并增加科技人才工作职能。充分发挥全市仅有的科技局作为政府组阁局的职能优势，切实履行国家可持续发展实验区建设参谋部、后勤部和司令部的职责，在区域可持续发展路径探索、制度设计、科技引领、项目拉动、着眼全球、招才引智、招商引资等方面推陈出新，依靠创新驱动引领和支撑可持续发展。

4. 完善考评机制

由区委、区政府广泛征求区人大、政协、职能部门、园区、镇街和社会各界的意见，围绕3年攻坚计划、重点任务，突出生态环境的建设成效，注重经济发展的质量，综合考量社会事业的进步，建立科学的、可行的考核体系和评价机制，客观公正地反映全区可持续建设成效，形成区域社会经济可持续发展的长效机制。对园区和镇街的绩效考核评价，特别注重具有示范性强、显示度高、带动面广、亮点突出、特色明显的项目或事项，采取加分激励措施，定量考核与定性评价相结合。

5. 加强考核监管

将全区年度经济社会可持续发展情况纳入区委、区政府目标绩效考核，由区实验区领导组办公室牵头统筹考核工作，每年各镇街综合排名位次升降情况专题报区委、区政府。各镇街年度综合排名纳入区委、区政府目标绩效考核，奖励先进，惩戒落后。

6. 加强动态监测

印发《国家可持续发展实验区创新能力监测考核指标泸州市江阳区责任分工表》《国家可持续发展实验区创新能力监测考核指标泸州市江阳区工作台账》，建立考核指标定期横向比较机制及区级部门联席协调机制。各园区、镇街作为责任单位，需每季度末次月25日前，结合我区考核类别及《国家可持续发展实验区创新能力监测考核指标考核办法》的规定，分别向实验区领导组办公室上报《国家可持续发展实验区创新能力监测考核指标泸州市江阳区工作台账》及考核指标分析报告。实时加强对园区和镇街的指导和帮助，并做好与市级对口部门的沟通对接，实时分析各园区和镇街可持续发展考核指标完成情况，查漏补缺，促进我区经济高质量发展、社会事业全面进步。

参考文献

《中共四川省委、四川省人民政府关于推动县域经济高质量发展的指导意见》，2019年7月9日。

G.20
加速“政产学研用”深度融合，助推海虞高质量发展

江苏省常熟市海虞镇

摘　要：习近平总书记指出，整合优化科技资源配置，要发挥企业技术创新主体作用，推动创新要素向企业集聚，促进产学研深度融合。坐落于江苏省常熟市北部的海虞镇瞄准政校企合作发展契机，加大人才引进力度，培育重点项目，打造创新平台，不断释放校企活力，探索构建“政产学研用”创新体系，助推海虞高质量发展。

关键词：政产学研用　产教融合　创新发展

一　引言

习近平总书记在党的十九大报告中明确提出，“深化科技体制改革，建立以企业为主体、市场为导向、产学研深度融合的技术创新体系，加强对中小企业创新的支持，促进科技成果转化”。产学研深度融合，是深化科技体制改革的一项重要内容，在宏观层面能推动经济增长方式由要素驱动向创新驱动转变，在微观层面能实现企业、高校和科研院所等产学研主体的深度融合，形成创新合力。伴随新技术变革和创新体系转型，产学研合作的内涵、组织方式及评价体系发生了很大变化。当前，我国产学研已经进入一个新的阶段，达到新的高度，已经由“产学研”合作发展成为“政产学研用”的创新协作方式，这种合作模式已广泛应用于科技创新、人才培养、区域经济发展等领域。

海虞镇地处繁荣富饶的长三角一体化战略核心区中心位置，与上海、苏州主城、无锡、南通形成了“一小时交通圈”。海虞镇坚持高质量、高品位的工作要求，以江南水乡、传统文化挖掘、风貌营造以及产业发展为引导，积极推进精致城镇建设，培育优质产业，深挖特色文化内涵，统筹城乡一体，把小镇建成发展无忧、生活无忧、环境无忧、人文无忧、活力无忧的“江南无忧小城”。一是产业优，海虞是全国重点镇、中国休闲服装名镇、中国苏作红木家具名镇，又是全国发展改革试点小城镇，积极构建海虞“1（新材料）+5（生物医药、智能制造、时尚创意、商贸物流、都市休闲）”特色产业发展模式，进一步做优做强绿色智造产业、商贸物流产业和创意设计产业，夯实发展基础，实现企业发展无忧。二是配套优，海虞获中国人居环境范例奖，又是全国小城镇建设示范镇，通过配套品质的居住、便捷的设施服务，加上精致的小镇建设，实现人们生活无忧。三是生态优，海虞是全国环境优美镇、国家级生态乡镇、国家卫生镇、全国首批试点示范绿色低碳重点小城镇，有优美的水乡环境，通过不低于3A级的景观建设标准，实现人居环境无忧。四是文化优，海虞是民间文化艺术之乡、实施教育现代化工程先进乡镇，通过传承地域优秀文化，彰显文化特色，积蓄内涵优势，实现小镇人文无忧。五是服务优，海虞是中国产学研合作创新示范镇、全国小城镇综合发展水平1000强、江苏省和谐社区建设示范镇，通过配套品质的商业、优质的教育资源、高标准的医疗服务和充满活力的体制机制，实现小镇活力无忧。

近年来，海虞镇坚持“产业强镇、经济重镇”发展目标，瞄准政校企合作契机，积极探索以企业为主体、市场为导向、政产学研相结合的技术创新体系，加大资金投入，不断引进高端人才，加速“政产学研用”深度融合，助推海虞高质量发展。

二　以人才集聚为纽带，夯实“政产学研用”发展基石

创新驱动本质是人才驱动，科技竞争最终是人才竞争。只有高素质创新人才持续不断地引入，才能使产学研合作保持长久的活力。一直以来，海虞镇聚

天下英才而用之，大力营造识才、爱才、重才、用才良好氛围，调动各方面力量招才引智，加快形成群英荟萃、人才辈出的生动局面。

（一）实行更加积极的人才政策

围绕重点领域、重点产业发展需要，缺什么引什么，积极推动高校、科研院所、企业等用人单位大力引进国家级人才团队，推进“昆承英才”计划，落实“16 条”人才新政，着力构建“1 + N”人才政策体系。疫情期间，出台了支持激励企业“抗疫情、稳增长、促发展”的相关实施意见，专门设立了创业领军人才企业专项奖，通过政策、资金的支持，助力企业引进高层次人才，引导企业大力开展科技创新、产学研合作等研发活动。出台《海虞镇（新材料产业园）人才公寓管理办法（试行）》《海虞镇重点特色产业紧缺人才计划实施办法（试行）》，实施《海虞镇实施创新驱动促进经济转型升级的若干政策意见》等一系列配套服务，由硕士创办的常熟魔方园艺科技有限公司落户海虞电商园，由博士创办的兰晟生物医药（常熟）有限公司落户苏虞生物产业园，对科技创新创业人才给予创业资金、工作场所、住房、购房安家补贴、子女入学、就医等一系列便利服务。力争“十四五”期间累计新增镇级紧缺人才 80 人，高层次人才不少于 100 人，产学研合作协议签订超 50 项，发放科技奖励、补助不低于 500 万元。

（二）构建更加开放的引才机制

坚持人才培养和引进“双轮驱动”，加大各类人才引进力度和本地人才的培养力度，厘清理顺镇、园区科技的工作机制，选好配强科技、人才的工作力量，每季度召开镇科技人才工作领导小组会议，分析工作推进情况，汇报工作进度。每月进行企业用工需求的统计，通过官网、“i 海虞”微信公众号、常熟人才网、周边各大高校等渠道发布信息，拓宽企业招聘渠道。组织企业参加武汉理工大学、常州大学、常熟理工学院、滨江职校等一系列专场招聘会和引才活动。通过多渠道引进人才，切实解决企业的用工困难问题，促进招聘工作开展。园区成立兼职人才科技办公室，出台重点人才及企业走访联系制度，加强各类人才和企业的需求对接与服务，及时掌握各类人才工作信息，有效盘活人才存量，统筹推进各类人才队伍建设，营造出尊重人才、见贤思齐的良好人才社会环境。积极与科技服务机构开展深度合作，对接优质资源，打造高端科创企业集聚地，形成海虞镇的各级双创人才的储备库。借助常熟精英周品牌效应，对接上海、杭州等长三角优质人才项目，推动人力资源市场共建和就业岗位信息共享，启动“金蓝领”培育工程，规划建设产教融合发展示范基地。举办“海外华侨华人高层次人才江苏行”常熟专场对接活动、“新兴驱动·创汇常熟”项目落地与资本对接会、中美科技创新合作中心常熟行推介会等一系列活动，吸引各类人才了解海虞、走进海虞、选择海虞。

（三）提供更加优质的人才服务

落实人才待遇，提升人才服务保障水平，为各类人才提供创新创业的重要机会和发展平台，实现产业留人、制度留人、感情留人、环境留人，最大限度地激发和释放人才活力。谋划新建高层次、高标准的创新创业载体——“小微园区”，为创新创业人才落户提供有力支撑和保障。组织做好常熟市重点产业紧缺人才薪酬补贴和姑苏重点产业紧缺人才计划申报工作，组织企业申报省、市级成果转化项目、前瞻性项目等，鼓励各级各类人才申报省级双创人才项目、市级双创人才创业类和创新类项目、海鸥计划项目以及申请博士后工作站；组织做好重点产业紧缺人才子女入学加分申报工作，通过新市民积分一次性加分的方式，解决海虞范围内的高新技术企业的部分研发人员子女入学入园、就医等问题；组织海外高层次人才居住证持有人做好个人所得税奖励申报工作；组织高层次人才参加全市人才联谊活动、高层次人才国情考察、市留学人才及博士联谊会年会暨高层次人才迎中秋联谊活动等。

三　以重大项目为牵引，积蓄“政产学研用”发展后劲

以科技项目申报为抓手，通过对上争取省、市各类科技项目、贷款贴息和保险费补贴等奖励资金，鼓励企业积极开展科技创新活动，实现转型升级，助推全镇高质量发展。

（一）大力培育高新技术企业

全镇拥有高新技术企业 51 家，新兴产业企业 64 家，高新技术产业、战略

性新兴产业产值占规上工业比重分别达 37.2% 和 44.3%。以“机器换人”为主线，以“两化融合”为途径，以“小巨人”培育为抓手，加快推动制造业由中低端迈向中高端。认真落实各类智能制造、机械制造等促进工业经济高质量发展的扶持配套政策。依托已有的三爱富中昊、大金、宏华等 30 多家实施智能化改造项目的企业，发挥通润装备、强盛电力、柏科电机等机械制造生产企业示范带动作用，推动更多企业逐步实现从加工制造环节向研发、设计环节升级，从“制造”向“智造”转变。做大高新技术企业申报数，围绕机械制造和加工，电子信息设备等行业领域，深度挖掘有一定科技含量、管理比较规范、有一定创新意识的企业开展宣传发动，以奖励资金、税收优惠为切入点，按照“储备一批、培育一批、申报一批”的工作思路，鼓励企业发挥创新主体作用，引导企业按照高企标准开展日常生产管理和培育工作。同时联合经发部门做精做细做实业务指导，形成高企储备库；依托科技局及科技镇长团的专业力量，通过举办集中培训、点对点上门服务等，做好业务指导和服务，加强对申报材料的指导，提高通过率。

（二）聚力开展科技招商项目

在市委、市政府打造的四大招商体系中，主动对接经开区招商体系的关系网络，扩大信息捕捉面，充实项目信息储备库。建立人才、招商、科技、经发等多部门联动机制，围绕海虞“一城三园”产业布局和“1 + 5”特色产业体系，统筹考虑项目载体资源，树牢“项目为零、一切为零”发展理念，完善双招双引“AB 角”“竞赛激励”机制，将招才引智与招商选资深度融合、相互促进。加大招商选资力度，积蓄全镇发展动能，精心挖掘储备项目信息，夯实招商项目基础，通过产业链延伸和瞄准目标市场，围绕先进主导产业，精心筛选、储备一批低资源消耗、高价值附加的优质项目。在选资择商时优先考虑科技含量更高、创新性更强、能带动高层次人才引进的高质量项目，重点围绕海虞镇的产业特点，引进强链补链型新材料、新能源项目，环保利税型医药制剂、高端原料药生产项目，高端装备制造项目及各类高层次人才，着力培养新的经济增长点。比如，新材料产业园按照“纵向延伸、横向耦合”思路，引进含氟新材料、新能源等项目，做优做强含氟聚合物三大优势产品，发展环保替代型含氟产品。再如，苏虞生物医药产业园重点引进制剂及高端原料药一体化生产项目，兼顾中药提取、生物工程、保健品、功能食品等项目。在此基础上，海虞镇还将进一步优化招商平台资源，主动对接全市招商体系平台，做到信息共享、资源互补。此外，还主动对接上海，与各大中介、工程公司、咨询公司、在华商会如德商会、美商会、欧商会、日商会以及自贸区驻上海办事处等共享信息，全面实行“走出去”战略，动态跟踪符合海虞镇产业发展方向的项目，吸引和承接优质企业和项目落户发展。

（三）奋力打造文旅融合项目

搭建村企“联姻”红色平台，开展“万企联万村”行动，推动一批重大项目、重点工程、重要产业落地。高标准推进德康养猪场、肉牛养殖基地、农耕文化体验、农产品展示展销中心、烘干用房等农业产业强镇项目建设，着力打造苏州市农作物品种综合测试示范基地。融入八大元素创优铜官山乡村乐园，建设虞盛万亩稻米基地、中新杂交水稻科普馆、福山田园乡村、共享菜园、垂钓中心和南沙古城、福山总兵府等一批“研学游”项目，打造集乡村振兴、农业科普、国防教育、户外拓展于一体的党建团建活动实践基地。设立常熟乡村振兴学院，争创“中国美丽休闲乡村”，推进海棠花红广场、虞乡市集、虞乡里时光印象、茶溪谷、薰衣草花园等景观建设，承办苏州市中国农民丰收节开幕式，成功获选 2020 年常熟十佳网红打卡地“首席”。七峰村上山巷和福山村寺前获评省级特色田园乡村，海虞镇荣获“苏州市特色田园乡村建设先进集体”称号。此外，以“江海交汇七彩洲、花海如烟铁黄沙”为主题，定期开放铁黄沙生态岛，完善螺蛳湾生态湿地功能，展示“一岛一湾一江滩”生态画卷，助力苏州市“两湖两线”跨域示范区建设。开启“四色美游”线路图，深度开发“无忧小城彩色生态游”，打响一批具有“海虞特色”的农文旅品牌项目。

四　以创新平台为载体，营造“政产学研用”发展氛围

完善顶层设计，通过政府、学校、企业、行业和科研院所之间的深度合作，着力打造产学研协同创新平台，把平台建设作为“政产学研”实际运用

的载体，开展一系列协同创新活动，有效服务政府、院校和企业之间的共同发展，推进创新平台从量变到质变进阶式发展，撬动创新平台“聚”资源，龙头企业“带”产业，应用场景“促”生态的引领示范效应。

（一）用好国家重点平台

海虞镇作为江苏省首批科技创新型乡镇，拥有院士工作站、博士后工作站、研究生工作站、江苏省级工程技术研究中心、众创空间、高新技术企业等平台，为产学研合作提供充足的科技创新支撑。近年来，海虞镇把握国家重大政策调整“窗口期”，加快制造业智能化改造和数字化转型，促进实体经济与数字技术融合发展。鼓励企业加快应用自动化、智能化装备，围绕设计、生产、管理、服务等智能制造各环节加快智能车间建设，提高智能制造水平和市场竞争力。全力构建创新生态，苏虞医药双创智慧谷、同位素研究所、启迪之星、丽源、七洲等一批科创平台揭牌运行，累计新增产学研合作项目50多项，合作金额8000多万元。依托苏州生物医药产业资源优势，打造小分子药物研发平台和总部集群，发挥科技孵化器和技术平台创新优势，鼓励支持企业加大科研和技改力度，在全镇上下营造出浓厚的创新氛围。依托华为云（常熟）、悠扬云等平台，全力引进天正股份等一批技术服务商、装备制造商落户，积极培育一批智能化改造标杆企业，引进国家级工业互联网中心1家，力争五年内实施“智改数转”项目超500个，新增工业应用机器人500台，新增苏州市级以上智能制造、工业互联网标杆工厂5家和智能制造示范车间10个，进一步打造最强比较优势，助力打响“苏州制造”品牌。

（二）构建协同创新平台

海虞镇发挥政府主导作用，成为产学研深度融合的参与者，特别是在关键共性技术和基础共性技术的研发方面，不单纯依靠市场机制推动，而是以重大科技项目为纽带，以产学研联盟为平台，力争突破一批共性技术和关键核心技术，促进产业结构转型升级。通过科学合理的角色定位，推动构建协同创新共享平台，推广三爱富、科慕等“国企＋外企”合作模式，建好同位素研究所和富士莱、丽源、七洲等“双创”平台，支持三爱富创建国家级氟材料企业技术中心，始终保持氟化学科研能力“国内第一”。支持中昊氟材料先进技术研究院平台建设，研发积蓄领先技术，智能改造产品性能，高端发展氟树脂、氟涂料、氟橡胶等功能性材料，确保未来五年“5M”产值超300亿元，打造“国际先进高分子材料产业基地”。同时充分利用现代化的通信系统和信息技术手段，深化“一件事”“不见面”审批、“一窗受理、一网通办”服务，构建面向社会的产学研信息收集和发布网络平台，建立产学研深度融合项目评价数据库，加强对重点指标、重点产业、重点企业动态监测，为企业、高校和科研院提供合作项目的技术咨询和相关资料，着力打造集咨询、检索、申请、评估、审批等功能于一体的产学研服务协同平台。深入实施“小升高”培育计划，促进科技型中小企业加速成长。组织部分规上中小微企业完成苏州市中小微企业“专精特新”导向评价平台的入库工作，帮助引导中小微企业专注创新和产品质量提升，实现对“专精特新”中小微企业扶持政策信息的共享。力争到2025年，全镇高新技术企业超100家、双创人才企业超20家，省级“双创”平台孵化器不少于3家、省级研发中心超8家，实现高新产业产值占规上工业总产值比重达50%，全社会研发经费投入占GDP比重达4.1%，科技创新能力保持全市第一方阵。

（三）推进各类载体建设

不断强化服务、优化营商环境，提升科技孵化水平，充分发挥新材料产业园、苏虞生物医药智慧谷、智能制造产业园、“众创魔方”功能优势，重点研究如何突破生物医药、新材料等人才项目准入制约瓶颈，形成产业集聚、人才集聚效应，吸引更多创新创业企业、人才来海虞落户。新材料产业园已形成亚洲最大的氟材料生产及进出口基地，是全球氟产业链最长、聚集度最高的氟材料工业园区，入选“中国20强化工园区”，以最具特色的“氟材料”为主导产业，重点延伸精细化工、生物医药产业，着力打造专、精、特、强的特色化产业园。苏虞生物医药智慧谷是海虞镇与苏州工业园区生物纳米科技园合作设立的，引入创新型生物科技企业，进一步推动医药产业高质量发展。智能制造产业园充分对接《中国制造2025》和长三角产业分工协作规划，以“智能化”为核心，以“精品化”为标准，以“生态化”为路径，重点引入汽车零部件、高端装备制造、数控机床和机器人等创新主导产业，集居住、商业、工业、物流仓储等功能为一体，引导更多企业实现从加工制造环节向研发、设计环节升级，从“制造”向“智造”转变，促进“高、特、新”产业集聚，着力打造长三角先进“智”造示范区。同时积极推进新型研发机构建设。新型研发机构是新时期集聚高端创新资源、吸引高水平创新团队、开展产业关键技术研发、加速科技成果转化、支撑产业转型升级的新业态新动力新平台。积极对接服务新落户的苏州产研院同位素研究所、七洲绿色科技研究院等研发机构，重点关注镇级老旧工业载体更新建设，将进驻企业全部列入高新技术企业后背库，要求3年内必须完成高新技术企业申报，打造高层次、高标准、具有一定产业集聚特色的创新创业载体。与此同时，海虞镇将继续发挥氟材料产业研究院、华影分子影像研究院等创新平台作用，推进大金二期、三爱富、富士莱、宇道、七洲科技等研发中心项目建设，引导企业深化产学研合作，鼓励企业设立技术工程中心，拓展博士生工作站和研究生工作站数量，着力引进专业化人才，为企业发展提供科研实力。

五　以校企合作为动力，提升“政产学研用”发展质效

通过学校、政府、企事业、社会教育教学资源的整合优化，使行政企事业人才双重身份参与、企事业单位的产业合作化驻入、学校与政府企事业单位合作项目研发、科技转化、教师社会兼职、学生实践和单位人才选用等一系列行为，有机地构成了“政产学研用”这一严密有序的交织系统和产业链条。因此，“政产学研用”协同模式是在政府主导下，依托高校和科研院所“学”“研”优势，调动企业“研”“产”的积极性，最终实现“学”“研”促“产”的一种模式。近年来，海虞镇在推动企业与高校、科研院所进行资源共享，互通有无上下足功夫。通过信息共享、共同研发、创业孵化、成果转移转化等功能的实现，全方位地促进产学研合作各个主体紧密结合，不断释放“校企活力”。

（一）发挥“科技镇长团”的资源和优势

“科技镇长团”模式起源于常熟，其优势在于团队整体服务、集成解决问题。依托常熟市政府和17家高校，全国县（市）首家国家级大学科技园落户

常熟，采用“市场主导、政府推动、高校支撑”的发展模式，吸引百余家创新型企业进驻，开发研制新产品并走向市场，成为常熟的技术创新辐射基地、高新技术企业孵化基地和创新创业人才培养基地。历届海虞镇“科技镇长团”成员来自省内外各大院校的科研骨干，通过充分发挥合作交流的桥梁纽带作用，打通政府、企业、高校、院所间互惠、互利、共享、共赢的通道，形成了团队合力，促进了集成创新，推进了以企业为主体、市场为导向、政产学研相结合的区域科技人才创新体系建设。近五年来，科技镇长团和相关高校院所已在海虞举办集体产学研合作对接会 35 场，服务企业 72 家，校企达成合作协议 71 项，校地横向合作资金 9000 多万元。围绕提升企业自主创新能力建设，帮助企业建立“两站一中心”，即博士后工作站、研究生工作站、工程技术研究中心，建立大学生实践基地约 15 个，产出研究成果 25 项。常州大学定向派驻科技镇长团成员探索持续性“跟进式”创新服务模式，与江苏新泰材料科技股份有限公司有效开拓交流渠道，在解决企业关键技术难题的同时，培育重点标志性转化成果，校企合作项目经费总额达 3000 万元，先后获批江苏省科技厅成果转化项目和省工程技术研究中心。坐落于常熟新材料产业园的苏州富士莱医药股份有限公司注重科技创新和研发投入，建有省级工程技术研究中心，与华东理工大学、大连理工大学、江南大学、常州大学和中国科学院上海有机研究所、上海医药工业研究所等高等院校、科研单位进行产学研合作，还与国外有关单位建立科技合作关系，联合华东理工大学共同申报的“生物催化剂的快速定制改造及高效合成手性化学品的关键技术”项目荣获上海市科学技术奖一等奖。在“科技镇长团”的帮助下，海虞镇科技服务政策更加优化，管理制度更加健全、创新手段更加多样，企业创新水平和效益质量明显提高，被中国产学研合作促进会命名“产学研合作示范镇”。

（二）构建“三位一体”服务机制

高等院校“双高”建设和“提质培优计划”启动以来，在政府一系列前瞻性、全局性、系统性的顶层设计下，高等院校的活力被激发，能在更广阔天地展示和辐射建设成果，适应服务社会经济发展的时代要求。依托常熟新材料产业园和海虞镇成人教育中心，与大金氟化工（中国）有限公司等企业合作，积极整合常州大学国家技术转移中心、国家级虚拟仿真实习中心、江苏省技术转移研究院等创新资源条件，推进产教融合、校企联动，建立“高校主导、企业参与、政府监督”的三方合作机制，将其深度孵化成为专业领域内“校地企三位一体，产学研深度融合”的人才培养教育基地。常吉化工有限公司与常州大学针对乙烯基碳酸乙烯酯材料国内市场分析以及自身的先进技术，以项目申报为起点开展合作，定期相互考察洽谈，先后申请获批高新技术产品、高新技术企业和江苏省研究生工作站，逐步推进该材料的国内产业化进程。在此研究基础上，校企双方深入合作相继申报获批省科技厅产业前瞻与关键共性技术研发项目、省“双创计划”科技副总项目、省产学研合作项目和省级工程技术研究中心，全方位和系统性的“打包式”产学研合作，有效推进企业人才培养、科技成果转化和研发机构的建设，促进了企业的高质量发展。此外，海虞镇充分利用高校师资力量和办学条件，发挥高校在地方、园区或企业建设就业基地和教学实践基地中的作用，为企业员工提供入职教育、生产仿真实习、安全环保培训等职业教育环节，为企业转型升级提供技术支撑。加快培养新材料和生物医药等重点产业急需人才，以“江苏省成人高校面向艰苦行业和校企合作改革项目”形式，开展企业高级管理、技能人才的继续教育和学历提升教育，构建具有海虞特色的继续教育体系，为经济社会发展提供坚实的人才保障。

（三）打造“现代学徒制”样板方案

“政产学研用”校企合作生态圈下的现代学徒制育人模式是对政产学研等校企合作育人模式的进一步继承与发展，是政府、企业、职业院校、研究机构和目标用户等五种不同的办学力量通过一定的组织系统发挥出整体大于局部的协同力量。海虞镇主动参加常熟滨江职校现代学徒制试点班合作交流协商会议，探讨校企合作中现代学徒制的具体方案。举行现代学徒制试点班开班暨企业学徒中心授牌仪式，每年组织园区企业人事经理、生产经理参加校企联合学徒摄入性考察招生，参与学校的招生工作，实现毕业生和企业员工的无缝对接。组织园区企业参与学校组织的企业定制课程，为学生讲解企业发展历史、企业文化、组织结构、企业产品、招聘岗位及薪酬待遇等。联合学校举办校企化工技能竞赛，给予滨江职校专项资金支持，设立奖学金，通过竞赛更好地发现和培养技术技能型人才，促进企业技术人才和学校教师的切磋交流。同时，参与滨江职校校企联合培养项目阶段性评估工作，加强对校企联合培养项目教学质量的监控，提高现代学徒制技能型人才培养质量。此外，国家高新技术企业、江苏省民营科技企业江苏华电能创科技有限公司依托地方高校，与常熟理工学院举行产学研合作签约仪式，这是一家专业从事智能化电气设备、电力及工业自动化装置、变电设备、电子智能化系统产品等开展研发、设计、生产、销售、安装、维护保养等业务的企业，通过多年的创业发展，公司已成为长三角区域内电力系统可信赖的服务供应商、电力、智能化总承包商、变/配电物联网、智慧城市物联解决方案提供商。通过校企双方签约共建产学研合作基地后，江苏华电能创科技有限公司将委托常熟理工学院电气自动化学院开展“变电站智能辅助监控系统平台”的技术开发，该项目包含软件部署和系统物联推进工作，涵盖了边缘计算、云平台技术、智能传感技术、人工智能技术、5G 通信技术应用、电气自动化控制技术等很多专业性很强的前沿技术领域，此项目的开展对院校教师掌握前沿技术、培养更多实战型学生、企业人才培养具有十分重要的意义。

“政产学研用”合作的创新之路，是我国政府深化体制改革，加快经济稳步快速增长，推进科技进步，提升国家综合实力的必然之路，也是科研机构、大学和企业步入新台阶的重要举措。海虞镇依托“五优创无忧”的发展优势，统筹协调各方面的优势资源，坚持以服务求支持的思想，鼓励和推动政府、大学、科研机构与企业进行全面而深层次的合作，努力探索建立“政产学研用”结合的良性机制，不断提升科技成果转化率，提高科技园产业孵化的能力，使全镇范围内的企业成为技术创新的主体，涌现出一大批创新型企业和创新企业家。同时深化体制改革，加快现代化政府建立步伐，拓展高校、科研机构与企业合作的广度和深度，构建了一个充满活力的“政产学研用”创新体系，走在中国产学研合作示范镇的前列，正成为人居的天堂，投资的乐园，创业的热土。

参考文献

蔡三发、缪铮铮：《“政产学研用”五位一体模式探究》，《中国高校科技》2019 年第 12 期。

代显华：《校政企互动　构建“政产学研用”实践教育平台》，《实验室研究与探索》2013 年第 6 期。

丛倩、黄华：《共生理论视域下的产教融合校企协同“走出去”研究》，《职教论坛》2021 年第 1 期。

姜乐军：《“政产学研用”生态圈下现代学徒制治理结构的构建》，《中国职业技术教育》2017 年第 36 期。

笪颖：《常熟海虞：以“五优”创“无忧”，精致小镇宜业更宜居》，江苏文明网，http：//www. JSWMW. com，2017 年 10 月 20 日。

G.21
“三化融合”，实现城乡融合发展

山东省商河县玉皇庙镇

摘　要：城乡融合以新型工业化为龙头，通过招大引强、优化服务立足产业基础抓关键，以新型城镇化为载体，不断完善和提升城镇基础设施、教育体系等，并以农业现代化为基础，带动地方高质量发展、产业融合发展，形成全链式农业服务体系，走出新型发展道路。

关键词：新型城镇化　城乡融合　高质量发展

一　引言

玉皇庙镇位于济南市商河县南部，地处两市三县交界，是济南对接京津冀的“窗口”，版图面积153.49平方公里，建成区6.4平方公里，辖57个行政村、2个社区，户籍人口6.7万，常住人口10.21万，建成区人口5.02万。玉皇庙镇是全国特色小镇、全国重点镇、国家级卫生镇、国家级生态镇、全国“一村一品”示范镇、山东省经济发达镇行政管理体制改革镇、全省中心镇、全省重点示范镇、全省首批园林城镇、全省首批百镇建设示范行动示范镇、省级文明镇、山东省乡村振兴示范镇、省级乡村治理示范镇、山东省服务业特色小镇、山东省农业产业强镇、山东省社科普及示范镇、省级耕地保护激励乡镇、山东玻璃产业综合实力第一镇、山东省综合竞争力十强镇等。

综合经济实力跃上新台阶。始终坚持“工业强镇”不动摇，以第一位精力抓招商，加快新旧动能转换步伐，现有力诺特玻、泰富特钢、豪曼汽配、中建八局等中外企业119家，其中规上企业36家、国有企业4家，上市企业2

家，培育形成玻璃制造、机械加工、印刷包装、智能绿色建材和农副产品深加工五大特色产业集群，2020 年地区财政收入实现 5.36 亿元，产业实力越发雄厚，营商环境不断改善。

现代高效农业持续迅猛发展。规划建设 4.0 模式玉港现代农业产业园和玉沣花卉现代农业产业园，实现 1 + N 模式引领全镇设施蔬菜产业增效和花卉产业突破，培育了玉皇庙豆腐皮、瓦西冬瓜、瓦西葡萄、商南彩椒、付家锅饼等泉城知名特色农业品牌。玉皇庙镇已发展成为江北最大的西红柿、彩椒生产基地和集散地，两项特色种植产业产值之和达到 20 亿元以上。全镇大蒜面积 1.42 万亩、蔬菜大棚 6900 个、黑皮冬瓜 1500 亩、成片造林 4.5 万亩，花卉苗木 5000 亩，认证无公害产品 41 个、绿色农产品 4 个、国家地理标志农产品 1 个，农民专业合作社发展到 145 家。

城镇建设掀开新篇章。始终坚持规划引领发展、“一张蓝图绘到底”的刚性工作思路，镇域交通网和城乡基础设施建设不断完善。济乐高速南延线已通车，通达济南只需 25 分钟，济滨高铁、德滨高铁年内开工并在商河设站，高铁建成后，将纳入济南市区 15 分钟经济圈内。全市首个 A1 级通用机场已开工建设，“两横两纵”的高速和高铁、陆空并存的交通格局正在建立。先后投入近 8.8 亿元用于城镇基础设施建设，全镇搭建起“一环六纵十横”、9.85 平方公里、10 万人的城镇发展框架，建成市民文化广场、党员干部教育基地、玉园湖国学主题公园、玉屯河带状公园、玻璃文化艺术馆等公共基础设施，实施主要道路外立面整治、绿化节点提升、夜间亮化等重点工程，山东工程职业技术大学、新华教育产业园、商河通用机场加速建设，全力打造强而美的特色小镇。

教育教学和人才队伍建设蓬勃发展。山东工程职业技术大学（商河校区）、新华教育集团项目（新华互联网科技技师学院、万通汽车技师学院、新东方烹饪技师学院、欧米奇西点西餐学院等）两所院校正全力推进建设，今年将全部建设完成，常年在校学生可达 2 万人以上，逐渐形成“北有本科大学、南有职业院校”教育发展新格局。认定完成天邦化工省级工程实验室，成功申报省、市级“一企业一技术”研发中心，建立中国农业大学教授工作站，成功创建济南德洋特种气体市级工程实验室，山东崇师傅农业发展有限公司与俄罗斯自然科学院院士成功签约，全镇院士工作站达到 5 家。

近几年来，玉皇庙镇经过不断摸索，抢抓济南“北起”新机遇，走出了一条以新型工业化为龙头，以新型城镇化为载体，以农业现代化为基础，“三化”互促互补、协调发展、互动共荣的发展之路，使人、财、物等各类资源要素在镇域内互补互促、良性互动，实现效益最大化，推动实现城乡大融合、乡村好振兴。

二　以新型工业化为龙头，立足产业基础抓关键，让农民实现就近就业、高质量就业

新型工业化是龙头，只要抓住这个“牛鼻子”，就能促进农业现代化，加快城镇化进程。玉皇庙镇坚持三化互补、三化互生，以新型工业化促进农业现代化、加快城镇化进程。

（一）招大引强，不断做大存量

围绕玻璃智造、机械加工、智能绿色建材、印刷包装和农副产品加工五大产业，优化各种资源，发扬特色优势，提效能扩总量。通过完善上下游产业链、企业家协会和行业党支部等平台以商招商，壮大产业集群。重点引进大项目、高科技项目和带动辐射力强的项目，提档次扩总量。2020 年纳税过千万元企业 5 家、过百万元企业 36 家。目前，玉皇庙镇在库项目达到 26 家，规上企业达到 36 家，截至 2020 年 6 月底累计完成规上工业总产值 17.2 亿元，同比增长 30%。新增规上企业 13 家，达到 36 家。镇域企业影响范围广，在全省乃至全国都占有较大市场份额。天下特种玻璃，玉皇庙占其半，力诺特玻成为世界耐热玻璃标准的制定者，世界玻璃论坛大会连续两届在玉皇庙召开。玉皇庙药用玻璃产量占全国的 40%，耐热玻璃产量占全球一半，世界上每两台微波炉加热盘，就有一台产自玉皇庙，电源玻璃占全球市场的 60%，围绕玻璃特色产业，延链补链强链，壮大产业集群。力诺特玻创业板 IPO 顺利过会，荣膺国家级制造业单项冠军示范企业（耐热玻璃器皿行业唯一上榜企业）；泰富悬架（济南）化验室通过国家实验室认证（国内钢板弹簧行业只有两家通过）。高端玻璃幕墙年产 280 万平方米，汽车板簧产量占

全省板簧产量的67%，种子包装占全国总销量的70%，六和饲料日加工粮食1.4万吨，年产值达4.47亿元。

（二）优化服务，持续提高服务效率

玉皇庙镇发扬俯首甘为孺子牛的服务作风，无事不扰、有求必应，为企业提供完整的前期手续办理流程表、红线图以及免费的测绘服务，把服务从最基本的清表迁占上升到专业对接，帮助企业提前规划，确保规划科学合理，少走“弯路”。新华教育集团、历下控股、鼎瑞泰沣等新项目纷至沓来，利蒙制药、印刷包装产业园建设强势推进，中建八局7天开工建设，5天完成供水管道转移，10天接通污水管道，15天将变压器安装到位，实现了当年拿地、当年开工、当年投产、当年纳入规模以上企业，四个“当年实现”，创造了高效服务的玉皇庙速度。玉皇庙镇普遍达成“当干部就得要学会服务，以服务能力的提升解决难题”的共识，去年疫情期间，力诺特玻原料石英砂告急。镇党委书记接到企业的求援电话，千方百计拨通了石英砂产地，安徽省滁州市凤阳县大庙镇党委书记张荣耀的电话。经过多方努力，三天后满载石英砂的车辆就来到玉皇庙，山东和安徽两个镇的党委书记，因此结缘成了好朋友。

（三）多管齐下，促进企业快速发展

玉皇庙镇在项目建设过程中压实企业主体责任，加强调度协调，加快推进速度，努力实现签约项目快落地，落地项目快开工，开工项目早投产。在企业培育中按照梯次培养的原则，对今年拟纳规入库的企业拉出单子，排出计划，精准培育，2021年力争纳新规上企业15家，年产值过亿元企业达到10家。在企业人才后备队伍建设中，玉皇庙镇一方面着眼于提升农民就业素质和能力，另一方面着眼于为企业提供优秀的技能人才，在加强针对性培训的同时，引进了教育部批准的四年制本科院校——山东工程职业技术大学，以及包含万通汽修、新东方烹饪和新华电脑等培训内容的新华教育集团项目。

就业机会多，技能强，这让玉皇庙镇农民有了更多选择的机会，“跳槽”已不是新鲜事，工资水平水涨船高，有的工种每月能拿七八千元。

三　以新型城镇化为载体，全力打造中心城镇，让农民就近享受市民化生活

工厂里就业，小区里生活，广场上跳舞，还能赏音乐喷泉……这是在玉皇庙镇区居住的人们真实的生活写照。2011 年，随着镇域带动能力和服务能力的增强，玉西村、玉东村等村庄，变成了镇域内的玉苑、幸福里等现代化小区。很多在外的玉皇庙老乡会问“这还是我们的老家吗?”。这里的确会改变人们对传统乡镇的印象。4 月上旬，花开时节，在玉皇庙镇徜徉，宛若置身现代花园小城，美丽的大学校园和湖畔公园，高端的城镇社区和休闲广场，覆盖所有道路的绿化、亮化和景观化工程，都在诉说这个济北小镇的美丽与殷实。

新型工业化的发展，为人们提供了大量的就业岗位，大量的农民涌到企业务工，城镇得有基础设施配套和居住承载能力；招生规模约两万人的本科大学和专业培训机构落户这里，城镇得有各类服务能力；餐饮商贸等三产服务业发展，又带动更多农民进城和更多业态发展，对城镇的管理和建设又提出更多新要求……这都要求玉皇庙要以城镇化建设为载体，抓住设施配套和提升环境等重点，聚拢更多人气，打造中心城镇，让更多农民到乡镇就能享受到市民化生活。

（一）不断完善和提升基础设施，提升城市功能

打造和提升市民广场、土马河、玉苑春晓、玉屯河带状公园 4 处，分散绿地 23 处，亭台楼阁、绿树葱郁、百花争艳，成为休闲娱乐的好去处；2020 年再投资 600 万元对白玉路、府前街和玉皇东路等道路绿化亮化，投资 1000 万元对镇区污水管网进行改造，实现道路管网提档升级；实施镇区街道外立面整治、亮化美化工程，建设月季大道、紫薇大道、美人梅大道，做亮灯光霓虹，点亮小镇夜景，白天看绿化，夜晚看亮化，一街一特色，一路一风格，提升城市品质，培育特色风貌。以“两山”理论为指导，管好用好徒骇河、土马河等水系资源，水域面积达 2600 公顷、森林覆盖率高达 55.6%，形成“产业与生态和谐共生、水脉与人文相融一体”的发展格局。

（二）集聚城镇人口，提升聚拢人气

紧抓山东工程职业技术大学9月开校招生聚契机，加速推进府前金街和胜开世纪广场两个综合体建设，提升商贸设施；加快市民广场改造升级项目建设，力争7月底前投入使用，强化品牌建设，将市民广场做成网红“打卡地”，做强做大夜经济，让群众在广场上休闲，在休闲中赚钱，增加镇区群众收入，提升市民荣誉感和幸福感。同时，全面承接好经济开发区和通用航空机场的商业配套，成立专班主动出击，招引客商，提升餐饮、住宿等商业功能。

（三）优化教育体系，引进留住人才

“北有本科大学，南有职业教育”的框架已初步形成，教学功能日臻完善，除高中外，从幼儿教育至本科教育已基本实现全覆盖，高中教育正在进行积极对接。山东工程职业技术大学2021年9月将招生5000名学生。全国最大的职业院校山东新华职教产业园，引入集团旗下万通汽修学院、新东方烹饪学院和新华电脑学院，职业教育品牌也已花落玉皇庙，2021年3月将进驻10000名学生。2021年建成两座院士工作站，到目前全镇院士工作站已有5家。投入300万元，新建玉皇庙镇第二中心幼儿园，2020年已实现全面招生。

（四）改革顶层设计，精准管理城市

持续推进镇区秩序整治，改革顶层设计，用工匠精神、绣花功夫管好城市。2020年新成立的府前府北两个居委会，在一期棚改4个村回迁和小区供暖供水等工作中，靠前服务，赢得群众一致好评，有事就找居委会，成为市民共识。同时，更加注重市民素质提升，广泛开展文明楼道、文明市民、文明小区评选等，群众喜闻乐见的文明创建活动，提升市民整体素质，营造和谐氛围，让文明成为玉皇庙最美的风景。

玉皇庙镇幼儿园、小学、初中、大学一应俱全，公交车、景观公园、文化活动中心、商业街、博物馆日渐丰富，建成和在建小区10处以上，为从农村走进城市、从乡土社会走进市民社会的新型农民提供了现代生活设施和丰富多彩的文化生活，越来越多的村民搬进了小区，住上了楼房，成为真正的市民，一个辐射周边10万人的新城镇正在崛起。

四 以农业现代化为基础，坚持规模化经营和社会化服务“双轮驱动”，让职业农民“全新种地”、务工农民“放心进城”

一边用新型工业化转移农民成为产业工人，一边为农业现代化培育职业农民，两者间并不冲突，农民减少了，工资性收入增加了，为推进规模化经营奠定了基础，为发展社会化服务提供了市场。玉皇庙坚持规模化经营与社会化服务双轮驱动，加快了现代农业元素落地，实现了让职业农民“全新种地”、让务工农民放心进城。

玉皇庙镇是长江以北最大的西红柿和彩椒生产基地和集散地，现代设施蔬菜成为群众增收“绿色银行”，彩椒和西红柿成为玉皇庙农民致富两大“法宝”。全镇彩椒蔬菜大棚 3200 个、西红柿蔬菜大棚 3700 个，其中西红柿种植占地面积 19200 亩，年产 4.1 亿斤，产值能达到 12 亿元。彩椒种植占地面积 16297.5 亩，产量约 4.2 亿斤，产值近 8 亿元。蔬菜主产区平均每个农户至少拥有一个大棚，家家户户有自己的“绿色工厂”，实现“一户一‘绿色工厂’，五年一‘百万家庭’”。大棚里安装了电气化轨道，只要按动开关，采摘好的蔬菜就会自动载到大棚外，装车销往全国各地，史家庄村的西红柿甚至出口到俄罗斯。

（一）建设农业4.0，带动高质量发展

2019 年投资 3000 余万元建成济南第一个 4.0 现代农业园区——玉港现代农业产业园，使用物联网云端控制、椰糠无土栽培、熊蜂授粉，突破土壤和气候对植物生长的限制，实现植物生长过程的观赏性和果实品质提升的有机统一，实现数字化、智能化、自动化、生态化和信息化，以现代化、科技化、生态化带动产业发展，高峰期可日产西红柿等果品 2 万斤，专供果唯伊、物农网等高端销售平台，每斤平均售价达 20 元以上。2020 年投资 2000 余万元建成了玉皇庙彩椒大市场，有效拓宽了菜农的销售渠道，保障了销售价格，填补了产业链缺口，进一步提高了彩椒种植户种植积极性，高效的建设运营也吸引了大批收购商前来收购，拉动了当地彩椒产业发展，逐步形成了规模大、产业兴、活力强的设施彩椒产业集群。

（二）完善农业体系，加快三产融合发展

依托彩椒大市场、中汇中央厨房等龙头企业，发挥全镇32家党建引领合作社示范作用，培育出玉皇庙特色产业“第五极”——农副产品深加工产业集群。位于玉皇庙镇民营经济产业园的济南中汇中央厨房有限公司，是一家从蔬菜生产、运输、加工、冷链配送、二次加工到餐桌整个产业链的食品企业，建成了“种植基地＋中央厨房＋冷链配送＋集约化供餐”“四位一体”的服务体系，实现了一、二、三产业融合发展。中汇中央厨房等农副产品深加工产业集群，一头连着田间地头，一头连着市民餐桌，每天供给美团的一个番茄单品，就在5万斤以上，农产品销售渠道更宽广，实现“大棚里种菜，美团网上卖，城市人买单”。

（三）构建服务业态，形成全链式农业服务体系

以培育农业服务业小镇为契机，依托六和饲料、万豪肥业、天邦化工、玉泉生物和华庆机械等农业企业和社会服务组织，为设施蔬菜提供全过程服务，打造现代农业科技服务体系，培育农业服务新业态，推进一、二、三产业深度融合，实现农业全产业提升、全链条增值、全环节升级。玉皇庙镇的德玉农机合作社，不仅能够为全镇10.02万亩粮田提供从良种供应到烘干仓储的全程服务，还辐射带动周边多个乡镇。近年来，通过推广“合作社＋村两委＋农户”“合作社＋种粮大户”等形式，合作社社会化服务能力稳步提升，带动全镇小麦、玉米平均亩产，分别从2018年的1100斤、1300斤，增长到2020年的1300斤、1600斤。

（四）党建引领，促进城乡融合发展

玉皇庙镇把党建引领合作社发展作为激发党组织活力、促进农业现代化、加快乡村振兴的重要引擎，因地制宜，围绕番茄、彩椒、山鸡、特色瓜果、豆腐皮、订单原粮、土地托管等七大产业成立了特色合作社，不断延长产业链条，突破了简单的农业种养，成为做强工业、服务业的重要抓手。除了历史悠久的豆腐皮加工业，近年来引进了阳光润土、万豪肥业、六和饲料、中汇中央厨房、新合成包装、飞鹤物流、保农仓等企业，并大力推进育苗温室、彩椒大

市场等基础设施建设、整合信贷资金，形成从育苗、种植、管理到生产、销售、运输、储存的完整产业链。农业生产为特色食品加工业提供优质原料；工业企业、服务设施建设、各类合作社的发展壮大，也反过来促进了要素联动，推动了一、二、三产和城乡区域进一步融合发展。

玉皇庙镇的三化互动发展，让农业现代化的基础地位日益凸显，既全方位助推城乡融合，又奠定乡村振兴的物质基础。农业生产水平提升了，农产品质量更高了，农民收入更稳定了。不仅让更多农民放心进城，还带动面粉加工、饲料加工、净菜配送、包装运输等产业的发展，为新型工业化和城镇化注入了新动能。

新型工业化作为龙头，一方面把两万多农民转化为产业工人，每月稳定收入，到老有退休金。加快了土地流转，促进了土地的规模生产经营，促进了农业机械化，提高了劳动生产率和土地产出效益，带动了农业现代化，拉动了城镇房地产和商贸餐饮业发展，加快了城市更新，带动了新型城镇化。另一方面就地消化了大量农产品，实现了农产品增值，拓宽了农产品流通渠道，增加了农民收入，带动了农业现代化；增加了财政收入，为健全完善农业、农村、农民生产生活设施和城镇基础设施，提高了城镇承载力，保障了农村民生，既促进了新型城镇化，又推动了农业现代化。

新型城镇化作为载体，一方面，既为企业做好道路、管网、通信、供排水等配套设施，服务好企业生产经营，又为产业工人做好子女上学、生活休闲等配套服务，解除产业工人后顾之忧，拴心留人，方便企业招工，助推了工业化。另一方面，商贸餐饮等城市现代服务业既把大量农民变成门店老板和服务人员，又直接消化了一部分农产品，拓宽了农产品流通渠道，增加了农民收入，促进了土地流转和规模生产经营，助推了农业现代化。教育体系建设也为工业化、城镇化和农业现代化提供了人才保障，既推动了新型工业化，又推动了农业现代化。

农业现代化作为基础，一方面，既为国家粮食安全贡献力量，又保障了农业龙头企业原料供应，促进了新型工业化，西红柿和彩椒等特色农业产业，也有效丰富市民菜篮子，保障了城镇蔬菜供应，提高了农民收入，加快了进城和消费升级，促进了城镇化。另一方面，体系化的现代农业服务业形成一个完整的产业链，既保障促进了农业现代化，又促进了城镇化和工业化。

玉皇庙镇以新型工业化为龙头，新型城镇化为载体，农业现代化为基础，走出了一条三化三产互促互补、城乡协调发展互动共荣的新路子，最终实现城乡大融合、乡村大振兴。

参考文献

吕兵兵：《一个“三化互动、融合发展”的镇级样本　山东商河县玉皇庙镇推动新型工业化、城镇化与农业现代化协同发展》，《农民日报》，http：//mobile. rmzxb. com. cn/tranm/index/url/www. rmzxb. com. cn/c/2021 -05 -13/2853814. shtml，2021 年 5 月 13 日。

Abstract

With the theme of "focusing on the modernization of small and medium-sized cities", the green paper of 2020 – 2021 development report of small and medium-sized cities in China consists of five parts: general report, evaluation report, sub report, special topic and case.

The general report systematically combs the connotation and quantity of small and medium-sized cities, comprehensively explains the status and role of small and medium-sized cities in the national economy, deeply analyzes 38 counties and cities with more than 100 billion yuan in China, focuses on the development achievements of small and medium-sized cities, and focuses on the opportunities and challenges faced by small and medium-sized cities during the 14th five year plan, Comprehensively describe the future development strategy of small and medium-sized cities. The report points out that small and medium-sized cities should grasp the changes of the times, speed up factor flow and open cooperation, accelerate digital transformation and advantage improvement, reconstruct the development strategy of the new era, play a greater role and achieve higher quality development in the new journey of building a socialist modern country in an all-round way.

The evaluation report includes the Research Report on the high-quality development index of small and medium-sized cities and the sample analysis of small and medium-sized cities with a per capita GDP of more than US $25000. The Research Report on the index of small and medium-sized cities released the research results of the high-quality development index of small and medium-sized cities in 2021, and announced the "TOP 100 counties and cities of national comprehensive strength", "TOP 100 districts of national comprehensive strength", "TOP 100 counties and cities of national scientific and technological innovation", "TOP 100 districts of national scientific and technological innovation", "TOP 100 counties and cities of national green development" in 2021 List of "TOP 100 green development districts", "TOP 100 counties and cities with new urbanization quality", "TOP 100 new urbanization quality districts", "TOP 1000 towns of national comprehensive strength", etc. The sample analysis report of small and medium-sized cities with per capita GDP exceeding US $25000 comprehensively combs the analysis of per capita GDP exceeding US $25000 in 24 counties and urban areas in China.

Starting from this year, the sub report will conduct annual systematic tracking research on the current hot issues of small and medium-sized cities, such as characteristic industries of small and medium-sized cities, carbon peak and carbon neutralization, construction of characteristic towns, high-quality development of parks, basic public services and social governance, deeply analyze the main problems, comprehensively summarize characteristic experience, and provide support for the decision-making of small and medium-sized cities and relevant parts.

The special topic covers the integrated urban-rural development, green development, ecological environment protection, population flow, land development, residential environment, business environment and government efficiency of small and medium-sized cities. Provide theoretical support for the comprehensive and coordinated development of small and medium-sized cities.

The case section contains the rich practices of more than ten small and medium-sized cities and Characteristic Towns in different regions of the country in industrial transformation and upgrading, rural land reform, business environment construction, urban fine management, scientific and technological innovation, "two mountains" construction, new urbanization, sustainable development, industry university research, "integration of three modernizations" and so on. These cities have strong practical innovation, prominent characteristics, fresh experience and remarkable results, and have strong learning and reference value.

Keywords: High Quality Development; Small and Medium-Sized Cities; Urban-rural Integration

Contents

Ⅰ General Report

Abstract: Small and medium-sized cities are an important support for China's high-quality development, the main battlefield of new urbanization, and an important strategic fulcrum for Rural Revitalization and urban-rural integrated development. In the new era, facing the world's unprecedented changes in a century, China's economic and social development faces many opportunities and challenges. Small and medium-sized cities should grasp the changes of the times, promote factor flow and open cooperation, deeply integrate into the "double cycle" economic system, accelerate digital transformation and reconstruct the development strategy of the new era, Play a greater role and achieve higher quality development in the new journey of building a modern socialist country in an all-round way.

Keywords: Small and Medium-Sized Cities; TOP 100 Counties; TOP 100 Districts; TOP 1000 Towns; Modernization

Ⅱ Assessment Reports

Abstract: The 14th Five-Year Plan period is the first five years for China to embark on a new journey of building a modern socialist country in an all-round way and march towards the second Centennial goal after building a well-off society in an all-round way and achieving the first Centennial goal. The new development stage puts forward higher requirements for the high-quality development of small and medium-sized cities, exploring taking the lead in basically realizing modernization, common prosperity and Rural Revitalization. It is of great significance to continuously build and improve the high-quality development index system of small and medium-sized cities, guide small and medium-sized cities to establish the concept of high-quality development and sustainable development, and summarize the path of innovative development of small and medium-sized cities.

The comprehensive economic strength of the top 100 counties has increased year by year. From the perspective of total scale, the 100 counties and cities shortlisted in the list have created 9.42% of the national GDP, 3.80% of the general public budget revenue and 8.66% of the total retail sales of social consumer goods, accounting for 1.86% of the national land area and 6.56% of the population. The 100 municipal districts shortlisted in the list, accounting for 7.47% of the country's population, have created 11.38% of the country's GDP, 4.53% of the general public budget revenue, and the total retail sales of social consumer goods account for 11.31% of the country. The advantages of strong regional agglomeration are prominent. In 2020, the total GDP of the top 100 counties and cities will reach 9573.2 billion yuan, with an average GDP close to 100 billion, while the total GDP of the top 100 districts will reach 11561.6 billion yuan, with an average GDP exceeding 100 billion. Strong districts and counties have become the leader of China's economic development and the benchmark of cities in various regions of China.

Keywords: Small and Medium-sized Cities,; TOP 100 Counties and Cities; TOP 100 Areas; TOP 1000 Towns; High Quality Development

Abstract: Per capita GDP is not only an important indicator to measure the degree of economic development of a region, but also one of the important indicators to reflect the level of modernization. In 2019, the per capita GDP of 36 countries and regions in the world exceeded US $25000. There are 6 prefectures and cities, 23 counties and urban areas in China, and the per capita GDP exceeds US $25000. If the per capita GDP exceeds US $25000, significant changes will take place in the urban industrial structure, production mode and residents' lifestyle. The analysis of small and medium-sized cities with per capita GDP exceeding US $25000 has a positive reference value for the city to determine the future development strategy and direction.

Keywords: Per Capita GDP; Small and Medium-Sized Cities; Modernization

Ⅲ Sub Reports

Abstract: Under the background of the continuous promotion of international and domestic climate governance, China's small and medium-sized cities face many challenges in realizing decarbonization development. In view of the problems encountered in carbon peak and carbon neutralization, explore and study the transformation paths such as promoting the decarbonization transformation of energy system of small and medium-sized cities and accelerating the decarbonization development of urban industrial system.

Keywords: Climate Governance; Small and Medium-sized Cities; Decarbonization; Transformation

G.5 Development report of small towns with Chinese characteristics in 2021

Xiaohuan Zhang, Jianhui Jiang / 105

Abstract: This paper systematically combs the development, demonstration effect and policy development trend of small towns with Chinese characteristics, evaluates and studies the development of small towns with Chinese characteristics according to relevant statistical survey indicators, deeply analyzes the difficulties and challenges faced by small towns with Chinese characteristics, and puts forward innovative investment and financing system, improving supporting infrastructure, reducing waste of land resources Scientific and rational layout of space and other relevant development suggestions.

Keywords: Characteristic Town; Development Index; Innovation

G.6 Report on the modernization of rule of law governance system and rule of law capacity in small and medium-sized cities in 2021

Huijuan Sun / 140

Abstract: With the development of China's urbanization process, the governance of cities, especially small and medium-sized cities, plays an increasingly important role in realizing China's modern national governance. However, the governance of small and medium-sized cities is a complex and exquisite huge project. How to build a modern governance system of small and medium-sized cities so as to comprehensively improve the governance capacity of small and medium-sized cities is a problem that China and the world must face under the background of the great changes in the past century. In response to this problem, general secretary Xi Jinping pointed out that to speed up the modernization of city governance system and governance capacity, we must strengthen governance according to law and be good at using the rule of law thinking and rule of law in solving city governance problems. General secretary Xi Jinping's argument provided a fundamental guide for the governance of small and medium-sized city. Focusing on the problem of how to establish a modern rule of law governance system in small and medium-sized cities, this paper takes the problems existing in the legislation and operation of the rule of law in small and medium-sized cities as a breakthrough, from "building the basic system of small and medium-sized city governance with local characteristic legislation" The two aspects of "empowering and improving the operation of the rule of law system with digital technology" provide a useful reference for improving the modern rule of law governance ability of small and medium-sized cities in China.

Keywords: Small and Medium-Sized Cities; Rule of Law Governance System; Local Legislation; Digital Empowerment

Ⅳ Special Topics

Abstract: Through the filing and dynamic adjustment of the poor, promoting the stationing of cadres in villages, carrying out multiple measures such as industry, education, health and spiritual poverty alleviation, implementing poverty alleviation in small and medium-sized cities, and summarizing the institutional advantages of focusing on the people as the main body, the coordination and cooperation between cadres and the masses and social forces, and the synchronization of material and spiritual poverty alleviation, On the basis of experience, this paper studies and puts forward the reference value for international poverty reduction, the experience of Promoting Rural Revitalization and poverty alleviation, the policy design of stabilizing the results of poverty alleviation and sustainable development, and the establishment of a long-term mechanism for people's income growth.

Keywords: Small and Medium-Sized Cities; Poverty Alleviation; Runal Revitalization; Income Growth

G.8 The path and strategy of urban-rural integrated development of small and medium-sized cities *Yaojun Zhang, Xiaoxi Wang* / 168

Abstract: Small and medium-sized cities are not only an important support for the development of big cities, but also an important platform for urban-rural integration. Using the relevant data of small and medium-sized cities in China from 2015 to 2019, this paper analyzes the current situation and existing problems of urban-rural integration of small and medium-sized cities in China from the aspects of population integration, economic integration and spatial integration. The research shows that China's urban-rural population integration is developing in fluctuation, and the degree of economic integration and spatial integration is strengthening. At the same time, there are some problems, such as insufficient population integration, inefficient allocation of urban and rural resource elements, infrastructure construction to be improved, and large differences in urban-rural integration among regions. On this basis, through the analysis and comparison of urban-rural integration development cases of Tongzhou District of Beijing, Sanhe, Dachang and Xianghe counties and cities in Hebei, urban-rural integration development in Japan and other small and medium-sized cities at home and abroad, the study puts forward the following suggestions: Taking unified planning as the guide, institutional innovation as the breakthrough, infrastructure as the starting point, and industrial integration as the foundation Take population integration as the core and public services as the focus.

Keywords: Small and Medium-Sized Cities; Urban-Rural Integration; Urbanizations; Industrial Integration

Abstract: This report summarizes the development status and problems faced by small and medium-sized cities. Under the background of the new era, it is of great strategic significance to explore the path and strategy of green development of small and medium-sized cities. This report aims at three typical modes of green development of small and medium-sized cities: tourism, resource and agriculture. Taking Jinggangshan, Shangri La, Erlianhot, horingol, Longjing and Golmud as examples, this report analyzes the practices and paths of green development of small and medium-sized cities, and summarizes the key path of taking small and medium-sized cities as regional unit carriers to realize the construction of a beautiful China.

Keywords: Small and Medium-Sized Cities; Green Development; Tourism; Resource-Based; Agricultural

Abstract: In essence, the removal of towns and the establishment of cities is to improve the political status of mega towns, promote better and faster economic and social development, and provide more satisfactory public services for the broad masses of the people. The fundamental reasons for the withdrawal of towns and the establishment of cities are: the external stimulation of the state's incentive policies, the internal impulse of local governments to gather resources and expand power, the result of the contradictory movement between the existing system and economic development, and the public opinion momentum to promote the high attention of all parties. After more than 20 years of exploration, on August 30, 2019, Longgang Town, Cangnan County was abolished and a county-level Longgang city was established, setting a precedent for the upgrading of China's established towns to county-level cities. The main problems faced by the removal of towns and cities are: the top-level design is not clear and systematic, it is difficult to accurately define responsibilities and rights, the imbalance of interest distribution is prominent, there is a large gap between the administrative operation mode and the requirements of urban construction, and the coverage of public services is not large enough. In view of these problems, the countermeasures and suggestions we should take are: constantly strengthen the scientificity, rationality and standardization of top-level design, further improve the institutional arrangement of power and responsibility, continue to deepen the reform of administrative system, take advantage of the situation to innovate the industrial development layout, change the public management mode to improve the governance level, improve the institutional system and strengthen supervision and restraint.

Keywords: Withdraw Towns and Set Up Cities; Town Development; Administrative Management; Public Administration

G. 11 Study on social governance path of urban and rural ecological environment protection *Guang Xia* / 219

Abstract: The social governance of urban and rural ecological environment protection refers to mobilizing the majority of grass-roots organizations and the public to participate widely and deeply in ecological environment protection, combining social forces with government administrative forces to promote the improvement of urban and rural ecological environment. In recent years, the ecological environmental protection social governance with environmental information disclosure, public participation in ecological environmental protection practice and social green life as the main contents has developed rapidly. It is a process of transformation from the government directly controlled environmental governance model to the social check and balance environmental governance model. Its main path is to establish a social responsibility and obligation system and a social rights and interests system.

Keywords: Ecological Environment Protection; Public Participation; National Action; Social Rights; Social Obligations

V Cases

Abstract: Through the construction of four platforms such as the Yangtze River Delta and international cooperation, combined with the activities of creating a sound China and the talent week, we will enhance the attraction of innovation and entrepreneurship, build an innovation and entrepreneurship service system, guidance system, support system and guarantee system, and combine Wujin innovation and entrepreneurship demonstration base with the construction of Southern Jiangsu model transformation and upgrading pilot zone, It has walked out of a "new Southern Jiangsu model" characterized by "innovation + capital + talent + opening + integration".

Keywords: New Southern Jiangsu model; Innovation and Entrepreneurship; "Mass Entrepreneurship and Innovation" Upgrading; Mass Entrepreneurship and Innovation Demonstration Base Alliance

Abstract: The reform of rural land system is an important magic weapon for Rural Revitalization. In 2015, Changyuan city was identified as one of the 33 pilot counties (cities) of rural land system reform in China. In 2017, Henan Province promoted the "Three Rights Separation reform of contracted land". As one of the pilot projects of the national rural land system and a provincial model county for rural revitalization, Changyuan city can try first in promoting rural revitalization through land system reform. Taking Changyuan city as an example, this paper summarizes the typical practices of rural land system reform in Changyuan City, analyzes the achievements of rural revitalization, and puts forward some methods and paths to promote rural revitalization, such as strengthening theoretical research, building policy system, paying attention to social conditions and public opinion, perfecting reform path, giving full play to reform kinetic energy to help rural revitalization.

Keywords: Rural Land; System Reform; Rural Revitalization; Social Situation and Public Opinion

G.14 Report on optimizing business environment in Rugao City in 2021

Abstract: Rugao takes the construction of business environment as the key guarantee and important starting point to promote high-quality economic development and enhance comprehensive strength and competitiveness. In terms of promoting the reform of relatively centralized licensing rights, deepening the transformation of government functions and the reform of "decentralization, management and service", promoting the reform of project approval system and the construction of safe rule of law, Rugao has adopted the reform of "three integration" and "three optimization" We have built a "full life cycle" service chain for market players, paid attention to the full life cycle services of natural persons through the "one thing" reform, carried out the "smart government" service model, standardized administrative law enforcement and other reform measures, created a first-class business environment, accumulated important experience and achieved fruitful results.

Keywords: Rugao; Business Environment Report; "Ruyi" Business Environment Brand

G. 15 Case of urban fine management in Meihekou city

Jilin Province, Meihekou City / 270

Abstract: Since the 13th five year plan, Meihekou city has adhered to the management of the city with embroidery efforts, and has penetrated the craftsman spirit of excellence and refinement into the whole process of all fields of urban management, effectively solved the prominent contradictions and problems faced in urban management, and further improved the level of urban comprehensive management services. It has successively won the honorary titles of national health city, national civilized city, National Garden City, ecological civilization demonstration area, global tourism demonstration area and business environment, ranking first among counties and cities in Northeast China.

Keywords: Urban Management; Refinement; Intelligence; Marketization

G. 16 Enterprise main body precision service reform leads, unswervingly follows the road of innovation driven high-quality development— "Xinchang model" of scientific and technological innovation

Zhejiang Province, Xinchang County / 279

Abstract: To implement the innovation driven development strategy, the foundation is in the county, the vitality is in the county, and the difficulty is also in the county. How to promote the innovation driven development of the county in the new era is a major issue facing our province and even the whole country. As a small mountainous and resource county with "eight mountains, one water and one field", Xinchang takes scientific and technological innovation as the means, revitalizing the real economy as the goal, taking the integration of industry, University and research as the approach, focusing on stimulating the initiative and kinetic energy of enterprises, and taking the integration of information technology and manufacturing technology as the breakthrough, pays attention to system supply, demonstration projects, environment construction and main leaders, It has carried out the comprehensive science and technology system reform of new industry university research collaborative innovation, formed the characteristic mode of "small county and large innovation", realized the leap from the key supervision area of environmental protection in Zhejiang Province to the National Ecological County, realized the leap from the second poor county in Zhejiang Province to the top 100 counties in China, and walked out a high-quality development road with strong science and technology, good industry and excellent ecology. The practice of Xinchang once again confirms that innovation is the first driving force for development. Implementing the innovation driven development strategy and making good use of science and technology can solve the difficulties and blocking points in county development and open up the "last kilometer" of innovation, so as to realize the high-quality development of county economy.

Keywords: Scientific and Technological Innovation; Scientific and Technological System; High-quality Development

Abstract: Dangtu County strengthens the protection of green development by improving the organization and leadership mechanism, policy guarantee mechanism and responsibility implementation mechanism, pays close attention to ecological protection at a high level, pollution prevention and control at a high intensity, and problem rectification at a high standard, plays the "two mountains" brand, plants the background of green development, opens the door of beauty and livability with global ecology, and opens the door of green development with industrial ecology Ecological Industrialization opens the door to enriching the people and strengthening the county, breaks the symbiotic transformation road of the contradiction between man and nature, the opposition between development and protection, and the constraints of resources and ecology, and explores and practices a new model of ecological value transformation.

Keywords: Guarantee Mechanism; Ecological Protection; Pollution Prevention; Control Beautiful Livable; Green Development

Abstract: Urbanization refers to the process of population concentration to cities and towns. The biggest difference between new urbanization and traditional urbanization is that new urbanization is a people-centered urbanization, which is characterized by urban-rural overall planning, urban-rural integration, industrial interaction, economy and intensification, ecological livability and harmonious development. It is a urbanization with coordinated development and mutual promotion of large, medium-sized, small cities, small towns and new rural communities. In recent years, focusing on the goal of building a regional central city "suitable for living, business and tourism", Xiaoyi has comprehensively promoted the construction of new urbanization based on the seven tasks of new urbanization pilot, guided by scientific planning and focusing on project construction. Through unremitting efforts, the urban framework has been continuously expanded, the urban quality has been significantly improved, and the urban functions have been gradually improved, At the end of 13th Five-Year, the urban area expanded to 62 square kilometers, the urbanization rate of the permanent residents in the city reached 71%, the registered residence population urbanization rate was over 50%, and the new urbanization achieved remarkable results.

Keywords: New Urbanization; Urban and Rural Co-ordination; Reform and Innovation; Wutong Mode

G.19 Construction practice of Luzhou Jiangyang National Sustainable Development Experimental Zone

Abstract: Luzhou Jiangyang has made some achievements in the fields of industry, demonstration park construction, people's livelihood projects, green development and reform and opening up. In the next step, it will continue to strengthen ecological environment protection, improve the industrial development platform, solidly promote the construction of new urbanization, strengthen infrastructure construction, improve the level of public services, deepen reform and opening up, and Provide action guarantee in policy support and function play.

Keywords: Ecological Environment; Infrastructure; Urbanization Construction

G.20 Accelerates the deep integration of "politics, industry, study, research and application" and promotes the high-quality development of Haiyu town

Abstract: General secretary Xi Jinping pointed out that in order to integrate and optimize the allocation of technological resources, we should give full play to the role of the main body of technological innovation in enterprises, promote the agglomeration of innovation elements to enterprises, and promote the deep integration of production, teaching and research. Haiyu Town, located in the north of Changshu City, Jiangsu Province, aims at the opportunity of cooperation and development between government, schools and enterprises, increases talent introduction, cultivates key projects, creates an innovation platform, continuously releases the vitality of schools and enterprises, explores and constructs an innovation system of " government, industry, University, research and application ", and promotes the high-quality development of Haiyu.

Keywords: Government Industry University and Research; Integration of Industry and Education; Innovation-Driven Development

Abstract: The integration of urban and rural areas is led by new-type industrialization, based on the industrial foundation and focusing on the key through recruiting large enterprises, introducing strong enterprises and optimizing services, and taking new-type urbanization as the carrier, constantly improve and improve urban infrastructure and education system, and drive local high-quality development and industrial integration development based on agricultural modernization, so as to form a full chain agricultural service system and walk out of a new development path.

Keywords: New Urbanization; Urban-rural Integration; High-quality Development

皮 书

智库报告的主要形式
同一主题智库报告的聚合

❖ 皮书定义 ❖

皮书是对中国与世界发展状况和热点问题进行年度监测，以专业的角度、专家的视野和实证研究方法，针对某一领域或区域现状与发展态势展开分析和预测，具备前沿性、原创性、实证性、连续性、时效性等特点的公开出版物，由一系列权威研究报告组成。

❖ 皮书作者 ❖

皮书系列报告作者以国内外一流研究机构、知名高校等重点智库的研究人员为主，多为相关领域一流专家学者，他们的观点代表了当下学界对中国与世界的现实和未来最高水平的解读与分析。截至 2021 年，皮书研创机构有近千家，报告作者累计超过 7 万人。

❖ 皮书荣誉 ❖

皮书系列已成为社会科学文献出版社的著名图书品牌和中国社会科学院的知名学术品牌。2016 年皮书系列正式列入“十三五”国家重点出版规划项目；2013~2021 年，重点皮书列入中国社会科学院承担的国家哲学社会科学创新工程项目。

中国皮书网

（网址：www.pishu.cn）

发布皮书研创资讯，传播皮书精彩内容
引领皮书出版潮流，打造皮书服务平台

栏目设置

◆ **关于皮书**

何谓皮书、皮书分类、皮书大事记、皮书荣誉、皮书出版第一人、皮书编辑部

◆ **最新资讯**

通知公告、新闻动态、媒体聚焦、网站专题、视频直播、下载专区

◆ **皮书研创**

皮书规范、皮书选题、皮书出版、皮书研究、研创团队

◆ **皮书评奖评价**

指标体系、皮书评价、皮书评奖

◆ **皮书研究院理事会**

理事会章程、理事单位、个人理事、高级研究员、理事会秘书处、入会指南

◆ **互动专区**

皮书说、社科数托邦、皮书微博、留言板

所获荣誉

◆ 2008年、2011年、2014年，中国皮书网均在全国新闻出版业网站荣誉评选中获得“最具商业价值网站”称号；

◆ 2012年，获得“出版业网站百强”称号。

网库合一

2014年，中国皮书网与皮书数据库端口合一，实现资源共享。

中国皮书网

S 基本子库
UB DATABASE

中国社会发展数据库（下设 12 个子库）

整合国内外中国社会发展研究成果，汇聚独家统计数据、深度分析报告，涉及社会、人口、政治、教育、法律等 12 个领域，为了解中国社会发展动态、跟踪社会核心热点、分析社会发展趋势提供一站式资源搜索和数据服务。

中国经济发展数据库（下设 12 个子库）

围绕国内外中国经济发展主题研究报告、学术资讯、基础数据等资料构建，内容涵盖宏观经济、农业经济、工业经济、产业经济等 12 个重点经济领域，为实时掌控经济运行态势、把握经济发展规律、洞察经济形势、进行经济决策提供参考和依据。

中国行业发展数据库（下设 17 个子库）

以中国国民经济行业分类为依据，覆盖金融业、旅游、医疗卫生、交通运输、能源矿产等 100 多个行业，跟踪分析国民经济相关行业市场运行状况和政策导向，汇集行业发展前沿资讯，为投资、从业及各种经济决策提供理论基础和实践指导。

中国区域发展数据库（下设 6 个子库）

对中国特定区域内的经济、社会、文化等领域现状与发展情况进行深度分析和预测，研究层级至县及县以下行政区，涉及省份、区域经济体、城市、农村等不同维度，为地方经济社会宏观态势研究、发展经验研究、案例分析提供数据服务。

中国文化传媒数据库（下设 18 个子库）

汇聚文化传媒领域专家观点、热点资讯，梳理国内外中国文化发展相关学术研究成果、一手统计数据，涵盖文化产业、新闻传播、电影娱乐、文学艺术、群众文化等 18 个重点研究领域。为文化传媒研究提供相关数据、研究报告和综合分析服务。

世界经济与国际关系数据库（下设 6 个子库）

立足“皮书系列”世界经济、国际关系相关学术资源，整合世界经济、国际政治、世界文化与科技、全球性问题、国际组织与国际法、区域研究 6 大领域研究成果，为世界经济与国际关系研究提供全方位数据分析，为决策和形势研判提供参考。